U0886519

周易通识

赵建功 著

易学文化水平测试教材编委会

主 任 陈 钢

编 委 赵建功 王 龙 李志峰

杜 兵 李云龙 刑美阳

张 瑜 吴子曦

中国文联出版社

图书在版编目（CIP）数据

周易通识 / 赵建功著．-- 北京 : 中国文联出版社，2023.6

ISBN 978-7-5190-5208-9

Ⅰ．①周… Ⅱ．①赵… Ⅲ．①《周易》—通俗读物 Ⅳ．①B221-49

中国国家版本馆CIP数据核字（2023）第123895号

著　　者　赵建功
责任编辑　蒋爱民
责任校对　秀点校对
装帧设计　蔡振英

出版发行　中国文联出版社有限公司
社　　址　北京市朝阳区农展馆南里10号　　邮编　100125
电　　话　010-85923025（发行部）　　010-85923066（编辑部）
经　　销　全国新华书店等
印　　刷　梁山兴华印刷有限公司

开　　本　710毫米×1000毫米　1/16
印　　张　23.75
字　　数　510千字
版　　次　2023年6月第1版第1次印刷
定　　价　98.00元

版权所有·侵权必究
如有印装质量问题，请与本社发行部联系调换

前言

《周易》是一部非常神奇的古老经典，在中国文化史上长期被崇奉为“群经之首，大道之源”。它最容易引起人们学习的兴趣，它的晦涩古奥又往往令人望洋兴叹。现代国学大师钱穆先生指出：“《易经》是中国一部最古最神秘的书，也是一部最易引人研究的兴味而最不易得到研究的结果的书。”[①]

因此，我们在学习《周易》时，“第一要虚心涵泳，切己体察”[②]，而不能急功近利，急于求成，要知道“欲速则不达”，“深山有宝，无心于宝者得之”。其次，实际上是至为关键的一点，就是要掌握《周易》的立言宗旨——崇德立命，“顺天休命”。如能牢记这两点，同时注意熟悉《周易》的基本知识、主要体例和思维方式[③]，假以时日，我们可以期望达到与《周易》以心印心的境界，到那时，我们也能目击道存，随缘自在，从而真正领会古人“善为《易》者不占”[④]的深邃意蕴。

下面我们主要谈一下《周易》的立言宗旨——崇德立命，“顺天休命”，并请大家注意体会，“顺天休命”实际上是《周易》的点睛之笔。

---

① 钱穆：《〈易经〉研究》，载钱穆：《中国学术思想史论丛 1》，北京：三联书店，2019 年，第 181 页。

② 马一浮：《复性书院讲录》卷一《读书法》，济南：山东人民出版社，1998 年，第 21 页。

③ 关于《周易》的基本知识、主要体例和思维方式，可以参考朱伯崑先生主编的《易学基础教程》和《周易知识通览》、高亨先生的《周易古经今注·卷首》和《周易大传今注·卷首》、黄寿祺和张善文二先生的《周易译注·卷首》、唐明邦先生主编的《周易评注》之《绪论》和《附录》等。

④ 《荀子·大略》，（清）王先谦：《荀子集解》，北京：中华书局，1988 年，第 507 页。

西周初期，“天命靡常”、命自我立、明德敬德的思想已经逐渐流行开来，获得了越来越广泛的认同，成为新主流思潮的核心内容。而《易经》的崇德立命思想，正是殷周之际新主流思潮的典型体现。

在周初以来的崇德立命思潮的启发下，《易传》对《易经》崇德立命的思想宗旨进行了深入精到的反复揭示。《易传·系辞上》明言：“夫《易》，圣人所以崇德而广业也。”① 强调《易经》是圣人用来崇尚美德、推广事业、以达至内圣外王理想的重要经典。这是阐明《易经》性质和宗旨的关键命题。

《易经·坤》初六爻辞曰：“履霜，坚冰至。”② 其《文言传》曰：

> 积善之家必有余庆，积不善之家必有余殃；臣弑其君，子弑其父，非一朝一夕之故，其所由来者渐矣，由辩之不早辩也。《易》曰：“履霜，坚冰至。”盖言顺也。③

其中所言“积善之家必有余庆，积不善之家必有余殃”一句，非常著名，影响深远。它十分鲜明地阐扬了《易经》善恶有报、德福相应、修身立命的核心立场，旨在提醒我们，“庸言之信，庸行之谨”④，要对自己的一切行为负责，即便是日常的一言一行，也要注意及时反省，真诚谨慎，防微杜渐，“勿以恶小而为之，勿以善小而不为”，如此长期坚持，自然会达到预期的效果。

《易传·大有·象》则更加明确地提出了“遏恶扬善，顺天休命”这一著名命题：

> 火在天上，大有；君子以遏恶扬善，顺天休命。⑤

对此，大多数易学家侧重从外王角度进行解说，例如王弼、孔颖达、程颐等，但是，如果考虑到“君子以遏恶扬善，顺天休命”的主语是“君子”，而

---

① （唐）孔颖达：《周易正义》，北京：北京大学出版社，1999 年，第 273 页。
② （唐）孔颖达：《周易正义》，第 27 页。
③ （唐）孔颖达：《周易正义》，第 31 页。
④ 《易传·乾·文言》，（唐）孔颖达：《周易正义》，第 15 页。
⑤ （唐）孔颖达：《周易正义》，第 77 页。

不是“后”、“先王”、“上”、“大人”，再联系《易传》内圣优先于外王的一贯立场[①]，该命题应该首先从内圣角度来理解，就是说，君子人格的基本要求，在这弥足珍贵的一生中，应该豁达乐观地接受天道所赋予自己的一切，并时刻觉照自己的一言一行，提醒自己“庸言之信，庸行之谨，闲邪存其诚，善世而不伐”[②]，自觉遏止邪恶的思想行为，发扬美善的思想行为，顺应天道，自强不息，这样就会使自己的命运变得越来越美好，并最终超越命运的种种限制，在任何境遇中都能自作主宰，逍遥自在。

事实上，早已有一些易学家从内圣角度做出了反复的提示。例如南宋大儒朱熹在其易学代表作《周易本义》中阐发道：“火在天上，所照者广，为《大有》之象。所有既大，无以治之，则衅蘖萌于其间矣。天命有善而无恶，故遏恶扬善，所以顺天。反之于身，亦若是而已矣。”现代易学家高亨先生更加明确地解释道：“《尔雅·释诂》：‘休，美也。’休命谓使己之命运美好……君子观此卦象及卦名，从而遏止奸恶，扬举贤善，以顺赏善罚恶之天道，求命运之嘉美。”[③]

“顺天休命”，实际上是一个因果关系的成语，“顺天”是因，“休命”是果，“顺天”是“休命”的前提和唯一方法，“顺天”即须修身，其具体内容即“遏恶扬善”、改过迁善，也就是古人常说的止恶行善、以德配天。因此，《易传》反复强调“顺乎天”[④]“顺天命”“顺承天”[⑤]。这其中的“天”，已经不是原始宗教中具有人格神意味的主宰之天或命运之天（即古文献中所谓“帝”、“皇天”、“皇上帝”、“皇天上帝”等），而完全是自然之天了。郑万耕先生就此指出：“《易传》之天，虽然尚未完全摆脱原始宗教的影响，但……《易传》则冲破了这种神秘的形式，把命运之天还原为自然之天。”[⑥]

---

① 例如《易传·蹇·象》：“山上有水，蹇；君子以反身修德。”《易传·渐·象》：“山上有木，渐；君子以居贤德善俗。”《易传·系辞上》：“夫《易》，圣人所以崇德而广业也。”《易传·坤·文言》：“美在其中，而畅于四支，发于事业，美之至也！”（《易传·系辞上》：“举而错之天下之民谓之事业。”）

② 《易传·乾·文言》，（唐）孔颖达：《周易正义》，第 15 页。

③ 高亨：《周易大传今注》，济南：齐鲁书社，1998 年，第 132 页。

④ 《易传》之《革·象》、《兑·象》，（唐）孔颖达：《周易正义》，第 203、234 页。

⑤ 《易传》之《萃·象》、《坤·象》，（唐）孔颖达：《周易正义》，第 188、25 页。

⑥ 郑万耕：《易学与哲学》，上海：上海科学技术文献出版社，2013 年，第 84-85 页。

"顺天"的一个重要内涵即是"奉天时"[①]，也就是"与时偕行"[②]，"时止则止，时行则行，动静不失其时，其道光明"[③]，可见"时"在《周易》中具有非常重要的地位。王弼在《周易略例》中早已指出："夫卦者，时也；爻者，适时之变者也。"北宋易学家程颐指出："看《易》，且要知时。"[④]元代学者吴澄则直截了当地说："时之为时，莫备于《易》。""一卦一时，则六十四时不同也。一爻一时，则三百八十四时不同也。"[⑤]

对于《易经》崇德立命的思想主旨和核心立场，《易传·益·象》又加以阐明道：

> 风雷，益；君子以见善则迁，有过则改。[⑥]

这就是说，"见善则迁，有过则改"，乃是君子"反身修德"[⑦]、改善命运、提升自我、完善自我的唯一途径，同时也是可以落实到人伦日常中的一点一滴的具体方法，因此，王弼、孔颖达等先贤相继发明其意旨说："迁善改过，益莫大焉"，"君子求益，以'见善则迁，有过则改'也。"[⑧]同时，"风雷，益"，《益》卦下震上巽，震为雷，巽为风，其中蕴含着非常重要的提示，即：迁善改过，止恶行善，要雷厉风行，痛下决心，如此方为有益[⑨]，这样长期坚持，才能逐渐改造命运，最终自主命运，达到"和顺于道德而理于义，穷理尽性以至于命"[⑩]的理想境界，从而能够在任何情境中都"乐天知命"[⑪]，毫无忧烦，随缘自在。徐复观先生就此阐发道："在作《易传》的人看，圣人之作《易》，即圣人之穷理。理为性所涵；穷理即所以尽性。性之根源是命；但性拘限与形体之

① 《易传》之《乾·文言》，（唐）孔颖达：《周易正义》，第23页。
② 《易传》之《乾·文言》、《损·象》、《益·象》，（唐）孔颖达：《周易正义》，第20、172、177页。
③ 《易传·艮·象》，（唐）孔颖达：《周易正义》，第214页。
④ （宋）程颢、程颐：《河南程氏遗书》卷十九，载《二程集》，北京：中华书局，2004年，第249页。
⑤ （元）吴澄：《吴文正集》卷二十二。
⑥ （唐）孔颖达：《周易正义》，第177页。
⑦ 《易传·蹇·象》，（唐）孔颖达：《周易正义》，第166页。
⑧ （唐）孔颖达：《周易正义》，第177页。
⑨ （明）袁了凡：《了凡四训·第二篇·改过之法》，北京：中华书局，2008年，第56页。
⑩ 《易传·说卦》，（唐）孔颖达：《周易正义》，第325页。
⑪ 《易传·系辞上》，（唐）孔颖达：《周易正义》，第267页。

中，与命不能无所限隔。能尽性，便突破了形体之限隔，而使性体完全呈露；此时之性，即与性所自来之命，一而非二，这即是'至于命'。'至于命'的人生境界，乃是与天地合其德的境界；克就孔门而言，亦即是涵融万有，'天下归仁'的极其仁之量的境界。似神秘而实非神秘。"[①]

可见，"顺天休命"是《易传》对《易经》崇德立命思想宗旨的精准揭示，是整部《周易》的点睛之笔。其核心理念是：命非天定，命自我立，德福相应，命运可以改变，而改变命运的唯一途径就是"反身修德"，"遏恶扬善"，以德配天；因此，要想改造命运，就须努力止恶行善，"闲邪存其诚"，从修正不良的思想行为习惯、养成良好的思想行为习惯开始，持之以恒，自有效验，终究可以自主命运。这就是先哲反复强调积德行善、修身养性的内在原因。《易传》的这种顺天休命思想，在中华思想文化史上一直是主流思潮，有着巨大而深远的积极影响，至今依然有其非常重要的现实意义。[②]

总而言之，我们学习《周易》的目的，就是要做到"内圣外王"。具体来说，就个人（内圣）而言，是为了完善知识结构，开拓文化视野，提高为人处世的智慧和能力，提升人生境界和生命层次；同时，就民族和国家（外王）而言，是为了向中国式现代化建设和中华民族伟大复兴提供思想资源和精神动力，即我们要着眼于《周易》的现代意义，尽可能从中挖掘出至今仍然闪光的思想价值，以先哲的智慧之光，照亮我们前进的道路。

---

① 徐复观：《中国人性论史》先秦篇，上海：上海三联书店，2001 年，第 185 页。

② 见赵建功：《〈易传〉"顺天休命"浅析》，载贾德忠主编：《中国文化，国际共享：中华思想文化术语学术论文集》（第三辑），北京：外语教学与研究出版社，2020 年，第 88-93 页。

本书阅读指南

一、本书是在充分学习和借鉴前贤易学成果的基础上撰写的，其基本宗旨是：帮助传统文化爱好者能够比较容易地读懂《周易》，比较深入地了解易学的基本知识，以期共同传承中华优秀传统文化的不朽慧命，一起阐扬《周易》这一古老经典的现代价值。

二、本书《周易》经传原文依据以足利本为底本的《宋本周易注疏》（于天宝点校，中华书局2018年版），唯将原本卦象下“乾下乾上”之类的标注改为“下乾上乾”之类，并移至新设之标题，以方便读者，标点也有所改动；《易传》部分的分章或分篇，则依据南宋大儒朱熹的《周易本义》，二者文字次序有不同的地方，则原文仍然以《宋本周易注疏》为准，而加以说明。《周易》经传的文字，往往因传本不同，而颇有歧异。本书重点不在考订异文，只是在遇有可以采用或参考的异文时，则作必要的介绍；此外异文一般从略。

三、六十四别卦每一卦名，可以指称一卦经传之全文，相当于一章之题名，故本书在其旁加书名号。有时，六十四别卦卦名仅仅是指其卦之卦象，本书也在其旁加书名号，以使全书有一贯的标点体例，便于读者识别。至于八经卦之卦名，则一概不加书名号。

四、本书《易经》部分（包括卦爻辞及所附的《易传》部分，即《彖》上下、《象》上下、《文言》等五篇）的原文之下，有“本意”和“解说”，《易传》部分（包括《系辞》上下、《说卦》、《序卦》、《杂卦》等五篇）则只有

"解说"。在"本意"部分，本书试图揭示《周易》经传原文基本的、根本的、本源的思想意蕴，故类似于意译，但又不同于意译。在"解说"部分，本书试图对《周易》经传原文的字词、象数及义理进行较为详细的注释和说明。

五、《周易·序卦》曰："物不可穷也，故受之以《未济》，终焉。"《周易》是模拟宇宙万物的一套特殊符号体系，宇宙万物是千姿百态、变化无常、无限发展的，所以《周易》经传的语言常常是一语双关、丰富灵动、意味无穷的，诚如《周易·系辞下》所说："《易》之为书也不可远，为道也屡迁，变动不居，周流六虚，上下无常，刚柔相易，不可为典要，唯变所适。"因此，本书在"本意"部分就说是某卦某爻"象征着"（爻辞仅在《乾》《坤》两卦中这样表示，以显示《乾》《坤》两卦在《周易》中的特殊地位，而其它爻辞皆当作如是观），以显示《周易》卦爻辞的丰富性、灵动性和开放性。

六、《周易》方面的著述极其繁多，许多卦爻辞的解释往往众说纷纭，莫衷一是。本书所采用的古今学者的注释，一般只采取一种较为可取的说法，有时也会同时采取两、三种说法，以便读者参考。我们在学习《周易》时，一方面要有基本的、贯通的原则立场，另一方面，又要注意博采众长，厚德载物，广泛参考不同观点，虚心吸取诸家胜义，逐渐形成自己的系统性的理解，而不要过于执实，不要迷信任何权威，不要以为《周易》有一种正确的、标准的解释，不要执着于某一说法是唯一正宗、最有权威的，因为《周易》"唯变所适"。

七、前人注释经典，为了节省笔墨，往往在前文详细解释后，后文遇到相同或相似问题就一笔带过，或说参见某处。这种体例未尝不好，而读者看起来就会感到有一些不便。因此，本书尽量在每一处需要解释的地方都做出注释，而不避重复，以方便读者阅读。

八、《周易》是以卜筮之书的面貌呈现的、我国现存最古老的经典，含有丰富而深刻的哲学思想，对研究中国古代哲学史具有不可替代的重要价值；同时，《周易》又包含有中国古代历史、文学、科技、文字学、音韵学等方面的宝贵资料。但也不可否认，《周易》中也夹杂着一些受时代局限的成分。这就要求读者以理性的眼光来学习《周易》。

九、除了古注之外，本书多参阅了尚秉和、高亨、李镜池、金景芳、吕绍纲、黄寿祺、张善文、朱伯崑、唐明邦、李申、刘大钧、林忠军、李零等先生的易学专著。特此说明，并谨致谢忱。

由于作者才疏学浅，学术水平、参考资料和时间都很有限，本书中一定还存在着许多不成熟的见解、不恰当的注释及不自觉的谬误，祈望读者朋友不吝赐正。

目　录

壹

易经

上　经

一、乾（下乾上乾）

䷀《乾》：元亨，利贞。

【本意】《乾》卦象征着始而大亨通，是吉利的占问。

【解说】古今《周易》版本在《乾》卦卦画旁多注以“下乾上乾”或“乾下乾上”四字，说明此卦内外经卦皆乾，其余卦亦同此例。有学者认为，古时卦画即为文字，故不会在卦画旁加此等注脚，此等注脚当为后世经师所加。虽然如此，但为方便读者，本书仍然借鉴此例，只是将其作为标题部分，请读者明白其中原委为盼。

乾：《周易》首卦的卦名，由六个阳爻构成，所以被称为纯阳卦。乾，意思是刚健、强健，主象为天。《说文》曰：“乾：上出也。”《说卦传》曰：“乾，健也……乾，天也。”“乾”在帛书《周易》经传皆作“键”，读为健。闻一多先生提出：“卦名之乾，本当为斡……疑乾即北斗星名之专字。”何新先生认为，乾指北极星，古称北辰，或说指天极，北斗，天枢。上古北斗、北极合体，斗亦称极。李鼎祚《周易集解》曰：“《说卦》：‘乾，健也。’言天之体以健为用，运行不息，应化无穷，故圣人则之，欲使人法天之用，不法天之体，故名乾，不名天也。”

元：首也，始也，大也。

亨：享祀之享，帛书《周易》正作“享”，汉碑“元亨”字皆作“元享”，本义为献物以祭，祭祀可以沟通天人、使人通于神明，故引申为通，通达，亨通。

利：本义为以刀刈禾（收割庄稼），引申为有利、吉利。

贞：卜问，占问，卜问神明，探问天意，关键是内心要纯正虔诚，故《易传》引申为正。《说文》曰：“贞，卜问也，从卜、贝。”甲骨文作“鼎”，后省为“贝”；鼎本是食器，这里表火具，即以火灼龟骨而卜。

《子夏易传》:“元，始也。亨，通也。利，和也。贞，正也。”

孔颖达《周易正义》引此曰:“言此卦之德有纯阳之性，自然能以阳气始生万物而得元始亨通，能使物性和谐，各有其利，又能使物坚固贞正得终。”

程颐《周易程氏传》:“元者万物之始，亨者万物之长，利者万物之遂，贞者万物之成。”

朱熹《周易本义》:“元，大也。亨，通也。利，宜也。贞，正而固也。”

朱骏声《六十四卦经解》:“始万物为元，遂万物为亨，益万物为利，不私万物为贞。”

“元亨，利贞”是《乾》卦的卦辞。关于“《乾》：元亨，利贞”的标点，有学者不加书名号，有学者将“元亨利贞”读为“元，亨，利，贞”，解释为大、通、和、正四德，万物之始、长、遂、成四个阶段（故有“贞下起元”之说），天地之春夏秋冬四季，等等。有学者释“亨”为好，为善，为祭献、祭祀，为敬神之欢宴美食；释“利”为和，为宜；释“贞”为得，为正，为正而固；等等。事实上，《周易》的许多问题，包括《周易》的性质、作者、成书年代、书名的含义、卦爻辞的标点和解释等各个方面的问题，古往今来往往缺乏统一的意见，本书只能选择相对合理或通行的观点，有时提供其他意见以供参考。

初九：潜龙，勿用。

【本意】初九象征着潜伏着的龙，暂时不可有所作为，须韬光养晦，等待时机。

【解说】初九:《周易》六十四卦每一卦最下面的第一爻为初爻，初爻为阳爻则称为初九，初爻为阴爻则称为初六。《周易》之卦爻辞多为象征符号，而非实指什么具体事物，这就是《周易》所谓的“象”。“龙”在这里就是一个象征符号，可以根据具体情况代表不同的人和事。李鼎祚《周易集解》引马融曰:“物莫大于龙，故借龙以喻天之阳气也。”闻一多先生认为,《乾》卦中的“龙”是指龙星，即东宫苍龙之星，现代天文学谓之心宿三。

九二：见龙在田，利见大人。

【本意】九二象征着龙出现在田野上，有利于有才德的人出来有所作为。

【解说】九二：《周易》六十四卦每一卦下面的第二爻为二爻，二爻为阳爻则称为九二，二爻为阴爻则称为六二，三爻、四爻、五爻与二爻体例相同。见：同现。大人：贵族（王侯、大夫）等有地位的人，古人认为德须配位，故可引申为有大才德并有相当地位的人，也就是内圣外王一般的理想人格。见龙在田：龙现在田。利见大人：利大人现。

九三：君子终日乾乾，夕惕若，厉，无咎。

【本意】九三象征着君子整日整夜一直都勤勉劳作，时刻小心警惕，如此则即使有什么危险，也不会有什么妨碍。

【解说】君子：贵族与士等有地位的人，是大人的初级状态，古人认为德须配位，故可引申为有修养的人。

终日：整天。乾乾：自强不息、勤勉劳作的样子。惕：小心警惕，谨慎戒惧。若：语气助词，犹"然"也。厉：危也，危险。咎：灾祸，妨碍。《系辞上》曰："无咎者，善补过也。"李鼎祚《周易集解》引干宝曰："凡无咎者，忧中之喜，善补过者也。"

此条爻辞，有学者读为"君子终日乾乾，夕惕若厉，无咎"，或者读为"君子终日乾乾，夕惕若，厉无咎"，解释也有所不同。

"终日乾乾，夕惕若"是互文，意思是日夜勤勉忧惧，整日整夜一直都勤勉不息，谨慎戒惧，犹《诗经》所谓"夙夜匪解（非懈）"。[①]李鼎祚《周易集解》引干宝曰："君子以之忧深思远，朝夕匪懈。"

九四：或跃在渊，无咎。

【本意】九四象征着龙在深渊有时试图跃升，而且能够审时度势，不急躁冒进，故不会有什么妨碍。

【解说】或：或者，有时。跃：跃升，跃进。九四爻虽然已经是六爻乾卦的

① 参见黄玉顺《易经古歌考释》，上海：上海古籍出版社，2014年，第39页；李零《死生有命　富贵在天：〈周易〉的自然哲学》，北京：生活·读书·新知三联书店，2013年，第72页。

第四爻，但又处于上乾卦之下位，与初九有相似性，故又出现“渊”这个意象。

九五：飞龙在天，利见大人。

【本意】九五象征着龙在天上飞翔，有利于有大才大德的人出来大干一番事业。

【解说】飞龙在天：龙飞在天，或龙在天飞。见：同现。利见大人：利大人现。

上九：亢龙，有悔。

【本意】上九象征着已处在极高处的龙，会有悔恨。

【解说】上九:《周易》六十四卦每一卦的最上面之爻为上爻，上爻为阳爻则称为上九，上爻为阴爻则称为上六。

亢：穷高，极高，过高，居于上而不能下，处于高危地位。

亢龙，有悔：只知上不知下、只知进不知退、已处在极高处的龙，因物极必反，故会有悔恨。

用九：见群龙无首，吉。

【本意】用九象征着出现群龙皆不自居为首领的局面，吉利。

【解说】用：帛书《周易》作“迵”；迵读为通，意为皆，全。用九:《乾》卦六爻皆九。见：同“现”，出现。首：首领。

用九是《乾》卦特有的爻题。依古筮法，本卦《乾》卦六爻筮数皆为九，全部阳爻变阴爻，遂变为《坤》卦，这时就以用九爻辞为依据判断吉凶。《乾》卦的“用九”与《坤》卦的“用六”，是《周易》两个特殊卦的两个特殊爻；《周易》其他六十二卦都由阴爻和阳爻共同构成，唯独《乾》卦和《坤》卦全由阳爻或阴爻单独构成，故《乾》卦和《坤》卦是《周易》的两个特殊卦；《周易》其他六十二卦都由初爻至上爻六条爻辞构成，《乾》卦和《坤》卦在这六条爻辞之外又有用九爻或用六爻，故《乾》卦和《坤》卦是《周易》的两个特殊卦。

《彖》曰：大哉！乾“元”！万物资始，乃统天；云行雨施，品物流形，大明终始，六位时成，时乘六龙以御天；乾道变化，各正性命，保合大和，乃“利贞”；首出庶物，万国咸宁。

【本意】真伟大啊！创生宇宙万物的元气！万物依靠它而创始生长，它统领着宇宙万物。宇宙元气使云雾流动，雨露下降，天地万物得以生长成形。太阳始终照耀，六个阶段依时成就，依时驾乘六龙巡视周天。天道因时变化，万物各得其天赋性命之正，保持成就天地万物的理想和谐状态（本然和谐状态），乃是“利贞”之深刻意蕴。乾首先产生万物，所有国家都和谐安宁。

【解说】《彖》：《易传》中以全面整体的观点解释和阐发《周易》六十四卦每一卦的卦辞和卦义的部分，称为《彖传》；《彖传》原本独立成篇，汉代学者将《彖传》分别列于其他六十三卦的卦辞之后，唯将《乾》卦的《彖传》列于全部卦爻辞之后，以存古书原貌，并以示《乾》卦在《周易》中的特殊地位。彖（tuàn）：裁断，论断，断定。《系辞下传》曰：“彖者，材也。”材读为“裁”，意为裁断、决断。

大哉：真伟大啊。大：伟大。乾“元”：《乾》卦卦辞的“元”；乾为天，元为元气，即宇宙原始之气，唐代李鼎祚《周易集解》引《九家易》曰“元者，气之始也”，故乾元在这里可解释为作为生成宇宙万物的本原物质力量。

万物资始，乃统天：万物依靠它而创始生长，它统领着宇宙万物。资：凭借，依靠。始：开始，产生。乃：是。统：统领，统率。天：天地万物，大自然。此句是《彖传》对《乾》卦卦辞“元”的解释。

云行雨施，品物流形：宇宙元气使云雾流动，雨露下降，天地万物得以生长成形。云行：云雾流动。雨施：雨露施行，降雨，下雨。品物：众物，各类事物，即天地万物。流形：流动成形。

大明终始，六位时成，时乘六龙以御天：太阳始终照耀，六个阶段依时成就，依时驾乘六龙巡视周天。大明：太阳。终始：翻来覆去，反复不停，周而复始。六位：《乾》卦的六爻之位。时成：六爻各有其位，与时相应，故曰“时成”。六龙：《乾》卦以潜龙、见龙、惕龙、跃龙、飞龙和亢龙为象征符号的六爻。御：统御，驾驭。天：天地万物。李鼎祚《周易集解》引侯果曰：“大明，日也。六位，天地四时也，六爻效彼而作也。大明以昼夜为终始，六位以相揭为时成，言乾乘六气而陶冶变化，运四时而统御天地，故曰‘时乘六龙以御天’也。”可备一说。以上是《彖传》对《乾》卦卦辞“亨”的解释。

乾道变化，各正性命，保合大和，乃“利贞”：天道因时变化，万物各得其天赋性命之正，保持成就天地万物的理想和谐状态（本然和谐状态），乃是“利贞”之深刻意蕴。乾道：乾为天，乾道即天道。性：天性。命：天命。各正性命：万物各得其天赋性命之正，因而各得其所。保：保持。合：犹成也，和合，合成。保合：保持天地万物的和谐契合状态。大和：此“大”读为“太”，大和即太和，指天地万物的理想和谐状态（本然和谐状态），即天地一片清明，四时风调雨顺，万物自然生长。这是《彖传》对《乾》卦卦辞“利贞”的解释。

《易传》释“贞”为“正”，这与《易经》一般以“贞”为占问不同。《易传》对《易经》的解释与《易经》的本意常有很大不同，这是《易传》作者引申发挥《易经》所致。我们要时刻注意严格区分《易经》的本意和《易传》的解释，而不要将二者混为一谈，同时，也不要因此而完全割裂《易经》与《易传》的内在关联，不要完全否定《易传》的参考价值。

首出庶物，万国咸宁：乾首先产生万物，所有国家都和谐安宁。首：创生，创始。庶物：众物，万物。宁：安宁，国泰民安。

《象》曰：天行，健；君子以自强不息。
“潜龙，勿用”，阳在下也。
“见龙在田”，德施普也。
“终日乾乾”，反复道也。
“或跃在渊”，进“无咎”也。
“飞龙在天”，“大人”造也。
“亢龙，有悔”，盈不可久也。
“用九”，天德不可为“首”也。

【本意】《乾》卦下乾上乾，乾为天，两个乾卦好像是一个乾卦运行而来，故曰“天行”；天的运行刚健不已，君子当效法天的这一德性，积极向上，奋发图强。

“潜龙，勿用”，阳在下也：初九阳爻在乾卦的最下位，象潜伏着的龙，故不宜有所作为。

“见龙在田”，德施普也：有才德的人出来有所作为，其才德得以普遍施行。

“终日乾乾”，反复道也：天道常有反复变化，所以任何时候都要勤奋努力，小心谨慎，如临深渊，如履薄冰。

“或跃在渊”，进“无咎”也：审时度势，适时而进，不会有什么妨碍。

“飞龙在天”，“大人”造也：“飞龙在天”，象征有大才大德的人可以大有作为，造就一番光辉事业。

“亢龙，有悔”，盈不可久也：天道物理，物极必反，盈而必亏，故曰“盈不可久也”。

“用九”，天德不可为“首”也：依据天道物理，人或事物不可自居为首，因为天道物极必反。

【解说】《象》:《大象传》。《易传》中对《易经》每一条卦爻辞的逐个解释和阐发，称为《象传》。其中，对卦辞的解释和阐发称为《大象传》，对爻辞的解释和阐发称为《小象传》。

[天行，健；君子以自强不息] 健：应当是指代《乾》卦，乾卦性健，《易传·说卦传》曰：“乾，健也”；帛书《易经》和《系辞》以“键”称乾卦。此句普遍标点为“天行健，君子以自强不息”，虽然也可以，但这样容易淹没其本意。君子：贵族与士等有地位的人，是大人的初级状态，古人认为德须配位，故可引申为有修养的人。

德施普：才德得以普遍施行。德：美德，才德，恩德。施：施及，施行。普：普遍。

反复道：道反复，天道常有反复变化。

《文言》曰：“元”者，善之长也；“亨”者，嘉之会也；“利”者，义之和也；“贞”者，事之干也。君子体仁足以长人，嘉会足以合礼，利物足以和义，贞固足以干事。君子行此四德者，故曰：“《乾》：元，亨，利，贞。”

【本意】“元”是万善的首位，“亨”是众美的集合，“利”是道义的应和，

"贞"是百事的主干。君子体证仁德足以领导众人，会聚美善足以合乎礼仪，造福万物足以使其和谐适宜，刚正坚定足以干成万事。君子真正实行这四种品德，所以说："《乾》：元，亨，利，贞。"

【解说】《文言》:《易传》中对《易经》的《乾》卦和《坤》卦爻辞的深入解释，赋予《乾》《坤》卦爻辞以深刻的哲理，称之为《文言传》。《文言传》的解释与原为占问吉凶的《乾》《坤》卦爻辞的原意不同，如《文言传》把"元亨，利贞"读为"元，亨，利，贞"，并解释为"四德"，而对"文言"二字的含义，先儒有多种说法：一、乾坤为门户，以文说乾坤；二、依文而言其理；三、因卦爻辞为文王所作，故曰"文言"；四、文谓文饰，以乾坤德大，故特文饰以为"文言"；五、单就卦爻辞而推衍之，故曰"文言"；等等。[①]本书以为当合参诸说以会其意。

长：首。嘉：美。和：相应。贞：正。干：主干，根本。

君子：贵族与士等有地位的人，是大人的初级状态，古人认为德须配位，故可引申为有修养的人。

体仁：实行仁道。利物：有利于万物。义：宜也。贞固：正而坚，坚守正义。长人：作众人的首领。嘉会足以合礼：能使众美会集，且恰到好处，各得其所，足以合乎礼制的要求。利物足以和义：君子行事，一切以有利于万物为准则，和而不争，可使万物各得其宜。

四德:《文言传》把"元亨，利贞"读为"元，亨，利，贞"，并认为"元，亨，利，贞"是君子的仁、礼、义、正四种德行，故称为"四德"。

初九曰"潜龙，勿用"，何谓也？子曰："'龙'德而隐者也。不易乎世，不成乎名，遯世无闷，不见是而无闷，乐则行之，忧则违之，确乎其不可拔，'潜龙'也。"

【本意】乾卦初九说"潜龙，勿用"，是什么意思呢？孔子说："'潜龙'象征有才德而暂时隐遁的人，他们不为世俗所改易，不求成就虚名，隐居世外而不觉烦闷，不被人认可而不觉烦闷，感到高兴的事（吉利的事）就去做，感到

① 参见刘大钧、林忠军《周易经传白话解》，上海：上海古籍出版社，2006年，第315页。

可忧的事（不吉的事）就避开，坚卓弘毅而不可改易，这就是‘潜龙’啊！”

【解说】子：孔子，《易传》中的“子曰”之“子”皆是指孔子。龙：在此指潜龙。德而隐者：有才德而暂时隐遁的人。

不易乎世：不为世俗所改易，不为世故改变自己的德性和理想。

不成乎名：不求成就虚名。

遯：同“遁”，隐也，隐遁。闷：烦闷不乐。见：被，为。是：认可，赞许。不见是：不被人认可。确：坚贞刚正，坚卓弘毅。拔：拔动，改易。

九二曰“见龙在田，利见大人”，何谓也？子曰：“‘龙’德而正中者也。庸言之信，庸行之谨，闲邪存其诚，善世而不伐，德博而化。《易》曰‘见龙在田，利见大人’，君德也。”

【本意】乾卦九二说“见龙在田，利见大人”，是什么意思呢？孔子说：“‘见龙在田’之龙，象征具有中正之品德的君子。平常的语言也要以诚信为准则，平常的行为也要以谨慎戒惧为准则，时刻防止邪恶而存养诚信，以德济世，而不自我夸耀，其德博大，随时都在感化他人。《易经》说‘见龙在田，利见大人’，这是君子的德行啊！”

【解说】正中：中正，中道公正，无偏无私。

庸：常也，平常。之：至于，达到；或说犹是也。庸言之信：平常的语言也要以诚信为准则。谨：谨慎，戒惧。庸行之谨：平常的行为也要以谨慎戒惧为准则。

闲：防也，防范，防微杜渐。善世：淑世，以德济世，使世人归于善。伐：自夸。化：感化。德博而化：其德博大，随时都在感化他人。《中庸》曰：“唯天下至诚为能化。”

君德：君子的美德。

九三曰“君子终日乾乾，夕惕若，厉，无咎”，何谓也？子曰：“君子进德脩业：忠信，所以进德也；脩辞立其诚，所以居业也。知至至之，可与几也；知终终之，可与存义也。是故居上位而不骄，在下位而不忧，故‘乾乾’因其时而‘惕’，虽危‘无咎’矣。”

【本意】乾卦九三说“君子终日乾乾，夕惕若，厉，无咎”，是什么意思呢？孔子说：“君子要提升道德境界，辛勤修为，积累功业：忠诚与守信，用来提升道德境界；修饰言辞，使心口如一，立于诚信，用来积累功业。知道时机已到，便立即采取行动，就可以谈论事物发展变化的微妙趋势。知道事物发展的终极状态，就要物极必反了，便立即终止它，就可以保持适宜的状态。所以居于高位而不傲慢，处于低位而不忧恼，总是勤奋努力，因时警惕戒惧，虽然有危险，也可以无过无灾。”

【解说】进德：提升道德境界。脩：借为“修”。脩业：辛勤修为，积累功业。

脩辞立其诚：修饰言辞，使心口如一，立于诚信。居业：积累功业。陈梦雷《周易浅述》曰：“居者守而未失，如屋之既修，居之乃为我有也。”

知至至之：知道时机已到，便立即采取行动。可与几：有的《周易》版本作“可与言几”。几：几微，事物发展变化的微妙趋势。知终终之：知道事物发展的终极状态，就要物极必反了，便立即终止它。义：宜也，适宜，恰当。

上位：九三爻居下卦之上位。下位：九三爻居上卦之下方。因：依据。时：时机。

九四曰“或跃在渊，无咎”，何谓也？子曰：“上下无常，非为邪也。进退无恒，非离群也。君子进德脩业，欲及时也，故‘无咎’。”

【本意】乾卦九四说“或跃在渊，无咎”，是什么意思呢？孔子说：“上下不定，反复无常，不是为了要做邪恶之事；进退没有定准，不是为了脱离群众。君子要提升道德境界，辛勤修为，积累功业，一定要及时努力，能够如此，所以无过无灾。”

【解说】上下无常：九四爻居下卦之上方，上卦之下位，上下卦之交，不太稳定，易反复无常。非为邪：不是为了要做邪恶之事。

进退无恒：九四爻居于可进可退之地，而不会稳定不变。非离群：不是为了脱离群众。

九五曰“飞龙在天，利见大人”，何谓也？子曰：“同声相应，同气相求，水流湿，火就燥，云从龙，风从虎，圣人作而万物睹，本乎天者亲上，本乎地者亲下，则各从其类也。”

【本意】乾卦九五说“飞龙在天，利见大人”，是什么意思呢？孔子说：“声音相同就互相感应，气味相投就互相寻求；水往湿处流，火燃干燥物，云随龙现，风从虎威；圣人兴起，有所举动，大家都愿意亲近拥护；本源在天的事物就倾向于亲近上方，本源在地的事物就倾向于亲近下方。这就是物以类聚、各从其类的自然规律。”

【解说】应：感应。求：追求，投合。

流：流向。湿：湿洼之处。就：接近，趋向。从：随从。作：兴起，有所举动。物：犹人也。睹：读为“著”，附也，亲附，亲近，或可解释为观看，景仰。

本：本源。亲：亲近。

上九曰“亢龙，有悔”，何谓也？子曰：“贵而无位，高而无民，贤人在下位而无辅，是以动而有‘悔’也。”

【本意】乾卦上九说“亢龙，有悔”，是什么意思呢？孔子说：“尊贵而没有权位，崇高而脱离民众，贤人处于下位而不愿意辅佐他，所以一有行动，就会酿成悔恨的后果。”

【解说】无：没有，无法。辅：辅佐。

“潜龙，勿用”，下也。“见龙在田”，时舍也。“终日乾乾”，行事也。“或跃在渊”，自试也。“飞龙在天”，上治也。“亢龙，有悔”，穷之灾也。乾元“用九”，天下治也。

【本意】“潜龙，勿用”，因为地位低下啊！“见龙在田”，是因时安居的状态。“终日乾乾”，是在努力做事啊！“或跃在渊”，是自己在跃跃欲试啊！“飞龙在天”，是君上在治国施政啊！“亢龙，有悔”，是穷途末路的灾难啊！乾卦

“用九”，是群英并出、天下大治的理想境界。

【解说】这一段是从人事方面来解释《乾》卦的爻辞。

下：隐居下位。

时：因时，暂时。舍：居也，安居，安置。

试：尝试，跃跃欲试。

上治：居上位而治世。

穷：穷极其高，困穷。

天下治：群英并出，天下大治。

“潜龙，勿用”，阳气潜藏。“见龙在田”，天下文明。“终日乾乾”，与时偕行。“或跃在渊”，乾道乃革。“飞龙在天”，乃位乎天德。“亢龙，有悔”，与时偕极。乾元“用九”，乃见天则。

【本意】“潜龙，勿用”，是指阳气潜藏，不可轻易妄用。“见龙在田”，是指天地一片锦绣繁荣的灿烂景象。“终日乾乾”，是指随从天时而行动。“或跃在渊”，是指天道即将出现变革。“飞龙在天”，是指达到了刚健之天德的理想境界。“亢龙，有悔”，是指随天时变化而达到了终极状态。乾元“用九”，群英并出，互相谦让，都不自居为首，于是天下大治，呈现出上天的法则。

【解说】天下文明：阳气升腾，草木丰茂，天地一片锦绣繁荣的灿烂景象。

时：天时，时机。偕：俱，同。

乾道：天道。革：改也，变革，改变。

位：读为立；立，成也。天德：乾元造就宇宙万物的功德。位乎天德：九五爻是一卦中最尊贵的爻位，阳爻上升到最佳位置，象征事物达到鼎盛状态，天德化育万物之功已成。

偕极：俱达到最高点，同臻于极致。

天则：上天之法则，即天道，大自然运行之内在规律。

乾“元”者，始而“亨”者也；“利贞”者，性情也。乾始能以美利利天下，不言所利，大矣哉！大哉！乾乎！刚健中正，纯粹精也；六爻发挥，旁通情也；“时乘六龙”，“以御天”也；“云行雨施”，天下平也。

【本意】乾“元”，开始就大亨通；“利贞”，是指天创生万物，使万物各得其宜，各得其性情之正。乾一开始能以化育的美与利以利天下万物，却不言利物之功，盛大啊！伟大啊乾阳，刚劲强健而中正不偏，可谓纯粹精微。六爻变动，普遍通达于情理，因时掌握六龙（爻）的变化，以驾御天道，云气流行，雨水普施，天下就太平安宁。

【解说】这一段再一次解释《乾》卦的卦辞和卦义，“元”疑当作“元亨”。《文言传》释“元”为始，释“亨”为通，“元亨”是天始生万物，使之亨通。

“利贞”者，性情也：天创生万物，使万物各得其宜，各得其性情之正。

乾始：乾元。美利：盛美、利物的特性和能力。不言所利：不夸耀其利物之功。

刚健：《乾》为纯阳卦，阳性刚健。纯粹精：纯阳无阴，粹而不杂，精纯至神。发挥：发动，变化。旁：广也，广泛。旁通情：广泛通达万物的真实情状。天下平：万物普遍受到润泽，天下一片太平景象，参见《乾》卦《象传》的注释。

君子以成德为行，日可见之行也。“潜”之为言也，隐而未见，行而未成，是以君子弗用也。

【本意】君子以成就道德理想作为行动指南，每天都能显现于一言一行。乾卦初九爻辞的“潜”是说，在起初阶段，隐居而未显现，行动尚未有成，所以君子须要韬光养晦，养精蓄锐，不宜出外有所作为。

【解说】成德：成就德业。日：每天。见：看见，呈现。潜之为言也：“潜”的意思是说。

君子学以聚之，问以辩之，宽以居之，仁以行之。《易》曰“见龙在田，利见大人”，君德也。

【本意】君子勤奋学习以聚积智慧，互相问难以明辨是非，宽宏大量以存心，仁民爱物以行事。《周易》说“见龙在田，利见大人”，此谓君子之德。

【解说】聚：聚积，积累。辩：读为辨，明辨是非。宽：宽厚，宽宏大量。居：存心，存养德性。仁：仁爱。行：行事。君德：君子的美德。

九三重刚而不中，上不在天，下不在田，故“乾乾”因其时而“惕”，虽危“无咎”矣。

【本意】乾卦九三爻处于重重阳刚交接之处而不居中位，上不及天位，下不在地（田）位，所以“勤勉不息”，因时而戒慎警惕，虽有危难，而仍可“无咎”。

【解说】重刚：九三是阳爻重阳爻，乾卦重乾卦，阳为刚，乾为纯阳至刚，九三是阳爻处于阳爻位，是初九、九二两个阳爻之上的又一个阳爻，又居于上下两个乾卦相接之处，故曰重刚。

不中：九三爻不在上卦或下卦的中位；上卦之中为九五爻，为天位，为君位；下卦之中是九二爻，好像在田野，在民间。

上不在天，下不在田：《周易》六十四卦的六爻之中，初爻、二爻为地之位，三爻、四爻为人之位，五爻、上爻为天之位；九三爻居于人位，故曰“上不在天，下不在田”。

九四重刚而不中，上不在天，下不在田，中不在人，故“或”之。“或”之者，疑之也，故“无咎”。

【本意】乾卦九四爻处于重重阳刚交接之处而不居中位，上不及天位，下不在地（田）位，中不在人位，所以会有所“或”，有所“或”，就是有所疑惑，临深履薄，因而可以“无咎”。

【解说】中不在人：三爻、四爻皆为人位，九四爻以阳爻处于阴爻位，不得正，故曰“中不在人”，或者说，九四爻居人位之上位而接近天位、君位

（五爻为天位、君位），故曰“中不在人”。

夫“大人”者，与天地合其德，与日月合其明，与四时合其序，与鬼神合其吉凶，先天而天弗违，后天而奉天时。天且弗违，而况于人乎？况于鬼神乎？

【本意】乾卦九五爻辞的“大人”，可以与天地匹配其美德，与日月匹配其圣明，与四时顺序相契合，与阴阳二气的微妙莫测之变化一样恰当影响事物吉凶，先于天时行动而天时不相违背，后于天时行动而尊奉天时。天都不会违背他，何况是人呢？何况是鬼神呢？

【解说】与天地合其德：与天地一样德泽无私，遍润万物。老子曰：“天之道，利而不害；圣人之道，为而不争。”

与日月合其明：同日月一样光明无私，普照万物。

与四时合其序：与四时一样运行，有严谨秩序，没有丝毫错乱。

鬼神：阴阳二气的微妙莫测之变化，而不是人们一般所谓的鬼神。与鬼神合其吉凶：与阴阳二气的微妙莫测之变化一样恰当影响事物吉凶。先天而天弗违：先于天时而行动，天时都不会违背他。

后天而奉天时：后于天时而行动，严格遵循天时变化的规律而行动。

“亢”之为言也，知进而不知退，知存而不知亡，知得而不知丧。其唯圣人乎！知进退存亡而不失其正者，其唯圣人乎！

【本意】乾卦上九爻辞中的“亢”，是说只知前进而不知后退，只知生存而不知灭亡，只知获得而不知丧失。这是圣人啊！知进退存亡之机而不违背中正之道，这是圣人啊！

【解说】“亢”之为言也，知进而不知退，知存而不知亡，知得而不知丧：“亢”的意思是说，只知道进而不知道退，只知道存而不知道亡，只知道得而不知道丧，不懂得物极必反的道理，没有忧患意识。

唯：犹是也。圣人：具有高度智慧的人。失：失去，违背。正：中正之道。

二、坤（下坤上坤）

䷁《坤》：元亨，利牝马之贞；君子有攸往，先迷，后得主，利；西南得朋，东北丧朋，安贞，吉。

【本意】《坤》卦象征着大通顺，关于雌马之类事物的占问是吉利的；君子有所行动，起初迷路了，后来终于遇到了主人，吉利；在西南得到了朋友，在东北丧失了朋友，关于安居方面的占问，是吉利的。

【解说】《坤》卦由六个阴爻组成，为纯阴之卦，故坤有柔顺之义，主象为地。《说卦传》曰："坤，顺也……坤，地也。"古《易》"坤"或作"巛"，帛书《周易》经传皆作"川"，"巛""川"皆为"顺"之古字。《广雅·释诂》曰："巛，顺也。"

元亨：大通顺。

牝（pìn）：雌性。贞：占问。利牝马之贞：关于雌马之类阴性事物的占问是吉利的。

君子：贵族与士等有地位的人，是大人的初级状态，古人认为德须配位，故可引申为有修养的人。攸：所。先迷：起初迷路了。后得主：后来终于遇到主人，指到达目的地。李鼎祚《周易集解》引卢氏曰："坤，臣道也、妻道也，后而不先，先则迷失道矣，故曰'先迷'。阴以阳为主，当后而顺之，则利，故曰'后得主，利'。"

朋：朋友，或者说，《易经》卦爻辞中的"朋"，一般指代货币，即钱财，"朋"为古代货币单位，古代货币起先用贝，十贝为一朋。西南得朋，东北丧朋：在西南得到了朋友，在东北丧失了朋友，或者说，周人西南多友邦，所以周人到西南各国去，能赚到钱，而在东北却有强敌，到强敌处做生意，往往被人抢劫，所以会丧失钱财。李鼎祚《周易集解》引崔憬曰："妻道也。西方坤兑，南方巽离，二方皆阴，与坤同类，故曰'西南得朋'。东方艮震，北方乾坎，二方皆阳，与坤非类，故曰'东北丧朋'。以喻在室得朋，犹迷于失道；出嫁丧朋，乃顺而得常。"

安贞，吉：关于安居方面的占问，是吉利的。安：安居。贞：卜问，占问。

《彖》曰：至哉！坤“元”！万物资生，乃顺承天；坤厚载物，德合无疆，含弘光大，品物咸“亨”；“牝马”地类，行地无疆，柔顺“利贞”；“君子”“攸”行，“先迷”失道，“后”顺“得”常；“西南得朋”，乃与类行；“东北丧朋”，乃终有庆；“安贞”之“吉”，应地无疆。

【**本意**】博大至极啊！坤元！万物依赖它而生成，其本性就是顺承天道；大地以浑厚之德载育万物，其德性与天契合而无边无际，包含宽宏而广大无垠，万物皆得“亨通”；“牝马”属于地类，奔驰于地而无有限量，柔弱顺从而宜于守正；君子有所行动，先自作主而迷失其道，后来顺从而得其常道；“西南得朋”，则是与同类协行；“东北丧朋”，终究会有吉庆；“安于守正”之吉，是因为应合地道而无量无边。

【**解说**】至哉：博大至极啊！

坤“元”：《坤》卦的“元”，坤为地，元为元气，原始之气，故坤“元”在此可解释为作为生成宇宙万物原始物质的宇宙元气。

资：依赖，凭借。生：生成，形成。顺：顺从。承：奉，受。万物资生，乃顺承天：万物依赖它而生成，其本性就是顺承天道。

厚：厚重。载：承载。德合：地的德性在于与天配合。无疆：广大无穷。坤厚载物，德合无疆：大地以浑厚之德载育万物，其德性与天契合而无边无际。

含：包，容。弘：大。光：借为“广”。光大：广大，指地体广阔无边。含弘光大，品物咸“亨”：包含宽宏而广大无垠，万物皆得“亨通”。

“牝马”地类：牝马属于阴性事物，大地是阴性事物的典型象征，二者性质相类似，故曰“‘牝马’地类”。

“先迷”失道，“后”顺“得”常：坤阴宜于顺从，先于乾阳而动则会迷失方向，有失柔顺之道；坤阴后于乾阳而动，持守柔顺之道，则得以合于常道。

朋：朋友，同类。“西南得朋”，乃与类行：《易传·说卦传》以坤为西南方之卦，故曰“‘西南得朋’，乃与类行”。

“东北丧朋”，乃终有庆：《易传·说卦传》以艮为东北方之卦，艮为阳卦，坤为阴卦，二者虽不同类，然阴阳天性亲和相应，故曰“‘东北丧朋’，乃终有庆”。

安贞：安静，贞固。“安贞”之“吉”，应地无疆：行事能安静贞固，坚守坤阴之道，与大地柔顺之德相应，则吉利。

《象》曰：地势，《坤》；君子以厚德载物。

【本意】《坤》卦上下两坤可以成势，故曰“地势”；君子应当效法大地柔顺宽厚的德性，用广大博厚之德泽来包容化育万物。

【解说】地势，《坤》：《坤》卦下坤上坤，坤为地，两坤可以成势，故曰“地势”。

君子：贵族与士等有地位的人，是大人的初级状态，古人认为德须配位，故可引申为有修养的人。

厚德载物：大地谦卑柔顺，以承天载物，君子应当效法大地柔顺宽厚的德性，用广大博厚之德泽来包容化育万物。

初六：履霜，坚冰至。

《象》曰：“履霜坚冰”，阴始凝也；驯致其道，“至”“坚冰”也。

【本意】初六象征着踩上了霜，就知道坚冰即将要到来了。

《象传》解释说：初六“履霜”，阴气开始凝结；顺推其道，即可知道将要来“坚冰”了。

【解说】履：践，踩。至：到来。

凝：冷凝，凝结。驯：犹顺。驯致：犹顺推。《说文》：“驯，马顺也。”“履霜坚冰”，《三国志·魏志·文帝纪》许芝引作“初六履霜”，朱熹、项安世、惠栋、高亨等皆从之。本书亦从之。

六二：直、方、大，不习，无不利。

《象》曰：“六二”之动，“直”以“方”也；“不习，无不利”，地道光也。

【本意】六二象征着大地有平直、方正、广大的德性，能遵循大地的这些美德行事，即使去了不习惯的陌生之地，也无不利。

《象传》解释说:"六二"之行动,"平直"而"方正";"不习,无不利",六二具备地道中正之德,故能惠泽广大。

【解说】直:平直。方:方正。大:博大,广大。习:习惯。

以:犹且。地道:以大地为代表的阴性事物柔顺无争的行为方式。光:借为"广",广大。

六三:含章,可贞,或从王事,无成有终。

《象》曰:"含章,可贞",以时发也;"或从王事",知光大也。

【本意】六三象征着内含美德,是可行的占问,顺从首领参与国家大事,不可以自居有功,最终自然会有好结果。

《象传》解释说:"含章,可贞",因时而发动;"或从王事",智慧就可以发扬光大。

【解说】含章:含有华章,比喻内含美德。可贞:可行的占问,即吉利之占。

王事:国家大事。无成有终:不可以自居有功,最终自然会有好结果,或者解释为,即使暂时不能有所成就,最终也会有好结果。

时:时机,时节。发:发扬,显示。知:同"智",智慧。光:借为"广",广大。

六四:括囊,无咎无誉。

《象》曰:"括囊,无咎",慎不害也。

【本意】六四象征着沉默无言,不会有灾咎,也不会有美誉。

《象传》解释说:"括囊,无咎",谨慎戒惧而不会有祸害。

【解说】括:束结,扎紧。囊:口袋。括囊:扎紧口袋,比喻人默然无言。

慎:谨慎戒惧。不害:不会有祸害。

六五：黄裳，元吉。
《象》曰："黄裳，元吉"，文在中也。

【本意】六五象征着好像是黄色的下衣，虽德高位重而谦卑处下，所以大吉。

《象传》解释说："黄裳，元吉"，美德持守于内。

【解说】黄裳：黄为正色，裳为下衣，虽为正色而甘居下位，比喻虽德高位重而谦卑处下。元吉：大吉。

文在中：内秀，文采在内，不轻易显露。

上六：龙战于野，其血玄黄。
《象》曰："龙战于野"，其道穷也。

【本意】上六象征着龙交战于荒野，其血青黄混杂。

《象传》解释说："龙战于野"，坤阴之道已经穷极。

【解说】龙战于野：阴盛之极，物极必反而生阳，故于《坤》之上六而现"龙"，此时就会阴阳交战，互相争胜。玄：青色。玄黄：青黄混杂，或者说，玄黄同泫潢，流血很多的样子。穷：穷尽，困穷。

用六：利永贞。
《象》曰："用六""永贞"，以大终也。

【本意】用六象征着有利于关于长久事务方面的占问。

《象传》解释说："用六""永贞"，坤阴养育万物，而以宽厚柔顺、方正博大终成正果。

【解说】用：帛书《周易》作"迵"；迵读为通，意为皆，全。用六：《坤》卦六爻皆六。

用六：是《坤》卦特有的爻题，依古筮法，本卦《坤》卦六爻皆为六，遂变为《乾》卦，这时就以用六爻辞为依据来判断吉凶。利永贞：有利于关于长久事务方面的占问。

以大终也：依古筮法，《坤》卦六爻皆为六，遂变为《乾》卦，《乾》卦六爻皆为阳爻，阳为大，故曰"以大终也"。

《文言》曰:《坤》至柔而动也刚，至静而德方，“后得主”而有常，含万物而化光。坤道其顺乎！承天而时行。

【本意】《坤》卦六爻皆为阴爻，极为柔顺，又承天而动，生养万物，永不停息，柔中有刚；极为安静，而其德方正；后找到主人而保有常道，含蕴万物而化育无量无边。坤道真柔顺啊！顺承天道而依时行动。

【解说】《坤》至柔而动也刚:《坤》卦六爻皆为阴爻，阴为柔，故曰“至柔”；坤为地，地承天而动，生养万物，永不停息，柔中有刚，故曰“《坤》至柔而动也刚”。

至静:《坤》卦六爻皆为阴爻，阴性为静，所以称“至静”。德方：古人认为天圆地方，坤为地，故称“德方”。

“后得主”：坤承乾而动，地后天而行，才能得天以为主，故曰“后得主”。常：常道，即规律。有常：地生养万物有其自身的规律。

含：包容，含育。化光：化育广大万物；光，借为“广”，广大，无量。

坤道其顺乎：坤道顺承天道，宜于柔顺无争，故称“坤道其顺乎”。承：顺承。

积善之家必有余庆，积不善之家必有余殃。臣弑其君，子弑其父，非一朝一夕之故，其所由来者渐矣，由辩之不早辩也。《易》曰“履霜，坚冰至”，盖言顺也。

【本意】积善之家，必定吉庆有余；积不善之家，必定后患无穷。臣民杀掉国君，儿子杀死父亲，这种极端事件并非一朝一夕的缘故，而是由来已久，逐渐积累而成的，只是由于没有防微杜渐，没有及早察觉此事的苗头而予以防范。《周易》说“履霜，坚冰至”，就是说要顺从事物发展的内在规律。

【解说】余：有余的，不断的。庆：吉庆。殃：灾祸。

弑：杀，以下杀上。渐：逐渐，日积月累。辩：读为辨，明辨，察觉。顺：顺序，事物发展的内在规律。

“直”其正也，“方”其义也；君子敬以直内，义以方外，敬义立而德不孤；“直、方、大，不习，无不利”，则不疑其所行也。

【本意】“直”是说存心正直，“方”是说处事得宜；君子以敬存养而使内心正直，以义行事而使言行方正，“敬”“义”确立而道德就不会孤立了；“直、方、大，不习，无不利”，是说一个人能够存心正直，处事得宜，就不会有人怀疑他的行为了。

【解说】“直”其正也，“方”其义也：坤道顺从天，所以直而不曲，比喻正直。古称天圆地方，地“方”比喻方正重义。其：犹乃，就是。

君子：贵族与士等有地位的人，是大人的初级状态，古人认为德须配位，故可引申为有修养的人。

敬以直内，义以方外：以敬存养而使内心正直，以义行事而使言行方正，或者说，以敬畏之心使自己正直，以处事得宜使外物方正。立：立身。德不孤：有德者必得众人之信任和景仰，因而不会孤立。

疑：怀疑。“直、方、大，不习，无不利”，则不疑其所行也：君子能以“直、方、大”的坤德自我激励和要求，则不会有人怀疑他的行为。

阴虽有美，“含”之以“从王事”，弗敢“成”也，地道也，妻道也，臣道也。地道“无成”，而代“有终”也。

【本意】坤卦六三虽有美德，而能“含藏”不露，以随从君王处事，不敢自居有成，这就是地道、妻道、臣道。地道虽然看似“没有成就”，却能代代有好结果。

【解说】美：美德。含：含蓄。成：自居有成，居功自得。

地道也，妻道也，臣道也：都是指顺从之道，不敢与乾阳争功，不敢显山露水，外露才德。代：代代，年年。

天地变化，草木蕃；天地闭，贤人隐。《易》曰“括囊，无咎无誉”，盖言谨也。

【本意】天地交感和合而生变化，草木万物就繁盛丰茂；天地闭塞不通，贤明之人就只好隐退韬晦。《周易》说“括囊，无咎无誉”，就是在讲谨慎处世的道理。

【解说】天地变化：天地阴阳和合交感而生变化。草木蕃：比喻百业兴隆昌盛；蕃，繁荣畅茂。

闭：塞，闭塞不通。天地闭：天地阴阳不通，互相隔绝封闭。隐：隐遁，退隐，避世。谨：谨慎戒惧。

君子“黄”中通理，正位居体，美在其中，而畅于四支，发于事业，美之至也！

【本意】坤卦六五是说，君子内有美德，通达事理，柔顺尊贵，居于正位，美德存于心中，而畅达于行动，发之于事业，这正是美的极致啊！

【解说】“黄”中通理：由中发外，有文理可见。黄中：坤为地，黄为地之正色，六五爻居上卦之中位，故曰“黄中”。尚秉和《周易尚氏学》曰：“地色黄，黄中色，五中位，故曰‘黄中’。”通理：坤德内秀发外，通达事理。

正位居体：体居正位，有“黄中”之德的人，行为持守中道，身体平和安泰，事业成功顺遂。

美：美德。中：内心。支：读为“肢”，四肢，引申为行动。发：见，见于，体现。美之至：坤之美德达到极致，得到最充分的展现。

阴疑于阳必“战”，为其嫌于无阳也，故称“龙”焉；犹未离其类也，故称“血”焉；夫“玄黄”者，天地之杂也，天玄而地黄。

【本意】坤阴至极生阳，阴阳必定会发生交战，因为嫌《坤》卦没有阳爻，所以只好在上六爻辞称“龙”，然而此爻还是阴爻，未曾离开阴类，故爻辞称“血”；“玄黄”是天地的混杂之色，天色为玄，地色为黄。

【解说】阴疑于阳：坤阴至极生阳，或者说，阴与阳势均力敌。疑：凝成，有的《周易》版本正作“凝”，意思是凝聚、凝结，或者说，疑通“拟”，相比拟，势均力敌。朱熹《周易本义》曰：“‘疑’谓钧敌而无小大之差也。”

阴疑于阳必“战”，为其嫌于（无）阳也，故称“龙”焉：《坤》卦上六爻是阴爻，上六以阴爻而居一卦之最上位，处于极盛状态，阴极而阳，龙性阳刚，“故称‘龙’焉”;《乾》称龙,《坤》亦称龙，二龙抗争交战，故曰“阴疑于阳必‘战’”。嫌：疑也，同“阴疑于阳”中的“疑”;“嫌”，有的《周易》版本作“兼”“谦”“嗛”“溓”。为其嫌于无阳也：有的《周易》版本没有“无”字。

犹未离其类也，故称“血”焉:《坤》卦上六虽然以“阴疑于阳”而称“龙”，但它仍然是属于《坤》卦的，仍然是阴爻,《坤》卦为纯阴卦，所以说上六仍然未脱离阴类事物，血也属于阴类事物，“故称‘血’焉”。

玄黄：玄为天之色，黄为地之色，玄黄指天地相混，阴阳不分。天地之杂也：天地玄黄相混杂。

三、屯（下震上坎）

䷂ 《屯》：元亨，利贞；勿用有攸往，利建侯。

【本意】《屯》卦象征着大通顺，是有利的占问；不能有所行动，有利于建国封侯。

【解说】屯（zhūn）:“屯”作为《周易》卦名时读音稍异，其本义是指草木初生，也有学者释为春、禾、椿，引申为困难、困顿、聚集。元亨：大通顺。利贞：有利的占问。勿用：不可，不能。有攸往：有外出，指有所行动。攸：所。利建侯：有利于建国封侯。

《彖》曰:《屯》，刚柔始交而难生，动乎险中，大“亨”“贞”；雷雨之动满盈，天造草昧，宜“建侯”而不宁。

【本意】《屯》之卦象意味着乾坤刚柔初始相交而有困难，动于险难之中，是大通顺的占问;《屯》卦有雷雨之象，雷雨发动，充满天地之间，天地造化，万物草创而昏昧，适宜于建国封侯，乃可逐渐大安。

【解说】《屯》，刚柔始交而难生:《屯》卦下震上坎，震为雷，性刚，卦象为一个阳爻在下，两个阴爻在上，“阳伏而不能出，阴迫而不能蒸”，阳爻处于受压制的不利地位；坎为水，性柔，卦象为一个阳爻居中，上下皆是阴爻，阳爻陷入其中，处于孤立无援的不利地位；整体卦象也是下震上坎，刚在下而柔在上；乾坤刚柔初始相交，而阳皆不利，故曰“《屯》，刚柔始交而难生”。参阅唐明邦先生主编的《周易评注》。

动乎险中，大“亨”“贞”:《屯》卦下震上坎，震为雷、为动，坎为水、为险，雷下水上，动在中（内）而险在外，故称“动乎险中”；坎为水、为云，《屯》卦又有雷雨之象，雷雨能使万物生长，繁荣茂盛，因而是大通顺的占问，故曰“大‘亨’‘贞’”。李鼎祚《周易集解》曰:“震为动也，上有坎，是‘动乎险中’也。动则物通而得正，故曰‘动乎险中，大亨贞’也。”

草昧：昏冥蒙昧的样子。雷雨之动满盈，天造草昧：雷雨并作，元气充盈于天地之间，万物创生于昏冥蒙昧之中。

不：读为“丕”，大也。不宁：大安，或者说，侯国新建，安不忘危，不宁即不忘危之意。高亨《周易大传今注》曰:“余疑‘不’当读为‘丕’。古书常以‘不’为‘丕’。《尔雅·释诂》:‘丕，大也。’丕宁，大安也。”

《象》曰：云雷，《屯》；君子以经纶。

【本意】《屯》卦有“云雷”之象；君子观此卦象，当安泰如云，雷厉风行，以经世治乱，使之秩序井然。

【解说】云雷，《屯》:《屯》卦下震上坎，震为雷，坎为水，在天为云，有“云雷”之象。君子：贵族与士等有地位的人，是大人的初级状态，古人认为德须配位，故可引申为有修养的人。经纶：治乱丝，使之经纬分明，秩序井然，比喻经世治乱，治国理政。陈梦雷《周易浅述》曰:“坎不言水而言云者，在雷之上，郁而未通，雨而未成也。”所以是艰难，象征天下有艰难，有待君子来治理。

初九：磐桓，利居贞，利建侯。
《象》曰：虽“磐桓”，志行正也；以贵下贱，大得民也。

【本意】以大石为柱，安全稳定，故有利于安居方面的占问，有利于建国封侯。

《象传》解释说：虽然有大石为柱，有强大实力，但仍然能够戒骄戒躁，志行端正；尊贵者甘居卑贱者之下，所以能大得民心。

【解说】磐（pán）：大石。桓：柱子。或者说，磐桓是徘徊难进的样子，有的《周易》版本作“盘桓”，亦可通。利居贞：有利于安居方面事务的占问。

虽“磐桓”，志行正也：虽然有大石为柱，有强大实力，但仍然能够戒骄戒躁，意志坚定，德行端正。

以贵下贱，大得民也：尊贵者甘居卑贱者之下，谦卑有礼，所以能大得民心。

六二：屯如邅如，乘马班如，匪寇，婚媾；女子贞，不字，十年乃字。

《象》曰：“六二”之难，“乘”刚也；“十年乃字”，反常也。

【本意】遇到困难而徘徊不前，乘马回旋不进，来人不是盗寇，是来求婚的；女子坚贞自守，不肯嫁人，要过多年（十年）以后才许嫁。

《象传》解释说：“六二”之难，是由于六二阴柔乘凌初九阳刚造成的；多年（十年）以后才许嫁，是不常见的。

【解说】屯如：遇到困难来回绕行的样子。邅 (zhān) 如：欲进不进、徘徊不前的样子。班如：回旋不进的样子。匪：非。寇：盗寇，抢掠。婚媾：求婚；有学者认为是古代的抢婚。字：许嫁，或者说“字”意为爱，为妊娠。女子贞，不字，十年乃字：坚贞的女子不会马上许嫁，要到多年（十年）以后才许嫁。

乘：凌。乘刚：六二阴柔乘凌初九阳刚。反常：反于常理，不常见。

六三：即鹿无虞，惟入于林中，君子几不如舍，往吝。

《象》曰：“即鹿无虞”，以从禽也；“君子”“舍”之，“往吝”穷也。

【本意】追鹿而没有虞人帮助，结果在林中迷路了，君子与其追逐野兽，不如暂时舍弃它，因为继续往前追赶就会有险难。

《象传》解释说：追逐野兽而没有虞人帮助，是因为拼命追逐野兽的缘故；君子暂时舍弃它，因为继续往前追赶就会有险难，落入困境。

【解说】即鹿：就鹿，追鹿，逐鹿，泛指狩猎。虞：虞人，掌管山林野兽的官，为贵族打猎提供方便，驱赶鸟兽。君子：贵族与士等有地位的人，是大人的初级状态，古人认为德须配位，故可引申为有修养的人。几：近也，接近，指接近野兽，追逐野兽。舍：舍弃。往吝：继续往前追赶就会有险难。

禽：野兽，《说文》曰："禽：走兽总名。"从：随行，追逐。穷：穷尽，困境。

六四：乘马班如，求婚媾，往吉，无不利。
《象》曰："求"而"往"，明也。

【本意】乘马徘徊不进，为的是来求婚，继续往前，吉无不利。

《象传》解释说：求婚而小心谨慎，主动前往，是明智的举动。

【解说】班如：回旋不进的样子。明：明智。

九五：屯其膏，小贞吉，大贞凶。
《象》曰："屯其膏"，施未光也。

【本意】恩泽屯聚积滞，不能广泛惠及民众，小事方面的占问则有利，大事方面的占问则有凶。

《象传》解释说：恩泽屯聚积滞，不能广泛惠及民众。

【解说】屯其膏，小贞吉，大贞凶：恩泽屯聚积滞，不能广泛惠及民众，小事方面的占问则有利，因为小事不用大家帮助；大事方面的占问则有凶，因为大事需要大家帮助，而由于不得民心，大家不会再来积极帮助。屯：积聚，积滞。膏：油脂，比喻恩泽。

光：借为"广"，广泛。

上六：乘马班如，泣血涟如。
《象》曰："泣血涟如"，何可长也？

【本意】乘马徘徊不进，血泪不止。

《象传》解释说："泣血涟如"，这样怎么能长久呢？

【解说】泣血涟如：伤心至极、血泪不止的样子。

何可长也：怎么能长久呢？

四、蒙（下坎上艮）

䷃《蒙》：亨；匪我求童蒙，童蒙求我，初筮告，再三渎，渎则不告，利贞。

【本意】《蒙》卦象征着亨通；不是我求童蒙，而是童蒙求我，初次占筮则告诉他占筮结果，再三占问则亵渎神明，亵渎神明则不再告诉他占筮结果，能够持守这样的原则，所以是有利的占问。

【解说】蒙：从艹冡声，冡为菟丝，一年生寄生草本，茎细如丝，蒙字本义是冡上又有草，引申为蒙蔽、蒙昧、幼稚。"蒙"在楚简《周易》中皆作"尨"，二字古通。

《蒙》，亨：蒙指蒙昧，不明事理，但蒙昧的人正可以教育引导，听从塑造，所以亨通。

匪：非。我：卜筮者。童蒙：蒙昧幼稚的人。渎：亵渎。

初筮告，再三渎，渎则不告：古代占问，一事只占一次，初筮结果会告诉；如果初筮而不信，再三占筮，便是亵渎神灵，"渎则不告"。两"告"字，汉熹平石经和帛书本皆作"吉"。

利贞：有利的占问。

《彖》曰：《蒙》，山下有险，险而止，《蒙》；《蒙》"亨"，以亨行时中也；"匪我求童蒙，童蒙求我"，志应也；"初筮告"，以刚中也；"再三渎，渎则不告"，渎蒙也；蒙以养正，圣功也。

【本意】《蒙》卦象是山下有险，知有险难而及时停止，等待启蒙指点，故名为蒙；《蒙》之"亨"是说，启发蒙昧须得时而持中，乃可亨通；"不是我求童蒙，而是童蒙求我"，我有求必应，所以说是志愿相应；"初筮告"，是因为童蒙得刚健中正之道；"再三渎，渎则不告"，初筮而不信，再三占筮，便是亵渎神灵，是蒙昧无知的表现；蒙昧的人用长期启发来使其养成中正之德，正是圣人的功业。

【解说】《蒙》，山下有险，险而止，《蒙》：《蒙》卦下坎上艮，艮为山、为止，坎为险，故曰“《蒙》，山下有险，险而止”。

《蒙》“亨”，以亨行时中也：《蒙》卦九二爻与六五爻得中而相应，阴阳谐和，故能亨通；启发蒙昧须得时而持中，乃可亨通。

“匪我求童蒙，童蒙求我”，志应也：“我”之志与“童蒙”之志相合，故曰“志应也”。志：意志，意愿。应：应和，吻合。

以：因为，由于。刚中：九二爻为阳爻，居下卦之中位，阳性刚，象征刚健中正。

渎蒙：渎犯神灵是蒙昧造成的。

蒙以养正，圣功也：蒙昧的人用长期启发来使其养成中正之德，正是圣人的功业。

《象》曰：山下出泉，《蒙》；君子以果行育德。

【本意】《蒙》卦下坎上艮，坎为水，为泉，艮为山，故曰“山下出泉”；君子观此卦象，当果敢行事，取象于山之壁立万仞；培育美德，取象于泉之滋养万物。

【解说】山下出泉：《蒙》卦下坎上艮，坎为水，为泉，艮为山，故曰“山下出泉”。果行育德：果敢行事，取象于山之壁立万仞；培育美德，取象于泉之滋养万物。

初六：发蒙，利用刑人，用说桎梏，以往，吝。
《象》曰：“利用刑人”，以正法也。

【本意】启发蒙昧的人，宜于惩罚犯罪之人，使之得到警戒，如果随意解脱犯人的桎梏，让他外出走远，他也许会逃跑，造成麻烦。

《象传》解释说：“利用刑人”，是说起初宜严正法度。

【解说】发蒙：启发蒙昧的人。刑人：惩罚犯罪之人，或者说是犯人。说：读为“脱”，摆脱，解脱。桎梏：古代刑具，木在足曰桎，在手曰梏。

以往：用作外出远方。吝：难也，困难，麻烦。以往，吝：犯人脱开枷锁，让他外出走远，他也许会逃跑，造成麻烦，所以说“吝”。

正：严正。法：法律。“利用刑人”，以正法也：“利用刑人”，是说起初宜严正法度，或者说这是对法律的修正，以前的法律不准用刑人，随着社会的进步，法律也趋于宽容。

九二：包蒙，吉；纳妇，吉；子克家。

《象》曰：“子克家”，刚柔接也。

【本意】包容蒙昧则吉；娶媳妇，吉利；儿子有能力成家。

《象传》解释说：“子克家”，是因为刚柔互相交接应和。

【解说】包蒙：担当启发蒙昧的责任，而要启发蒙昧，先要包容蒙昧。纳妇：娶媳妇。克：成。

刚柔接也：九二爻是阳刚，初六、六五是阴柔，九二能持守中道，有初六顺承，与六五相应，刚柔互相交接应和，自然会受人欢迎，有所成就，故曰“子克家”“吉”。

六三：勿用取女，见金夫，不有躬，无攸利。

《象》曰：“勿用取女”，行不顺也。

【本意】不能娶此女子，因为她见了英俊的男人就不能自持，娶她没什么好处。

《象传》解释说：“勿用取女”，因为乘凌阳刚的女子不太顺从。

【解说】取：娶也；有人解释为捕取，抢夺。取女：娶女子为妻；有人解释为抢夺女子。金夫：英俊潇洒的男子，即今所谓帅哥，或解释为有金钱的男子（大款）、使用金属武器的勇夫。不有躬：不能把持自己，洁身自好；有人解释为丧命。攸：所。

“勿用取女”，行不顺也：《蒙》卦六三爻居于九二爻之上，为以柔乘刚之象，阴柔以顺承阳刚为吉，乘凌阳刚为凶，乘凌阳刚的女子不太顺从，不宜娶为妻子，故曰“行不顺也”。

六四：困蒙，吝。

《象》曰："困蒙"之"吝"，独远实也。

【本意】受困于蒙昧，会有麻烦。

《象传》解释说："困蒙"之"吝"，是因为六四远离九二和上九两个阳爻，孤立无主。

【解说】困蒙：使奴隶处于危困之中。吝：难也，艰难，麻烦。困蒙，吝：使奴隶处于危困之中，必将激起反抗，自找麻烦。

实：阳刚，比喻贤明智慧之人。"困蒙"之"吝"，独远实也：《蒙》卦六四爻远离九二和上九两个阳爻，孤立无主，会陷入麻烦，故曰"'困蒙'之'吝'，独远实也"。

六五：童蒙，吉。

《象》曰："童蒙"之"吉"，顺以巽也。

【本意】纯真无邪的童子会顺从教导，故吉利。

《象传》解释说："童蒙"之所以"吉"，是因为他能够柔顺而谦逊。

【解说】童蒙：纯真无邪的童子。

顺：柔顺，顺从，舍己从人。巽：谦逊，屈服，降志下求。

上九：击蒙，不利为寇，利御寇。

《象》曰："利"用"御寇"，上下顺也。

【本意】惩治蒙昧的人，方法得当，不让他们变为盗寇，可以利用他们防御盗寇。

《象传》解释说：之所以有利于抵御盗寇，是因为上下能够和睦相处，同仇敌忾。

【解说】击蒙：攻击愚昧之人或昏乱之邦。御：防御。

顺：和顺。

五、需（下乾上坎）

䷄《需》：有孚，光亨，贞吉，利涉大川。

【本意】《需》卦象征着有诚信，而广为祭祀，占问吉利，有利于涉过大河。

【解说】《需》：需有遇雨不进、等待、滞留、需要之意。《归藏》佚文作“溽”，帛书《周易》作“襦”（其本义为古代求雨之祭），上博楚简《周易》作“”（濮茅左先生隶作“”，廖名春先生隶作“”，李零先生近于廖先生）。孚：信，诚信，或者说是俘获，收获。光：光明，或读为“广”，广大。亨：通，亨通。涉大川：渡过大河；在《易经》中，“涉大川”可以看作一种象征，象征能渡过难关，克服艰难险阻。

《象》曰:《需》，须也，险在前也，刚健而不陷，其义不困穷矣；“《需》，有孚，光亨，贞吉”，位乎天位，以正中也；“利涉大川”，往有功也。

【本意】需，意思是等待、停留、停驻。危险就在前方，有刚健之德而不会陷入，其道义为不至于困穷；“《需》，有孚，光亨，贞吉”，是说九五爻位于天位，又是天子之位，以其居正得中；“利涉大川”，是说勇往直前可以有功。

【解说】须：等待。

位乎天位：前一“位”字是处在、居于的意思，后一“位”字是位置的意思。天位：五爻为天位，又是君位。

“利涉大川”，往有功也：因为能从容等待时机，不急躁盲动，故往而有功，无往而不利。

《象》曰：云上于天，《需》；君子以饮食宴乐。

【本意】《需》卦卦象为云在天上，好像天将待时而雨，象征朝廷将有恩泽惠及于民，只是要等待时机，故名为需，意思就是等待；君子观此卦象，宜注意饮食，安然自乐，养精蓄锐，从容以待时机。

【解说】云上于天,《需》:《需》卦下乾上坎,坎为水,为云,乾为天,云在天上,好像天将待时而雨,象征朝廷将有恩泽惠及于民,只是要等待时机。“云上于天”,王肃本作“云在天上”(《经典释文》)。

宴:安也。君子以饮食宴乐:君子观此卦象,暂时不可以有所作为,而宜饮食宴乐,养精蓄锐,从容以待;兑为悦、为口,故曰饮食宴乐。孔子曰:“君子博学深谋,修身端行,以俟其时。”《中庸》曰:“君子居易以俟命,小人行险以徼幸。”孟子曰:“夭寿不贰,修身以俟之,所以立命也。”

初九:需于郊,利用恒,无咎。

《象》曰:“需于郊”,不犯难行也;“利用恒,无咎”,未失常也。

【本意】在郊外等待时机,有利于守常以待,则无过无灾。

《象传》解释说:“需于郊”,是说不冒险行动;“利用恒,无咎”,因为没有违反常理。

【解说】需:等待。郊:郊外。用:以,持守。恒:常。用恒:守常以待。

犯:触犯,接触,从事。难行:难行之地或难成之事。未失常:没有违反常理。

九二:需于沙,小有言,终吉。

《象》曰:“需于沙”,衍在中也;虽“小有言”,以“吉”“终”也。

【本意】在沙滩上逗留,虽然会受到一些谴责,但终究是吉利的。

《象传》解释说:“需于沙”,宽裕温柔以处之;虽“小有言”,但会以“吉”而“告终”。

【解说】沙:沙洲,也指难行而可以走出之地。小:帛书《周易》作“少”,“小”“少”古通。小有言:少有口舌。言:谴责,责难,非议,口舌。终:最终,终究。

衍:宽也,宽绰,宽裕;流也;通愆,过失。中:犹内也。衍在中:九二能持守中道,以宽居中,宽裕温柔,不急躁冒进。

九三：需于泥，致寇至。

《象》曰："需于泥"，灾在外也；自我"致寇"，敬慎不败也。

【本意】在泥泞中停留，招致盗寇来袭。

《象传》解释说："在泥泞中停留"，灾难会自外而来；是自己"招致盗寇"，所以只有恭敬谨慎，才会立于不败之地。

【解说】泥：泥沼。九三上临坎，为水，象近水之地，故说"泥"。坎为陷，为险，为盗，故说"致寇至"。

"需于泥"，灾在外也：九三爻以阳刚之性进遇上卦坎，上卦为外，坎为水，为陷，为险，为盗，为隐伏，故曰"灾在外也"。

自我"致寇"，敬慎不败也：九三爻以阳刚之性居于阳爻位，阳性动，又邻接上卦坎，坎为险，其濒临险难，是由其自身容易盲动冒进所致，故曰（即将）"自我'致寇'"，但九三爻当位，又与上六相应，如能"敬慎"行事，则不会导致失败。

六四：需于血，出自穴。

《象》曰："需于血"，顺以听也。

【本意】在沟洫之地等待，由穴窟中逃出。

《象传》解释说："需于血"而能逃出，因为顺从阳刚而甘愿听命。

【解说】血：洫也，沟洫，或者说血泊。

顺以听：坎为耳，故曰听；六四是阴爻，九五是阳爻，六四以阴上承阳，顺从阳刚而甘愿听命。

九五：需于酒食，贞吉。

《象》曰："酒食贞吉"，以中正也。

【本意】停驻于酒食之前，可以饮食安乐，此占问是吉利的。

《象传》解释说："停驻于酒食之前而获吉利"，因为能持守中正之道。

【解说】需于酒食，贞吉：停驻于酒食之前，可以饮食安乐，从容以待时机，此占问是吉利的。

"酒食贞吉"，以中正也：因为九五爻能居中守正，审时度势，从容以待，故此占问是吉利的。

上六：入于穴，有不速之客三人来，敬之，终吉。

《象》曰："不速之客来，敬之，终吉"，虽不当位，未大失也。

【本意】进入自己的居所，有三个不速之客忽然来到，以礼敬之，终究吉利。

《象传》解释说："不速之客来，敬之，终吉"，虽然位有不当，所幸没有大的过失。

【解说】穴：古人穴居，故回家即入穴。不速之客：不请自来的客人。敬之，终吉：对于不速之客能够以礼相待，毕恭毕敬，最终自会吉利。

不当位：九五是尊位，君位，上六不值九五之尊位，故曰"不当位"。此处"不当位"不是通常之意，在《周易》中属于特殊之例。未大失：上六虽不居九五中正之位，而已到了物极必反之最高位，但因为它是阴爻，阴性柔顺善从，故不会有什么大过失。

六、讼（下坎上乾）

䷅ 《讼》：有孚，窒惕，中吉，终凶；利见大人，不利涉大川。

【本意】《讼》卦象征着有诚信，戒惧警惕，争讼中虽然有吉，但最终还是有凶；有利于谒见大人，但不宜渡涉大河。

【解说】讼：争讼，诉讼。

孚：诚信，或者说同"俘"，俘虏。窒：通恎，惧也；阻止，镇压。惕：警惕。中吉，终凶：中间吉利，但最终有凶。利见大人：有利于谒见大人，或者说同利大人现，有利于有才德的人出来有所作为。不利涉大川：不利于渡过大河，做危险艰难之事。

《彖》曰:《讼》，上刚下险，险而健，《讼》;《讼》，“有孚，窒惕，中吉”，刚来而得中也;“终凶”，讼不可成也;“利见大人”，尚中正也;“不利涉大川”，入于渊也。

【本意】《讼》之卦象是上有乾之阳刚，下有坎之陷险，遇到险难而仍然刚健，故难免争讼，故卦名曰“讼”;《讼》，“有孚，窒惕，中吉”，是因为九二爻和九五爻为阳刚，来而得中位;“终凶”，因为争讼不已，不能成事;“利见大人”，因为崇尚中正之道;“不利涉大川”，因为将会陷入深渊。

【解说】《讼》，上刚下险，险而健，《讼》：这是在解释卦名，《讼》卦下坎上乾，坎为险，乾性刚健，故曰“《讼》，上刚下险，险而健”；以刚处险，难免争讼，故卦名曰“讼”。

得中：得居中正之位。《讼》，“有孚，窒，惕，中吉”，刚来而得中也：《讼》卦九二爻和九五爻皆为阳爻，分别居于上下卦之中位，阳性为刚，故曰“刚来而得中”；能够持守中正之道，故“中吉”。

“终凶”，讼不可成也：以刚处险，必争讼不已，不能成事，故曰“终凶”。

“利见大人”，尚中正也:《讼》卦九五爻居中正之位，有中正之德，故曰“‘利见大人’，尚中正也”。

“不利涉大川”，入于渊也:《讼》卦下坎上乾，坎为水，在下为渊，坎又为险，涉大川易陷入深渊，故曰“‘不利涉大川’，入于渊也”。

《象》曰：天与水违行，《讼》；君子以作事谋始。

【本意】《讼》卦下坎上乾，互相违行，故名为“讼”；君子观此卦象，当在事情开始时，就深谋远虑，周密策划，以避免争讼。

【解说】天与水违行，《讼》:《讼》卦下坎上乾，坎为水，乾为天，天西转，水东流，上下违行，违行必“讼”。《逸周书·武顺》曰:“天道尚左，日月西移；地道尚右，水道东流。”《周易程氏传》曰:“天上水下，相违而行，二体违戾，讼之由也。若上下相顺，讼何由兴？”

作事谋始：在开始做事时，就未雨绸缪，深谋远虑，周密策划，以避免将来发生争讼。《礼记·经解》引《易》曰:“君子慎始，差若毫厘，缪以千里。”

初六：不永所事，小有言，终吉。

《象》曰："不永所事"，讼不可长也；虽"小有言"，其辩明也。

【本意】不长久从事争讼之事，虽然会引起一些口舌和责备，但终究会吉利。

《象传》解释说："不永所事"，是说争讼不可以持续长久；虽"小有言"，但终究会辨明是非。

【解说】不永所事：不长久从事争讼之事。言：谴责，非议，口舌。

讼：争讼，争执。"不永所事"，讼不可长也：争讼不可以持续长久，否则于双方都不利。

辩：同"辨"，辨别，分别，辨明。虽"小有言"，其辩明也：虽然会引起一些口舌和责备，但终究会辨明是非；初六爻以柔弱居下之位而引起争讼，有一些不利，但因为上有九五贤明中正之人主持公道，所以终究会辨明是非。

九二：不克讼，归而逋，其邑人三百户，无眚。

《象》曰："不克讼"，"归逋"窜也；自下讼上，患至掇也。

【本意】不能在争讼中获胜，就赶快回家逃跑，到只有三百户的小邑里躲藏一阵，可以避免灾咎。

《象传》解释说：不能在争讼中获胜，就赶快回家逃窜，这全是因为九二自下讼上，咎由自取。

【解说】克：胜也。讼：争讼。克讼：在争讼中获胜，胜诉。逋（bū）：逃走，逃亡。眚（shěng）：目疾生翳，引申为灾难、妖祥。

窜：逃走，逃窜。掇（duō）：取也。自下讼上，患至掇也：九二爻与九五爻上下敌应，九二乃是"自下讼上"，咎由自取。

六三：食旧德，贞厉，终吉；或从王事，无成。

《象》曰："食旧德"，"从"上"吉"也。

【本意】享受世袭俸禄，占问有危难，但最终是吉利的；有时跟随君王从事国家大事，但不敢以功劳自居。

《象传》解释说："食旧德"而"吉"，因为能够顺从居于上位的人。

【解说】食旧德：犹食旧禄，即享受世袭俸禄。贞：占问。厉：危险，危难。终吉：最终吉利。或：有时。从：从事，顺从，跟随。王事：君王之事，国家大事。无成：不敢自居有成。六三爻以阴柔甘居九四阳爻和上卦乾刚之下，柔弱自处，自然能避免灾咎，故曰"终吉"。

九四：不克讼，复即命，渝，安，贞吉。
《象》曰："复即命，渝"，"安贞"不失也。

【本意】不能在争讼中获胜，就赶快回家，服从命令，改变争讼态度，安然处之，故此占问是吉利的。

《象传》解释说："赶快回家，服从命令，改变争讼态度"，"安然守正"，不会有失。

【解说】克：胜也。讼：争讼。复：返。即命：从命。渝：变化，改变。安：安然处之。

不失：不会有过失。

九五：讼，元吉。
《象》曰："讼，元吉"，以中正也。

【本意】争讼获胜，大吉。

《象传》解释说：在争讼中获胜，而得大吉，因为能持守中正之道。

【解说】讼：争讼。元吉：大吉。

"讼，元吉"，以中正也：九五爻以阳刚居于中正之位，也是一卦最尊贵之位，有中正之德，故能在争讼中获胜，而得大吉。

上九：或锡之鞶带，终朝三褫之。
《象》曰：以讼受服，亦不足敬也。

【本意】君王赐予鞶带，一天中又多次被剥夺。

《象传》解释说：因争讼而受赏赐，不足以得到尊敬。

【解说】锡：借为“赐”，赐予，赏赐。鞶（pán）带：大皮带，古代官服的组成部分。

终朝：一天。三：三次；或说是多次。褫（chǐ）：夺去，剥夺，革除。或锡之鞶带，终朝三褫之：君王赐予鞶带，因遭到激烈反对（或者君王自己反悔），乃至在一天中多次被剥夺，足见争讼之烈。

以讼受服，亦不足敬也：因争讼获胜而受鞶带之赏赐，非有足够之事功，不足以得到尊敬。

七、师（下坎上坤）

䷆《师》：贞丈人吉，无咎。

【本意】《师》卦象征着占问首长方面的事情是吉利的，没有灾祸。

【解说】师：众也，众多，军队。古代军制，殷商、西周以师为军队最高级别，东周以来以军为军队最高级别。师和军都源于驻屯之义。[①] 丈人：长者，首长，总指挥；有的《周易》版本作“大人”。

《彖》曰：《师》，众也；“贞”，正也；能以众正，可以王矣；刚中而应，行险而顺，以此毒天下，而民从之，“吉”，又何咎矣？

【本意】师为众，贞为正；能使众人行于正道，可以王天下了；《师》卦九五以阳刚居中正之君位，而众阴应之，行于险难而可顺利，以此道治理天下，而得民众顺从拥戴，此自为“吉”，又有何咎？

【解说】正：正直。王：王天下，使天下人归心，拥戴他为王。《师》，众也：师即部队，是有组织、有纪律的团体。“贞”，正也：《易传》常以“正”释“贞”，与《易经》不同。能以众正，可以王矣：部队首领能够统率士兵维持社会正义，则会无往而不胜，使天下人归心，拥戴他为王。

毒：读为“督”，治也，治理，统治。从：服从，拥戴。又：有。

① 参见李零《死生有命 富贵在天：〈周易〉的自然哲学》，北京：生活·读书·新知三联书店，2013年，第98页。

刚中而应，行险而顺，以此毒天下，而民从之，“吉”又何咎矣：《师》卦下坎上坤，坎险坤顺，故称“行险而顺”；九二阳爻居于下卦中位，阳性刚，跟六五为首的阴爻相应，故称“刚中而应”；君王能持守中正之道，又有柔顺之民众拥护响应，即使偶尔遇到险难，也会化险为夷，如此统治天下，民众拥护顺从，当然吉利“无咎”。

《象》曰：地中有水，《师》；君子以容民畜众。

【**本意**】《师》卦卦象为“地中有水”，地下水取之不尽，为众多之象，众即为“师”；君子观此卦象，平时注意包容善待民众。

【**解说**】地中有水，《师》：《师》卦下坎上坤，坎为水，坤为地，故曰“地中有水”，地下水取之不尽，用之不竭，为众多之象，众即为“师”。

君子以容民畜众：君子观此卦象，平时注意包容善待民众，到时候大家就会来拥戴。

初六：师出以律，否臧，凶。
《象》曰：“师出以律”，失律“凶”也。

【**本意**】出兵当有纪律，纪律不好，就会有凶。

《象传》解释说：“师出以律”，违背纪律必凶。

【**解说**】师：军队。出：出动。

律：纪律，或者说是音律，军队出征，要吹律听声，善则吉，不善则凶。[①]

臧（zāng）：善，好。否（pǐ）臧：不善，不好。

失律：丧失纪律，违背纪律。

九二：在师中，吉，无咎，王三锡命。
《象》曰：“在师中，吉”，承天宠也；“王三锡命”，怀万邦也。

【**本意**】身在军队，获得拥戴，所以吉利，无过无灾，君王多次赐命嘉奖。

① 参见李零《死生有命 富贵在天：〈周易〉的自然哲学》，北京：生活·读书·新知三联书店，2013年，第98页。

《象传》解释说："在师中，吉"，乃上承天（六五所象征）之宠爱；"王三锡命"，是因为九二虽然居下，而胸怀万邦。

【解说】三：三次，或说是多次。锡命：赐命，任命，赐命嘉奖。三锡命：多次委以重任，赐命嘉奖。承天宠：承受上天恩宠，指多次受到君王赐命嘉奖。怀：来也，招来，怀柔，或说是胸怀。万邦：天下。

六三：师或舆尸，凶。

《象》曰："师或舆尸"，大无功也。

【本意】出师有时战败，载尸而归，有凶。

《象传》解释说："师或舆尸"，有时战败，极无战功。

【解说】或：有时。舆：车载。

大无功：极无战功，惨败。

六四：师左次，无咎。

《象》曰："左次，无咎"，未失常也。

【本意】军队驻扎于左方，没有灾害。

《象传》解释说："左次，无咎"，因为未失常道。

【解说】左次：驻扎于左方，或者说是驻扎于山之东南，水之西北；"左"指阳面；又有人说是主动撤退。

常：正常，常道，规律。未失常：战争有进有退，故主动撤退没有违反战争规律。

六五：田有禽，利执言，无咎；长子帅师，弟子舆尸，贞凶。

《象》曰："长子帅师"，以中行也；"弟子舆尸"，使不当也。

【本意】打猎射中鸟兽，将它抓获，不会有什么妨碍；主帅率兵出征，副帅战死，被车载而归，此占凶险。

《象传》解释说："长子帅师"，因为他能持守中道；"弟子舆尸"，因为任用不当。

【解说】田：猎也，打猎。有：犹及也。禽：泛指鸟兽。执言：抓住。无咎：不会有什么妨碍。长子：军队主帅。帅：统帅，率领。弟子：军队副帅，或者说是长子之外的群弟。舆：车载。

中行：中道。使：任用，使用。使不当：任用不当。

上六：大君有命，开国承家，小人勿用。

《象》曰："大君有命"，以正功也；"小人勿用"，必乱邦也。

【本意】大君有任命，封侯建国，封大夫以采邑，庶民不可有所行动。《象传》解释说："大君有命"，是要论功行赏；庶民不可有所行动，否则必使国家陷入混乱。

【解说】大君：国君，统帅，首领。命：封赏之命。开国：封侯建国。承家：封为大夫，承继采邑。小人：庶民，《易经》中之"小人"皆指庶民。用：施行，行动。勿用：不可有所行动。

正功：论功行赏。必乱邦：必使国家陷入混乱。

八、比（下坤上坎）

䷇《比》：吉；原筮，元，永贞，无咎；不宁方来，后夫凶。

【本意】《比》卦象征着吉利；再次占筮，大亨通，关于长久之事的占问，不会有什么妨碍；不愿臣服的侯国来参加会盟，后到有凶。

【解说】比：甲骨文之字形好像二人相互靠近、亲密无间之状，故为亲辅、依附之义。

原：再次。原筮：再占。古代占筮，有时会占多次。元：大也。"元"当作"元亨"。《左传·昭公七年》载："遇《屯》之《比》，以示史朝。史朝曰：'元亨，又何疑焉？'"故可能本作"元亨"。永贞，无咎：关于长久之事的占问，不会有什么妨碍。

宁：安也。方：犹邦也。不宁方：不安宁的侯国，即不愿臣服的侯国。后夫：后到的人，显示不愿真诚亲附。《国语·鲁语》载："昔禹致群臣于会稽之山，防风氏后至，禹杀而戮之。"可为例证。

《彖》曰:《比》,“吉”也;《比》,辅也,下顺从也;“原筮,元,永贞,无咎”,以刚中也;“不宁方来”,上下应也;“后夫凶”,其道穷也。

【本意】《比》为吉利;比有亲辅之义,居下而宜于顺从;“原筮,元,永贞,无咎”,是因为九五以阳刚而得中正之道;“不宁方来”,上下众阴皆来亲比呼应;“后夫凶”,是指该亲比而不愿亲比,不识时务,其道就要穷尽了。

【解说】辅:亲辅。下:居下位者,被统治者。

刚中:九五以阳刚居中正之位,有中正之德。

上下应:九五阳刚居于君位,与以六二为首的阴爻阴阳相应。

其道穷:上六以阴乘阳,有违礼制,不愿归服圣王,如此必然使自己陷入穷困之境。

《象》曰:地上有水,《比》;先王以建万国,亲诸侯。

【本意】《比》卦卦象为“地上有水”,水土亲密无间,故卦名为“比”;先王观此卦象,当封建万国,亲抚诸侯。

【解说】比:亲比,亲辅。地上有水,《比》:《比》卦下坤上坎,坤为地、为土,坎为水,地上有水,则水土亲密无间,故卦名为“比”。

先王以建万国,亲诸侯:先王观此卦象,当封建万国,亲抚诸侯,上下亲近和睦,以巩固功业。

初六:有孚,比之无咎;有孚盈缶,终来有它,吉。
《象》曰:《比》之“初六”,“有它,吉”也。

【本意】有诚信,亲辅无咎;诚信多得像酒之满缶,最终虽有意外,仍然吉利。

《象传》解释说:《比》之“初六”,主要是说“虽有意外,仍然吉利”。

【解说】孚:诚信,或者说,前一“有孚”指得到俘虏,后一“有孚”指有俘获,得到财物。比:辅也,亲近,亲辅。缶:瓦器,常作酒器。

有它：有意外，有别的变故，应该是指可用财物来解脱、避免危困之事，故吉。

六二：比之自内，贞吉。
《象》曰："比之自内"，不自失也。

【本意】亲辅来自内部，占问吉利。

《象传》解释说："比之自内"，故不会是自己有过失。

【解说】比之自内，贞吉：六二自内卦而与外卦之九五亲比，故曰"比之自内"，二者皆居中正之位，有中正之德，其亲比自然吉利；出自内心的真诚亲近，一定会得到积极的响应，故此占问是吉利的。

不自失：不会是自己有过失。

六三：比之匪人。
《象》曰："比之匪人"，不亦伤乎？

【本意】所亲辅的并非应当亲辅之人。

《象传》解释说："比之匪人"，能不受到伤害吗？

【解说】匪：读为"非"。帛书《周易》"匪"皆作"非"。比之匪人：所亲辅的并非应当亲辅之人，或者说是没有人与其亲近，孤立无助。《经典释文》引王肃本"匪人"下有"凶"字，可资参考。伤：伤害，或者说是悲伤，伤心。

六四：外比之，贞吉。
《象》曰："外比"于贤，以从上也。

【本意】向外亲辅，占问吉利。

《象传》解释说："外比"于贤人，乃指顺从持守中正之道的君上九五。

【解说】外比之，贞吉：六四已属外卦，上承九五，与九五皆得正而相和，当然吉利，故曰"外比之，贞吉"。

贤：居中正之位而有中正之德的九五爻。从：服从。上：九五爻，象征首领、君王。

九五：显比，王用三驱，失前禽，邑人不诫，吉。

《象》曰："显比"之"吉"，位正中也；舍逆取顺，"失前禽"也；"邑人不诫"，上使中也。

【本意】明显公开之亲辅，王用三面之礼进行狩猎，失去前面的禽兽，邑人都不告诉他，吉利。

《象传》解释说："显比"之"吉"，是因为位居中正；往者不追而来者不拒，所以会"失前禽"；"邑人不诫"，因为君上能行中正之道。

【解说】显比：明显公开的亲比，指九五君王光明正大地与民众亲近。三驱：网开一面，只从三个方向驱赶禽兽。前禽：跑在前面的禽兽。邑人：乡人。诫：告诉，通告，或者说是害怕。

"显比"之"吉"，位正中也：《比》卦九五爻居该卦中正之位，有中正之德，中正则吉利，故有"显比"之"吉"。舍逆取顺：往者不追而来者不拒，引申为放走违逆我的人或国，而收获归顺我的人或国。上使中：君王能行使中正之道。

上六：比之无首，凶。

《象》曰："比之无首"，无所终也。

【本意】亲辅而没有首领，有凶。

《象传》解释说："比之无首"，不会有什么好结果。

【解说】比之无首：上六为阴爻，阴性柔顺，须亲比于上乃可成事，但上六自己已居于最高位置，上面再没有可以亲比者，犹如太上皇，孤家寡人，无人亲近，此乃失势之兆，故凶。

无所终：不会有什么好结果。终：好结果。

九、小畜（下乾上巽）

☴ 《小畜》：亨；密云不雨，自我西郊。

【本意】《小畜》卦象征着亨通；有浓密的乌云而不会下雨，因为来自西郊。

【解说】畜：同蓄，蓄积，聚集，蓄养，《经典释文》曰“畜，本又作蓄，积也，聚也……养也”；或者说是牲。小畜，意为小有积蓄。《小畜》卦有密云蓄雨之象，主要是讲是否下雨。密云不雨，自我西郊：浓密的乌云来自西郊，风吹向东飘移，则不会下雨，北方谚语有“云彩往东，十有九空”。这是在讲气候变化，农业和放牧都必须注意气候变化。

《彖》曰：《小畜》，柔得位而上下应之，曰“小畜”；健而巽，刚中而志行，乃“亨”；“密云不雨”，尚往也；“自我西郊”，施未行也。

【本意】《小畜》卦六四爻得位，上下五阳与之相应，宜于小有蓄积，故名为“小畜”；刚健而谦逊，阳爻居上下两卦之中位，其刚健中正之志可得施行，于是“亨通”；“密云不雨”，因为风在天上吹；“自我西郊”，所以雨尚未能降下。

【解说】《小畜》，柔得位而上下应之：六四爻为此卦主爻，其以阴爻居于阴位，谓之得正、得位，阴性柔顺，故曰“柔得位”；此卦除六四之外皆是阳爻，为一阴与五阳相应之象，故曰“上下应之”。

健而巽，刚中而志行：《小畜》卦下乾上巽，乾为健，巽借为“逊”，即谦逊，故曰“健而巽”；阳爻是刚，居上下两卦之中位，即上下卦之中爻都是阳爻，故曰“刚中”；阳爻居中正之位，其刚健中正之志可得施行，故曰“志行”。

尚往：上往，向上，巽为风，为上卦，指风在天上吹。

施未行：雨尚未能降下。施：施与，这里指下雨。

《象》曰：风行天上，《小畜》；君子以懿文德。

【本意】《小畜》卦为“风行天上”之象，和风吹煦，万物逐渐生长，故称“小畜”；君子观此卦象，当日益完善自己的文章、道德。

【解说】风行天上，《小畜》：《小畜》卦下乾上巽，乾为天，巽为风，天下风上，故曰“风行天上”；和风吹煦万物，万物逐渐生长壮大，故称“小畜”。

懿：盛美，完善。君子以懿文德：君子观此卦象，当日益完善自己的文章、道德，以感化大众，移风易俗。

初九：复自道，何其咎？吉。

《象》曰："复自道"，其义"吉"也。

【本意】自己由道安全返回，有什么妨害呢？吉利。

《象传》解释说："复自道"，自然宜"吉"。

【解说】复：返。道：道路，或者说"自道"同自导，自我引导。其：语气助词。何其咎：有什么妨害呢？

义：宜也。"复自道"，其义"吉"也：自己由道安全返回，自然宜"吉"。

九二：牵复，吉。

《象》曰："牵复"在中，亦不自失也。

【本意】被领回来，吉利。

《象传》解释说："牵复"之"吉"，是因为九二有持中之德，不会自己有所过失。

【解说】牵复：被领回来。牵：牵引。

在中：九二为阳爻，居下卦之中位。不自失：九二居下卦之中位，有持中之德，不会自己有所过失。

九三：舆说辐，夫妻反目。

《象》曰："夫妻反目"，不能正室也。

【本意】车上的伏兔脱落，夫妻因此而互相埋怨吵嘴。

《象传》解释说："夫妻反目"，是说九三象征之丈夫不能使妻室得入正道。

【解说】舆：车子。说：读为"脱"，脱落。辐：当作"輹"，《经典释文》曰"本亦作輹"，指固定车身与车轴而使之连为一体的部件，形如伏兔，所以又叫伏兔，《经典释文》引郑玄曰"輹，伏菟"，"菟"与兔同。或者说"辐"指车轮上的辐条，连结车毂和车辋。舆说辐：车上的伏兔脱落，指车子坏了。夫妻反目：夫妻出行，途中因车子伏兔脱落而互相埋怨吵嘴。

正室：使妻室得入正道，规正妻室。

六四：有孚，血去，惕出，无咎。

《象》曰："有孚""惕出"，上合志也。

【本意】有诚信，摈弃忧虑，排除惊惧，无过无灾。

《象传》解释说："有孚""惕出"，因为六四阴爻上与九五阳爻默契亲比，志同道合，所以无咎。

【解说】孚：诚信，或者说同"俘"，俘虏。血：读为"恤"，忧虑。血去：摈弃忧虑，或者说指带血而逃。惕：惊惧，惊恐，或者说是警惕，或读为"逖"，远也。惕出：排除惊惧，或者说指警惕地出去勘察情况，或远出。

上：六四上面的九五阳爻。上合志：六四阴爻上承九五阳爻，二者皆当位得正，默契亲比，志同道合，所以无咎。

九五：有孚挛如，富以其邻。

《象》曰："有孚挛如"，不独富也。

【本意】以诚信牵挂他人，富贵不忘邻居。

《象传》解释说："有孚挛如"，是说不能独自富贵。

【解说】孚：诚信，或者说同"俘"，指俘虏和战利品。挛（luán）：连也，牵连，《经典释文》引马融曰"挛，连也"，或者说是恋，系恋。挛如：牵挂，牵连，或者说是拘系相连。以：及。有孚挛如，富以其邻：有学者解释为，掠得很多俘虏和战利品，用绳子拴起来，并分给邻国一些俘虏和战利品。

"有孚挛如"，不独富也："有孚挛如"，是说九五有中正之德，不会独自富贵。

上九：既雨既处，尚德载，妇贞厉；月几望，君子征凶。

《象》曰："既雨既处"，"德"积"载"也；"君子征凶"，有所疑也。

【本意】天已下雨，雨已停止，大地得以承载上天之泽，妇女占问有危难；月内接近望日，君子出征有凶。

《象传》解释说："既雨既处"，所以大地得以积蓄承载上天之泽；"君子征凶"，是因为有所疑惑，没有把握。

【解说】处：止。尚：读为“上”，或者读如字，意为崇尚，高尚。德：同得，楚简、帛书本正作“得”，或者解释为美德。载：承载，或者读为“哉”。尚德载：雨泽下降，乾施坤受，大地得以承载上天之泽，或者读为“尚德哉”，意为高尚其德啊。厉：危难，危险。妇贞厉：巽为长女，为妇，天性阴柔，柔之为道不利高远，上爻高处在全卦之上，非妇德所宜，故有危难。

几：接近。望：月球与太阳的地心黄经相差180° 的时刻，此时地球处于太阳和月球之间，月球朝向地球的一面照满太阳光，所以从地球上看来，月球呈光亮的圆形，此时的月相叫作满月或望月。在中国古代历法中，把包含望月那一时刻的那一天叫作望日，一般为夏历每月十五日，有时相差一二日。

君子：贵族与士等有地位的人，是大人的初级状态，古人认为德须配位，故可引申为有修养的人。

君子征凶：上九是一卦最上之阳爻，物极必反，会有变故，局势不稳，所以出征有凶。

积：积蓄，积藏。疑：疑惑不定，没有把握。

十、履（下兑上乾）

䷉ [《履》]：履虎尾，不咥人，亨。

【本意】《履》卦象征着踩到老虎尾巴，老虎不咬人，象征亨通。

【解说】《履》：作为卦名之“履”字，因涉下文卦辞“履”字而脱，今据《周易》通例而补。高亨先生提出“履字当重”。[①] 李零先生认为此说“非是”。[②]

履：践也，践踏，履行。帛书《周易》作“礼”。咥（dié）：咬，噬，吃。晋陕方言即说“吃”为“咥”。

---

① 此据高亨先生之说。参见高亨《周易古经今注》，北京：清华大学出版社，2010年，第150页；高亨《周易大传今注》，济南：齐鲁书社，1998年，第108页。

② 参见李零《死生有命 富贵在天:〈周易〉的自然哲学》，北京：生活·读书·新知三联书店，2013年，第110页。

《彖》曰:《履》，柔履刚也；说而应乎乾，是以“履虎尾，不咥人，亨”；刚中正，履帝位而不疚，光明也。

【本意】《履》卦六三阴柔下履于刚;《履》卦兑下乾上，兑为悦，上应乾刚，所以“履虎尾，不咥人，亨”；九五阳刚中正，居于君位，没有灾害之事，光明正大。

【解说】柔履刚：六三阴爻在初九、九二阳爻之上，阴性柔，阳性刚，故云“柔履刚”。

说：读为“悦”。说而应乎乾，是以“履虎尾，不咥人，亨”:《履》卦兑下乾上，兑为悦、为少女、为阴，阴性柔；乾为父、为君、为阳，阳性刚，兑自和悦，应乎乾刚，以悦应刚，故曰“履虎尾，不咥人，亨”。

刚中正：九五爻居一卦中正之位。帝位：君位，九五爻位即是君位。疚：病也，疾病，或者说是灾害，或内疚，惭愧。光明：九五爻居中正之位，有中正之德，光明正大，没有灾害之事，故曰“光明”。

《象》曰：上天下泽，《履》；君子以辩上下，定民志。

【本意】《履》卦卦象为“上天下泽”，上下尊卑，分明有礼，故卦名为“履”；君子观此卦象，当严格分辨上下尊卑，以安定民心。

【解说】履：践也，践行，帛书《周易》作“礼”。

上天下泽，《履》:《履》卦下兑上乾，兑为泽、为少女，乾为天、为父、为君，故曰“上天下泽”；一上一下，一尊一卑，界限分明，严如执礼，故卦名为“履”。

辩：读为“辨”，分别，辨明。辩上下，定民志：严格分辨上下尊卑的等级名分，以安定民心，稳定社会秩序。

初九：素履往，无咎。

《象》曰:“素履”之“往”，独行愿也。

【本意】清白行事，不会有什么妨碍。

《象传》解释说：以“素履”前往行事，是为了独自推行其志愿。

【解说】素：纯白，比喻清白。素履往：穿素鞋去，比喻清白行事。

独行愿：独自推行其志愿。

九二：履道坦坦，幽人贞吉。

《象》曰：“幽人贞吉”，中不自乱也。

【本意】所走道路宽敞平坦，隐居之人占问吉利。

《象传》解释说：“幽人贞吉”，因为九二能持守中道，心中不乱。

【解说】坦坦：宽敞，平坦。幽人：隐居深幽之处之人，或者说指囚犯。

中不自乱：九二能持守中道，心中不乱。

六三：眇能视，跛能履，履虎尾，咥人，凶；武人为于大君。

《象》曰：“眇能视”，不足以有明也；“跛能履”，不足以与行也；“咥人”之“凶”，位不当也；“武人为于大君”，志刚也。

【本意】瞎子还自以为能看得见，瘸子还自以为能走路，踩到老虎尾巴，老虎咬人，有凶险；军人本来没有治国之雄才大略，却偏想要代君王执政，自然不会有好下场。

《象传》解释说：“眇能视”，实际上目盲不足以看清楚；“跛能履”，实际上跛脚不足以走远路；“咥人”之“凶”，是因为处位不当；“武人为于大君”，是由于志大才疏，刚愎自用。

【解说】眇（miǎo）：目盲。履：行走。武人：军人。为：代也。大君：国君。

不足以有明：视力不好，看不清楚。不足以与行：腿脚不行，不能走远路。

位不当：六三爻为阴爻，却居阳位，故曰“位不当”，比喻地位与才能不相称。

“武人为于大君”，志刚也：军人而偏想要代君王执政，是由于其志大才疏、刚愎自用的性格。

九四：履虎尾，愬愬，终吉。

《象》曰："愬愬，终吉"，志行也。

【本意】踩到老虎尾巴，能戒慎恐惧，最终一定会逢凶化吉。

《象传》解释说："愬愬，终吉"，志愿得以实行。

【解说】愬愬（shuò，或读 sù，sè）：恐惧貌，惊愕貌，戒慎恐惧的样子。

志行：志愿得以实行。

九五：夬履，贞厉。

《象》曰："夬履，贞厉"，位正当也。

【本意】急躁冒进，占问有危难。

《象传》解释说："夬履，贞厉"，虽有危难，而不至于有凶祸，因为九五位处正当。

【解说】夬（guài）：快速，急躁，莽撞，或者说通决，裂也，破也。厉：危险。夬履，贞厉：急躁冒进，占问有危难，因为九五身处君位而急躁莽撞，肆意妄行，必然导致上下离间不和，而陷入危难局面。

位正当也：九五阳爻而居中正之位，故曰"位正当也"。

上九：视履考祥，其旋元吉。

《象》曰："元吉"在"上"，大有庆也。

【本意】审慎行事，考虑周详，善于周旋，一定大吉。

《象传》解释说："元吉"在"上"，大有吉庆。

【解说】视：审察，审慎。履：履行，践行。考：考虑，考察。祥：通"详"，周详。其：助词。旋：周旋，往返。元：大。

大有庆也：因为上九以阳刚居于阴爻位，能刚柔并济，所以大有吉庆。

十一、泰（下乾上坤）

䷊《泰》：小往大来，吉，亨。

【本意】《泰》卦象征着小者往而大者来，吉利，亨通。

【解说】泰：大也，通也，大通，安泰，通泰。帛《易》作“柰”。古文常以“泰”为太，或大，或柰。

小往大来：小指坤阴，阴为小，大指乾阳，阳为大；坤阴为外卦，外卦为往，阴性为降，乾阳为内卦，内卦为来，阳性为升，故曰“小往大来”。

小往大来，吉，亨：坤阴与乾阳，阴降而阳升，阴阳交合亲和，故有吉利、亨通之象。

《彖》曰：“《泰》：小往大来，吉，亨”，则是天地交而万物通也，上下交而其志同也；内阳而外阴，内健而外顺，内君子而外小人，君子道长，小人道消也。

【本意】“《泰》：小往大来，吉，亨”，则是因为天地阴阳交合而使万物通泰，上下和谐交流而能志同道合；内为阳而外为阴，内刚健而外柔顺，内为君子而外为小人，君子之道长大，小人之道衰微。

【解说】天地交而万物通也：天地阴阳二气交合生成宇宙万物，且使万物通泰昌盛。

上下交而其志同也：首领与民众上下和谐交流，从而实现共同的志向。

君子：贵族与士等有地位的人，是大人的初级状态，古人认为德须配位，故可引申为有修养的人。内阳而外阴，内健而外顺，内君子而外小人：《泰》卦下乾上坤，乾为内卦，由阳爻构成，阳为君子，阳性刚健，坤为外卦，由阴爻构成，阴为小人，阴性柔顺，故曰“内阳而外阴，内健而外顺，内君子而外小人”。

长：长大，壮大。消：衰微，消灭。君子道长，小人道消也：《泰》卦下乾上坤，乾为内卦，由阳爻构成，阳为君子，内卦为来，阳性为升，坤为外卦，由阴爻构成，阴为小人，外卦为往，阴性为降，故曰“君子道长，小人道消也”。

《象》曰：天地交，《泰》；后以财成天地之道，辅相天地之宜，以左右民。

【本意】《泰》卦卦象为天地阴阳交合之象，天地亲和，阴阳交合，便可以化生万物，使万物通泰兴旺，故卦名曰“泰”；君王观此卦象，应当掌握利用天地之道，辅助自然使之合乎时宜，从而治理天下万民。

【解说】天地交，《泰》：《泰》卦下乾上坤，乾为天、为阳，坤为地、为阴，阴气下降，阳气上升，天地亲和，阴阳交合，便可以化生万物，使万物通泰兴旺，故卦名曰“泰”。

后：君王。财：通“裁”，裁制，裁定，制定。辅相：辅佐。左右：读为“佐佑”，辅佐，佑助，治理，或解释为支配。后以财成天地之道，辅相天地之宜，以左右民：君王观此卦象，应当裁成天地之道，掌握利用天地万物运动变化的规律，辅相天地之宜，辅助自然变化，使之合乎时宜，从而治理天下万民，使其安居乐业，而达到国泰民安的理想社会。

初九：拔茅茹以其彙，征吉。
《象》曰：“拔茅”“征吉”，志在外也。

【本意】拔茅茹牵连其类，预示出征吉利。

《象传》解释说：“拔茅”“征吉”，因为初九志愿在于与外卦六四爻互相应和。

【解说】茅茹：茜草，可作红色染料，叶似枣。彙：种类；或简化为“汇”。征：出征，出外，行动。

志在外也：初九虽为最下爻，但它志愿与外卦六四爻互相应和，故曰“志在外也”。

九二：包荒，用冯河，不遐遗，朋亡，得尚于中行。
《象》曰：“包荒”“得尚于中行”，以光大也。

【本意】把大葫芦系在腰间可以浮水渡河，不因偏远而有遗忘，同伴掉队，半路上又受到佑助。

《象传》解释说:"包荒""得尚于中行",因为九二阳刚持中,光明正大。

【解说】包:通"匏",葫芦,或者说是包容。荒:空虚,或者说是大。包荒:把葫芦挖空,或者说指心胸广大。冯(píng);徒涉,强行渡越。冯河:无舟而强行渡河。包荒,用冯河:把大葫芦系在腰间可以浮水渡河。

遐:远。遗:遗忘,或者说是遗失。朋:同伴,或者说指古代货币单位,十贝为朋,这里指钱财。朋亡:同伴掉队。

尚:赏赐,或解释为佑助,或解释为偿还、补偿。中行:中道,半路。

此条爻辞,或读为"包荒,用冯河,不遐,遗朋,亡得,尚于中行",意思是把大葫芦系在腰间可以浮水渡河,不能走远,遗失钱财,找不到了,半路上又受到佑助。

光大:九二爻阳刚持中,光明正大。

九三:无平不陂,无往不复,艰贞无咎;勿恤其孚,于食有福。

《象》曰:"无往不复",天地际也。

【本意】没有只平而不斜的,没有只往而不返的,艰难之事的占问可以无害;不必忧虑他的诚信,将有口福之利。

《象传》解释说:"无往不复",因为九三爻处于天地交接之际。

【解说】无平不陂,无往不复:事物对立面相互转化的道理。陂(pō):读为"颇",不平,倾斜。

艰贞无咎:从事物的对立转化规律来看,艰难可以转化为平易,所以艰难之事的占问最终无害。

恤:忧虑。勿恤其孚,于食有福:不必忧虑他的诚信,将有口福之利,或者解释为不要忧虑返归,将有口福之吉。

天地际:九三爻居于乾卦最上位,又紧接坤卦下爻,处于乾坤天地升降交接之际,会有较大变化。

六四:翩翩,不富以其邻,不戒以孚。

《象》曰:"翩翩""不富",皆失实也;"不戒以孚",中心愿也。

【本意】来往翩翩自得,不与邻人同享富贵,也不以诚信相告诫。

《象传》解释说："翩翩""不富"，因为互相都不诚实；"不戒以孚"，内心意愿就是如此。

【解说】翩翩（piān）：鸟儿飞舞的样子，指洋洋自得，不加任何戒备。以：及。戒：警戒。孚：俘虏，俘获，财物。

失实：不诚实。

中心愿也：发自内心的意愿。

六五：帝乙归妹，以祉，元吉。

《象》曰："以祉，元吉"，中以行愿也。

【本意】帝乙嫁女于人，以此获福，大吉。

《象传》解释说："以祉，元吉"，因为六五能持守中道，所以得行所愿。

【解说】帝乙：殷代倒数第二个王，殷纣王之父。归：嫁女。妹：少女的通称。以祉：以获福。祉：福。元：大。

中以行愿：六五能持守中道，所以得行所愿。

上六：城复于隍，勿用师，自邑告命，贞吝。

《象》曰："城复于隍"，其命乱也。

【本意】城墙倒塌于城壕中，不能出师，须在邑中祷告天命，此占有困难。

《象传》解释说："城复于隍"，象征天命即将要发生变乱。

【解说】城复：城墙倾倒。复：读为"覆"，倾倒。隍（huáng）：城下沟壕，无水的城池。师：军队。勿用师，自邑告命：从邑里传来命令，不许进兵。吝：困难，不利。

命：天命。乱：混乱，变乱。"城复于隍"，其命乱也："城复于隍"，象征天命即将要发生变乱；上六居于一卦最上位，物极必反，即将有变，故曰"其命乱也"。

十二、否（下坤上乾）

☷ [《否》]：否之匪人，不利君子贞，大往小来。

【本意】《否》卦象征着阻塞的不是该阻塞的人，不利君子占问，因为此时大者往而小者来。

【解说】[《否》]：作为卦名之“否”字，因涉下文卦辞之“否”字而脱，今据《周易》通例而补。高亨先生提出“否字当重”。[①] 李零先生则说“卦名连下读”，不宜补。[②]

否（pǐ）：闭也，塞也。之：犹是，即。匪人：坏人。《否》卦下坤上乾，坤为地、为阴气，阴为小、为小人；乾为天、为阳气，阳为大、为君子；地属阴气向下，天之阳气在上，天地阴阳二气不能相互交合感应，而是互相乖离违背，故卦名“否”。

君子：贵族与士等有地位的人，是大人的初级状态，古人认为德须配位，故可引申为有修养的人。

不利君子贞，大往小来：《否》卦下坤上乾，内坤外乾，内卦为来，外卦为往；坤为地、为阴气，阴为小、为小人；乾为天、为阳气，阳为大、为君子；地属阴气向下，天之阳气在上，二者不能相互交合感应，而是互相乖离违背；象征君子离去而小人得势，贤人遭贬抑而小人得宠信，故曰“不利君子贞，大往小来”。

《彖》曰：“否之匪人，不利君子贞，大往小来”，则是天地不交而万物不通也，上下不交而天下无邦也；内阴而外阳，内柔而外刚，内小人而外君子；小人道长，君子道消也。

【本意】“否之匪人，不利君子贞，大往小来”，则是因为天地阴阳闭塞不交，万物就无法生长通畅；上下不能正常交流，必然造成天下大乱无邦；内为阴而外为阳，内阴柔而外阳刚，小人在朝而君子在野；小人之道在长大，君子

---

① 此据高亨先生之说。参见高亨《周易古经今注》，北京：清华大学出版社，2010 年，第 157 页；高亨《周易大传今注》，济南：齐鲁书社，1998 年，第 119 页。

② 参见李零《死生有命 富贵在天:〈周易〉的自然哲学》，北京：生活·读书·新知三联书店，2013 年，第 117 页。

之道在衰微。

【解说】天地不交而万物不通也:《否》卦下坤上乾，坤为地，为阴气，乾为天，为阳气；地属阴气向下，天之阳气在上，如天地阴阳闭塞不交，天不降雨露，万物就无法生长通畅。

上下不交而天下无邦也：在下之坤阴与在上之乾阳互相背离，比喻国家、社会、组织上下不能正常交流沟通，而是互相猜忌背离，这必然造成天下大乱，邦国危亡。

内阴而外阳，内柔而外刚，内小人而外君子:《否》卦下坤上乾，内坤外乾，坤为地、为阴气，阴性柔，阴为小、为小人；乾为天、为阳气，阳性刚，阳为大、为君子，故曰“内阴而外阳，内柔而外刚，内小人而外君子”。内小人而外君子，有小人在朝、君子在野之意。

小人道长，君子道消也:《否》卦下坤上乾，内坤外乾，内卦为来，外卦为往；坤为地、为阴气，阴为小、为小人；乾为天、为阳气，阳为大、为君子，故曰“小人道长，君子道消也”。

《象》曰：天地不交，《否》；君子以俭德辟难，不可荣以禄。

【本意】《否》卦卦象为天地阴阳乖违背离、不能交感、闭塞不通之象，故名为“否”；君子观此卦象，当收敛自己的才德，隐避乱世，而绝不可贪图荣华，苟受俸禄。

【解说】天地不交，《否》:《否》卦下坤上乾，坤阴在下，降而不升，乾阳在上，升而不降，故阴阳乖违背离，不能相互交感和合，此乃闭塞不通之象，故名为“否”。

俭：同“敛”，收敛。俭德辟难，不可荣以禄：收敛自己的才德，隐避乱世，而绝不可贪图荣华，苟受俸禄，以免与小人同流合污。

初六：拔茅茹以其汇，贞吉，亨。
《象》曰：“拔茅”“贞吉”，志在君也。

【本意】拔茅茹牵连其类，占问吉利，亨通。

《象传》解释说：“拔茅”“贞吉”，因为初六志愿在顺从九五之君。

【解说】茅茹：茜草，可作红色染料，叶似枣。彙：种类；或简化为“汇”。

志在君：初六之阴柔志愿在顺从九五阳刚之君。

六二：包承，小人吉，大人否，亨。

《象》曰："大人否，亨"，不乱群也。

【本意】包裹盛在俎内的牲体，小人吉，大人暂时不顺，终究亨通。

《象传》解释说："大人暂时不顺，终究亨通"，因为六二能持守中道，不乱群规。

【解说】包承：包裹盛在俎内的牲体。包：以茅包肉。承：盛在俎内的牲体。

"大人否，亨"，不乱群也：六二爻说"大人否"，最终又说"亨"，因为六二能持守中道，不乱群规，大人与小人分开，不相混杂，礼义尚存，故而亨通。

六三：包羞。

《象》曰："包羞"，位不当也。

【本意】包裹熟肉一类的饭食。

《象传》解释说："包羞"，因为六三位处不当之地。

【解说】羞：借为"馐"，熟肉一类的饭食。包羞：包裹熟肉一类的饭食。

位不当也：《否》卦六三以阴爻而居阳位，既不中又不正，故曰"位不当也"。

九四：有命，无咎，畴离祉。

《象》曰："有命，无咎"，志行也。

【本意】君有赐命，无过无灾，同伴同得享福。

《象传》解释说："有命，无咎"，有志于行动。

【解说】有命：君有赐命，或者解释为有天命，人的泰否、荣辱、吉凶、祸福，自有天命安排，人不能自己强求，乐天知命就会无咎。

畴：读为俦，同伴，同辈之人。离：读为罹，遇到，遭遇。祉：福。畴离祉：同伴同得享福。

志行：有志于行动。

九五：休否，大人吉；其亡其亡，系于苞桑。

《象》曰："大人"之"吉"，位正当也。

【本意】结束闭塞不好的状态，大人吉利；将要灭亡，将要灭亡，能有这样的忧患意识，就能像系于苞桑一样稳固。

《象传》解释说："大人"之所以"吉"，是因为九五居于中正之位而有中正之德。

【解说】休：停止。否：闭塞，或者说指否运，不好的运气。其：表感叹的语气助词。苞桑：丛生的苞草、桑枝，"系于苞桑"比喻稳定牢固。

"大人"之"吉"，位正当也："大人"之所以"吉"，是因为九五居于中正之位而有中正之德。

上九：倾否，先否后喜。

《象》曰："否"终则"倾"，何可长也？

【本意】还有顷刻之否运，先否而后喜。

《象传》解释说：上九已到终极，物极必反，否极泰来，否运怎么会长久呢？

【解说】倾：借为"顷"，顷刻。倾否，先否后喜：还有顷刻之否运，先否而后喜，因为上九居于一卦最上位，物极必反，否极泰来，乃是天道。

"否"终则"倾"，何可长也：《否》卦上九已到终极，物极必反，于是会发生相反的变化，否极泰来，否运不会长久了。

十三、同人（下离上乾）

䷌ [《同人》]：同人于野，亨，利涉大川，利君子贞。

【本意】《同人》卦象征着在旷野与人会同，亨通，利于渡涉大河，利于君子之占问。

【解说】《同人》：作为卦名之“同人”二字，因涉下文卦辞“同人”二字而脱，今据《周易》通例而补。高亨先生提出“同人二字当重”。[①] 李零先生则认为此处“卦名连下读”，不宜补。[②]

同人：与人会同，集合民众，赞同他人。

野：旷野。古代邑外谓郊，郊外谓野。亨：亨通。

利涉大川：利于渡涉大河。

君子：贵族与士等有地位的人，是大人的初级状态，古人认为德须配位，故可引申为有修养的人。利君子贞：利于君子之占问。

《彖》曰：《同人》，柔得位得中，而应乎乾，曰《同人》；《同人》曰“同人于野，亨，利涉大川”，乾行也；文明以健，中正而应，“君子”正也，唯君子为能通天下之志。

【本意】《同人》卦六二阴柔得位得中，上与乾相应，且上下五根阳爻皆与之相应和，故曰“同人”；《同人》曰“同人于野，亨，利涉大川”，因为君道得以施行；文明而刚健，中正而有应，因为“君子”能持守中正之道，只有中正之君子才能顺遂天下臣民的志愿。

【解说】《同人》，柔得位得中，而应乎乾，曰《同人》：《同人》六二是阴爻，阴性柔，居下卦之中位，二爻又为阴位，阴爻居阴位即是得位，故曰“柔得位得中”；六二爻为阴爻，上与乾相应，且上下五根阳爻皆与之相应和，故曰“应乎乾，曰《同人》”。

乾行：上乾为君，乾行即是说君道得以施行。

文明以健：下离为火，为太阳，为文明；上乾性健，故曰“文明以健”。

中正而应：九五为阳爻，阳性刚，居上卦之中爻位，且阳爻居阳位为得正；六二为阴爻，阴性柔，居下卦之中爻位，且阴爻居阴位为得正，又与九五之阳刚相应，其实六二与上下五根阳爻皆相应和，故曰“中正而应”。

---

① 此据高亨先生之说。参见高亨《周易古经今注》，北京：清华大学出版社，2010年，第161页；高亨《周易大传今注》，济南：齐鲁书社，1998年，第125页。

② 参见李零《死生有命 富贵在天：〈周易〉的自然哲学》，北京：生活·读书·新知三联书店，2013年，第120页。

"君子"正也：六二和九五皆居中正之位，象征大臣与君主皆能持守中正之道，皆为有大才德之君子，故曰"'君子'正也"。

唯君子为能通天下之志：只有君子才能顺遂天下臣民的志愿，此因六二和九五皆居中正之位，相互应和，并得初九、九三、九四、上九之协助，故"能通天下之志"。

《象》曰：天与火，《同人》；君子以类族辨物。

【本意】《同人》卦上天下火，二者趋同相应，故名为"同人"；君子观此卦象，当分别事物之族类，辨别事物之情状。

【解说】天与火，《同人》：《同人》卦下离上乾，上天下火，本不相同且相距遥远，但天在上，火性炎上，则二者趋同相应，故名为"同人"。天与火：天比君主，火比明察，比喻君主能明察一切。

类族：分别事物之族类。辨物：辨别事物之情状。君子以类族辨物：君子观此卦象，当分别事物之族类，辨别事物之情状。以此观人，同类相聚，则为"同人"，正如《系辞上》所说"方以类聚，物以群分"。

初九：同人于门，无咎。
《象》曰：出"门""同人"，又谁"咎"也？

【本意】与前来归附于门前的人会同，没有灾难。

《象传》解释说：出门就能与人会同，又有谁能祸害他呢？

【解说】门：王门，宫门。同人于门：与前来归附于门前的人会同。

咎：灾也，祸害；或说是为难，责难。

六二：同人于宗，吝。
《象》曰："同人于宗"，"吝"道也。

【本意】会同只限于族内之人，会有困难。

《象传》解释说："同人于宗"，是自致困难之道。

【解说】宗：宗族，祖庙。同人于宗，吝：会同只限于族内之人，范围太狭小，他族之人不来帮助，故会有困难。

“吝”道：取吝之道，会同范围狭窄，他人不来援助，自致困顿艰难。

九三：伏戎于莽，升其高陵，三岁不兴。

《象》曰：“伏戎于莽”，敌刚也；“三岁不兴”，安行也？

【本意】伏兵于丛林之中，登上高陵观察形势，多年不再能兴兵。

《象传》解释说：“伏戎于莽”，因为敌人刚强勇猛；“三岁不兴”，怎么能行动呢？

【解说】伏：埋伏。戎：兵，军队。莽：草丛，林丛。升：上，登，帛《易》作“登”。陵：高地。岁：年。三岁：三年，指多年。兴：振兴。

刚：刚强勇猛。安：犹何也。行：行动，作为。

九四：乘其墉，弗克攻，吉。

《象》曰：“乘其墉”，义“弗克”也；其“吉”则困而反则也。

【本意】登上城墙，不能进攻，吉利。

《象传》解释说：“乘其墉”，从道义上不能进攻；在敌人困难之时，我方仍坚守正义原则而不去攻克，故“吉”。

【解说】乘其墉：登上城墙。乘：上，登。墉：城墙。克：能。

义“弗克”也：在道义上不能攻克，攻克即为不义，故“弗克”。

其“吉”则困而反则也：在敌人穷困艰难之时，尽管易于攻克，而我方仍然坚守正义的原则立场而不去攻克，可以降服敌人，有长远眼光，故“吉”。

九五：同人，先号咷而后笑，大师克，相遇。

《象》曰：“同人”之“先”，以中直也；“大师”“相遇”，言相“克”也。

【本意】与人会同之人，先遭艰险而大哭，后来破涕为笑，大部队攻克敌人，胜利会师。

《象传》解释说：“同人”之“先”，因为九五有中正之德；“大师”“相遇”，是说大部队攻克敌人，胜利会师。

【解说】号咷（táo）：号啕大哭。同人，先号咷而后笑：与人会同之人，即使先遭艰险而大哭，后来也必会得到援助而破涕为笑。

大师：大部队。克：攻克。相遇：此指会师。

中直：中正，正直，指九五居中正之位而有中正之德。

上九：同人于郊，无悔。

《象》曰："同人于郊"，志未得也。

【本意】在城郊与人会同，不会有什么悔恨。

《象传》解释说："同人于郊"，仅得"无悔"，因为"同人于野"、会同天下的宏大志向暂时未能实现。

【解说】同人于郊，无悔：在城郊与人会同，虽然不及"同人于野"，但亦不会有什么悔恨。郊：在邑之外，野之内。

志未得：志愿未能实现，指"同人于野"、会同天下的宏大志向暂时未能实现。

十四、大有（下乾上离）

䷍ 《大有》：元亨。

【本意】《大有》卦象征着大亨通。

【解说】大有：大丰收，此为丰盛、众多、富有之意。"有"字本义是手持月以耕植，"月"指耒耜之类，故古谓丰年曰"有"，大丰年曰"大有"。[①] 元亨：大亨通。

《彖》曰：《大有》，柔得尊位大中，而上下应之，曰《大有》；其德刚健而文明，应乎天而时行，是以"元亨"。

【本意】《大有》卦六五阴爻柔顺得中，又居全卦至尊之位，其他五阳爻皆

① 参见刘大钧、林忠军《周易经传白话解》，上海：上海古籍出版社，2006 年，第 55 页。

与之相应，大吉大利，故曰“大有”；此卦下乾上离，其德刚健而文明，六五阴爻与天相应，能够依时而行，因此会大亨通。

【解说】柔得尊位大中：《大有》卦只有六五是阴爻，阴性柔，五爻又居全卦至之位，为上卦之中位，故曰“柔得尊位大中”。

上下应之，曰“大有”：《大有》只有六五为阴爻，其他五爻皆为阳爻，阴阳相应和谐，大吉大利，故曰“大有”。

其德刚健而文明：《大有》卦下乾上离，乾德性刚健，离为太阳，为文明，故曰“其德刚健而文明”。

应乎天而时行，是以“元亨”：六五阴爻与乾阳相应，乾为天，又六五居中爻之位，有持中之德，能够依时而行，故曰“应乎天而时行”；“其德刚健而文明”，且能“应乎天而时行”，因此会大亨通。

《象》曰：火在天上，《大有》；君子以遏恶扬善，顺天休命。

【本意】《大有》卦下乾上离，有“火在天上”、太阳普照之象，能使万物兴旺茂盛，故名“大有”；君子观此卦象，应当制止邪恶，彰扬美善，顺应天理，以使天地万物各得性命之正，日益臻于美好状态。

【解说】火在天上，《大有》：《大有》卦下乾上离，下乾为天，上离为火，为日，故称“火在天上”，即日在天上；太阳普照，能使万物蓬勃生长，兴旺茂盛，故名“大有”。

遏：止也，遏制，制止。恶：邪恶。扬：彰扬，弘扬。天：天道，天理。休：美也，此处意为使美好。命：性命，天命。君子以遏恶扬善，顺天休命：君子观此卦象，应当效法太阳普照之象，制止邪恶，彰扬美善，顺应天理，以使天地万物各得性命之正，日益臻于美好状态。

初九：无交害，匪咎，艰则无咎。

《象》曰：《大有》“初九”，“无交害”也。

【本意】尚未涉及利害，自然非咎，好像遇到困难一样小心谨慎，所以没什么妨害。

《象传》解释说：《大有》“初九”，一切才刚刚开始，尚未涉及利害。

【解说】无交害：没有互相损害，或者说是尚未涉及利害。匪：非。

九二：大车以载，有攸往，无咎。

《象》曰："大车以载"，积中不败也。

【本意】用大车载人、物，有充分准备，故有所行动，不会有什么妨碍。

《象传》解释说："大车以载"，有充分准备则不会失败。

【解说】大车以载：用大车载人、物，比喻有充分准备。攸：所。有攸往：有所行动，或出行。无咎：无过无灾，没有什么妨碍。

积中不败：有充分准备则不会失败。积：积累，准备。中：车中，内心。

九三：公用亨于天子，小人弗克。

《象》曰："公用亨于天子"，"小人"害也。

【本意】王公大臣参加天子举行的宴会，庶民不能参加。

《象传》解释说："公用亨于天子"，庶民不能参加，否则有害。

【解说】公：公侯，指王公大臣。用：享用，参加。亨：同"享"，读为"飨"，宴会，宴席。弗克：不能。

小人：庶民。

九四：匪其彭，无咎。

《象》曰："匪其彭，无咎"，明辨晳也。

【本意】反对邪曲的人和事，所以无过无灾。

《象传》解释说："匪其彭，无咎"，因为能明辨是非。

【解说】匪：借为"非"，排斥，反对。彭：读为"旁"；或借为"尪"，李鼎祚《周易集解》正作"尪"。尪：歪曲，邪曲。匪其彭：反对邪曲的人和事。

明：明察。辨：辨别，分辨。晳：昭明，明白。

六五：厥孚交如，威如，吉。

《象》曰："厥孚交如"，信以发志也；"威如"之"吉"，易而无备也。

【本意】他的诚信昭著，威严自若，吉利。

《象传》解释说："厥孚交如"，诚信以明其志；"威如"之"吉"，平易如常而没有戒备。

【解说】厥：其，指统治者。孚：信也，或说是罚也。交：借为"皎"，皎然，昭著。交如：昭著的样子。威如：威严的样子。

信以发志：诚信以明其志。

易而无备：上下互相诚信，故可平易如常而没有戒备。

上九：自天祐之，吉，无不利。

《象》曰：《大有》"上""吉"，"自天祐"也。

【本意】上天保佑，吉，无不利。

《象传》解释说：《大有》"上""吉"，是因为有上天保佑啊！

【解说】自：从也，由也。祐：同佑，助也，保佑，护佑。自天祐之：由上天保佑他，可以引申为，人必自佑，而后才可获得上天保佑，自佑则端赖坚持修身，履信思顺，又以尚贤。《系辞上》引孔子曰："'祐'者，助也。天之所助者，顺也；人之所助者，信也。履信思乎顺，又以尚贤也，是以'自天祐之，吉，无不利'也。"

十五、谦（下艮上坤）

䷎ 《谦》：亨，君子有终。

【本意】《谦》卦象征着亨通，谦谦君子无论做什么，都会有好结果。

【解说】谦：谦虚，谦让，谦逊。

君子：贵族与士等有地位的人，是大人的初级状态，古人认为德须配位，故可引申为有修养的人。有终：有好结果。

《彖》曰:《谦》,"亨",天道下济而光明,地道卑而上行;天道亏盈而益谦,地道变盈而流谦,鬼神害盈而福谦,人道恶盈而好谦;谦,尊而光,卑而不可逾,"君子"之"终"也。

【本意】谦虚,所以亨通,天道惠泽下施而光明,地道谦卑居下而向上运行;天道减损盈满而补益谦虚,地道变毁盈满而流向谦虚,鬼神损害盈满而福佑谦虚,人道憎恶盈满而喜好谦虚;谦虚,使人身处尊位而光明正大,身处卑位却不可逾越,这就是谦谦君子的好结果。

【解说】天道:自然规律。济:成也,成就。下济:下成,向下成就,如阳光普照,惠泽下施,雷下震,风下吹,雨下降,用来成就万物。光明:日月照耀,明德普润。

地道卑:地在下,故称卑。上行:地气上升。

盈:自满,骄傲。谦:谦逊,谦虚。亏:损也,减损。天道亏盈而益谦:亏盈如日中则下降,月满则渐亏;益谦如日出则上升,月虚则渐实;自然规律即使盈满者逐渐亏损,卑下者受到补益。

变:毁也,变毁。流:犹益也,补益。地道变盈而流谦:地道即使盈满变化亏损而补益谦下,如桑田变沧海,就桑田说是变盈,就沧海说是流谦。

鬼神:天地阴阳二气微妙莫测的变化。害盈:给自满者带来祸害。福谦:给谦虚者带来吉利。

人道:人类社会和心理的规律。恶:厌恶。好:喜好。

逾:越也,逾越,凌越。谦,尊而光,卑而不可逾,"君子"之"终"也:具备谦虚美德,就会身处尊位而光明正大,身处卑位却不可逾越,这是君子会有好结果的原因所在。

《象》曰:地中有山,《谦》;君子以裒多益寡,称物平施。

【本意】《谦》卦为"地中有山",山以高居下,乃谦逊之象,故卦名为"谦";君子观此卦象,当取多补少,称量物之多少,公平施之于人。

【解说】地中有山,《谦》:《谦》卦下艮上坤,艮为山,坤为地,故称"地中有山";山在地下,以高居下,乃谦逊之象,故卦名为"谦"。

裒（póu）：取也，取出，减少。平：公平。君子以裒多益寡，称物平施：君子观此卦象，当取其多者，补其少者，称量物之多少，公平施之于人，努力使天下达到公平合理。

初六：谦谦，君子用涉大川，吉。

《象》曰："谦谦君子"，卑以自牧也。

【本意】有谦虚美德，这样的君子即使渡越大河，也会吉利。

《象传》解释说："谦谦君子"，以谦卑美德来加强自我修养。

【解说】谦谦：谦而又谦，有谦虚美德。君子：贵族与士等有地位的人，是大人的初级状态，古人认为德须配位，故可引申为有修养的人。涉：渡越。大川：大河，象征危难困境、危险事件。

牧：犹守也，持守，或者说是牧养，修养。卑以自牧：以谦卑美德来加强自我修养。

六二：鸣谦，贞吉。

《象》曰："鸣谦，贞吉"，中心得也。

【本意】有声望而仍然能谦虚有礼，占问当然吉利。

《象传》解释说："鸣谦，贞吉"，是因为心得正道。

【解说】鸣：名也，有声，有声望，有名声。

中：正也。中心得也："心得中也"，不说"心得中"而说"中心得"，乃以得字为韵。"鸣谦，贞吉"，中心得也："鸣谦，贞吉"，是因为心得正道，而不是一有名声就飘飘然。

九三：劳谦，君子有终，吉。

《象》曰："劳谦君子"，万民服也。

【本意】有功劳而仍然谦虚有礼，这样的谦谦君子当然会有好结果，吉利。

《象传》解释说："劳谦君子"，天下万民都心悦诚服。

【解说】劳：有功劳。劳谦：有功劳而仍然谦虚有礼。有终：有好结果。

服：归服，心悦诚服。

六四：无不利，㧑谦。

《象》曰："无不利，㧑谦"，不违则也。

【本意】无不利，是因为施德惠于人而仍能谦虚有礼。

《象传》解释说："无不利，㧑谦"，因为六四没有违反原则。

【解说】㧑：施也，或者说同"挥"，发挥。㧑谦：施德惠于人而仍能谦虚有礼。

不违则：不敢违反"天道亏盈而益谦，地道变盈而流谦，鬼神害盈而福谦，人道恶盈而好谦"的原则。

六五：不富以其邻，利用侵伐，无不利。

《象》曰："利用侵伐"，征不服也。

【本意】自己不富裕，是因为邻国干扰掠夺所致，所以有利于用战争来讨伐不义之行，无不利。

《象传》解释说："利用侵伐"，是为了征讨不服从正义者。

【解说】以：因也。不富以其邻：自己不富裕，是因为邻国干扰掠夺所致。利用侵伐：有利于用战争来讨伐不义之行。

征不服：征讨不服从正义者。

上六：鸣谦，利用行师，征邑国。

《象》曰："鸣谦"，志未得也；可"用行师"，"征邑国"也。

【本意】有声望而仍然能谦虚有礼，有利于出兵，以征伐不服统治的邦国。

《象传》解释说："鸣谦"，志愿尚未实现；可"用行师"，因为是为了征伐不服统治的邦国。

【解说】鸣谦：有声望而仍然能谦虚有礼。行师：出兵。邑国：大夫之邑，诸侯之国，上博本"邑国"作"邦"，当据正。利用行师，征邑国：有利于出兵，以征伐不服统治的邦国。

志未得：志愿尚未实现。

十六、豫（下坤上震）

䷏《豫》：利建侯行师。

【本意】《豫》卦象征着有利于建国封侯，出兵征伐不义。

【解说】豫：乐也，安乐，欢畅，安和悦乐，也有犹豫不决、预先考虑之意。

建侯：建国封侯。行师：出兵，以征伐不义。

《彖》曰：《豫》，刚应而志行，顺以动，《豫》；《豫》顺以动，故天地如之，而况“建侯行师”乎？天地以顺动，故日月不过，而四时不忒；圣人以顺动，则刑罚清而民服；《豫》之时义大矣哉！

【本意】《豫》卦九四阳刚获应而志意得以推行，顺理而行动，所以会安乐；《豫》卦讲顺理而行动，所以天地也随之，何况“建侯行师”这样的人事呢？天地根据顺理的原则行动，所以日月不过度，而四季不错乱；圣人根据顺理的原则行动，就会刑罚清白，司法公正，因而万民心悦诚服；《豫》之因时运用，意义非常重大啊！

【解说】刚应：《豫》卦只有九四一个阳爻，其余五阴爻皆应和之，阳性为刚，故曰“刚应”。志行：志意得以推行。顺以动：《豫》卦下坤上震，坤为顺，雷为动，故曰“顺以动”。

如：随从，顺从。况：何况。

顺：顺从。过：过度，过错，过失。忒（tè）：差错。

清：清白，清明。服：归服，心悦诚服。

《豫》之时义大矣哉：《豫》之因时运用，意义非常重大啊！

《象》曰：雷出地奋，《豫》；先王以作乐崇德，殷荐之上帝，以配祖考。

【本意】《豫》卦为“雷出地奋”之象，春雷震，大地动，蛰伏之物无不舒畅欢乐，故卦名为“豫”；先王观此卦象，则效法之，制作礼乐，崇尚功德，以盛大的仪式供奉天帝和先祖。

【解说】奋：动。豫：安乐，和乐。雷出地奋，《豫》：《豫》卦下坤上震，震为雷、为动，坤为地，雷在地上，故曰“雷出地奋”；春雷震，大地动，蛰伏之物无不舒畅欢乐，故卦名为“豫”。

殷：盛大，丰盛。荐：进奉。上帝：古代指天帝，皇天上帝，与西方之“上帝”不同。配：奉献，上供。祖考：祖和父，指祖先。先王以作乐崇德，殷荐之上帝，以配祖考：先王观此卦象，则效法之，制作礼乐，崇尚功德，以盛大的仪式供奉天帝和先祖，以感动天帝和先祖来保佑，并以振奋人心。

初六：鸣豫，凶。

《象》曰：“初六”“鸣豫”，志穷“凶”也。

【本意】沉溺于享乐而自鸣得意，有凶。

《象传》解释说：“初六”“鸣豫”，志意困穷有凶。

【解说】鸣豫：有名于享乐。鸣：名也，有声，有声名。豫：享乐。

志穷：志意困穷。

六二：介于石，不终日，贞吉。

《象》曰：“不终日，贞吉”，以中正也。

【本意】坚贞如磐石，而不整天不变，占问吉利。

《象传》解释说：“不终日，贞吉”，因为能持守中正之道。

【解说】介：坚也，坚硬，坚定，或者说是纤小、触摸。《经典释文》引古文本作“砎”，帛《易》作“疥”，楚简本从矢、介，意皆同“介”。于：犹如也。

不终日：不整天坚守一个固定原则和模式，指能因时守中，通权达变。

以中正：六二爻居下卦之中爻位；六二为阴爻，二爻为阴位，阴爻居阴位为得正；中正必吉，故曰“‘不终日，贞吉’，以中正也”。

六三：盱豫，悔迟有悔。

《象》曰："盱豫""有悔"，位不当也。

【本意】仰视于上，以媚颜趋炎附势为乐，悔过迟疑则有悔恨。

《象传》解释说："盱豫""有悔"，因为位不正当。

【解说】盱（xū）：张目，向上看，媚上，有得势喜悦之貌。豫：享乐。迟：迟慢，犹豫不决。悔：悔过，悔悟，悔恨。

位不当：六三爻位在下卦之上位，三爻位为阳位，阴爻居阳位，不当位，所以位不正当。

九四：由豫，大有得，勿疑，朋盍簪。

《象》曰："由豫，大有得"，志大行也。

【本意】由于愉悦，有大收获，不必迟疑，组合众贝壳成为发簪以作首饰。

《象传》解释说："由豫，大有得"，是说志意得以大力推行。

【解说】由豫，大有得，勿疑：由于愉悦，有大收获，不必迟疑。

朋盍簪：以朋贝合成发簪，组合众贝壳成为发簪以作首饰。发簪象九四爻一阳，众贝壳象其他众阴爻，发簪与众贝壳合成首饰象九四爻与其他阴爻合成《豫》卦。朋：朋贝。盍：同"合"。

志大行也：志意得以大力推行。

六五：贞疾，恒不死。

《象》曰："六五""贞疾"，乘刚也；"恒不死"，中未亡也。

【本意】占问疾病，则会长久不死。

《象传》解释说："六五""贞疾"，因为六五阴柔乘凌九四阳刚；"恒不死"，因为六五尚能持守中道，中道尚未丧失。

【解说】贞：占问。疾：疾病。恒：长久。

乘：凌也，乘凌。乘刚：六五阴柔乘凌九四阳刚，柔乘刚则不吉。

亡：亡失，丧失。"恒不死"，中未亡也：六五尚能持守中道，中道尚未丧失，故而"恒不死"。

上六：冥豫，成有渝，无咎。

《象》曰："冥豫"在"上"，何可长也？

【本意】日暮仍在娱乐，事虽成而有变，没有什么妨碍。

《象传》解释说："冥豫"在"上"，怎么会长久呢？

【解说】冥：日暮，比喻处于晦暗之时，或者说是糊涂，昏暗。渝：变化，改变，或者解释为毁败。

"冥豫"在"上"，何可长也："冥豫"在"上"，马上面临物极必反的局面，怎么会长久呢？

十七、随（下震上兑）

䷐《随》：元亨，利贞，无咎。

【本意】《随》卦象征着大通顺，是有利的占问，没有灾患。

【解说】随：从也，随从，追随，追逐。元亨：大通顺。利贞：有利的占问。无咎：没有灾患。

《彖》曰：《随》，刚来而下柔，动而说，《随》；大"亨""贞""无咎"，而天下随时，随时之义大矣哉！

【本意】《随》之卦象为阳刚前来处于阴柔之下，健动而又愉悦，故名为"随"；大"亨""贞""无咎"，因为天下人都要随顺时宜，随顺时宜的意义非常重大啊！

【解说】随：随从，随顺，追随，追逐。刚来而下柔：《随》卦下震上兑，震为长男，是阳卦，阳性刚；兑为少女，是阴卦，阴性柔；震阳刚为下卦，在兑阴柔之下，下卦为来，上卦为往，故为"刚来而下柔"。

说：读为"悦"。动而说：《随》卦下震上兑，震为动，兑为悦，故曰"动而说"。

天下随时，随时之义大矣哉：此从通行本，《经典释文》引王肃本作"天下随之，《随》之时义大矣哉”。朱子《周易本义》以为当从王肃本，尚秉和先生认为王肃本“将卦义全失，朱子从之，过矣”。[①]

《象》曰：泽中有雷，《随》；君子以向晦入宴息。

【本意】《随》卦为“泽中有雷”之象，雷声随时变化，故名为“随”；君子观此卦象，当随顺时宜，于暮夜之时，及时养息。

【解说】泽中有雷，《随》：《随》卦下震上兑，震为雷，兑为泽，故曰“泽中有雷”；古人认为春雷出于地上，秋雷入于泽中，冬雷潜入地下，雷声随时变化，故以“随”为卦名。

向：犹方也。晦：冥也，暮夜，晚上，暗冥。向晦：在暮夜，在晚上。宴：安也。宴息：安息，养息，休息。君子以向晦入宴息：君子观此卦象，当随顺时宜，于暮夜之时，及时养息。

初九：官有渝，贞吉，出门交有功。
《象》曰：“官有渝”，从正“吉”也；“出门交有功”，不失也。

【本意】旅馆发生事故，但占问吉利，因为出门善于交往，朋友互助有功。《象传》解释说：“官有渝”，因为顺从正道则“吉”；“出门交有功”，因为不失正道。

【解说】官：官府；《经典释文》引蜀才本作“馆”，旅馆。渝：变故，事变，毁败；帛书本作“谕”，通缉令。交：俱也，皆也，或读为“将”。

从正“吉”也：初九为阳爻，而居初爻之阳位，阳爻居阳位为得正，得正则吉，故曰“从正‘吉’也”。

“出门交有功”，不失也：不失指不失正道，在交往中不失正道，必有功。

六二：系小子，失丈夫。
《象》曰：“系小子”，弗兼与也。

【本意】亲近了小人，失去了大人。

---

① 参见尚秉和《周易尚氏学》，北京：中华书局，1980年，第98页。

《象传》解释说："系小子"，指六二要么随从初九，要么随从九五，二者不可兼得。

【解说】系：系恋，亲近，拘系，捆绑。小子：小人，或小孩，指初九。失：失去。丈夫：大人，或成年男性（古代男子二十而冠，称为丈夫），指九五。系小子，失丈夫：亲近了小人，失去了大人，或者解释为，捆绑了小孩，失掉了成年人。

兼与：犹兼有，兼得。弗兼与也：六二要么随从初九，与初九关系密切，要么随从九五，遥相正应，二者不可兼得，因与初九邻近，故还是随从了初九，导致"系小子，失丈夫"。

六三：系丈夫，失小子，随有求得，利居贞。

《象》曰："系丈夫"，志舍下也。

【本意】亲近了大人，失去了小人，随从别人，有求而得，有利于安居方面的占问。

《象传》解释说："系丈夫"，是说六三之志愿是舍弃下之初九。

【解说】系丈夫，失小子，随有求得，利居贞：亲近了大人，失去了小人，随从别人，有求而得，有利于安居方面的占问，或者解释为，捆绑了成年人，失掉了小孩，随从别人，有求而得，利于居家守正。

志舍下：六三之志愿是舍弃下之初九，随从上之九五。

九四：随有获，贞凶，有孚在道，以明，何咎？

《象》曰："随有获"，其义"凶"也；"有孚在道"，"明"功也。

【本意】相随出外，有所收获，因分配不公而容易引起争斗，故占问有"凶"，但能存诚信而守正道，且光明磊落，明白行事，会有什么灾患呢？

《象传》解释说："随有获"，有所收获，因分配不公而容易引起争斗，故宜有"凶"；"有孚在道"，明白行事，才会成功。

【解说】随有获，贞凶：相随出外，有所收获，就容易引起争斗，故占问有"凶"。

孚：信也，诚信；俘获，俘虏，收获。以：由，用。明：光明正大。何咎：有什么灾患呢？

义：宜也。

九五：孚于嘉，吉。

《象》曰："孚于嘉，吉"，位正中也。

【本意】由于自己有美善之德而有所收获，是吉利的。

《象传》解释说："孚于嘉，吉"，因为九五位处正中，有中正之德。

【解说】孚：俘获，收获。孚于嘉，吉：由于自己有美善之德而有所收获，是吉利的。

位正中：有的《周易》版本作"位中正"。"孚于嘉，吉"，位正中也：九五阳爻居上卦之中位，且处阳位，阳爻居阳位即为得正，故曰"位中正"；居中正之位而有中正之德，必吉，故曰"'孚于嘉，吉'，位正中也"。

上六：拘系之，乃从维之，王用亨于西山。

《象》曰："拘系之"，上穷也。

【本意】囚禁俘虏或逃犯，又加强管束，大王用以祭享于西山。

《象传》解释说："拘系之"，随从至极，不能再跟随，因为此处已是穷尽之地。

【解说】拘系：束缚，囚禁。从：跟从，接着，或借为"纵"，意为放纵，解除，释放。维：拘系，维系，管束。

西山：岐山，因其在周都城镐京之西，故称为西山。

上穷：随从至极，不能再跟随，因为此处已是穷尽之地。

十八、蛊（下巽上艮）

䷑《蛊》：元亨，利涉大川，先甲三日，后甲三日。

【本意】《蛊》卦象征着大通顺，利于渡越大河，以甲前三日、甲后三日为宜。

【解说】蛊（gǔ）：本义为腹中虫也，指腹中虫食之毒也，或者解释为毒虫，传说取百虫于皿中，使互相蚕食，最后所剩的一虫为蛊，用以害人，即所谓“蛊毒”；引申为“事”“惑”“乱”“古事”“故事”“麻烦事”“过失”。帛《易》作“箇”。

利：有利。涉大川：渡越大河，比喻做成难事，渡过难关。

先甲三日，后甲三日：按照我国上古历法，每年有十二月（有闰月则置于岁末），每月三旬，每旬十日，用甲、乙、丙、丁、戊、己、庚、辛、壬、癸来记；先甲三日即辛日，后甲三日即丁日；即在辛日或丁日，渡大河、做难事有利。

《彖》曰：《蛊》，刚上而柔下，巽而止，《蛊》；《蛊》“元亨”，而天下治也；“利涉大川”，往有事也；“先甲三日，后甲三日”，终则有始，天行也。

【本意】《蛊》卦下巽上艮，阳刚在上而阴柔在下，谦逊而知止，因为有变故；《蛊》“元亨”，有事而大通顺，是说事情已经解决，天下治理好了；“利涉大川”，是说要前往做事；“先甲三日，后甲三日”，终而复始，循环不息，天道运行就是如此。

【解说】刚上而柔下：《蛊》卦下巽上艮，巽为长女，为阴柔，艮为少男，为阳刚，故曰“刚上而柔下”。

巽而止：《蛊》卦下巽上艮，巽为风，为谦逊，艮为止，谦逊而静止，故曰“巽而止”。

天下治：《蛊》卦下巽上艮，巽为谦逊，艮为止，在下者谦逊礼让，在上者静止安宁，所以天下太平大治。

往有事也：有事而出行。

“先甲三日，后甲三日”，终则有始，天行也：“先甲三日，后甲三日”，即从辛日到丁日是七日，七日一来复，周而复始，循环不息，是天道的一项具体表现。

《象》曰：山下有风，《蛊》；君子以振民育德。

【本意】《蛊》卦下巽上艮，为“山下有风”之象，风为山所阻，激荡回环，草木皆为其鼓动，故名为“蛊”；君子观此卦象，要及时振奋民心，培育美德。

【解说】山下有风，《蛊》:《蛊》卦下巽上艮，巽为风，艮为山，故称“山下有风”；风为山所阻，激荡回环，草木皆为其鼓动，故名为“蛊”。

振民：振奋民心，教化民众。君子以振民育德：君子观此卦象，要及时振奋民心，教化大众，培育美德。

初六：干父之蛊，有子，考无咎；厉，终吉。

《象》曰：“干父之蛊”，意承考也。

【本意】继承父亲的事业，有如此孝子，父亲不会有什么妨害，即使有些危险，终究会获吉利。

《象传》解释说：“干父之蛊”，其志愿是继承父辈的事业。

【解说】干：借为“贯”，习也，继承。蛊：事情，事业。子：儿子。考：父亲。有子：有如此孝子。无咎：不会有什么妨害。

厉：危险，危难。终吉：终究吉利。

意承考：志愿继承父辈的事业。

九二：干母之蛊，不可贞。

《象》曰：“干母之蛊”，得中道也。

【本意】继承母亲的事业，是不吉利的占问。

《象传》解释说：“干母之蛊”，因为九二能守中道。

【解说】不可：当时已是父权制社会，故儿子不可继承母亲的事业。

得中道也：九二居下卦之中位，能守中道，故曰“得中道也”。

九三：干父之蛊，小有悔，无大咎。

《象》曰：“干父之蛊”，终无咎也。

【本意】继承父亲的事业，有些小悔恨，没有大过失。

《象传》解释说：“干父之蛊”，终究是没有过失的。

【解说】小有悔：有些小悔恨。

终无咎：终究没有过失。

六四：裕父之蛊，往见吝。
《象》曰："裕父之蛊"，往未得也。

【本意】扩大父亲的事业，一直往前会遭遇困难。
《象传》解释说："裕父之蛊"，前进而无所得。
【解说】裕：宽裕，扩大。见：见到，遭遇。吝：困难。
往未得也：前进而无所得。

六五：干父之蛊，用誉。
《象》曰："干父""用誉"，承以德也。

【本意】继承父亲的事业，获得美誉。
《象传》解释说："干父""用誉"，以美德来继承父业，自然会受到赞誉。
【解说】用誉：受到赞誉，获得美誉。因为六五能持守中道，又有九二相应，并上承上九。
"干父""用誉"，承以德也：以美德来继承父业，自然会受到赞誉。

上九：不事王侯，高尚其事。
《象》曰："不事王侯"，志可则也。

【本意】不去侍奉王公贵族，是高尚的行为。
《象传》解释说："不事王侯"，这种能保持高尚节操的志向是堪为楷模的。
【解说】不事王侯：不去侍奉王公贵族。
志：志向。则：效法，作为楷模。"不事王侯"，志可则也：不去侍奉王公贵族，这种能保持高尚节操的志向是堪为楷模的。

十九、临（下兑上坤）

䷒《临》：元亨，利贞，至于八月，有凶。

【本意】《临》卦象征着大通顺，是有利的占问，但到八月会有不利。

【解说】临：本义为从高视下，引申为进、治、临民、统治民众等意。帛《易》作“林”。

元亨：大通顺。利贞：有利的占问。至：到。

《彖》曰:《临》，刚浸而长，说而顺，刚中而应，大“亨”以正，天之道也;“至于八月，有凶”，消不久也。

【本意】《临》卦是阳刚逐渐成长，愉悦又柔顺，九二阳刚居于中位且得与六五相应，所以博大、亨通而又守正，是天之道也;“至于八月，有凶”，是说阳气不久就会衰消了。

【解说】浸：逐渐。刚浸而长:《临》卦卦象是阳爻逐渐长大，象征阳刚逐渐壮大。

说：同“悦”，愉悦。说而顺:《临》卦下兑上坤，兑为悦，坤为顺，故曰“说而顺”。

刚中而应:《临》卦九二阳爻居于中位，阳为刚，且与六五相应，故曰“刚中而应”。

大“亨”以正，天之道也：博大、亨通而又守正，是天之道也。

“至于八月，有凶”，消不久也：八月已是仲秋，阳气不久就会衰消，草木凋谢，虫类蛰伏，自然是不利的。

《象》曰：泽上有地，《临》；君子以教思无穷，容保民无疆。

【本意】《临》卦下兑上坤，为“泽上有地”之象，泽水之上有小片陆地，有陆地临水之象，故卦名为“临”；君子观此卦象，应当教化、关心民众，毫不中断，宽容、保护民众，永无止境。

【解说】泽上有地，《临》:《临》卦下兑上坤，兑为泽，坤为地，故曰“泽上有地”；泽水之上有小片陆地，有陆地临水之象，水与土互相交融，亲密无间，故卦名为“临”。

教：教育。思：关心。容：包容，宽容。保：保护。君子以教思无穷，容保民无疆：君子观此卦象，在施政时应当与民众亲密无间，教化、关心民众，毫不中断，宽容、保护民众，永无止境。

初九：咸临，贞吉。
《象》曰："咸临，贞吉"，志行正也。

【本意】用感化的方式统治民众，占问是吉利的。

《象传》解释说："咸临，贞吉"，志意、德行端正。

【解说】咸：借为"感"，感化。咸临：用感化的方式统治民众。贞吉：占问吉利。

志行正：志意、德行端正。

九二：咸临，吉，无不利。
《象》曰："咸临，吉，无不利"，未顺命也。

【本意】用感化的方式统治民众，吉利，不会有什么不利。

《象传》解释说："咸临，吉，无不利"，没有顺从君命。

【解说】咸临：用感化的方式统治民众。

未顺命：没有顺从君命。

六三：甘临，无攸利；既忧之，无咎。
《象》曰："甘临"，位不当也；"既忧之"，"咎"不长也。

【本意】以强制高压的方式治理民众，没有什么好处；既已担忧"甘临"的坏处，则不会有什么妨害。

《象传》解释说："甘临"，因为位不正当；"既忧之"，则"过失"不会长久了。

【解说】甘：借为"钳"，钳制，强制，压制，或者解释为甜美，佞邪悦媚。攸：所。甘临，无攸利：以强制高压的方式治理民众，必遭民反，没有什么好处。

既忧之，无咎：既已担忧"甘临"的坏处，则不会有什么妨害。

"甘临"，位不当也：以高压方式治理民众，必遭民反，没有什么好处，因为六三以阴爻居阳位，所以说是位不正当，位不正当则不利。

“咎”不长也：“过失”不会长久了。

六四：至临，无咎。

《象》曰：“至临，无咎”，位当也。

【本意】亲临治理，没有过失。

《象传》解释说：“至临，无咎”，因为所处之位正当。

【解说】至：到，或者说是极致。至临：亲临治理，或者说是靠竭诚尽意治民。

位当：六四以阴爻居阴位，是为位当，位当则可保无灾。

六五：知临，大君之宜，吉。

《象》曰：“大君之宜”，行中之谓也。

【本意】以智慧治民，正是大君之所宜，故吉利。

《象传》解释说：大君之所以“知临”得宜，是因为他能行持中道。

【解说】知：同“智”，明智，智慧，聪明睿智。大君：大国之君。

“大君之宜”，行中之谓也：大君之所以“知临”得宜，因为他在行事时能持守中道。

上六：敦临，吉，无咎。

《象》曰：“敦临”之“吉”，志在内也。

【本意】用温柔敦厚的方式来治理民众，吉利，没有什么妨害。

《象传》解释说：“敦临”之“吉”，因为温柔敦厚的志意存在于内心。

【解说】敦：厚也，温柔敦厚。

志在内：温柔敦厚的志意存在于内心。

二十、观（下坤上巽）

䷓ 《观》：盥而不荐，有孚颙若。

【本意】《观》卦象征着祭祀时已洒酒而尚未献牲，以虔信之神情仰望神灵。

【解说】观：观察，考察，观瞻。

盥（guàn）：祭祀时用酒浇地以迎神。荐：献也，奉献，进奉，献牲于神。盥而不荐：古代祭祀礼仪，先洒酒后献牲，故“盥而不荐”指祭祀时已洒酒而尚未献牲。

有：以，用。孚：信，诚信。颙（yóng）：敬也。颙若：诚敬仰望的样子。有孚颙若：以虔诚敬畏的诚信神情仰望神灵。

《彖》曰：大观在上，顺而巽，中正以观天下，《观》；“盥而不荐，有孚颙若”，下观而化也；观天之神道，而四时不忒；圣人以神道设教，而天下服矣。

【本意】在上位的领袖以高远大度的眼光胸怀天下，柔顺而谦逊，以中正之道普观天下，故名为“观”；“盥而不荐，有孚颙若”，在下者观察在上者的作风和行为，自然受到感化；观察大自然神妙莫测的运动变化规律，其四时运行从无差失；圣人遵循大自然神妙莫测的规律以施行教化，天下民众无不心悦诚服。

【解说】大观在上：在上位的领袖以高远大度的眼光胸怀天下；《观》卦九五居君位而且得中得正，其下四爻皆为阴爻，为君王中正观下、臣民顺服观上之象，象征君王贤明中正，治国有方，臣民心悦诚服，甘愿顺从。

巽：借为“逊”，谦逊。顺而巽：《观》卦下坤上巽，坤性顺，巽为逊，故曰“顺而巽”。

中正：《观》卦的主爻是九五，为阳爻而居上卦之中且得正，象征君王有中正之德。

化：感化。“盥而不荐，有孚颙若”，下观而化也：在下者观察在上者的作风和行为，在上者有中正之德，在下者自然受到感化。

忒：差错，失误。观天之神道，而四时不忒：观察大自然神妙莫测的运动变化规律，其四时运行从无差失。

圣人以神道设教，而天下服矣：圣人遵循大自然神妙莫测的规律以施行教化，天下民众无不心悦诚服。

《象》曰：风行地上，《观》；先王以省方，观民设教。

【本意】《观》卦下坤上巽，坤为地，巽为风，故曰“风行地上”；风行地上，吹拂万物，万物随风摇曳，其景自有可观，故卦名为“观”；先王观此卦象，亲自省察各方，观察各地民情疾苦，因地制宜以施设教化。

【解说】风行地上，《观》：《观》卦下坤上巽，坤为地，巽为风，故曰“风行地上”；风行地上，吹拂万物，万物随风摇曳，其景自有可观，故卦名为“观”。

省：视也，察也。省方：巡视各方。观民：观察各地民情疾苦。设教：施设教化。先王以省方，观民设教：先王观此卦象，亲自省察各方，观察各地民情疾苦，因地制宜以施设教化。

初六：童观，小人无咎，君子吝。

《象》曰：“初六”“童观”，“小人”道也。

【本意】天真幼稚地观察，小人无灾，而君子则易陷入困难。

《象传》解释说：“初六”天真地观察，是只适合庶民的方式。

【解说】童观：儿童般地观察，天真幼稚地观察。小人：庶民。小人无咎：庶民观察，幼稚无妨。君子吝：君子要立身行事，故观察幼稚有鄙陋之嫌，容易陷入困难。初六处《观》卦之始，阴柔失位，与上无应，又居位卑下，远离九五阳刚中正之君，仰望难及，犹如幼童之见识，所观甚浅。此于百姓无所咎害，而对于立身社会之君子则难免鄙陋了。

“初六”“童观”，“小人”道也：“初六”天真幼稚地观察，是只适合庶民的方式。

六二：窥观，利女贞。

《象》曰："窥观""女贞"，亦可丑也。

【本意】一孔之见，所见狭隘有限，有利于女子的占问，因为六二能够持守中正之道。

《象传》解释说："窥观""女贞"，毕竟是不光彩的。

【解说】窥观，利女贞：一孔之见，所见狭隘有限，有利于女子的占问，因为六二能够持守中正之道。当时人们普遍认为女子所见狭隘短浅。

"窥观""女贞"，亦可丑也：所见狭隘有限，毕竟是不光彩的。

六三：观我生，进退。

《象》曰："观我生，进退"，未失道也。

【本意】观察自己的百官庶民的意志和愿望，以决定进退用废之良策。

《象传》解释说："观我生，进退"，没有失去正道。

【解说】生：古代称百官为生，亦称庶民为生，有人则读"生"为姓，指宗族。我生：自己的百官庶民，有人以"我生"即我姓，自己的宗族。观我生，进退：观察自己的百官庶民的意志和愿望，以决定进退用废之良策。

未失道：没有失去正道。

六四：观国之光，利用宾于王。

《象》曰："观国之光"，尚"宾"也。

【本意】观仰国家的光辉盛治和光明前途，有利于出来辅佐君王。

《象传》解释说："观国之光"，这是君王的上宾啊！

【解说】宾：臣服，辅佐；有人解释为作客。宾于王：辅佐服从国王；有人解释为在国王处作客。观国之光，利用宾于王：六四柔顺得正，上承九五中正之君，故得观仰国家的光辉盛治和光明前途，有利于出来辅佐君王，以匡济天下。《尚书·微子之命》："猷！殷王元子！惟稽古，崇德象贤，统承先王，修其礼物，作宾于王家，与国咸休，永世无穷。"

尚：同"上"，尊尚，尊崇。尚"宾"：君王的上宾。

九五：观我生，君子无咎。

《象》曰："观我生"，观民也。

【本意】观察自己的百官庶民的意志和愿望，君子如此行事，可以得到众人拥护，自然无咎。

《象传》解释说："观我生"，是说观察自己的百官庶民的意志和愿望。

【解说】生：百官庶民。观我生，君子无咎：观察自己的百官庶民的意志和愿望，君子如此行事，可以得到众人拥护，自然无咎。九五阳刚中正，为《观》卦之主，犹如明君盛德光华，持守中正之道，为天下人所观仰，又能时常自省其所施为，不断修美其德行。如此有德之君子，必无咎害。九五身为《观》卦之主，上与上九互观，下与臣民互观，同时又要自观，自观观人，自观观神，观之道，意义非常重大啊！上九为隐退之高人或隐秘之神灵，九五与之互观，乃修身之重要内容。

"观我生"，观民也：《易经》本义是指观察自己的百官庶民，这里解释为"观民"，即观察民众，说明《象传》的解释与《易经》爻辞的原意正相契合。

上九：观其生，君子无咎。

《象》曰："观其生"，志未平也。

【本意】观察其他国家的百官庶民，此为君子之德行，自然无咎。

《象传》解释说：国王观察其他国家的百官庶民，因为其内心尚未辨明他国百官庶民的实际情况。

【解说】生：百官庶民。其生：其他国家的百官庶民。上九阳刚居《观》卦之上，虽退居虚位，不当事任，但其下应六三，说明仍有治国平天下之志，欲使下四阴爻象征之臣民皆受感化而为君子。此为君子之德行，自然无咎。

平：借为"辨"，辨明。高亨《周易大传今注》曰："'平'借为'辨'，谓辨明也。""观其生"，志未平也：国王观察其他国家的百官庶民，因为其内心尚未辨明他国百官庶民的实际情况。上九欲使下观者皆受感化而为君子者，以其虽退居虚位，不当事任，而化民之志，民胞物与之心，丝毫未曾稍懈。

二十一、噬嗑（下震上离）

☲ 《噬嗑》：亨，利用狱。

【本意】《噬嗑》卦象征着通顺，有利于施行刑狱之事。

【解说】噬嗑（shì hé）：咬合。噬：啮也，咬也。嗑：合也。咬物为"噬"，合口为"嗑"，"噬嗑"即为以齿咬物而合口咀嚼，可象征玩味思考，或断狱刑罚。

《噬嗑》，亨，利用狱：吃东西要细嚼慢咽，断狱诉讼要辨明是非，须仔细分析，也好像嚼东西一样，故《噬嗑》卦象征通顺，有利于施行刑狱之事。

《彖》曰：颐中有物，曰《噬嗑》；《噬嗑》而"亨"，刚柔分，动而明，雷电合而章；柔得中而上行，虽不当位，"利用狱"也。

【本意】《噬嗑》为"颐中有物"之象，口中有物，以齿咬物而合口咀嚼，故名为"噬嗑"；《噬嗑》而"亨"，刚柔相分，行动光明，雷电会合而成文章；阴柔得处中道而上行，虽不当位，但仍然有利于断狱诉讼。

【解说】颐：腮也。颐中有物，曰《噬嗑》：口中含有食物而咀嚼，称作"噬嗑"。《噬嗑》外刚中虚，有颐口之象，中有九四一刚，为"颐中有物"。口中有物，以齿咬物而合口咀嚼，故名为"噬嗑"。物：九四。

刚柔分：《噬嗑》卦下震上离，震为长男，是阳卦，为刚；离为中女，是阴卦，为柔；下刚上柔，故曰"刚柔分"。

动而明：《噬嗑》卦下震上离，震为动，离为火、为日、为明，故曰"动而明"。

雷电合而章：《噬嗑》卦下震上离，震为雷，离为电，雷电交合则声光俱著而成文章，故曰"雷电合而章"；电比喻明察，雷比喻刑罚，故《噬嗑》卦可以用于明断刑狱之事。

柔得中而上行：《噬嗑》卦上卦下卦的中爻都是阴爻，阴性柔；六二、六三、六五皆是阴爻，阴柔有上升之势，故曰"柔得中而上行"。

虽不当位，"利用狱"也：六三、六五皆为阴爻居阳位，皆不当位，但六五居于君位而能持守中道，象征下民得理而上诉，虽无位，但因为在上者行事公正，故仍然有利于断狱诉讼。

《象》曰：雷电，《噬嗑》；先王以明罚敕法。

【本意】《噬嗑》卦为雷电交加，声光并威，好像上天咬牙切齿之象，故卦名为“噬嗑”；君子观此卦象，应当严明刑罚，整饬法令。

【解说】雷电，《噬嗑》:《噬嗑》卦下震上离，震为雷，离为火、为电，故曰“雷电”；雷电交加，声光并威，好像上天咬牙切齿之象，故卦名为“噬嗑”。“雷电”，有的《周易》版本作“电雷”。

先王以明罚敕法：君子观此卦象，应当严明刑罚，整饬法令，以严刑峻法惩治邪恶。

初九：屦校灭趾，无咎。

《象》曰：“屦校灭趾”，不行也。

【本意】刑具加于足上而遮没了脚趾，在古代只是小警戒，没有灾祸。《象传》解释说：“屦校灭趾”，是在警告不许再行以往之事。

【解说】屦（jù）：通“娄”，曳也，掩拉；或说是单层底的鞋。校：脚枷。灭：遮盖，掩盖。

“屦校灭趾”，不行也：“屦校灭趾”，是在警告不许再行以往之事，即不许再犯以往的罪行。

六二：噬肤灭鼻，无咎。

《象》曰：“噬肤灭鼻”，乘刚也。

【本意】吃肉而掩没其鼻，没有灾祸。《象传》解释说：“噬肤灭鼻”，是因为六二阴柔乘凌初九阳刚。

【解说】噬：咬，吃。肤：柔脆肥美之肉。灭：遮盖，掩没。

乘刚：六二阴柔乘凌初九阳刚。

六三：噬腊肉，遇毒，小吝，无咎。

《象》曰："遇毒"，位不当也。

【本意】吃了因保藏不好或有毒箭余毒的腊肉，只是小毒，有小麻烦，不会有什么妨害。

《象传》解释说：之所以"遇毒"，是因为六三位不正当。

【解说】噬：咬，吃。腊肉：干肉。遇毒：遇到因保藏不好或有毒箭余毒的肉。小吝：小麻烦。无咎：不会有什么妨害。

"遇毒"，位不当也：之所以"遇毒"，是因为六三以阴爻居阳位，位不正当。

九四：噬干胏，得金矢，利艰贞，吉。

《象》曰："利艰贞，吉"，未光也。

【本意】吃带骨肉干，遇到铜制箭头，（这预示着）有利于艰难之事方面的占问，吉利。

《象传》解释说："利艰贞，吉"，因为九四阳刚不当位，不能大展宏图。

【解说】噬：咬，吃。胏（zǐ）：带着骨头的肉。金矢：铜箭头。利艰贞：有利于艰难之事的占问。

"利艰贞，吉"，未光也："利艰贞，吉"，因为九四以阳刚居阴位，阳刚不当位，不能大展宏图。

六五：噬干肉，得黄金，贞厉，无咎。

《象》曰："贞厉，无咎"，得当也。

【本意】吃肉干而咬出铜箭头之类的东西来，占问有危难，没有灾患。

《象传》解释说："贞厉，无咎"，因为六五居中位且以柔承上九之刚，所处得当。

【解说】噬：咬，吃。黄金：黄铜，指铜箭头之类的东西。贞厉：占问有危难。

"贞厉，无咎"，得当也："贞厉，无咎"，因为六五居中位，且以柔承上九之刚，位置形势得当。

上九：何校灭耳，凶。

《象》曰："何校灭耳"，聪不明也。

【本意】 脖子上负荷着遮没耳朵的木枷，有凶。

《象传》解释说："何校灭耳"，是因为平时听不进贤人的逆耳忠言。

【解说】 何：借为"荷"，负荷，担负，有的《周易》版本正作"荷"。校：木制刑具，加于颈者谓之枷，加于手者谓之梏，加于足者谓之桎，统谓之校。

聪不明：听不进贤人的逆耳忠言。

二十二、贲（下离上艮）

䷕《贲》：亨，小利有攸往。

【本意】《贲》卦象征着通顺，有所行动，可得小利。

【解说】 贲（bì）：修饰，装饰，文饰。帛《易》作"蘩"。

亨：通顺。有攸往：有所行动。

《象》曰：《贲》"亨"，柔来而文刚，故"亨"；分，刚上而文柔，故"小利有攸往"；刚柔交错，天文也；文明以止，人文也；观乎天文，以察时变；观乎人文，以化成天下。

【本意】《贲》之"亨"，因为阴柔前来文饰阳刚，所以亨通；阴阳刚柔上下相分，阳刚向上去文饰阴柔，所以是"小利有攸往"；阴阳刚柔相互交错，成就了天地万物千姿百态的文采华章；文饰显明以后就适可而止，使人懂得自律，这是人类文明之美；观察天地万物千姿百态的文采华章，可以洞察天时的变化规律；观察人类文明之美，可以成功施行教化于天下民众。

【解说】 柔来而文刚：《贲》卦下离上艮，离为中女，为阴卦，性柔；艮为少男，为阳卦，性刚；下卦来而上卦往，阴阳刚柔往来交错而成文章，故曰"柔来而文刚"。

分：阴阳刚柔上下相分。

刚上而文柔：《贲》卦艮卦在上，艮为少男，为阳卦，性刚；离卦在下，离为中女，为阴卦，性柔；阴阳刚柔上下交错而成文章，故曰“刚上而文柔”。

刚柔交错，天文也：《贲》卦下离上艮，离为中女，为阴卦，性柔；艮为少男，为阳卦，性刚；下卦来而上卦往，阴阳刚柔上下往来，相互交错，成就了天地万物千姿百态的文采华章，这就是大自然之光辉灿烂之美。“刚柔交错”，有的《周易》版本无此四字。

文明以止，人文也：《贲》卦下离上艮，离为火、为日、为电、为文明，艮为山、为止，故曰“文明以止”，意思是文明在于使人的行为有所节制，使人懂得自律，又使人有希望，有理想，这就是人类的文明道德之美。

观乎天文，以察时变：观察天地万物千姿百态的文采华章，可以洞察天时的变化规律。

观乎人文，以化成天下：观察人类的文明道德之美，可以成功施行教化于天下民众。

《象》曰：山下有火，《贲》；君子以明庶政，无敢折狱。

【本意】《贲》卦为“山下有火”之象，山下阳光普照，大地被装饰得焕然一新，天下一片灿烂景象，故卦名为“贲”；君子观此卦象，应当制作礼乐以修明制度，不敢仅仅依据文饰之词判决狱讼。

【解说】山下有火，《贲》：《贲》卦下离上艮，离为火，艮为山，故曰“山下有火”；离又为日，山下阳光普照，大地被装饰得焕然一新，天下一片灿烂景象，故卦名为“贲”。

明：修明。庶政：各项政事制度。折狱：判决狱讼。无敢折狱：不敢轻易判决狱讼。君子以明庶政，无敢折狱：君子观此卦象，应当制作礼乐以修明制度，不敢仅仅依据文饰之词判决狱讼。

初九：贲其趾，舍车而徒。
《象》曰：“舍车而徒”，义弗乘也。

【本意】修饰其脚趾，弃车徒步而行。

《象传》解释说：“舍车而徒”，宜于不乘车。

【解说】趾：脚趾。徒：徒步。贲其趾：修饰其脚趾，显示脚修饰后的美。

舍车而徒：弃车徒步而行。

义：宜也，宜于，应该。

六二：贲其须。

《象》曰："贲其须"，与上兴也。

【本意】修饰其胡须。

《象传》解释说："贲其须"，是要与上面一起行动。

【解说】贲：修饰。须：胡须，也可泛指须发。

"贲其须"，与上兴也："贲其须"，因为六二与其上之九三阴阳各得其位，和谐默契，一起行动。

九三：贲如濡如，永贞吉。

《象》曰："永贞"之"吉"，终莫之陵也。

【本意】其人贲然而有文采，濡然而有修养，关于长期之事的占问是吉利的。

《象传》解释说："永贞"之"吉"，终究没有人去侵凌他。

【解说】濡：借为"嬬"，柔和。贲如濡如：其人贲然而有文采，濡然而有修养。

永贞：关于长期之事的占问。

陵：读为"凌"，凌辱，欺凌，侵凌。"永贞"之"吉"，终莫之陵也："永贞"之"吉"，因为九三得位，且与六二阴阳相互亲比，吉庆如意，没有人去侵凌他。

六四：贲如皤如，白马翰如，匪寇，婚媾。

《象》曰："六四"，当位疑也；"匪寇，婚媾"，终无尤也。

【本意】修饰如此洁白，白马轻快奔驰如飞，他们不是抢掠之盗寇，而是来娶亲的男方人马。

《象传》解释说："六四"，当位而有疑惑；"匪寇，婚媾"，终究不会有什么怨尤。

【解说】皤（pó）：洁白，鲜洁，或解释为高大。皤如：洁白的样子。翰如：飞翔的样子。匪寇，婚媾：不是抢掠之盗寇，而是来娶亲的男方人马。

“六四”，当位疑也：六四阴爻居阴位，当位，但与初九相应，又有九三亲比，何亲何疏，产生疑惑。

“匪寇，婚媾”，终无尤也：六四虽然会有疑惑，但终究不会有什么怨尤。

六五：贲于丘园，束帛戋戋，吝，终吉。
《象》曰：“六五”之“吉”，有喜也。

【本意】在举行婚礼的地方，张灯结彩，喜气洋洋，男方送来的聘礼堆积如山，虽然在婚礼过程中偶尔会有故意刁难，但终究是吉利的。

《象传》解释说：“六五”之“吉”，是因为有喜事盈门。

【解说】丘园：古代举行婚礼的地方，或解释为女方的家园。束帛：男方送给女方的聘礼。戋戋（jiān）：堆积如山的样子，或解释为微薄貌，少貌。吝：不利，困难。

有喜：有喜事盈门。

上九：白贲，无咎。
《象》曰：“白贲，无咎”，上得志也。

【本意】有纯洁之德性而加以文饰，无过无灾。

《象传》解释说：“白贲，无咎”，因为上九居最上位而得志。

【解说】白贲：人有纯洁之德性而加以文饰。

“白贲，无咎”，上得志也：“白贲，无咎”，因为上九居最上位，且有居于君位之六五相承，故而得志。

二十三、剥（下坤上艮）

䷖《剥》：不利有攸往。

【本意】《剥》卦象征着不利于有所行动。

【解说】剥：落也，剥落，剥夺，剥尽。有攸往：有所行动。

《彖》曰:《剥》，剥也，柔变刚也；“不利有攸往”，小人长也；顺而止之，观象也；君子尚消息盈虚，天行也。

【本意】《剥》卦象征剥落，其卦象有阴柔决定改变阳刚之势；“不利有攸往”，因为小人势力在壮大；柔顺而知止，这是观察卦象的结果；君子重视天地万物消息盈虚的运动变化，因为这反映了大自然的运行规律。

【解说】《剥》，剥也，柔变刚也:《剥》卦象征剥落;《剥》卦初爻至五爻皆为阴爻，只有上爻为阳爻，阴柔阳刚，其卦象有阴柔决定改变阳刚之势，故曰“柔变刚也”。

“不利有攸往”，小人长也:《剥》卦初爻至五爻皆为阴爻，只有上爻为阳爻，阴为小人，阳为君子，此卦象有小人势力壮大而君子势力弱小之意，故曰“‘不利有攸往’，小人长也”。

顺而止之，观象也:《剥》卦下坤上艮，坤性顺，艮为止，故曰“顺而止之”，这是观察卦象的结果。

君子尚消息盈虚，天行也：君子重视天地万物消息盈虚的运动变化，因为这反映了大自然的运行规律。

《象》曰：山附于地,《剥》；上以厚下安宅。

【本意】《剥》之卦象为“山附于地”，山附于地，必将日渐崩剥，故卦名为“剥”；君王观此卦象，应当懂得厚待下属民众，使其安居乐业。

【解说】山附于地,《剥》；上以厚下安宅:《剥》卦下坤上艮，艮为山，坤为地，卦象为“山附于地”；山附于地，必将经历风吹日晒雨淋，逐渐崩剥，卦象亦是上九一阳将被群阴剥尽之象，故卦名为“剥”；君王观此卦象，当知以宽厚政策和胸怀对待民众，使其安居乐业，以免遭政权崩溃之祸。

初六：剥床以足，蔑贞，凶。

《象》曰："剥床以足"，以灭下也。

【本意】去掉床脚，关于梦的占问有凶。

《象传》解释说："剥床以足"，因为床脚遭到毁坏。

【解说】剥：剥离，去掉。以：犹之。蔑贞：关于梦的占问。蔑：读为"梦"，或解释为灭，无。

以灭下：因为床脚遭到毁坏。

六二：剥床以辨，蔑贞，凶。

《象》曰："剥床以辨"，未有与也。

【本意】剥蚀床板，关于梦的占问有凶。

《象传》解释说："剥床以辨"，因为没有辅助。

【解说】辨：读为"牑"，床板。高亨先生说："辨读为牑，床板也。"

与：助也，辅助。

六三：剥之，无咎。

《象》曰："剥之，无咎"，失上下也。

【本意】去掉它，无过无灾。

《象传》解释说："剥之，无咎"，失去上下床板床脚。

【解说】剥之：去掉它，扔掉它。

上下：床板床脚。

六四：剥床以肤，凶。

《象》曰："剥床以肤"，切近灾也。

【本意】去掉床上的席子，有凶。

《象传》解释说："剥床以肤"，象征灾难在迫近。

【解说】肤：床上的席子。

"剥床以肤"，切近灾也："剥床以肤"，象征灾难在迫近。

六五：贯鱼以宫人宠，无不利。

《象》曰："以宫人宠"，终无尤也。

【本意】能统率宫女井然有序，依次得宠，则无不利。

《象传》解释说："以宫人宠"，能使其终究没有怨尤。

【解说】贯鱼：把鱼用绳子依次贯串起来，比喻排定次序宫人：宫女。贯鱼以宫人宠，无不利：六五为群阴之首，如同皇后谦让不争，持守中道，故能统率宫女井然有序，依次得宠于上九君王，不使宫女争风吃醋，相互妒忌，则无所不利。六五身居君位，能谦卑处下，顺承上九，故"无不利"。

尤：过错，怨尤。六五为群阴之首，身居君位，又能柔顺不争，顺承上九，持守中道，故"无不利""终无尤"。

上九：硕果不食，君子得舆，小人剥庐。

《象》曰："君子得舆"，民所载也；"小人剥庐"，终不可用也。

【本意】有硕大之果而不食，君子可以得到车舆，小人则只好去掘荠菜根来充饥。

《象传》解释说："君子得舆"，因为上九象征君子得到民众的爱戴拥护；"小人剥庐"，因为上九终究不可任用。

【解说】硕果：大果实。硕果不食，君子得舆，小人剥庐：君子不食，指贵族把收获分给小民，得到小民的拥护，就像得到可以乘坐的车子一样；小人不食，收获都被贵族夺去，只好去掘荠菜根来充饥。

"君子得舆"，民所载也："君子得舆"，因为卦象为上九一阳统率五阴，象征君子得到民众的爱戴拥护。

"小人剥庐"，终不可用也："小人剥庐"，因为上九一阳统率五阴，且不当位，阴阳严重失调，故终究不可任用。

二十四、复（下震上坤）

䷗《复》：亨，出入无疾，朋来无咎；反复其道，七日来复，利有攸往。

【本意】《复》卦象征着亨通，出入都不会有疾病，朋友前来，没有灾咎；反复其道，七日往者复来，有利于有所行动。

【解说】复：反也，还也，返归，还归，恢复，往返，反复。

出入无疾：出入都不会有疾病。

朋来：朋友前来，或者说有人送来钱物。朋：朋友，或指古代货币单位，十贝为一朋，这里指钱财。

反复其道：天地阴阳消长往来的规律。七日来复：阴阳相互往来变化，以七日为一个周期；以《周易》乾卦卦象的变化来说，乾卦（䷀）有六个阳爻，从初九到上九依次变为阴爻，即成为姤卦（䷫）、遯卦（䷠）、否卦（䷋）、观卦（䷓）、剥卦（䷖）、坤卦（䷁），与乾卦一共有七个，即以七为一个周期。

利有攸往：有利于有所行动。

《彖》曰：《复》"亨"，刚反，动而以顺行，是以"出入无疾，朋来无咎"；"反复其道，七日来复"，天行也；"利有攸往"，刚长也；《复》，其见天地之心乎！

【本意】《复》"亨"，阳刚复返，其运动一路顺畅行进，所以"出入无疾，朋来无咎"；"反复其道，七日来复"，这是大自然的运行规律；"利有攸往"，是阳刚在一路上升增长；从"复"可以见到天地之本心啊！

【解说】刚反：刚返，指初九阳爻复返，故曰"刚反"。

动而以顺行：《复》卦下震上坤，震为雷、为动，坤为地、为顺，初九阳刚上行，遇五阴爻，一路顺畅，故曰"动而以顺行"。

"反复其道，七日来复"，天行也："反复其道，七日来复"，是天地万物的运行规律。

"利有攸往"，刚长也："利有攸往"，因为《复》卦初九阳刚有逐渐成长之势，好像冬去春来，否极泰来，形势好转，有利于有所作为。

天地之心：天地之本心，即天地万物运动变化的核心规律。《复》，其见天地之心乎：从“复”可以见到天地之本心啊，也就是说，从阴阳消长往来、周而复始的变化中，可以领会到天地万物运动变化的核心规律。老子曰：“反者道之动。”

《象》曰：雷在地中，《复》；先王以至日闭关，商旅不行，后不省方。

【本意】《复》卦为“雷在地中”、一阳来复之象，故卦名为“复”；先王观此卦象，知道“冬至一阳生”，阳气方生，需要善加静养，故当闭锁关卡，禁止商旅通行，君王也应当安居静养，不再省察四方。

【解说】雷在地中，《复》：《复》卦下震上坤，坤为地，震为雷，雷在地下，故曰“雷在地中”；其卦象为五阴在上，一阳居下，阳刚在一路上升增长，阳长阴消，呈一阳来复之象，故卦名为“复”。

先王以至日闭关，商旅不行，后不省方：古人认为“冬至一阳生”，故以“至日”为《复》卦；先王观此卦象，知道阳气方生，需要善加小心，谨慎静养，故当闭锁关卡，禁止商旅通行，君王也应当安居静养，不再到处走动，省察四方。至日：冬至日。后：君也，君王。省：视察，省察，巡视。方：犹邦也。省方：巡视邦国，省察各方。

初九：不远复，无祇悔，元吉。
《象》曰：“不远”之“复”，以脩身也。

【本意】走了不远就返回，故不至于有什么悔恨，大吉。

《象传》解释说：走了不远就返回，是为了要修身以完善自我。

【解说】复：反也，还也，返归。祇：同“抵”，至于，达到，或解释为大。不远复：走了不远就返回。无祇悔：不至于有什么悔恨，或者说是没有大的过失。元吉：大吉。

脩：借为“修”。“不远”之“复”，以脩身也：走了不远就返回，是因为感到自己才德不够，暂时不能有所行动，所以要加强修身以提高完善自我。

六二：休复，吉。

《象》曰："休复"之"吉"，以下仁也。

【本意】以知过复善为美德，是吉利的。

《象传》解释说："休复"之"吉"，是因为他下亲附于初九阳爻之仁德啊！

【解说】休：美也，美好，引申为欣喜，或者说是休止，停止。休复：以知过复善为美德，或解释为休止（失误）而复返正道。

以下仁：六二之上无阳，而下亲附于初九之阳，初阳为仁。《文言》曰："元者，善之长也。"又曰："君子体仁足以长人。"故知初阳为仁。

六三：频复，厉，无咎。

《象》曰："频复"之"厉"，义"无咎"也。

【本意】不情愿地改正错误，有危险，但不会有什么妨碍。

《象传》解释说：因为还能知错而改，知难而退，虽然有些不太情愿，但也应该没有什么妨碍。

【解说】频：通"颦"，皱眉头，不情愿，或解释为频繁。频复：不情愿地改正错误，或者说是频繁地复返。厉：危险。无咎：不会有什么妨碍。

义：宜也，应该。

六四：中行独复。

《象》曰："中行独复"，以从道也。

【本意】走到半路，独自返回。

《象传》解释说："中行独复"，是为了遵从天地之道。

【解说】中行独复：走到半路，独自返回。

"中行独复"，以从道也："中行独复"，是为了遵从天地之道，遵循天地万物的运动规律。

六五：敦复，无悔。

《象》曰："敦复，无悔"，中以自考也。

【本意】认真考察反省，及时复返，自然不会有什么悔恨。

《象传》解释说："敦复，无悔"，因为善于遵循中道，自我考察反省。

【解说】敦：反省，省察，考察。敦复：认真考察反省，及时复返。无悔：不会有什么悔恨。

中：中道，指六五能持守中道。考：察也。中以自考：善于遵循中道，自我考察反省。

上六：迷复，凶，有灾眚；用行师，终有大败；以其国君凶，至于十年不克征。

《象》曰："迷复"之"凶"，反君道也。

【本意】迷失回家的路，凶险，有灾难；用于出兵行军，最终一定会大败；波及其国君也遭凶险，以至于十年都不能再出征。

《象传》解释说："迷复"之"凶"，因为他违反了为君的阳刚之道。

【解说】灾眚：灾难，灾殃。迷复，凶，有灾眚：迷失回家的路，凶险，有灾难。

终有大败：最终一定会大败。

以：及也，波及。以其国君凶：波及其国君也遭凶险。

克：能也。征：出征，征伐。

"迷复"之"凶"，反君道也："迷复"之"凶"，因为他违反了为君的阳刚之道；上六居一卦之最上位，以阴爻居阴位，虽得正，而过于阴柔，背离阳刚为君之道而不知悔改，故难免招致灾祸。

二十五、无妄（下震上乾）

䷘《无妄》：元亨，利贞；其匪正有眚，不利有攸往。

【本意】《无妄》卦象征着大通顺，是吉利的占问；思想行为不正确，妄想妄行，会有灾祸，不利于有所行动。

【解说】无妄：不妄想妄行，无曲邪谬乱之行，或者说读为“无望”，无所望也，无所希望也。一般释“妄”为虚妄、为轻举妄动、曲邪谬乱，又有学者释“妄”为望、为乱。楚简本作“亡忘”，阜阳汉简本作“无亡”。帛《易》作“无孟”，“孟”有勉之意，“无孟”意为“无勉”。由此看来，释“无妄”为“无望”亦可，有意想不到之意。①

元亨：大通顺。利贞：吉利的占问。

匪：读为“非”。眚：灾也。其匪正，有眚：思想行为不正确，妄想妄行，会有灾祸。

有攸往：有所行动。

《彖》曰：《无妄》，刚自外来，而为主于内，动而健，刚中而应，大“亨”以正，天之命也；“其匪正有眚，不利有攸往”，无妄之往，何之矣？天命不祐，行矣哉？

【本意】《无妄》之卦象是，阳刚从外而来，且在内部做了主宰，震动而又刚健，九五阳刚居中位且有六二响应，持守正道必定会大亨通，这是天之道啊；“其匪正有眚，不利有攸往”，妄为而往，要到哪里去呢？天命不保佑，能行动吗？

【解说】《无妄》，刚自外来，而为主于内：《无妄》卦下震上乾，下卦为内而上卦为外，外卦乾卦三爻皆为阳爻，阳性刚；内卦震只有初爻为阳爻，且为其主爻；初九阳爻与外卦乾卦之三阳爻性相同，故曰“《无妄》，刚自外来，而为主于内”。

动而健：《无妄》卦下震上乾，震为雷、为动，乾为天、为健，故曰“动而健”。

刚中而应：《无妄》卦九五阳爻居中正之位，阳性刚，又与六二爻皆得正而相应，故曰“刚中而应”。

大“亨”以正，天之命也：持守正道、行为正直必定会大亨通，这是天地

① 参见刘大钧、林忠军《周易经传白话解》，上海：上海古籍出版社，2006年，第77页。

自然的内在规律。

无妄之往，何之矣：此处“无妄”之“无”可能是涉及卦名而衍，应为“妄之往，何之矣”。之：到。往：行动。妄之往：犹言妄之行；妄之行非正也，此释卦辞之“匪正”。何之矣：到哪儿去呢？

祐：同“佑”，保佑，护佑。天命不祐，行矣哉：天命不保佑，难道能行动吗？

《象》曰：天下雷行，物与，《无妄》；先王以茂对时，育万物。

【本意】《无妄》卦为“天下雷行，物与”之象，雷震则物畏，不敢妄行，故卦名为“无妄”；先王观此雷行天下之象，应当勉力顺应天时，化育万物，而不可肆意妄为。

【解说】与：应，参，响应、参与，或解释为生，舒，入，助，类。物与：万物响应、参与，指万物振奋生长。天下雷行，物与，《无妄》：《无妄》卦下震上乾，震为雷，乾为天，雷在天下，雷行则物应，故曰“天下雷行，物与”；雷行则物应，无物不然，从无妄谬，雷震则物畏，不敢妄行，故卦名为“无妄”。

茂：读为“懋”，勉力，努力。对：应对，配合，顺应。茂对：努力顺应，勉力配合。先王以茂对时，育万物：先王观此雷行天下之象，应当勉力顺应天时，辅助万物发育生长，不可放肆妄为。

初九：无妄往，吉。
《象》曰：“无妄”之“往”，得志也。

【本意】不妄行，守正道，当然吉利。

《象传》解释说：“无妄”之“往”，得遂其志。

【解说】无妄往，吉：初九以阳爻居阳位，当位得正，故不妄行，守正道，当然吉利。

“无妄”之“往”，得志也：“无妄”之“往”，得遂其志，因为初九以阳爻居阳位，当位得正，又与六二以正道和谐亲比。

六二：不耕获，不菑畬，则利有攸往。

《象》曰："不耕获"，未富也。

【本意】不耕种而有收获，不垦荒而有熟田，如此有人相助，就有利于有所行动。

《象传》解释说：不耕种而有收获，是不能富有的。

【解说】不耕获：六二在中正之位，能持守中正之道，又与九五相应，故有人相助，不耕种而有收获，或解释为，不耕种田地，就不会有收获。

菑（zī）：荒田，此指开垦荒田。畬（yú）：熟田，古三岁治田称"畬"，此指耕种熟田。不菑畬：六二在中正之位，能持守中正之道，又与九五相应，故有人相助，不垦荒而有熟田，或解释为，要开了荒田以后，才能耕第三年的熟田，不开荒田，就没有熟田可耕。

利有攸往：六二在中正之位，能持守中正之道，又与九五相应，故有人相助，有利于有所行动。

"不耕获"，未富也：不耕种而有收获，是不能富有的，或解释为，不耕种田地，就不会有收获，因而也不会富裕。

六三：无妄之灾，或系之牛，行人之得，邑人之灾。

《象》曰："行人""得"牛，"邑人""灾"也。

【本意】没有妄行，偶尔也会招致灾祸，如同拴着的牛被路人顺手牵走，路人得牛，而邑人却破财遭灾。

《象传》解释说：路人顺手牵得牛，致使邑人无辜遭灾。

【解说】系：拴着，拘系。无妄之灾，或系之牛，行人之得，邑人之灾：六三以阴居于阳爻位，不得正，故没有妄行，偶尔也会招致灾祸，如同拴着的牛被路人顺手牵走，路人得牛，而邑人却破财遭灾。

"行人""得"牛，"邑人""灾"也：路人顺手牵得牛，致使邑人无辜遭灾。

九四：可贞，无咎。

《象》曰："可贞，无咎"，固有之也。

【本意】是可行的占问，没有什么妨害。

《象传》解释说："可贞，无咎"，因为九四本来就有顺承九五的意愿。

【解说】可贞：可行的占问。无咎：没有什么妨害。

"可贞，无咎"，固有之也："可贞，无咎"，因为九四以阳刚居上卦之下位，甘于顺承九五之君，而为其臣，表明九四本来就有顺承九五的意愿，所以才会有"可贞，无咎"的结果。

九五：无妄之疾，勿药有喜。

《象》曰："无妄"之"药"，不可试也。

【本意】没有妄想妄行而得的疾病，必然只是小病，不吃药也会自己痊愈。

《象传》解释说："无妄之疾"，不可以胡乱用药。

【解说】无妄之疾，勿药有喜：没有妄想妄行而得的疾病，必然只是小病，不吃药也会自己痊愈。

"无妄"之"药"，不可试也：乃"'无妄之疾'，'药'不可试也"之略。试：用也。"无妄之疾"，"药"不可试也："无妄之疾"，不可以胡乱用药。

上九：无妄行，有眚，无攸利。

《象》曰："无妄"之"行"，穷之灾也。

【本意】不可妄行，肆意妄行，会有灾祸，无所利益。

《象传》解释说：肆意妄行，困穷招灾。

【解说】无妄行，有眚：当作"妄行，有眚"(高亨《周易大传今注》)。妄行，有眚：不可妄行，肆意妄行，会有灾祸。

"无妄"之"行"，穷之灾也：当作"'妄'之'行'，穷之灾也"(高亨《周易大传今注》)。"妄"之"行"，穷之灾也：肆意妄行，困穷招灾，因为上九居一卦之最上位，已到穷途末路，山穷水尽，故有灾祸。

二十六、大畜（下乾上艮）

䷙ 《大畜》：利贞；不家食，吉；利涉大川。

【本意】《大畜》卦象征着有利的占问；不靠家里吃饭，自己出外谋生，吉利；有利于渡越大河。

【解说】畜：同蓄，蓄积，聚集，蓄养，《经典释文》曰“畜，本又作蓄”，或者说是牲口。大畜：大有积蓄，积蓄巨大，是与“小畜”相对而言的。

利贞：有利的占问。不家食：不靠家里吃饭，自己出外谋生。利涉大川：有利于渡越大河，克服危难局面。

《彖》曰：《大畜》，刚健笃实，辉光日新，其德刚上而尚贤，能止健，大正也；“不家食，吉”，养贤也；“利涉大川”，应乎天也。

【本意】《大畜》卦卦象象征之意为，天道刚健，山性笃实，天光山色相映成辉，天地万物日新月异，其卦象之德为阳刚上升而尊重贤者，刚健而知止，这是大正之道；“不家食，吉”，因为能蓄养贤良之才；“利涉大川”，是因为能够顺应上天。

【解说】《大畜》，刚健笃实，辉光日新：《大畜》卦下乾上艮，艮为山，乾为天，天道刚健，山性笃实，天光山色相映成辉，天地万物日新月异，故曰“《大畜》，刚健笃实，辉光日新”。

其德刚上而尚贤：《大畜》卦阳爻有上升之势，阳性刚，故曰“其德刚上”；其卦下乾上艮，艮为山、为少男，乾为天、为君，为君者甘居下位，故曰“尚贤”。

能止健：《大畜》卦下乾上艮，艮为山，乾为天，天道刚健，山性静止，能止能健，既能安然静处，又能刚健奋发，即所谓“静如处子，动如脱兔”。

大正也：“刚健笃实，辉光日新”“刚上而尚贤”“能止健”等既大且正之美德。

“不家食，吉”，养贤也：古代明君有尚贤养贤之风，贤人不必在家吃饭；贤人“不家食”，说明有明君在位，明君尚贤养贤，当然吉利。

应乎天：顺应上天，顺应自然规律。

《象》曰：天在山中，《大畜》；君子以多识前言往行，以畜其德。

【本意】《大畜》卦为“天在山中”之象，天在山中，人称“洞天”，所蓄巨大，故卦名为“大畜”；君子观此卦象，应当虚怀若谷，多记取前人的思想言行，以积蓄培养自己的优良品德。

【解说】天在山中，《大畜》：《大畜》卦下乾上艮，艮为山，乾为天，故曰“天在山中”；天在山中，人称“洞天”，所蓄巨大，故卦名为“大畜”。

识：记取，学习。前言往行：前人的思想言行，以往的思想和实践经验。君子以多识前言往行，以畜其德：君子观此卦象，应当虚怀若谷，多记取前人的思想言行，以积蓄培养自己的优良品德。

初九：有厉，利已。

《象》曰：“有厉，利已”，不犯灾也。

【本意】有危险，停下来仔细观察是有利的。

《象传》解释说：一有危险，就停下来观察，如此则不会遭遇灾祸。

【解说】厉：危险。已：停止。有厉，利已：有危险，停下来仔细观察是有利的。

犯：冒犯，遭遇。“有厉，利已”，不犯灾也：一有危险，就停下来观察，如此小心谨慎，则不会遭遇灾祸。

九二：舆说輹。

《象》曰：“舆说輹”，中无尤也。

【本意】车上的伏兔脱落，导致车身与车轴分离了。

《象传》解释说：“舆说輹”，因为能够持守中道，故不会有什么怨尤。

【解说】说：借为“脱”，脱落，脱掉。輹：固定车身与车轴而使之连为一体的部件，形如伏兔，所以又叫伏兔，《经典释文·周易释文·小畜》引郑玄曰“輹，伏菟”，菟与兔同。“輹”，有的《周易》版本作“辐”，指车轮上的辐条，连结车毂和车辋。舆说輹：车上的伏兔脱落，导致车身与车轴分离了，指车子坏了。

尤：怨尤，过错。“舆说輹”，中无尤也：“舆说輹”，因为能够持守中道，故不会有什么怨尤。

九三：良马逐，利艰贞，曰闲舆卫，利有攸往。
《象》曰：“利有攸往”，上合志也。

【本意】良马驰逐，有利于艰难之事方面的占问，每日练习用车马防卫，有利于有所行动。

《象传》解释说：“利有攸往”，因为九三与其上之六四志同道合。

【解说】逐：追逐，奔驰。良马逐：良马驰逐，或解释为驾着好马奔跑。

利艰贞：有利于艰难之事方面的占问。

曰：《经典释文》引郑玄读作“日”，本书从之。日：每日，时常。闲：练习，熟习。舆卫：驾车和保卫。日闲舆卫：每日练习用车马防卫。

利有攸往：有利于有所行动。

“利有攸往”，上合志也：“利有攸往”，因为九三与其上之六四皆得正，而且亲比相辅，象征志同道合。

六四：童牛之牿，元吉。
《象》曰：“六四”“元吉”，有喜也。

【本意】加横木于童牛角上，大吉。

《象传》解释说：“六四”“元吉”，是因为六四与初九相应，互相助力，故诸事吉利有喜。

【解说】童牛：小牛。牿（gào）：通“梏”，加在牛角上的横木，用来防止牛角触伤人和触坏牛角。童牛之牿，元吉：“童牛之牿”，之所以大吉，是因为六四与初九相应，阴阳和谐呼应，各得其所，又互相助力。

“六四”“元吉”，有喜也：六四之所以大吉，是因为六四与初九当位而相应，阴阳和谐呼应，各得其所，又互相助力，诸事吉利有喜，故曰“有喜也”。

六五：豮豕之牙，吉。

《象》曰："六五"之"吉"，有庆也。

【本意】阉割过的猪柔顺驯服，不再以牙伤人，故吉利。

《象传》解释说："六五"之"吉"，是因为六五与九二相应，象征明君贤臣配合默契，如此一定会大有吉庆。

【解说】豮（fén）豕：阉割过的猪。豮豕之牙，吉：猪猛牙利，阉割过的猪就会柔顺驯服，不再以牙伤人，故吉利。

有庆也：有吉庆之事。"六五"之"吉"，有庆也：六五之所以吉利，是因为六五与九二相应，象征明君贤臣配合默契，志同道合，如此一定会使国泰民安，大有吉庆，故曰"有庆也"。

上九：何天之衢，亨。

《象》曰："何天之衢"，道大行也。

【本意】受到上天庇护，亨通。

《象传》解释说：受到上天庇护，正道得以大行。

【解说】何：通"荷"，担负，承受。衢：读为庥，庇护，庇荫，保佑。

"何天之衢"，道大行也：受到上天庇护，正道得以弘扬，行事自然会畅通无阻。

二十七、颐（下震上艮）

䷚《颐》：贞吉；观颐，自求口实。

【本意】《颐》卦象征着此占问是吉利的；观察其口齿面颊以体悟颐养之道，自己去寻求适口的食物。

【解说】颐：本义为颔，指构成口腔上部和下部的骨头与肌肉等组织，引申为养，养护，颐养，养生。《方言·十》：颐，颔也。郑玄曰：颐者，口车辅也。《释名》：颐，或曰辅车（颊辅与牙床），或曰牙车，或曰颊车。《序卦》：颐者，养也。

贞：占问，卜问;《易传》释为正。《说文》曰:“贞，卜问也，从卜、贝。”甲骨文作“鼎”，后省改为“贝”；鼎本是食器，这里表火具，即以火灼龟骨而卜。观：观察。口实：口粮，适口的食物。自求口实:《颐》卦卦象有口齿之象，像口张而不合，有求食之状，故曰“自求口实”。

《彖》曰:《颐》“贞吉”，养正则吉也;“观颐”，观其所养也;“自求口实”，观其自养也；天地养万物，圣人养贤以及万民,《颐》之时，大矣哉!

【**本意**】《颐》“贞吉”，是说颐养得其正道则吉利;“观颐”，是为了观察其所用颐养之道;“自求口实”，就是观察自我养护的情况；天地养育万物，圣人养育贤人及天下万民，颐养适时，意义非常重大啊!

【**解说**】贞：正。《颐》“贞吉”，养正则吉也:《颐》“贞吉”，是说颐养得其正道则吉利。

观其所养：观察其所用颐养之道。

“自求口实”，观其自养也:“自求口实”，观察其自我颐养之道。

天地养万物，圣人养贤以及万民：天地养育万物，圣人养育贤人及天下万民。

时：适时。《颐》之时，大矣哉：颐养适时，意义非常重大啊!

《象》曰：山下有雷,《颐》；君子以慎言语，节饮食。

【**本意**】《颐》卦为“山下有雷”、口齿咀嚼之象，故卦名为“颐”；君子观此卦象，要注意慎言语，节饮食，言语不慎，容易招祸，饮食不节，必会伤身。

【**解说**】山下有雷,《颐》:《颐》卦下震上艮，震为雷、为动，艮为山、为止，故曰“山下有雷”;《颐》卦卦象为震动于下，艮止于上，有口齿咀嚼之象，同时，其卦象为两阳爻中间又含四阴爻，横看有如口齿之象，故卦名为“颐”，颐之本义为颔。

君子以慎言语，节饮食：君子观此卦象，要注意慎言语，节饮食，言语不慎，容易招祸，饮食不节，必会伤身，因为祸从口出，病从口入。

初九：舍尔灵龟，观我朵颐，凶。

《象》曰："观我朵颐"，亦不足贵也。

【本意】放弃你自己贵重的灵龟，窥伺我鼓起的面颊，不知轻重贵贱，如此无知，会有凶险。

《象传》解释说："舍尔灵龟"而"观我朵颐"，这种不知轻重贵贱的行为不足以令人尊敬。

【解说】舍：放弃。灵龟：古代占卜所用的龟，它的甲壳可以用来探知天意，预卜吉凶，故称灵，故灵龟在古代极为贵重。朵颐：腮隆如花朵，指吃东西时鼓起的面颊。孔颖达正义："朵颐，谓朵动之颐以嚼物，喻贪婪以求食也。"

贵：尊重。"观我朵颐"，亦不足贵也："舍尔灵龟"而"观我朵颐"，这种不知轻重贵贱的行为不足以令人尊敬。

六二：颠颐，拂经于丘；颐征，凶。

《象》曰："六二""征凶"，行失类也。

【本意】慎重于颐养之道，在丘陵上开垦荒地以便耕种；为争夺颐养资源而出兵征伐，反而违反颐养之道，故"凶"。

《象传》解释说："六二"之所以"征凶"，因争夺颐养资源而出兵征伐这种行为违背了道义准则。

【解说】颠：通"慎"，慎重，谨慎；颠倒。颠颐：慎重于颐养之道。拂经：开辟阡陌，开垦荒地；或解释为违背常规。丘：丘陵。颐征：为争夺颐养资源而出兵征伐。或曰：养护颠倒，在处所上违背常规，养护如此进行则凶。

失：丧失，违背。类：准则，法则。行失类：为争夺颐养资源而出兵征伐这种行为违背了道义准则。

六三：拂颐，贞凶，十年勿用，无攸利。

《象》曰："十年勿用"，道大悖也。

【本意】违反颐养之道，占问有凶，十年之久都不能用，没有什么利益。

《象传》解释说:“十年勿用”,因为大大违反了天地之常道。

【解说】拂:违反。拂颐:违反颐养之道。拂颐,贞凶,十年勿用,无攸利:违反颐养之道,会有长期不良后果,所以说是“贞凶,十年勿用,无攸利”。

悖:违背,悖逆。道大悖也:大大违反了天地之常道。

六四:颠颐,吉;虎视眈眈,其欲逐逐,无咎。

《象》曰:“颠颐”之“吉”,上施光也。

【本意】慎重颐养,吉利;如老虎对猎物虎视眈眈,想要紧追不舍,不敢懈怠敷衍,如此专心致志于颐养,自然没有灾祸。

《象传》解释说:“颠颐”之“吉”,因为君上所施的惠政是广布天下、光明正大的。

【解说】颠:通“慎”,慎重,谨慎;颠倒。颠颐:慎重颐养。眈眈(dān):贪婪紧盯的样子。逐逐:紧追不舍。

上施光也:君上所施的惠政广布天下,光明正大。

六五:拂经,居贞,吉,不可涉大川。

《象》曰:“居贞”之“吉”,顺以从上也。

【本意】开辟阡陌,广种粮食,关于安居方面的占问是吉利的,不可以渡大河,做大事。

《象传》解释说:“居贞”之“吉”,是因为柔顺以服从在上位者。

【解说】拂经:开辟阡陌,开垦荒地;或解释为违背常规。居贞:关于安居方面的占问。涉大川:渡大河,象征过大坎,做大事。

“居贞”之“吉”,顺以从上也:“居贞”之“吉”,是因为六五阴柔顺从其上之上九阳刚。

上九:由颐,厉,吉,利涉大川。

《象》曰:“由颐,厉,吉”,大有庆也。

【本意】顺从颐养之道,开荒种粮,虽然难免危险,终将得吉,有利于渡越大河。

《象传》解释说："由颐"先"厉"后"吉"，大有吉庆。

【解说】由：顺从。由颐：顺从颐养之道。厉：危险，病苦。由颐，厉，吉：顺从颐养之道，开荒种粮，虽然难免危险，终将得吉。利涉大川：有利于渡越大河，克服困难。

庆：吉庆。"由颐，厉，吉"，大有庆也："由颐"先"厉"后"吉"，是因为上九之阳刚与六三之阴柔相应，又有六五之阴柔顺承辅助，故大有吉庆。

二十八、大过（下巽上兑）

䷛《大过》：栋桡，利有攸往，亨。

【本意】《大过》卦象征着房屋正梁弯曲，已是危房，不走会有很大的危险，所以有利于有所行动，早日离开迁居，自会亨通。

【解说】大过：大为过甚，过越常理，大过常理，大过失，大错误。马其昶曰："《易》卦名每兼数义。过，越也；过，差也；过，误也：义各有当也。"（《重定周易费氏学》）

栋：栋梁，正梁，屋脊大梁。桡（náo）：通"挠"，曲折，弯曲。利有攸往：有利于有所行动，早日离开迁居。亨：亨通。

《彖》曰：《大过》，大者过也；"栋桡"，本末弱也；刚过而中，巽而说行，"利有攸往"，乃"亨"；《大过》之时大矣哉！

【本意】《大过》卦之卦象是阳爻势力过大，故说"大者过也"；正梁弯曲，因为初爻和上爻上下两头都软弱，不堪重负；阳刚过大而能持守中道，谦逊而愉悦以行动，故"利有攸往"，乃"亨通"；从《大过》之卦象来看，注意掌握时机，适时采取行动，不要有大过失，其意义重大啊！

【解说】《大过》，大者过也：《大过》卦阳爻势力过于集中强大而阴爻力量非常薄弱，《周易》以阳为大而阴为小，故曰"《大过》，大者过也"。

"栋桡"，本末弱也：正梁弯曲，因为初爻和上爻都是阴爻，阴柔软弱，象征上下本末两头都软弱，不堪重负。

刚过而中:《大过》卦阳爻势力过于集中强大而阴爻力量极为薄弱，上下两个中爻位皆为阳爻，阳性刚，故曰“刚过而中”。

说：同“悦”。巽而说:《大过》卦下巽上兑，巽为逊，兑为悦，故曰“巽而说”。行：行动。

“利有攸往”，乃“亨”：由于《大过》卦具有“刚过而中”“巽而说”的特性，故其“行”一定亨通，“利有攸往”。

时：适时，时机。《大过》之时大矣哉：行事宜注意适度，不可太过分寸，要注意掌握时机，适时采取恰当行动，不要有大过失，其意义重大啊！程颐《伊川易传》曰:“如立非常之大事，兴百世之大功，成绝俗之大德，皆大过之事也。”

《象》曰：泽灭木，《大过》；君子以独立不惧，遯世无闷。

【本意】《大过》卦下巽上兑，巽为风、为木，兑为泽，木在泽水之下，故曰“泽灭木”；木本赖泽水滋润而生，今却没在泽水之下，是为“大过”；君子观此卦象，面对危险局面，当以大过人之量处大过之时，或者独立不惧，见危不屈，百折不挠，或者遁世无闷，隐居不出，等待时机。

【解说】泽灭木，《大过》:《大过》卦下巽上兑，兑为泽，巽为风，为木，木在泽水下，故曰“泽灭木”，象征泽水淹没木船，庶民推翻君主；舟沉人亡，国家大乱，是为“大过”。《荀子·王制》引《传》云:“君者，舟也；庶人者，水也。水则载舟，水则覆舟。”

遯：同“遁”，退隐，隐居。无闷：没有烦闷，毫不懊悔。独立不惧，遯世无闷：朝政昏乱时，不随波逐流，是独立，不做官，是隐居；因为自己有远大志向，故不会困于眼前的危机，所以“无闷”。孔子曰:“君子不忧不惧……内省不疚，夫何忧何惧？”

初六：藉用白茅，无咎。

《象》曰:“藉用白茅”，柔在下也。

【本意】祭祀时用白茅垫在礼器下，上放祭品，如此虔诚敬慎，自然没有灾患。

《象传》解释说：用白茅来垫在礼器下，是说初六以阴柔甘居一卦之最下位，上承四阳。

【解说】藉：垫也，铺垫，衬垫。白茅：茅草的一种，其色洁白，象征纯洁真诚。

“藉用白茅”，柔在下也：初六以一阴柔，甘居一卦之最下位，上承四阳，象征用白茅来垫在礼器下，自然“无咎”。

九二：枯杨生稊，老夫得其女妻，无不利。

《象》曰：“老夫”“女妻”，过以相与也。

【本意】枯死的杨树重新生出嫩芽，老夫娶到少女，没有什么不吉利。

《象传》解释说：老夫与少女的婚配是非常态，是不合常理的。

【解说】稊（tí）：通“荑”，嫩芽。枯杨生稊，老夫得其女妻，无不利：枯死的杨树重新生出嫩芽，老夫娶到少女，重新焕发生机，没有什么不吉利。

过：不适合，过错。相与：结合，相配。“老夫”“女妻”，过以相与也：老夫与少女的婚配是非常态，是不合常理的，与爻辞说的“无不利”略有不同。

九三：栋桡，凶。

《象》曰：“栋桡”之“凶”，不可以有辅也。

【本意】房屋正梁向下弯曲，凶险不吉利。

《象传》解释说：房屋正梁弯曲有“凶”，因为找不到补救的措施了。

【解说】桡（náo）：通“挠”，曲折，弯曲。栋桡，凶：房屋正梁向下弯曲，凶险不吉利，因九三爻居阳爻位，过于刚强，故致凶。可见，《大过》卦诸爻以刚柔相济为善，不以当位得正为宜。

辅：辅助，补救。“栋桡”之“凶”，不可以有辅也：房屋正梁弯曲了，找不到补救的措施，故“凶”。

九四：栋隆，吉；有它，吝。

《象》曰："栋隆"之"吉"，不桡乎下也。

【本意】房屋正梁隆起，挺拔坚固，吉利；节外生枝，则有麻烦。

《象传》解释说："栋隆"之"吉"，因为正梁不向下弯曲。

【解说】栋隆：房屋正梁隆起，挺拔坚固，九四以阳爻居阴爻位，乃刚柔兼济，故可力挽狂澜，扶大厦于将倾。有它，吝：九四与初六相应，象征在关键时候走神，而想入非非，则会节外生枝，遇到麻烦，因为"最需要割舍但又最不容易随时放下"（温海明），所以会滋生烦恼乃至灾患，而"最需要割舍又能随时放下"，乃大丈夫也！

"栋隆"之"吉"，不桡乎下也："栋隆"之"吉"，因为正梁不向下弯曲。

九五：枯杨生华，老妇得其士夫，无咎，无誉。

《象》曰："枯杨生华"，何可久也？"老妇""士夫"，亦可丑也。

【本意】枯死的杨树重新开了花，老妇人与壮男婚配，没什么灾咎，也不会有人称道。

《象传》解释说："枯杨生华"，违反常理，怎么会长久呢？"老妇"与"士夫"婚配，并不是什么光彩的事情。

【解说】枯杨生华：枯死的杨树重新开了花。老妇得其士夫：老妇人与壮男婚配。无咎，无誉：没什么灾咎，也不会有人称道。

"枯杨生华"，何可久也："枯杨生华"，违反常理，怎么会长久呢？

"老妇""士夫"，亦可丑也："老妇"与"士夫"婚配，并不是什么光彩的事情。

上六：过涉灭顶，凶，无咎。

《象》曰："过涉"之"凶"，不可"咎"也。

【本意】涉河而致水没过头顶，有凶，但因遇救而没有灾害。

《象传》解释说："过涉"之"凶"，没什么可责怪的。

【解说】过：过错。涉：渡河。过涉灭顶，凶，无咎：上六当位，且与九三有应，虽有凶险，可无灾咎。同时，上六欲以柔济九五之刚，反遭制约，乃不畏艰险，杀身成仁，故虽凶无咎。

不可“咎”也：没什么可责怪的。

二十九、坎（下坎上坎）

䷜《习坎》：有孚维心，亨，行有尚。

【本意】《坎》卦象征着有诚信系之于心，亨通，行动获得嘉赏。

【解说】坎：水也，坑也，险也，陷也。《习坎》:《习坎》在《周易》中是一个特殊的卦名，省称为“坎”；“习”借作“袭”，意为重复，《习坎》卦下坎上坎，是坎卦的重复，故称“习坎”。帛《易》作“习赣”，古“坎”“赣”二字相通。孔颖达曰：“诸卦之名，皆于卦上不加其字，此坎卦之名特加‘习’者，以坎为险难，故特加‘习’名。‘习’有二义：一者习重也，谓上下俱坎，是重迭有险，险之重迭，乃成险之用也；一者人之行险，先须使习其事，乃可得通，故云‘习’也。”高亨先生认为，“习”字疑涉本卦初九爻辞及《象传》之“习坎”二字而衍。①

孚：信也，诚信，或说同“俘”，俘虏。维：维系，笼络。维心：系之于心，或解释为用笼络人心的办法使其归顺。

尚：读为“赏”，赏赐，嘉赏，尊赏。行有尚：行动得到嘉赏。

《彖》曰:《习坎》，重险也；水流而不盈，行险而不失其信；“维心，亨”，乃以刚中也；“行有尚”，往有功也；天险，不可升也；地险，山川丘陵也；王公设险，以守其国；险之时用，大矣哉！

【本意】《坎》卦上下两卦皆为险，像是重重危险；水持续流动而不自满，行于险中而能不失其诚信；“维心，亨”，乃是因为《坎》卦九二、九五两个阳爻皆以刚居中，刚健而能持守中道；“行有尚”，是说有所行动而有功；天险则

---

① 参见高亨《周易古经今注》，北京：清华大学出版社，2010年，第206页；高亨《周易大传今注》，济南：齐鲁书社，1998年，第207页。

不可攀升超越；地险指由山、川、丘、陵所构成的险要关隘；统治者建设险要关隘，以保卫其国家；险要的适时运用，意义十分重大啊！

【解说】习：借作“袭”，重复。《习坎》，重险也：《坎》卦下坎上坎，坎为险，上下两卦皆为险，故曰“习《坎》，重险也”。

水流而不盈：《坎》卦下坎上坎，坎为水，上下、远近、内外皆为水，象征水持续流动，而不自满，故曰“水流而不盈”。

行险而不失其信：《坎》卦下坎上坎，坎为险，上下两卦皆为险，而卦辞仍然说“有孚”，即有信，故曰“行险而不失其信”。

“维心，亨”，乃以刚中也：“维心，亨”，乃是因为《坎》卦九二、九五两个阳爻皆居于中位，能行中道，阳性为刚，故曰“‘维心，亨’，乃以刚中也”。

尚：读为“赏”，赏赐，嘉赏。往有功：有所往而有功，有所行动而有功。“行有尚”，往有功也：因为其有“不盈”“行险而不失其信”“刚中”之德性，所以会有所往而有功，行动获得嘉赏。

天险，不可升也：天险则不可攀升超越。

地险，山川丘陵也：地险指由山、川、丘、陵所构成的险要关隘。

设险：建设险要关隘，如修筑城郭、挖掘沟渠等，以抵御外来侵略。守：守卫，保卫。王公设险，以守其国：统治者建设险要关隘，以保卫其国家。

险之时用，大矣哉：险要的适时运用，意义重大啊！

《象》曰：水洊至，《习坎》；君子以常德行，习教事。

【本意】《坎》卦下坎上坎，坎为水，为二水并至之象，故曰“水洊至，《习坎》”；君子观此卦象，当常修德行，日习教事。

【解说】洊（jiàn）：重也，再也。水洊至，《习坎》：《坎》卦下坎上坎，坎为水，为二水并至之象，故曰“水洊至，《习坎》”。

常：经常，或者说读为“尚”，尊尚。德行：道德行为。习：学习，习练，熟习。教事：礼乐教化之事。君子以常德行，习教事：君子观此卦象，当常修德行，日习教事，不可停滞不前，懒惰懈怠。

初六：习坎，入于坎，窞，凶。

《象》曰："习坎，入坎"，失道"凶"也。

【本意】有重重深坑，一旦陷入进去，就会深深陷入，难以自拔，故"凶"。

《象传》解释说："习坎，入坎"，因为初六失去正道，故"凶"。

【解说】习坎：重重深坑。入：陷入。窞（dàn）：深坑，有深深陷入之意。

"习坎，入坎"，失道"凶"也："习坎，入坎"，因为初六以阴爻而居阳位，不得正，象征失去正道，故"凶"。

九二：坎有险，求小得。

《象》曰："求小得"，未出中也。

【本意】陷阱中隐藏着凶险，有求会小有所得。

《象传》解释说："求小得"，因为九二未出离中道。

【解说】坎有险，求小得：陷阱中隐藏着凶险，注意从细微的地方寻找突破口，以便脱离险境，有求会小有所得。

"求小得"，未出中也："求小得"，因为九二虽然以阳爻居阴位，不当位，但其居于中位，能持守中道，故会有"小得"。

六三：来之坎坎，险且枕，入于坎，窞，勿用。

《象》曰："来之坎坎"，终无功也。

【本意】来去皆有重重深坑，凶险而且很深，一旦陷入进去，就会深深陷入，难以自拔，故不可有所作为。

《象传》解释说："来之坎坎"，终究没有什么功业。

【解说】之：去也。枕：借为"沈"，深也。窞（dàn）：深坑，有深深陷入之意。

"来之坎坎"，终无功也：因为六三以阴爻居阳位，不当位，"来之坎坎"，所以终究不会成就什么功业。

六四：樽酒簋贰，用缶，纳约自牖，终无咎。
《象》曰："樽酒簋贰"，刚柔际也。

【本意】有一樽酒，两簋食物，用陶器将酒食从窗户送进取出，终究不会有什么灾咎。

《象传》解释说："樽酒簋贰"，因为六四阴爻之柔与九五阳爻之刚相邻接，阴阳互相亲比。

【解说】樽（zūn）：古代的酒器，类似今天的酒壶。簋（guǐ）：古代盛饭的器皿，类似今天的饭盒。缶：陶制器皿。牖（yǒu）：窗户。纳约自牖：从窗户送进取出。约：取出；或说本作"勺"，即酌酒之斗。

"樽酒簋贰"，刚柔际也：指六四阴爻之柔与九五阳爻之刚相邻接，阴阳互相亲比，且皆得正，可以象征狱吏与犯人相互正当相处，故犯人会有酒食之娱。

九五：坎不盈，祇既平，无咎。
《象》曰："坎不盈"，中未大也。

【本意】陷阱尚未填平，小土丘已被铲平，不过还可以从其他地方取土，故"无咎"。

《象传》解释说："坎不盈"，因为九五虽有中正之德，但在遭遇险境时，中正之德暂时不能发扬光大。

【解说】祇：借为"坻"，小土丘。

"坎不盈"，中未大也：九五居中正之位，有中正之德，但在遭遇险境时，中正之德暂时不能发扬光大，故曰"中未大也"。

上六：系用徽纆，寘于丛棘，三岁不得，凶。
《象》曰："上六"失道，"凶""三岁"也。

【本意】把俘虏捆绑起来，在牢狱里关了好多年，还不能使他顺从，有"凶"。

《象传》解释说："上六"失去正道，一时难以摆脱困境，故"凶"会延续

"三岁"。

【解说】徽纆（mò）：三股绳为徽，两股绳为纆。寘（zhì）：同"置"。丛棘：古代在监狱四周围上成丛的荆棘，这里指牢狱。系用徽纆，寘于丛棘，三岁不得，凶：把俘虏捆绑起来，在牢狱里关了好多年，还不能使他顺从，最后还出了事，所以说"凶"。

"上六"失道，"凶""三岁"也：上六以阴柔而乘凌九五阳刚之君，失去正道，并已到穷途末路，一时难以摆脱困境，故"凶"会延续"三岁"。

三十、离（下离上离）

䷝《离》：利贞，亨；畜牝牛，吉。

【本意】《离》卦象征着吉利的占问，诸事亨通，畜养母牛是吉利的。

【解说】《离》：离为火，是光明，又有附着、依附、灾难之意。

利贞：吉利的占问。亨：亨通。畜：蓄养。牝牛：母牛。

《彖》曰：《离》，丽也；日月丽乎天，百谷草木丽乎土；重明以丽乎正，乃化成天下；柔丽乎中正，故"亨"，是以"畜牝牛，吉"也。

【本意】《离》，是附丽、附着之意；日月附着在天上，百谷草木附着在土地上；重重的光明附着于正道，乃可以教化好天下；柔顺附着于中正之道，所以亨通，所以"畜牝牛，吉"。

【解说】丽：附着，附丽，依附。日月丽乎天，百谷草木丽乎土：日月附着于天，百谷草木附着于土。

重明：《离》卦下离上离，离为火，为日，为明，上下两卦皆为离，是双重的光明，重重的光明。正：正道。重明以丽乎正：重重的光明却仍然依从于正道。

化成天下：太阳在天，阳光不断普照，万物顺利生长，人们向善向上，故曰"化成天下"。

柔丽乎中正：六二阴爻为柔居阴位，且居下卦中位，得中且得正，六五阴爻为柔，居上卦中位而得中，故曰“柔丽乎中正”。

《象》曰：明两作，《离》；大人以继明照于四方。

【本意】《离》卦上下两卦皆为离，离为明，故曰“明两作，《离》”；大人观此卦象，当以其持续不断的光明惠照四方。

【解说】明两作，《离》：《离》卦下离上离，离为火，为日，为明，上下两卦皆为离，故曰“明两作，《离》”。

大人以继明照于四方：大人观此卦象，当以其持续不断的光明美德惠照四方，正如太阳不断普照天下一样。

初九：履错然，敬之，无咎。

《象》曰：“履错”之“敬”，以辟“咎”也。

【本意】步伐杂乱，警惕戒备，自然无过无灾。

《象传》解释说：“履错”之“敬”，以避免灾祸。

【解说】履错然：步伐杂乱的样子。敬：警也，警惕，戒备。敬之，无咎：警惕戒备，自然无过无灾。

辟：同避，避免。

六二：黄离，元吉。

《象》曰：“黄离，元吉”，得中道也。

【本意】黄色附着之物，尊贵，大吉。

《象传》解释说：“黄离，元吉”，因为六二得中正之道。

【解说】黄离：黄属土，土在五行为中，故黄为中色，土在五行为至尊，故古时以黄色为尊贵之色，黄色所附着之物因而也尊贵，如“黄金”“黄裳”。六二阴爻为柔居阴位，且居下卦中位，得中且得正，故“元吉”。

“黄离，元吉”，得中道也：“黄离，元吉”，因为六二居中正之位而得中正之道。

九三：日昃之离，不鼓缶而歌，则大耋之嗟，凶。

《象》曰："日昃之离"，何可久也？

【本意】太阳西斜，如再不鼓缶而歌，乐天知命，则就像人老以后再哀叹不已，那可是真"凶"了。

《象传》解释说："日昃之离"，太阳将落，怎么会长久呢？

【解说】日昃（zè）：太阳偏西，指太阳将落，比喻人老将死。缶：陶制器皿，可用来盛酒食。耋（dié）：七八十岁的老人。嗟：叹息，慨叹。

何可久也：怎么会长久呢？

九四：突如，其来如，焚如，死如，弃如。

《象》曰："突如，其来如"，无所容也。

【本意】有敌人突然来袭击，烧、杀、抢、掠，无恶不作，其后器物被到处丢弃，一片狼藉。

《象传》解释说：灾难袭击突然来临，令人手足无措，一下找不到容身之地。

【解说】突如，其来如，焚如，死如，弃如：有敌人突然来袭击，烧、杀、抢、掠，无恶不作，其后器物被到处丢弃，一片狼藉。

无所容也：一下找不到容身之地。

六五：出涕沱若，戚嗟若，吉。

《象》曰："六五"之"吉"，离王公也。

【本意】敌人袭击过后，幸存者个个泪如雨下，忧愁悲戚，哀叹不已，所幸还得以活命，也算吉利。

《象传》解释说："六五"之"吉"，因为依附于王公贵族。

【解说】涕：眼泪。沱若：泪流很多的样子。戚：忧愁悲戚。嗟：嗟叹，叹息。出涕沱若，戚嗟若，吉：五为继明之君，前君既没，后君继之，父没而哀，承业而忧，故出涕沱若，戚嗟若；或解释为，敌人袭击过后，幸存者个个泪如雨下，忧愁悲戚，哀叹不已，所幸还得以活命，也算是不幸中的万幸。

离：附丽，依附。“六五”之“吉”，离王公也：六五居于中位，且以阴爻居君位，上承上九，象征依附于王公贵族，大家群策群力，励精图治，故“吉”。

上九：王用出征，有嘉，折首，获匪其丑，无咎。

《象》曰：“王用出征”，以正邦也。

【本意】国王御驾亲征，有嘉美之功，折服其魁首，俘获不愿臣服的异己，从此国泰民安，自然无咎。

《象传》解释说：“王用出征”，以安邦定国；俘获许多敌寇，立下重大功勋。

【解说】有嘉：有嘉美之功；一说指古代国名，这里指入侵者。折首：斩首。获：俘获。匪：非；匪寇，贼寇。丑：类；众多。朱高正《周易六十四卦通解》：“六五承上九，有柔顺之君崇尚贤人之象。上九以刚处上离之终，乃刚明之贤人，其刚足以行威刑，其明足以察奸邪。故六五之君继位之后，任命上九贤人征伐不服，以建嘉美之功，但只折其魁首，而不执其丑类，立威而不滥刑，得无咎。”

“王用出征”，以正邦也：上九以阳爻居上位，刚毅明察，惩治异己有度，乃以安邦定国。

“获匪其丑”，大有功也：俘获许多敌寇，立下重大功勋。通行本无此八字，《经典释文》引王肃本有，于义及韵为优，可据补。

总之，离为附丽（依附）、光明，“日月丽乎天，百谷草木丽乎土”，万物皆须依附他物而存在，不能离开他物而独立存在，由此宇宙万物形成一个相互依存、相互成就的有机整体。我们唯有明智依附，感恩万物，方能充分显发本有的灵明，创造无限亮丽的前途。

下　经

三十一、咸（下艮上兑）

䷞《咸》：亨，利贞，取女，吉。

【本意】《咸》卦象征着亨通，是吉利的占问，娶女子成家立业，吉利。

【解说】《咸》：感也，交感，感应，是讲少男少女交往之道。“咸”，王家台秦简同今本，楚简本、帛书本和《归藏》佚文则作“钦”，二字古通。

亨：亨通。利贞：吉利的占问。取：借为娶。

《彖》曰：《咸》，感也，柔上而刚下，二气感应以相与，止而说，男下女，是以“亨，利贞，取女，吉”也；天地感而万物化生，圣人感人心而天下和平；观其所感，而天地万物之情可见矣！

【本意】《咸》卦是讲感应之道，阴柔在上而阳刚在下，山泽二气相互感应而互相辅助，节制而愉悦，男子自觉居于女子之下，所以“亨，利贞，取女，吉”；天地阴阳相互交感而万物化生，圣人用德行来感化人心则天下和平安泰；通过观察《咸》卦所示男女相互感应的典型事例，就可以类推天地万物阴阳交感、生成运化的一般情形和普遍规律。

【解说】《咸》，感也：《咸》卦意为交互感应。

柔上而刚下：《咸》卦下艮上兑，艮为少男，性阳刚，兑为少女，性阴柔，故曰“柔上而刚下”。

相与：相互协助。二气感应以相与：《咸》卦下艮上兑，艮为少男，性阳刚，兑为少女，性阴柔，阴性欲下而阳性欲上，阴阳二气相互感应亲和，故曰“二气感应以相与”。

说：借为“悦”，喜悦，愉悦。止而说：《咸》卦下艮上兑，艮为止，兑为悦，故曰“止而说”。

男下女：《咸》卦下艮上兑，艮为少男，兑为少女，故曰“男下女”；古今婚礼，大多男方亲至女方家迎娶；新娘升车，新郎驾车；新郎至家，待新娘于门外，揖请新娘入房，或新郎抱、背新娘入房，这些都是“男下女”的表现。

天地：指代阴阳。感：交合感应。天地感而万物化生：天地阴阳相互交合感应，从而生成宇宙万物。

圣人感人心而天下和平：圣人用德行来感化人心，圣人与民众默契感应，则天下和平安泰。

观其所感，而天地万物之情可见矣：通过观察《咸》卦所示男女相互感应的典型事例，就可以类推天地万物阴阳交感、生成运化的一般情形和普遍规律。

《象》曰：山上有泽，《咸》；君子以虚受人。

【本意】《咸》卦下艮上兑，有“山泽通气”、互相交感之象，也有少男少女相互交往感应之象，故卦名为“咸”；君子观此山泽交感之象，当以谦虚宽容的态度接受别人的不同意见。

【解说】咸：感也，交感，感应。山上有泽，《咸》：《咸》卦下艮上兑，艮为山、为少男，兑为泽、为少女，故曰“山上有泽”；泽水下润于山，山气上凝于泽，有“山泽通气”、互相交感之象，也有少男少女相互交往感应之象，故卦名为“咸”。

君子以虚受人：君子观此山泽交感之象，当以谦虚宽容的态度接受别人的不同意见，这样才能与他人和睦相处，并完善自己。

初六：咸其拇。
《象》曰：“咸其拇”，志在外也。

【本意】男女交感于足大指。

《象传》解释说：“咸其拇”，是说内卦少男有意与外卦少女交往。

【解说】咸：感也，交感，感应，感动；或把《咸》爻辞中的“咸”解释为伤，或控制。拇（mǔ）：足大指。咸其拇：男女交感于足大指，比喻男女互相有了最初的好感。

"咸其拇"，志在外也："咸其拇"，因为初六与外卦之九四相应和，少男初步有感于少女，内卦少男有意与外卦少女交往，故曰"志在外也"。

六二：咸其腓，凶；居吉。

《象》曰：虽"凶""居吉"，顺不害也。

【本意】男女双方已交感到小腿肚，缺乏了解就一味冒进盲动，会有凶；冷静相处则吉利。

《象传》解释说：虽"凶"而"居吉"，因为六二有柔顺中正之德，不会受到损害。

【解说】腓（féi）：腿肚子。居：停止。咸其腓，凶；居吉：男女双方已交感到小腿肚，缺乏了解就一味冒进盲动，容易失去理智，导致不利后果；要能冷静相处一段时间，则会吉利。

虽"凶""居吉"，顺不害也：虽"凶"而"居吉"，因为六二以阴柔顺从之性居中正之位而有中正之德，柔顺处事，自然不会受到损害。

九三：咸其股，执其随，往吝。

《象》曰："咸其股"，亦不处也；志在"随"人，所"执"下也。

【本意】男女双方已交感到大腿，如再不加以克制，执意冒进，会有不利后果。

《象传》解释说："咸其股"，不能冷静处理；志在一味冒进盲动，鲁莽追随，所采取的是下策。

【解说】执：握住。随：冒进，追随。咸其股，执其随，往吝：男女双方已交感到大腿，如再不加以克制，执意冒进，会有不利后果。

"咸其股"，亦不处也："咸其股"，九三与上六各自得正而相应，本来应该是吉利的，但因九三居下卦之上位，上有九四、九五二阳相助，阳盛性躁，不能控制情感、冷静处理，故"往吝"。

志在"随"人，所"执"下也：九三与上六各自得正而相应，本来应该是吉利的，但因九三居下卦之上位，上有九四、九五二阳相助，阳盛性躁，而采取了下策，志在一味冒进盲动，鲁莽追随，遭到上六轻视欺侮，故曰“志在‘随’人，所‘执’下也”。

九四：贞吉，悔亡，憧憧往来，朋从尔思。

《象》曰：“贞吉，悔亡”，未感害也；“憧憧往来”，未光大也。

【本意】占问吉利，悔恨消失，往来心意不定，朋友们随从你的想法。

《象传》解释说：“贞吉，悔亡”，是说没有感受到伤害；“憧憧往来”，是说心意还不广大。

【解说】悔亡：悔恨消失，没有懊恼。贞吉，悔亡：占问吉利，悔恨消失。

憧憧（chōng）：心意不定、往来不绝貌，或者说憧通瞳，眼珠，憧憧指眉来眼去，暗送秋波。朋：朋友，或者说是指古代货币单位，十贝为一朋，这里指钱财。思：语气助词，犹哉也。憧憧往来，朋从尔思：往来心意不定，朋友们随从你的想法，或解释为男女双方情感日深，不时眉来眼去，暗送秋波，以心相许，而且有钱财作基础。

“贞吉，悔亡”，未感害也：“贞吉，悔亡”，因为九四对于九三采取的穷追不舍没有予以损害。

“憧憧往来”，未光大也：男女双方情感日深，不时眉来眼去，暗送秋波，以心相许，但双方都心照不宣，尚未完全公开化。

九五：咸其脢，无悔。

《象》曰：“咸其脢”，志末也。

【本意】男女双方情感日深，已经交感到上身，没有悔恨。

《象传》解释说：“咸其脢”，是情志表达之末流。

【解说】脢（méi）：脊背上的肉，此指上身，即身体的躯干部分。咸其脢：男女双方情感日深，已经交感到上身。

志末：情志表达之末流。“咸其脢”，志末也：男女双方尚未举行婚礼，就迫不及待地相互拥抱，这种轻佻的行为在传统社会被认为是违背礼教的不光彩做法，故为“志末”。

上六：咸其辅、颊、舌。

《象》曰："咸其辅、颊、舌"，滕口说也。

【本意】男女双方情感日深，已经交感到脸颊、舌头，互相倾诉衷肠。

《象传》解释说："咸其辅、颊、舌"，因为男女双方在滔滔不绝，互相倾诉衷肠。

【解说】辅、颊（jiá）：均指脸颊，面颊。咸其辅、颊、舌：男女双方情感日深，已经交感到脸颊、舌头，互相倾诉衷肠。

滕：翻腾口舌、口舌竞递的样子。滕口说：男女双方在滔滔不绝，互相倾诉衷肠，或者说是少男在滔滔不绝，以花言巧语取悦对方。

三十二、恒（下巽上震）

䷟《恒》：亨，无咎，利贞，利有攸往。

【本意】《恒》卦象征着亨通，没有灾患，是有利的占问，有利于有所行动。

【解说】《恒》：长久，恒久，恒常，永久。

亨：亨通。无咎：没有灾患。利贞：有利的占问。利有攸往：有利于有所行动。

《彖》曰：《恒》，久也，刚上而柔下，雷风相与，巽而动，刚柔皆应，《恒》；《恒》"亨，无咎，利贞"，久于其道也；天地之道，恒久而不已也；"利有攸往"，终则有始也；日月得天而能久照，四时变化而能久成，圣人久于其道而天下化成；观其所恒，而天地万物之情可见矣！

【本意】《恒》有长久、恒久之意，阳刚在上而阴柔在下，雷风相互协助，谦逊而有行动，刚柔六爻都相应和，所以恒久稳定；《恒》"亨，无咎，利贞"，是由于长久地顺从此道；天地之道，是恒久而生生不息的；"利有攸往"，所以就终则又始，坚持下去；日月得天而能长久照耀万物，四时依规律变化而能长久生成万物；圣人恒久遵循天地万物之道，天下民众均受到感化而有所成就；

观察其所坚持的恒常之道，就会了解天地万物的真实情形。

【解说】刚上而柔下:《恒》卦下巽上震，巽为长女，为阴卦，性柔，震为长男，为阳卦，性刚，故曰“刚上而柔下”。

相与：相互协助。雷风相与:《恒》卦下巽上震，巽为风，震为雷，二者相互助威，故曰“雷风相与”。

巽而动:《恒》卦下巽上震，巽为逊，震为动，故曰“巽而动”。

刚柔皆应:《恒》卦六爻无论阳刚阴柔皆相互应和，故曰“刚柔皆应”。

久于其道也:《恒》卦之所以亨通吉利，是因为能长期持守正道。

天地之道，恒久而不已也：天地之道恒常无穷，天地万物生生不息，永无止境。

终则有始：终则又始，往复不穷，坚持不懈。

日月得天而能久照，四时变化而能久成：日月得天而能长久照耀万物，四时依规律变化而能长久生成万物。

圣人久于其道而天下化成：圣人恒久遵循天地万物之道，天下民众均受到感化而有所成就。

情：情况，情状，实情。观其所恒，而天地万物之情可见矣：观察其所坚持的恒常之道，就会了解天地万物的真实情形。

《象》曰：雷风，《恒》；君子以立不易方。

【本意】《恒》卦下巽上震，为“雷风”之恒常现象，故卦名为“恒”；君子观此卦象，注意培养自己恒久不易、处变不惊的高尚节操，在任何时候都能立定脚跟，而不轻易改变自己的原则立场。

【解说】雷风,《恒》:《恒》卦下巽上震，巽为风，震为雷，故曰“雷风”；上有雷电，下有狂风，是自然界的恒常现象，故卦名为“恒”。

不易：不变。方：道也，原则，立场。立不易方：立定脚跟，而不轻易改变自己的原则立场。君子以立不易方：君子观此卦象，注意培养自己恒久不易、处变不惊、独立不惧的高尚节操，如此则虽处于风雷突变的严峻处境，但仍然会坚守原则立场。

初六：浚恒，贞凶，无攸利。

《象》曰："浚恒"之"凶"，始求深也。

【本意】掘坑太深，占问有凶，无所利。

《象传》解释说："浚恒"之"凶"，因为初六开始就盲目追求掘深。

【解说】浚：掘坑使深。浚恒，贞凶，无攸利：掘坑掘得太久，坑太深，恐怕有塌方事故，故"凶，无攸利"。

始求深也：初六开始就盲目追求掘深。

九二：悔亡。

《象》曰："九二""悔亡"，能久中也。

【本意】悔恨消亡。

《象传》解释说："九二""悔亡"，因为能长久持守中道。

【解说】悔：悔恨。亡：消亡。

"九二""悔亡"，能久中也："九二""悔亡"，因为九二居于下卦之中爻位，能长久持守中道。

九三：不恒其德，或承之羞，贞吝。

《象》曰："不恒其德"，无所容也。

【本意】不能恒久持守道德节操，有时难免承受羞辱，此占问有困难。

《象传》解释说：不能恒久持守道德节操，这样的人在社会上没有容身之地。

【解说】恒其德：恒久持守道德节操。承：承受。羞：羞辱，耻辱。贞：占问。吝：不顺，困难。不恒其德，或承之羞，贞吝：不能恒久持守道德节操，有时难免承受羞辱，此占问有困难，因为九三以阳爻居于阳爻位，又处于上下两卦交接变动之际，所以过于阳刚，容易急躁冒进，心意不定，故曰"不恒其德"。

"不恒其德"，无所容也：不能恒久持守道德节操，这样的人在社会上没有容身之地。

九四：田无禽。

《象》曰：久非其位，安得“禽”也？

【本意】打猎没有收获禽兽之类的猎物。

《象传》解释说：长久不在这样的环境里打猎，怎么能打到禽兽呢？

【解说】田：通“畋”，狩猎，打猎。田无禽：打猎没有收获禽兽之类的猎物。

位：位置，这里指环境。安：何也。久非其位，安得“禽”也：长久不在这样的环境里打猎，怎么能打到禽兽呢？

六五：恒其德，贞妇人吉，夫子凶。

《象》曰：“妇人”“贞”“吉”，从一而终也；“夫子”制义，从妇“凶”也。

【本意】恒久持守美德，占问妇人方面的事情吉利，而占问男子方面的事情则不利。

《象传》解释说：“妇人”“贞”“吉”，因为她能从一而终；男子出外做事，应该能够因时制宜，若依从妇人从一而终之德，则会有凶。

【解说】德：美德。古代以妇人顺从丈夫为美德，所以妇人顺从丈夫为吉，丈夫顺从妇人为凶，因为当时是男权社会，妇女受到压制和歧视。恒其德，贞妇人吉，夫子凶：恒久持守美德，占问妇人方面的事情吉利，而占问男子方面的事情则不利；因为妇人居家，恒久持守美德则吉利；男子则常出外做事，若只是恒久持守美德，而不知随机应变，所以不会吉利。

从一：指跟从丈夫。“妇人”“贞”“吉”，从一而终也：“妇人”“贞”“吉”，因为她能从一而终。

“夫子”制义，从妇“凶”也：男子出外做事，应该能够随机应变，因时制宜，若依从妇人从一而终之德，则会有凶。

上六：振恒，凶。

《象》曰："振恒"在"上"，大无功也。

【本意】行动过久，有凶。

《象传》解释说："振恒"在"上"，绝不会建立什么功业。

【解说】振：动也，或者说借为震，指雷雨。振恒，凶：行动过久，则必然造成灾害，故"凶"。

"振恒"在"上"，大无功也："振恒"在"上"，上六阴爻处于物极必反之时，象征居上位的领导人不知休养生息，一味行动，导致上下疲劳怨尤，如此则绝不会建立什么功业。

三十三、遯（下艮上乾）

䷠《遯》：亨，小利贞。

【本意】《遯》卦象征着通顺，小有利之占问。

【解说】遯：同"遁"，隐遁，隐退，或读为豚，小猪。

《彖》曰：《遯》"亨"，遯而亨也；刚当位而应，与时行也；"小利贞"，浸而长也；《遯》之时，义大矣哉！

【本意】《遯》卦之"亨"，意味着隐遁就会通顺；九五阳刚当位，能把握时机，因时行动；"小利贞"，是说阴柔小者渐渐成长；隐遁适时，意义重大啊！

【解说】《遯》"亨"，遯而亨也：《遯》卦之"亨"，意味着隐遁就会通顺。

刚当位而应，与时行也：九五之阳刚居中正之位而当位，且有同样居中正之位的六二阴柔与其相应，皆能持守中正之道，如此即能把握时机，因时行动，故曰"刚当位而应，与时行也"。

浸：逐渐。浸而长也：逐渐发展，指《遯》卦初六、六二两阴爻而言，阴为小人，阳为君子，《遯》卦有小人势力逐渐强大、君子势力逐渐衰小之象，故君子宜于隐退。

《遯》之时，义大矣哉：隐遁适时，意义重大啊！

《象》曰：天下有山，《遯》；君子以远小人，不恶而严。

【本意】《遯》卦下艮上乾，为“天下有山”之象，山虽很高，天总是远离山，而不与之相接近，天有隐退之象，且天下山林景色宜人，适于隐居，故卦名为“遯”；君子观此卦象，当疏远小人，不怒而威，使其无法接近。

【解说】天下有山，《遯》：《遯》卦下艮上乾，艮为山，乾为天，故曰“天下有山”；山虽很高，天总是远离山，而不与之相接近，天有隐退之象，且天下山林景色宜人，适于隐居，故卦名为“遯”。

恶：凶恶。君子以远小人，不恶而严：君子观此卦象，当疏远小人，不怒而威，使其无法接近。

初六：遯尾，厉，勿用有攸往。
《象》曰：“遯尾”之“厉”，不“往”何灾也？

【本意】隐遁落在后面，有危险，不可有所行动。

《象传》解释说：隐遁落在后面，有危险，但不有所行动，又能有什么灾祸呢？

【解说】遯：同“遁”，隐遁。尾：作尾巴，在后面。遯尾：隐遁落在后面。厉：危险。勿用有攸往：不可有所行动。

不“往”何灾也：不有所行动，又能有什么灾祸呢？

六二：执之用黄牛之革，莫之胜说。
《象》曰：“执”“用黄牛”，固志也。

【本意】用黄牛皮绳子捆绑起来，就没有能逃脱的了。

《象传》解释说：用黄牛皮绳子捆绑起来，固定住他（它）。

【解说】执：借为“絷”，束缚，捆绑。之：可能指俘虏、家畜或捕获的野兽。革：去毛之兽皮。黄牛之革：用黄牛之皮制成的绳子，坚韧有力。说：读为“脱”，脱掉，脱开。

“执”“用黄牛”，固志也：用黄牛皮绳子捆绑起来，固定住他（它）。志：

高亨《周易大传今注》认为，“志疑当作之，转写而误”，兹从之。固志：一般解释为，有固守隐遁的坚定意志。

九三：系遯，有疾，厉，畜臣妾，吉。

《象》曰：“系遯”之“厉”，“有疾”惫也；“畜臣妾，吉”，不可大事也。

【本意】牵系纠缠想要隐遁的人，不让他去隐遁，会使他有疾病、危险，蓄养男女奴隶，不让他们走，是吉利的。

《象传》解释说：“系遯”之“厉”，因为身心疲惫，而且有疾病缠身；“畜臣妾，吉”，是说隐遁之时，只可以居家蓄养臣妾，不可以施行治国之类的大事。

【解说】系：牵系，纠缠。厉：危险。系遯，有疾，厉：牵系纠缠想要隐遁的人，不让他去隐遁，会使他有疾病、危险。

臣妾：古代称男奴隶为臣，女奴隶为妾。畜臣妾：蓄养男女奴隶，不让他们走。

惫：疲乏至极，疲惫不堪。“系遯”之“厉”，“有疾”惫也：“系遯”之“厉”，因为身心疲惫，而且有疾病缠身。

“畜臣妾，吉”，不可大事也：隐遁之时，只可以居家蓄养臣妾，不可以施行治国之类的大事。

九四：好遯，君子吉，小人否。

《象》曰：“君子”“好遯”，“小人否”也。

【本意】喜好隐遁，君子吉利，小人不能。

《象传》解释说：“君子”可以“好遯”，“小人不能”。

【解说】好：喜好。遯：同“遁”，隐遁。否：不能，不可。

好遯，君子吉，小人否：君子有充分的物质条件，可以喜好隐遁，隐遁会“吉”；小民靠劳动过活，不能喜好隐退，隐退则无法生存，故不利。

九五：嘉遯，贞吉。

《象》曰："嘉遯，贞吉"，以正志也。

【本意】嘉赏隐遁，占问吉利。

《象传》解释说："嘉遯，贞吉"，因为隐遁能够使人端正志向。

【解说】嘉：嘉赏，推崇，赞美。嘉遯，贞吉：嘉赏隐遁，占问吉利，因为九五爻居中正之位而有中正之德，能够遵循中正之道行事，自然吉利。

"嘉遯，贞吉"，以正志也："嘉遯，贞吉"，因为隐遁能够使人端正志向。

上九：肥遯，无不利。

《象》曰："肥遯，无不利"，无所疑也。

【本意】适时远走高飞，无所不利。

《象传》解释说："肥遯，无不利"，是因为其隐遁志向坚定，没有丝毫疑惑。

【解说】肥：借为"飞"，远走高飞。肥遯，无不利：适时远走高飞，隐遁世外，无所不利。

"肥遯，无不利"，无所疑也：适时远走高飞，隐遁世外，之所以无所不利，是因为其隐遁志向坚定，没有丝毫疑惑。

三十四、大壮（下乾上震）

䷡ 《大壮》：利贞。

【本意】《大壮》卦象征着吉利的占问。

【解说】壮：强壮，盛大，上进。大壮：甚壮，甚为强壮。利：吉利。贞：占问。

《彖》曰：《大壮》，大者壮也；刚以动，故壮；《大壮》"利贞"，大者正也；正大，而天地之情可见矣！

【本意】《大壮》是说阳刚大长，甚为强壮；刚健以行动，所以大为壮大；

《大壮》“利贞”，是说强大而又持守正道；通过正其大者，天地万物的实际情状可以看见了。

【解说】《大壮》，大者壮也：《大壮》卦阳爻势力强大，而阴爻势力衰弱，阳为大，故曰“《大壮》，大者壮也”。

刚以动，故壮：《大壮》卦下乾上震，乾性刚健，震为雷，为动，雷在天上震动，声威壮大，故曰“刚以动，故壮”。

《大壮》“利贞”，大者正也：《大壮》之所以“利贞”，是因为其在壮大时仍然能够持守正道。

正大，而天地之情可见矣：通过正其大者，天地万物的实际情状可以看见了，指大正则小亦正，上正则下亦正，如君正则臣民亦正，父正则家人亦正。

《象》曰：雷在天上，《大壮》；君子以非礼弗履。

【本意】《大壮》卦下乾上震，为“雷在天上”之象，雷震于天，声威壮大，故卦名为“大壮”；君子观此卦象，当谨慎戒惧，不作非礼之事。

【解说】雷在天上，《大壮》：《大壮》卦下乾上震，乾为天，震为雷，故曰“雷在天上”；雷震于天，声威壮大，故卦名为“大壮”。

履：犹践也，践行，行动。君子以非礼弗履：君子观此卦象，当谨慎戒惧，不作非礼之事，以免触犯天威。

初九：壮于趾，征凶，有孚。

《象》曰：“壮于趾”，其“孚”穷也。

【本意】足趾受伤，不便出行，故出行有凶，而有俘获。

《象传》解释说：足趾受伤，虽然有所俘获，但亦难免陷入困境。

【解说】壮：借为“戕”（qiāng），伤害。壮于趾，征凶：足趾受伤，不便出行，故出行有凶。孚：同“俘”，俘获，收获。有孚：足趾受伤，而有俘获，当会得到别人的帮助。

“壮于趾”，其“孚”穷也：足趾受伤，虽然有所俘获，但亦难免陷入困境。

九二：贞吉。

《象》曰："九二""贞吉"，以中也。

【本意】占问吉利。

《象传》解释说："九二""贞吉"，以其能持守中道。

【解说】贞吉：占问吉利。

"九二""贞吉"，以中也：九二居下卦之中位，有持守中道之美德，所以占问是吉利的。

九三：小人用壮，君子用罔，贞厉，羝羊触藩，羸其角。

《象》曰："小人用壮"，君子罔也。

【本意】小民用强力行猎，君子用网罗行猎，占问有危险，羝羊以角去硬触围栏，角会被卡住。

《象传》解释说：小人使用强力，君子不会这样。

【解说】小人用壮：小民用强力行猎。

罔：同"网"，网罗，或解释为无。君子用罔：君子用网罗行猎。

贞：占问。厉：危险。

羝（dī）羊：公羊。藩：藩篱，围栏。羸（léi）：拘系，卡住。

小人用壮，君子用罔，贞厉，羝羊触藩，羸其角：小民用强力行猎，君子用网罗行猎，行猎则一味欲得，一味欲得则有危险，正如羝羊一味以角去硬触围栏，角终究会被卡住一样。

罔：无。"小人用壮"，君子罔也：小人使用强力，君子不会这样。君子罔也：古本"罔"上有"用"字。

九四：贞吉，悔亡；藩决不羸，壮于大舆之輹。

《象》曰："藩决不羸"，尚往也。

【本意】占问吉利，悔恨消亡；藩篱被羝羊冲破，羝羊角不再被藩篱卡住了，可又撞伤在大车辐条上。

《象传》解释说："藩决不羸"，因为羝羊喜好勇往直前。

【解说】贞吉：占问吉利。悔亡：悔恨消亡。藩：藩篱，围栏。决：冲破。羸（léi）：拘系，卡住。壮：借为"戕"（qiāng），伤害。舆：车子。輹：借为"辐"，车轮上的辐条。《经典释文》曰："輹：本又作辐。"

藩决不羸，壮于大舆之輹：藩篱被羝羊冲破，羝羊角不再被藩篱卡住了，可又撞伤在大车辐条上。

尚：喜好，爱好。"藩决不羸"，尚往也："藩决不羸"，因为羝羊喜好勇往直前。

六五：丧羊于易，无悔。

《象》曰："丧羊于易"，位不当也。

【**本意**】有易氏抢掠了周人大量牛羊，没有悔恨。

《象传》解释说："丧羊于易"，因为六五位不正当。

【**解说**】易：有易氏，古代一个氏族部落，易与狄通，有易氏是狄人，据说居于易水流域。丧羊于易，无悔：这里牵涉到了历史事件，有多种说法，其中一个是说，周人居豳时，被狄人侵害，太王以犬马、牛羊、珠玉等礼物送给狄人求和，狄人不肯，一定要占领周人的土地，太王只好带领周人迁居岐山，迁居过程中狄人抢掠了周人大量牛羊，到岐山后生产得到很大发展，弥补了抢掠造成的损失，故曰"丧羊于易，无悔"。[1]或说是指殷商之祖先王亥之故事。

"丧羊于易"，位不当也："丧羊于易"，因为六五以阴爻居阳位，位不正当，位不正当则不利。

上六：羝羊触藩，不能退，不能遂，无攸利，艰则吉。

《象》曰："不能退，不能遂"，不详也；"艰则吉"，咎不长也。

【**本意**】羝羊以角去硬触围栏，角被卡住了，既不能后退，也不能前进，无所利，身处困难而毫无怨言，则吉利。

① 参见李镜池《周易通义》，北京：中华书局，1981年，第68—69页。

《象传》解释说:“不能退，不能遂”，进退不得，故不吉祥;“艰则吉”，是说灾患不会长久了。

【解说】羝（dī）羊：公羊。藩：藩篱，围栏。遂：进。艰则吉：身处困难而毫无怨言，终究会有人来搭救，则吉利。羝羊触藩，不能退，不能遂，无攸利，艰则吉：羝羊以角去硬触围栏，角被卡住了，既不能后退，也不能前进，无所利，但若身处困难而毫无怨言，终究会有人来搭救，则吉利。

详：借为“祥”，吉祥。《经典释文》曰:“详：郑、王肃作祥。”“不能退，不能遂”，不详也：既不能后退，也不能前进，自然是不吉祥的事情。

“艰则吉”，咎不长也：身处困难而毫无怨言，终究会有人来搭救，则吉利，因为上六得位，且处于物极必反、时来运转之位，灾患不会长久了。

三十五、晋（下坤上离）

䷢ 《晋》：康侯用锡马蕃庶，昼日三接。

【本意】《晋》卦象征着康侯用周成王赐给的良马进行繁殖，成果显著，一天受到周天子三次接见。

【解说】晋：进也，上进，晋升，前进。

康侯：周武王之弟康叔封，初封于康，故称康侯或康叔。锡：借为“赐”，赏赐，赐予。锡马：周成王赐给的良马。蕃庶：繁殖。昼日：整天。三接：受到周天子三次接见，或说是三胜，或说指以马多次交配。

《象》曰:《晋》，进也，明出地上，顺而丽乎大明，柔进而上行，是以“康侯用锡马蕃庶，昼日三接”也。

【本意】《晋》卦象征着上进，为“明出地上”、旭日东升之象，柔顺而上附于太阳，阴柔升进而向上运行，所以其卦辞说，“康侯用锡马蕃庶，昼日三接”。

【解说】《晋》，进也:《晋》卦象征着上进。

明：太阳。明出地上:《晋》卦下坤上离，坤为地，离为日，为明，有旭日东升之象，故曰“明出地上”。

丽：附着，附丽。大明：太阳，指离。顺而丽乎大明：《晋》卦下坤上离，坤为地，性顺，离为日，为大明，故曰“顺而丽乎大明”。

柔：阴柔。柔进而上行：《晋》卦初爻、二爻、三爻、五爻皆为阴爻，有上进之象，阴性为柔，故曰“柔进而上行”。

是以“康侯用锡马蕃庶，昼日三接”也：康侯用良马来繁殖，是畜牧业的前进；《坤》卦称“利牝马之贞”，故坤可象马，以马的繁殖比喻实力的上升。

《象》曰：明出地上，《晋》；君子以自昭明德。

【本意】《晋》卦为“明出地上”、旭日东升之象，故卦名为“晋”；君子观此卦象，当如旭日东升、阳光普照一样，不断自觉显扬自己的光明美德。

【解说】明出地上，《晋》：《晋》卦下坤上离，坤为地，离为日、为明，故曰“明出地上”；太阳出现于地平线，冉冉上升，故卦名为“晋”。

晋：进也，升也，上进，晋升。昭：明也，弘扬，显发，显扬。明德：光明之德。君子以自昭明德：君子观此卦象，当如旭日东升，不断自觉显扬自己光明正大的美德。《大学》曰：“大学之道，在明明德，在亲民，在止于至善。”

初六：晋如，摧如，贞吉，罔孚，裕无咎。

《象》曰：“晋如，摧如”，独行正也；“裕无咎”，未受命也。

【本意】进攻敌人，摧毁敌人，占问吉利，虽然无所俘获，但尚可无咎。《象传》解释说：能进攻并摧毁敌人，是由于能独自行于正道的缘故；无所俘获而尚可无咎，因为没有受到上级的命令。

【解说】晋：进也，此指进攻。如：犹之也，指代敌人。摧：折也，挫败，摧毁。贞吉：占问吉利。罔：无也。孚：同“俘”，俘获。裕：读为“犹”，尚也。

正：正道。“晋如，摧如”，独行正也：能进攻并摧毁敌人，是由于能独自行于正道的缘故。

“裕无咎”，未受命也：无所俘获而尚可无咎，因为没有受到上级的命令。

六二：晋如，愁如，贞吉，受兹介福，于其王母。

《象》曰："受兹介福"，以中正也。

【本意】进攻敌人，迫降敌人，占问吉利，蒙受如此大福，是来自他的祖母。

《象传》解释说："受兹介福"，因为六二有中正之德。

【解说】愁：忧愁，或说借作"揫"（jiū）或"遒"，迫降，逼迫。兹：此。介福：大福。王母：祖母，指康侯的祖母，或说是指周武王的祖母。李镜池《周易通义》说："这里说的似是武王克商事。进攻并迫使商人投降之后，武王祭王母，说这是得王母的福佑。武王的祖母及母亲都是商女，所以克商后要对王母特祭。"

"受兹介福"，以中正也：之所以能"受兹介福"，是因为六二居中正之位而有中正之德。

六三：众允，悔亡。

《象》曰："众允"之，志上行也。

【本意】众人相信，悔恨消亡。

《象传》解释说：众人相信他，因为六三志意在向上行进。

【解说】允：信也，相信，信任。亡：消亡，消失。众允，悔亡：众人相信，大家得以齐心协力，因而不会有什么悔恨之事。

"众允"之，志上行也：众人相信他，因为六三与上九相应，六三志意在向上行进。

九四：晋如鼫鼠，贞厉。

《象》曰："鼫鼠，贞厉"，位不当也。

【本意】进攻敌人时胆小如鼠，此占问有危险。

《象传》解释说："鼫鼠，贞厉"，因为九四位不正当。

【解说】鼫（shí）鼠：田鼠。厉：危也，危险。晋如鼫鼠，贞厉：进攻敌人时胆小如鼠，占问自然会有危险。

"鼫鼠，贞厉"，位不当也："鼫鼠，贞厉"，因为九四以阳爻居阴位，位不正当，位不正当则不利。

六五：悔亡，失得，勿恤，往吉，无不利。
《象》曰："失得，勿恤"，往有庆也。

【本意】悔恨消亡，失物可得，不必忧虑，有所行动会吉利，没什么不利。

《象传》解释说：失物可得，不必忧虑，有所行动会有吉庆。

【解说】恤：忧也，忧虑，忧愁。悔亡：悔恨消亡。失得：失物可得。勿恤：不必忧虑。往吉，无不利：有所行动会吉利，没什么不利。

"失得，勿恤"，往有庆也：失物可得，不必忧虑，因为六五能持守中道，又上承上九，阴阳相得，故有所行动会有吉庆。

上九：晋其角，维用伐邑，厉，吉，无咎，贞吝。
《象》曰："维用伐邑"，道未光也。

【本意】以精锐部队发动进攻，只在于征服其属邑，虽然有危险，但仍然吉利，不会有什么妨碍，有时占问不利。

《象传》解释说：只在于征服其属邑，因为正道尚未发扬光大。

【解说】角：尖锐的角，比喻精锐部队。维用伐邑：只在于征服其属邑。厉：危也，危险。吝：难也，困难，不利。晋其角，维用伐邑，厉，吉，无咎，贞吝：以精锐部队发动进攻，只在于征服其属邑，虽然有危险，但仍然吉利，不会有什么妨碍，只是战争毕竟不是什么好事，故有时占问不利。

"维用伐邑"，道未光也：只在于征服其属邑，因为正道尚未发扬光大。

三十六、明夷（下离上坤）

䷣ 《明夷》：利艰贞。

【本意】《明夷》卦象征着有利于艰难之事方面的占问。

【解说】夷：伤也，灭也。《序卦》曰："夷者，伤也。"《广雅》曰："夷，灭也。"明夷：此卦下离上坤，离为日，坤为地，乃太阳落山、光明受到遮蔽之象，比喻贤明之人遭遇艰难之境，受到贬斥、伤害。

利艰贞：有利于艰难之事方面的占问；一般多解释为宜于在艰难中坚守正道。李鼎祚《周易集解》引郑玄曰："夷，伤也。日出地上，其明乃光。至其入地，明则伤矣，故谓之明夷。日之明伤，犹圣人君子有明德而遭乱世，抑在下位，则宜自艰，无干事政，以避小人之害也。"

《象》曰：明入地中，《明夷》；内文明而外柔顺，以蒙大难，文王以之；"利艰贞"，晦其明也，内难而能正其志，箕子以之。

【本意】明入地中，光明被遮蔽，故卦名为《明夷》；内有文明之德而外现柔和随顺，以蒙受大难，文王就是这方面的榜样；"利艰贞"，隐藏其光明之德，内部有大难而能端正其志向，箕子就是这方面的榜样。

【解说】明入地中，《明夷》：《明夷》卦下离上坤，离为日，为明，坤为地，故曰"明入地中，《明夷》"。

内文明而外柔顺：《明夷》卦下离上坤，下卦为内，上卦为外，离为日，为文明，坤为地，性柔顺，是为内有文明之德而外现柔和随顺，故曰"内文明而外柔顺"。

蒙：遭受，蒙受。内文明而外柔顺，以蒙大难，文王以之：文王即内禀光明之德，外用柔顺之道，以承受大难，遭遇商纣王之昏乱而被囚于羑里，"三分天下有其二，以服事殷"，忍辱负重，韬光养晦，是这方面的榜样。《论语》载孔子曰：三分天下有其二，以服事殷。周之德，其可谓至德也已矣。以之：或作"似之"，亦通。

"利艰贞"，晦其明也："利艰贞"，因为《明夷》卦下离上坤，离为日、为明，坤为地，是为"明入地中""晦其明也"之象。

内难：箕子为商纣王叔父，为纣近亲，在朝内遭受危难，泛指政治昏庸混乱，贤人不能得到重用。正其志：端正其光明志向。

内难而能正其志，箕子以之：箕子为商纣王叔父，上谏不纳，只好在乱世佯狂为奴，又被纣王囚禁，而仍然能韬光养晦，端正明志，是这方面的榜样。以之：或作"似之"，亦通。

《象》曰：明入地中，《明夷》；君子以莅众，用晦而明。

【**本意**】《明夷》卦为“明入地中”之象，表明太阳的光辉已经隐藏起来，故卦名为“明夷”；君子观此卦象，应该用韬光养晦的方略治理民众，以达到天下光明太平的理想境界。

【**解说**】明入地中，《明夷》：《明夷》卦下离上坤，离为日、为明，坤为地，故曰“明入地中”；日入地中，表明太阳的光辉已经隐藏起来，故卦名为“明夷”。

莅众：临于民众之前，指统治民众。晦：隐晦，韬光养晦，葆藏不露。君子以莅众，用晦而明：君子观此卦象，应该用韬光养晦、无为而治的统治方略治理民众，以达到天下光明太平的理想境界。

初九：明夷于飞，垂其翼；君子于行，三日不食；有攸往，主人有言。

《象》曰：“君子于行”，义“不食”也。

【**本意**】君子遭难出走，如鸟飞去，时间长了会体倦神疲，如鸟垂其翼；在行进过程中，竟多日不能获得饮食，亦曾投宿途中人家，而其主人有谴责之言。

《象传》解释说：君子遭难出走，有时为持守节义而不能得食。

【**解说**】明夷：光明受遮蔽，或说是鸣叫的鹈鹕；明借为鸣，夷借为鹈，即鹈鹕，一种水鸟，或说是野鸡。

垂其翼：帛书《周易》作“垂其左翼”，当从之；垂其左翼，因其左翼受伤之故，左为辅，右为主，左翼受伤，乃轻伤也。

三日：多日。言：责备，谴责。

明夷于飞，垂其翼；君子于行，三日不食；有攸往，主人有言：君子遭难出走，如鸟飞去，时间长了会体倦神疲，如鸟垂其翼；在行进过程中，竟多日不能获得饮食，亦曾投宿途中人家，而其主人有谴责之言，故只好忍饥而不食。

“君子于行”，义“不食”也：君子遭难出走，有时为持守节义而不能得食。

六二：明夷夷于左股，用拯马，壮，吉。

《象》曰："六二"之"吉"，顺以则也。

【本意】鸣鹈伤了左大腿，无害于翼，仍能飞；牡马割去阳具，会很健壮，吉利。

《象传》解释说："六二"之所以"吉"，是因为柔顺且有中正之德。

【解说】明夷：鸣鹈。第二个"夷"是受伤的意思。拯：借为"騬"（chéng），割去牡马之阳具，今天称作骟马。明夷夷于左股，用拯马，壮，吉：古人骟马先占筮其吉凶，这次占筮的结果是，鸣鹈伤了左大腿，无害于翼，仍能飞；牡马割去阳具，会很健壮，吉利。

顺：柔顺。以：且。则：有原则，此指有中正之德。"六二"之"吉"，顺以则也："六二"之所以"吉"，是因为六二以阴爻居阴位，阴性柔顺，柔顺而且当位，又居下卦中位，有中正之德，行事合乎中正之道。

九三：明夷于南狩，得其大首，不可疾贞。

《象》曰："南狩"之志，乃"大""得"也。

【本意】鸣鹈被射伤于君子往南方行猎之时，君子则迷路后又找到了大道，不利于疾病方面的占问。

《象传》解释说：君子"南狩"，迷路后又找到了大道，此行志愿得遂，大有收获。

【解说】明夷于南狩：帛书《周易》作"明夷夷于南守（狩）"，当从之。明夷：鸣鹈。第二个"夷"是受伤的意思。狩：猎也。首：借为"道"。明夷于南狩，得其大首：鸣鹈被射伤于君子往南方行猎之时，君子则迷路后又找到了大道。

可：利也。不可疾贞：不利于疾病方面的占问。

"大""得"：有的《周易》版本作"'得''大'"。"南狩"之志，乃"大""得"也：君子"南狩"，迷路后又找到了大道，此行志愿得遂，大有收获。

六四：入于左腹，获明夷，之心于出门庭。

《象》曰："入于左腹"，"获""心"意也。

【本意】鸣鹈入于左边山洞，君子获得鸣鹈，但因为曾经历磨难，故出入应该小心谨慎。

《象传》解释说："入于左腹"，君子有所收获，满足了心愿。

【解说】入于左腹：帛书《周易》作"明夷夷于左腹"，古今本互校，并证以上六爻辞，此句当作"明夷入于左腹"（从高亨《周易大传今注》）。腹：读为寝，山洞也。

之：当作小，形似而误。获明夷，之心于出门庭：君子获得鸣鹈，但因为曾经历磨难，故出入应该小心谨慎。

"获""心"意也：君子有所收获，满足了心愿，或解释为，君子遇到可以隐居之佳境，满足了隐退的心愿。

六五：箕子之明夷，利贞。

《象》曰："箕子"之"贞"，"明"不可息也。

【本意】箕子遭难退隐，占问吉利。

《象传》解释说：箕子坚守正道，其光明正大之德永远不会消亡。

【解说】之：的；或说犹有也，得也。箕子之明夷，利贞：箕子遭难退隐，占问吉利。

明：光明正大之德性。息：熄灭，消亡。"箕子"之"贞"，"明"不可息也：箕子韬光养晦，坚守正道，其光明正大之德性永远不会消亡。

上六：不明，晦，初登于天，后入于地。

《象》曰："初登于天"，照四国也；"后入于地"，失则也。

【本意】太阳下山了，天黑了，太阳"初登于天"为明，"后入于地"为夷，这就是明夷。

《象传》解释说：太阳"初登于天"，普照天下；"后入于地"，失去了法度。

【解说】不明，晦，初登于天，后入于地：太阳下山了，天黑了，太阳

"初登于天"为明，"后入于地"为夷，这就是明夷。

"初登于天"，照四国也：太阳"初登于天"，普照天下，象征君王初登宝座，君临天下。

"后入于地"，失则也：太阳"后入于地"，象征君王不能持守为君之正道，失去为君的法度，逐渐腐朽堕落。

三十七、家人（下离上巽）

䷤ 《家人》：利女贞。

【本意】《家人》卦象征着有利于女子方面的占问。

【解说】《家人》：本卦主要讲齐家治家之事，故卦以"家人"为名。

利女贞：有利于女子方面的占问。

《彖》曰：《家人》，女正位乎内，男正位乎外，男女正，天地之大义也；家人有严君焉，父母之谓也；父父，子子，兄兄，弟弟，夫夫，妇妇，而家道正；正家，而天下定矣！

【本意】《家人》卦六二阴爻和九五阳爻皆居中得正，象征女性在家内持守中正之道，男性在外面持守中正之道，男女各自持守中正之道，这是天地之大义所在；家中有像君王一样威严的家长，是指父母；父成其为父，子成其为子，兄成其为兄，弟成其为弟，夫成其为夫，妇成其为妇，而家道自正；家道得正，天下就安定太平了。

【解说】《家人》，女正位乎内，男正位乎外：《家人》卦六二阴爻和九五阳爻分别居于内卦和外卦之中位，又皆当位得正，皆居中正之位而有中正之德，故曰"《家人》，女正位乎内，男正位乎外"。

男女正，天地之大义也："女正位乎内，男正位乎外"，男女各自持守中正之道，这是天地之大义所在。

家人有严君焉，父母之谓也：家中有像君王一样威严的家长，是指父母。

父父，子子，兄兄，弟弟，夫夫，妇妇，而家道正：父成其为父，子成其为子，兄成其为兄，弟成其为弟，夫成其为夫，妇成其为妇，而家道自正。

正家，而天下定矣：家道得正，天下就安定太平了。

《象》曰：风自火出，《家人》；君子以言有物而行有恒。

【本意】《家人》卦之卦象为“风自火出”，有鼓风烧柴及炊烟之象，炊烟所在，必有人家，故卦以“家人”名之；君子观此卦象，在家中亦当言之有物，行之有恒，以身作则，而不可嬉笑失态，放肆无度。

【解说】风自火出，《家人》：《家人》卦下离上巽，内卦离为火，外卦巽为风、为木，故曰“风自火出”，有鼓风烧柴及炊烟之象；在农耕社会，炊烟所在，必有人家，故卦以“家人”名之。

君子以言有物而行有恒：君子观此卦象，在家中亦当言之有物，行之有恒，以身作则，而不可嬉笑失态，放肆无度，如此方可正己正人，治理好家人。

初九：闲有家，悔亡。

《象》曰：“闲有家”，志未变也。

【本意】当齐家之始，慎重防范，就不会有悔恨。

《象传》解释说：“闲有家”，是说用心在未发生变故之前认真防范。

【解说】闲：防也，防备，防范，或解释为习，习练，娴习。有：犹于也。闲有家，悔亡：初九当齐家之始，慎重防范，如注意防火、防盗、防长幼无序、防男女违礼，就不会有悔恨。

“闲有家”，志未变也：用心在未发生变故之前认真防范，如加固门户以防盗，曲突徙薪以防火，严明家规以防乱。

六二：无攸遂，在中馈，贞吉。

《象》曰：“六二”之“吉”，顺以巽也。

【本意】无所成就，在家里做家务，占问吉利。

《象传》解释说：“六二”之所以“吉”，是因为六二柔顺而谦逊。

【解说】攸：所。遂：成也，成就，抱负。馈：为人准备饮食。中馈：在家中准备饮食之类的事情，指做家务。贞：占问。

巽：通“逊”，谦逊，或解释为伏从，顺从。“六二”之“吉”，顺以巽也：“六二”之所以“吉”，是因为六二以阴爻居中正之位，有中正之德，且阴性柔顺而谦逊。

九三：家人嗃嗃，悔厉，吉；妇子嘻嘻，终吝。

《象》曰：“家人嗃嗃”，未失也；“妇子嘻嘻”，失家节也。

【本意】家人因家教严厉而愁苦哀怨，会有悔恨、危险，但终究吉利；家里妇女小孩整天嘻嘻哈哈，终究会有不利后果。

《象传》解释说：虽然家人因家教严厉而愁苦哀怨，但这并没有失去治家正道；家里妇女小孩整天嘻嘻哈哈，失去了家庭应有的节度。

【解说】嗃嗃（hè）：通“嗷嗷”，愁苦哀怨的声音和样子。悔：悔恨。厉：危也，危险。终：终究。吝：难也，困难。嘻嘻：嬉笑佚乐的声音和样子。

“家人嗃嗃”，未失也：虽然家人因家教严厉而愁苦哀怨，但这并没有失去治家正道。

家节：犹家规，家庭应有的节度。“妇子嘻嘻”，失家节也：家里妇女小孩整天嘻嘻哈哈，失去了家庭应有的节度。韩愈《进学解》曰：“业精于勤，荒于嬉；行成于思，毁于随。”

六四：富家，大吉。

《象》曰：“富家，大吉”，顺在位也。

【本意】使家庭幸福富有，大吉大利。

《象传》解释说：“富家，大吉”，因为六四得正而又柔顺，在正当之位。

【解说】富家，大吉：六四阴爻居阴位，又上承九五，为巽卦主爻，巽亦为谦逊顺从，得正而又柔顺，故能使家庭幸福富有，大吉大利。富家：能使家庭幸福富有。富：富有，或者说借为福，幸福。

“富家，大吉”，顺在位也：“富家，大吉”，因为六四阴爻居阴位，又上承九五，得正而又柔顺，在正当之位，故曰“顺在位也”。

九五：王假有家，勿恤，吉。

《象》曰："王假有家"，交相爱也。

【本意】国王来到家中，不必忧虑，会有吉庆。

《象传》解释说：国王来到百姓家中，表明君臣君民互相尊重爱护。

【解说】假：读为"格"，至也，到也，或解释为大。有：犹于也。恤：忧也，忧虑，忧愁。王假有家，勿恤，吉：国王来到家中，不必忧虑，会有吉庆，因为九五居中正之位而有中正之德。

"王假有家"，交相爱也：国王来到百姓家中，表明君臣君民互相尊重爱护，因为六二阴爻和九五阳爻皆居中正之位而有中正之德。

上九：有孚威如，终吉。

《象》曰："威如"之"吉"，反身之谓也。

【本意】国家和家庭有诚信而威严，终究是吉利的。

《象传》解释说："威如"之所以"吉"，是因为在上者能反求诸己，反躬自省。

【解说】孚：信也；罚也，惩罚，刑罚。有孚威如，终吉：国家和家庭有诚信而威严，终究是吉利的，或解释为，国家和家庭有威严的刑罚，臣民不敢违法，终究是吉利的。

反：犹求也。反身：反求诸己，反省自己，反躬自问。"威如"之"吉"，反身之谓也："威如"之所以"吉"，是因为在上者能反求诸己，反躬自省，以身作则。

三十八、睽（下兑上离）

䷥ 《睽》：小事吉。

【本意】《睽》卦象征着小事吉利。

【解说】睽（kuí）：本义为目不相听（顺）、两目相违，引申为乖也，离也，异也，乖离，乖异，违背，不合。楚简本作“楑”，帛《易》作“乖”。

小事吉：小事方面的占问，吉利。

《彖》曰：《睽》，火动而上，泽动而下，二女同居，其志不同行；说而丽乎明，柔进而上行，得中而应乎刚，是以“小事吉”；天地睽而其事同也，男女睽而其志通也，万物睽而其事类也；《睽》之时用，大矣哉！

【本意】《睽》卦下兑上离，兑为泽，离为火，火性炎上，水泽润下，是为“火动而上，泽动而下”，兑为少女，离为中女，女大思嫁，志愿不同，是为“二女同居，其志不同行”，皆为相互背离之象，故卦名为“睽”；愉悦而依附于光明，柔顺进取而向上行进，六五得中而与九二阳刚相应，阴柔为小，所以说“小事吉”；天地乖异不同，而其化育万物之事是相同的，男女乖异不同，而其成就家业的志向是相通的，万物乖异不同，而其生长发育的事情是类似的；事物既相乖异又相统一原则的适时运用，意义重大啊！

【解说】《睽》，火动而上，泽动而下：《睽》卦下兑上离，兑为泽，离为火，“上火下泽”，火性炎上，水泽润下，故曰“《睽》，火动而上，泽动而下”。

二女同居，其志不同行：《睽》卦下兑上离，兑为少女，离为中女，女大思嫁，志愿不同，故曰“二女同居，其志不同行”。

说而丽乎明：《睽》卦下兑上离，兑为悦，离为火、为日、为明，故曰“说而丽乎明”。说：同“悦”，愉悦，喜悦。丽：附也，附丽，依附，附着。

柔进而上行：《睽》卦六三、六五皆为阴爻，有上进之象，阴性柔顺，故曰“柔进而上行”。

得中而应乎刚：《睽》卦六五居上卦中爻位而得中，且与下卦之九二阳刚相应，故曰“得中而应乎刚”。

是以“小事吉”：《睽》卦六五爻为阴爻，性柔顺，阴柔为小，故曰“小事吉”；如果五爻是九五阳爻，阳爻性刚健，阳刚为大，就可“大事吉”了；以上的“柔进”和“得中而应乎刚”的“柔”都指臣民，所以称“小事吉”；古代大事指战争与祭祀，都要由君主来主持，所以臣民来主持的，只能是“小事”了。

睽（kuí）：乖离，乖异，不合。天地睽而其事同也：天高地卑，相互远离，故曰“天地睽”，而天地阴阳之气互相交合，能够生成化育宇宙万物，故曰“其事同也”。

男女睽而其志通也：男阳刚而女阴柔，男主外而女主内，男女之间差别很大，故曰“男女睽”，而男女结婚，成家立业，生儿育女，互相照顾，故曰“其志通也”。

万物睽而其事类也：天地万物千差万别，德性迥异，故曰“万物睽”，而天地万物皆禀阴阳二气以生，皆依宇宙大道以长，且皆体现着宇宙大道，故曰“其事类也”。

《睽》之时用，大矣哉：事物既相乖异又相统一原则的适时运用，意义重大啊！

《象》曰：上火下泽，《睽》；君子以同而异。

【本意】《睽》卦为“上火下泽”、二者相互乖离而又同在生育万物之象，故卦名为“睽”；君子观此卦象，当思万物既同且异，而求同存异，因时制宜。

【解说】上火下泽，《睽》：《睽》卦下兑上离，兑为泽，离为火，故曰“上火下泽”；火性炎上，水泽润下，二者相互背离，而又同有生育万物之功，故卦名为“睽”。

同而异：同指相同，异指分别，乖异。君子以同而异：君子观此卦象，当思万物既同且异，而求同存异，因时制宜。

初九：悔亡，丧马，勿逐，自复；见恶人，无咎。
《象》曰：“见恶人”，以辟“咎”也。

【本意】悔恨消亡，丢失了马，不必追逐，它自己会回来；见到无恶不作的人或容貌丑陋的人，不必惊慌害怕，不会有什么妨害。

《象传》解释说：“见恶人”，不必惊慌害怕，可以避免灾咎。

【解说】悔亡：悔恨消亡。丧：丢失。勿逐：不必追逐。复：返回，回来。逐：追寻。恶人：无恶不作的人或容貌丑陋的人。无咎：不会有什么妨害。

辟：同“避”，避免。“见恶人”，以辟“咎”也：见到无恶不作的人或容貌丑陋的人，不必惊慌害怕，可以避免灾咎，因为初九阳爻居于阳爻位，当位得正。

九二：遇主于巷，无咎。

《象》曰："遇主于巷"，未失道也。

【本意】在小巷里遇到借宿的主人，不会有什么妨害。

《象传》解释说："遇主于巷"，是说没有迷失正道。

【解说】主：接纳旅人借宿的主人。遇主于巷：在小巷里遇到借宿的主人。无咎：不会有什么妨害。

"遇主于巷"，未失道也："遇主于巷"，是说九二能够持守中道，没有迷失正道。

六三：见舆曳，其牛掣，其人天且劓，无初有终。

《象》曰："见舆曳"，位不当也；"无初有终"，遇刚也。

【本意】驾驭牛车的人从后面牵引拖拉，而牛仍然向前强牵而不服从主人，其人又受过刺额、割鼻之刑罚，出师最初不利，但会有好结果。

《象传》解释说："见舆曳"，因为位不正当；"无初有终"，因为六三虽然位不正当，但却上承九四阳刚，遇到九四慷慨相助。

【解说】舆：车子。曳：从后面牵引，拖拉。掣（chè）：强牵而不服从主人。天：在额头刺字之刑。劓（yì）：割鼻之刑。

"见舆曳"，位不当也：六三以阴爻居阳位，位不正当，位不正当则不利。

"无初有终"，遇刚也：出师不利，但会有好结果，因为六三虽然位不正当，但却上承九四阳刚，遇到九四慷慨相助。

九四：睽孤，遇元夫，交孚，厉，无咎。

《象》曰："交孚""无咎"，志行也。

【本意】旅人孤单地行路，遇到一个跛子，跛子是个逃亡的奴隶，旅人与跛子被后面追来的人一起抓住了，虽然危险，但经过解释，终于没事。

《象传》解释说:“交孚”“无咎”，因为其志向得以实行。

【解说】睽孤：旅人孤单地行路。元夫：元应读为“兀”，兀夫即跛子。交：俱，一起。孚：同“俘”，俘获，被抓。遇元夫，交孚：遇到一个跛子，跛子是个逃亡的奴隶，旅人与跛子被后面追来的人一起抓住了。厉，无咎：虽然危险，但经过解释，终于没事。

“交孚”“无咎”，志行也:“交孚”“无咎”，因为九四阳刚上遇六五阴柔，阴阳相互配合协调，其志向得以实行。

六五：悔亡，厥宗噬肤，往何咎？

《象》曰:“厥宗噬肤”，“往”有庆也。

【本意】悔恨消亡，宗族的人吃到了肥美之肉，行动有什么妨害呢？

《象传》解释说：宗族的人吃到了肥美之肉，所以说行动会有吉庆。

【解说】悔亡：悔恨消亡。宗：宗族。噬：吃。肤：肥美之肉。往何咎：行动有什么妨害呢？

“厥宗噬肤”，“往”有庆也：宗族的人吃到了肥美之肉，所以说行动会有吉庆。

上九：睽孤，见豕负涂，载鬼一车，先张之弧，后说之弧，匪寇，婚媾；往遇雨，则吉。

《象》曰:“遇雨”之“吉”，群疑亡也。

【本意】旅人孤单地行路，看见猪背上有污泥，又见一个车子载着一车像鬼一样奇形怪状的人，先张开弓箭准备射它，后又放下弓箭，原来他们不是盗寇，而是在举行婚礼，旅人继续前行，遇到下雨，吉利。

《象传》解释说:“遇雨”之所以“吉”，是因为一切猜疑都消失了。

【解说】睽孤：旅人孤单地行路。豕：猪。涂：泥也，污泥，或说读为“途”，道路。负涂：背上有泥。载鬼一车：载着一车像鬼一样奇形怪状的人；“鬼”是鬼怪，这里指按照图腾打扮的人；每个氏族都有自己的图腾，多以动物为标志；族外婚时，打扮以自己的图腾，以表明自己的身份。张：张开。之：犹其也。弧：弓也。说：同“脱”，脱去，放下。匪：借为“非”。婚媾：在举行族外婚时同族中多人去女家迎娶。

“遇雨”之“吉”，群疑亡也：“遇雨”之所以“吉”，是因为一切猜疑都消失了。

三十九、蹇（下艮上坎）

䷦《蹇》：利西南，不利东北；利见大人，贞吉。

【本意】《蹇》卦象征着有利于往西南，不利于往东北；有利于有才德的大人物出来有所作为，占问吉利。

【解说】蹇（jiǎn）：本义为跛，腿瘸，引申为行走困难，艰难。

利西南，不利东北：有利于往西南，不利于往东北，因为《说卦》谓坤为西南、为地，艮为东北、为山，蹇本为行走困难，往西南为平坦之地，故相对易行而有利，往东北为高险之山，故困难加剧而不利。王弼注曰：“西南，地也；东北，山也。以难之平，则难解；以难之山，则道穷。”孔颖达疏曰：“西南地（或作顺，或作险）位，平易之方；东北险位，阻碍之所。世道多难，率物以适平易，则蹇难可解；若入于险阻，则弥加拥塞。去就之宜，理须如此。”或者解释为，周人西南多友邦，所以周人到西南各国去，能赚到钱，故有利，而在东北却有强敌，到强敌处做生意，往往被人抢劫，所以会丧失钱财，故不利。或说是，古人以为新月产生在西南，残月消失在东北，故以西南有利，东北不利。

利见大人：利大人现，有利于有才德的大人物出来有所作为。贞吉：占问吉利。

《彖》曰：《蹇》，难也，险在前也；见险而能止，知矣哉！《蹇》“利西南”，往得中也；“不利东北”，其道穷也；“利见大人”，往有功也；当位“贞吉”，以正邦也；《蹇》之时用，大矣哉！

【本意】《蹇》卦象征艰难，危险在前面；见到危险能够及时停止，是有智慧啊！《蹇》“利西南”，因为行动能够持守中道；“不利东北”，因为那边道路已经穷尽；“利见大人”，是说行动会有功勋；当位“贞吉”，以此来安邦定国；

艰难之因时制宜，意义重大啊！

【解说】《蹇》，难也，险在前也：《蹇》卦下艮上坎，艮为山，坎为水，为险，卦象为险难在前，故曰“《蹇》，难也，险在前也”。

见险而能止：《蹇》卦下艮上坎，艮为山，为止，坎为水，为险，卦象意味着“见险而能止”。知矣哉：是有智慧啊！知：同“智”。

《蹇》“利西南”，往得中也：《蹇》“利西南”，因为行动能够持守中道。

“不利东北”，其道穷也：“不利东北”，因为此路已经穷尽，到了死胡同。

“利见大人”，往有功也：有利于有才德的大人物出来有所作为，行动会建立功勋。

当位“贞吉”，以正邦也：六二与九五皆居中正之位而有中正之德，象征君臣各司其职，才德胜任其位，且都恪尽职守，如此当然可以安邦定国。

《蹇》之时用，大矣哉：艰难之因时制宜，意义重大啊！

《象》曰：山上有水，《蹇》；君子以反身脩德。

【本意】《蹇》卦为“山上有水”、水往下流必遭险难之象，故卦名为“蹇”；君子观此卦象，当在艰难之时，反求诸己，进德修业。

【解说】蹇：难也。山上有水，《蹇》：《蹇》卦下艮上坎，艮为山，坎为水，故曰“山上有水”；山上有水，水之下流必遭险难，故卦名为“蹇”。

脩：借为“修”。君子以反身脩德：君子观此卦象，当在艰难之时，反求诸己，进德修业，静待时机，如此方可化险为夷。

初六：往蹇，来誉。

《象》曰：“往蹇，来誉”，宜待也。

【本意】出行时遭遇困难，回来时载誉而归。

《象传》解释说：“往蹇，来誉”，故出行宜于等待时机。

【解说】蹇：难也，或说借为“謇”，正言直谏。往蹇，来誉：出行时遭遇困难，回来时载誉而归，因为初六以阴爻居于阳爻位，有刚柔并济之德。

“往蹇，来誉”，宜待也：“往蹇，来誉”，故出行宜于等待时机。

六二：王臣蹇蹇，匪躬之故。

《象》曰："王臣蹇蹇"，终无尤也。

【本意】王公大臣处境极其困难，但却不是他们自身的原因。

《象传》解释说：王公大臣处境极其困难，而终究不会有什么怨尤。

【解说】王臣：王公大臣。蹇：难也，或说借为"謇"，正言直谏。蹇蹇：难上加难，或说是直谏不已。匪：借为"非"。躬：自身。王臣蹇蹇，匪躬之故：王公大臣处境极其困难，但却不是他们自身的原因，因为六二居于中正之位，能持守中正之道。

尤：过失，怨尤。"王臣蹇蹇"，终无尤也：王公大臣处境极其困难，但因为不是他们自身的原因，所以终究不会有什么怨尤。

九三：往蹇，来反。

《象》曰："往蹇，来反"，内喜之也。

【本意】出行时困难重重，回来时平平安安。

《象传》解释说："往蹇，来反"，家里人内心欢喜。

【解说】蹇：难也，或说借为"謇"，正言直谏。反：返也，返回，或说是反对，反驳。往蹇，来反：出行时困难重重，回来时平平安安。

"往蹇，来反"，内喜之也：九三与六二皆当位得正，而阴阳亲比，象征九三出行平安回来，家里人内心欢喜。

六四：往蹇，来连。

《象》曰："往蹇，来连"，当位实也。

【本意】出门时步行艰难，回来时却有车可坐。

《象传》解释说："往蹇，来连"，因为六四当位得正，而容易致富。

【解说】蹇：难也，或说借为"謇"，正言直谏。连：辇也，人拉的车，或说是迟久，或说借为"谰"，抵谰，抵赖。往蹇，来连：出门时步行艰难，回来时却有车可坐，因为六四阴爻居阴位而当位得正，当位得正则吉利。

实：富也。“往蹇，来连”，当位实也：出门时步行艰难，回来时却有车可坐，因为六四阴爻居阴位而当位得正，吉利而容易致富。

九五：大蹇，朋来。

《象》曰："大蹇，朋来"，以中节也。

【本意】遇到了极端的困难，幸亏有朋友来相助。

《象传》解释说："大蹇，朋来"，因为九五有中正之美德。

【解说】朋：朋友，或说指古代货币单位，十贝为一朋，这里指代钱财。大蹇，朋来：遇到了极端的困难，幸亏有朋友来相助，因为九五居中正之位而有中正之德。

"大蹇，朋来"，以中节也："大蹇，朋来"，因为九五居中正之位而有中正之美德。

上六：往蹇，来硕，吉，利见大人。

《象》曰："往蹇，来硕"，志在内也；"利见大人"，以从贵也。

【本意】出门时步行艰难，回来时却大有所得，吉利，有利于有才德的人出来有所作为。

《象传》解释说："往蹇，来硕"，因为上六志在与内卦九三相应；"利见大人"，因为上六顺从尊贵之九五。

【解说】硕：大，大得，即大有所得。利见大人：利大人现，有利于有才德的大人物出来有所作为。往蹇，来硕，吉，利见大人：出门时步行艰难，回来时却大有所得，吉利，有利于有才德的人出来有所作为，因为上六阴爻当位得正，柔顺而能持守正道。

"往蹇，来硕"，志在内也：出门时步行艰难，回来时却大有所得，因为上六当位得正，而志在与内卦当位之九三相应和。

"利见大人"，以从贵也：有利于有才德的人出来有所作为，因为上六当位得正而性阴柔，顺从尊贵之九五。

四十、解（下坎上震）

䷧ 《解》：利西南；无所往，其来复，吉；有攸往，夙吉。

【本意】《解》卦象征着利在西南；无所为而往，不如回来好，吉利；如有所行动，则早去吉利。

【解说】《解》：《解》卦的解，有缓解、舒解、解脱、分解、解开之意。《序卦》云："解者，缓也。"孔颖达疏曰："解者，险难解释，物情舒缓，故为解也。"

利西南：坤为西南，西南为众庶之地，舒解险难，利在施于众庶，使之皆获缓解，故曰"利西南"。王弼注曰："西南，众也；解难济险，利施于众也。亦不困于东北，故不言'不利东北'也。"孔颖达疏曰："'解，利西南'者，西南坤位，坤是众也，施解于众，则所济者弘，故曰'解，利西南'也。"或解释为，周人西南多友邦，所以周人到西南各国去，能赚到钱，诸事顺利，故去西南方有利。参见《坤》卦"西南得朋"、《蹇》卦"利西南，不利东北"之解说。

无所往，其来复，吉：无所为而往，没有目的而前往，没有什么好处，不如回来好。

有攸往，夙吉：如有所行动，则早去吉利。夙：早也，速也。

《彖》曰：《解》，险以动，动而免乎险，《解》；《解》"利西南"，往得众也；"其来复，吉"，乃得中也；"有攸往，夙吉"，往有功也；天地解而雷雨作，雷雨作而百果草木皆甲坼；《解》之时，大矣哉！

【本意】《解》卦是说，有危险而及时行动，及时行动可以使人舒解免除危险，故名为"解"；《解》"利西南"，是说前往西南则可得到民众拥戴；"其来复，吉"，因为九二和六五刚柔相济而得中道；"有攸往，夙吉"，因为前往可得成功；天地缓解而雷雨兴作，雷雨兴作而后百果草木都破壳而出，发芽生长；缓解适时，意义非常重大啊！

【解说】《解》，险以动：《解》卦下坎上震，坎为水，为险，震为雷，为动，故曰"《解》，险以动"。

动而免乎险，《解》：《解》卦下坎上震，内坎外震，坎为水、为险，震为雷、为动，动在险之外，可免于危险，危险可有机会得到缓解或解除，故曰“动而免乎险，《解》”。

《解》“利西南”，往得众也：《解》“利西南”，因为按照《说卦传》，西南方为坤方，坤又为众，象征前往友邦能得到众人的帮助，所以有利。

“其来复，吉”，乃得中也：“其来复，吉”，因为九二和六五居下卦和上卦之中位，刚柔相济，而得中道。

“有攸往，夙吉”，往有功也：“有攸往，夙吉”，前往可得成功。

作：兴起。甲：植物种子的硬壳，或说是草木出地。拆：裂开，或说借为“乇”（zhé），草木生叶，草木根托生地上。天地解而雷雨作，雷雨作而百果草木皆甲拆：《解》卦下坎上震，坎为水，震为雷，天地阴阳二气交合缓解而会打雷下雨，打雷下雨则百果草木无不破壳而出，发芽生长。

《解》之时，大矣哉：缓解适时，意义非常重大啊！

《象》曰：雷雨作，《解》；君子以赦过宥罪。

【本意】雷雨兴作，万物缓解，故卦名为“解”；君子观此卦象，当赦免有过失的人，宽恕有罪行的人。

【解说】雷雨作，《解》；君子以赦过宥罪：《解》卦下坎上震，坎为水，震为雷，打雷下雨，故曰“雷雨作”；雷雨至，或是春天到来，坚冰解冻，或是炎热季节，旱情缓解，故卦名为“解”；君子观此卦象，在决断刑狱之时，当赦免有过失的人，宽恕有罪行的人，使社会矛盾有所缓解。宥（yòu）：宽恕。

初六：无咎。
《象》曰：刚柔之际，义“无咎”也。

【本意】没有灾患。

《象传》解释说：刚柔相济，阴阳协助，故宜“无咎”。

【解说】无咎：没有灾患，因为《解》卦初六以阴爻居阳位，位不正当，但它上承九二，又与九四阳刚相应和，有接应，故“无咎”。

刚柔之际，义“无咎”也：初六上承九二，又与九四相应和，刚柔相济，阴阳协助，故宜“无咎”。际：相接，相济，相应。义：宜也。

九二：田获三狐，得黄矢，贞吉。

《象》曰：“九二”“贞吉”，得中道也。

【本意】行猎获得许多狐狸，又得到黄铜箭头，占问吉利。

《象传》解释说：“九二”“贞吉”，因为九二得以持守中道。

【解说】田：打猎，行猎。三狐：三只狐狸，或许多狐狸。黄矢：黄铜箭头。贞吉：占问吉利。田获三狐，得黄矢，贞吉：行猎获得许多狐狸，又得到黄铜箭头，占问吉利，因为九二居下卦之中位，得以持守中道。

“九二”“贞吉”，得中道也：“九二”“贞吉”，因为九二居下卦之中位，得以持守中道。

六三：负且乘，致寇至，贞吝。

《象》曰：“负且乘”，亦可丑也；自我致戎，又谁咎也？

【本意】背着东西乘车，招来强盗抢劫，此占问有困难。

《象传》解释说：“负且乘”，是愚昧可丑的行为；自我暴露，招来盗寇，又能怪罪谁呢？

【解说】负且乘，致寇至，贞吝：背着东西乘车，乘车说明富贵，不把东西放在车上，说明所背的东西很珍贵，这很容易招来强盗抢劫，故此占问有困难，因为六三以阴爻居于阳爻位，不当位。

“负且乘”，亦可丑也：背着东西乘车，引人注目，是愚昧可丑的行为。

咎：怪罪，谴责。自我致戎，又谁咎也：自我暴露，招来盗寇，又能怪罪谁呢？戎：士兵，这里指盗寇。致戎：致寇。《经典释文》曰：“致戎：本又作致寇。”依据《周易》通例，原本当作“致寇”。

九四：解而拇，朋至斯孚。

《象》曰：“解而拇”，未当位也。

【本意】解开被束缚的足，朋友来助而有获。

《象传》解释说："解而拇"，因为九四是阳爻居阴位，位不正当。

【解说】解：放开。而：当作"亓"，楚简本及帛书本正作"亓"[①]，同"其"，"亓"为"其"之古字，今本误作"而"，或说是尔也，汝也，你也。拇：足大指，指代足。朋：朋友，或说是朋贝，钱财。斯：乃，就，于是，或解释为此。孚：同"俘"，俘获，收获，或解释为信。朋至斯孚：朋友来助而有获。解而拇，朋至斯孚：解开被束缚的足，朋友来助而有获。或解释为，解开被束缚的拇指，朋友至此相信。

未当位也：四是偶数，偶为阴，四爻位是阴位，九四是阳爻居阴位，位不正当，故曰"未当位也"。

六五：君子维有解，吉，有孚于小人。

《象》曰："君子""有解"，"小人"退也。

【本意】君子把战俘捆绑起来又解开，吉利，因为君子已把战俘完全俘获。

《象传》解释说："君子""有解"，小人畏服退缩。

【解说】君子：贵族与士等有地位的人。维：维系，捆绑，束缚，或说是语气助词。有：又。解：解开，松绑。孚：同"俘"，俘获，或解释为信。小人：奴隶，庶民。君子维有解，吉，有孚于小人：君子把战俘捆绑起来又解开，吉利，因为君子已把战俘完全俘获，因为六五以阴柔居五爻君位，有柔顺持中之德。

"君子""有解"，"小人"退也：六五以阴柔居五爻君位，为君子，君子有柔顺持中之德，把战俘捆绑起来又解开，表明他有充分自信和威德控制小人，小人畏服退缩。

上六：公用射隼于高墉之上，获之，无不利。

《象》曰："公用射隼"，以解悖也。

【本意】王公大臣在城墙上射中鸷鸟，抓获它，没什么不利。

《象传》解释说：王公大臣射中鸷鸟，象征解除了悖逆者的叛乱。

① 参见丁四新《楚竹书与汉帛书〈周易〉校注》，上海：上海古籍出版社，2011年，第112—113页。

【解说】公：王公大臣。隼（sǔn）：鸷鸟，鸟类的一科，与鹰类似，翅膀窄而尖，嘴短而宽，上嘴弯曲并有齿状突起，飞得很快，善于袭击其他鸟类，是非常凶猛、贪婪、残酷的一种鸟，也叫鹘（hú），比喻强暴之人。墉：城墙。公用射隼于高墉之上，获之，无不利：王公大臣在城墙上射中鸷鸟，抓获它，没什么不利，因为上六当位得正，能持守正道。

悖：悖逆，叛乱。“公用射隼”，以解悖也：王公大臣射中鸷鸟，象征解除了悖逆者的叛乱。

四十一、损（下兑上艮）

䷨《损》：有孚，元吉，无咎，可贞，利有攸往；曷之用？二簋可用享。

【本意】《损》卦象征着有诚信，大吉，没有灾患，是有利的占问，有利于有所行动；祭祀用什么呢？两簋食物也可以举行献祭。

【解说】《损》：减损，损失。

孚：信也，诚信，或说同“俘”，俘获。元吉：大吉。无咎：没有灾患。可贞：可行、有利的占问。利有攸往：有利于有所行动。曷：读为“何”，或说借为馌（yè），馈食，送饭。簋（guǐ）：祭祀用的礼器，可以盛放食物。享：祭也，献祭，祭祀。曷之用？二簋可用享：祭祀用什么呢？只要心中虔诚，只有两簋食物也可以举行献祭。

《彖》曰：《损》，损下益上，其道上行，损而“有孚，元吉，无咎，可贞，利有攸往，曷之用？二簋可用享”；“二簋”应有时，损刚益柔有时，损益盈虚，与时偕行。

【本意】《损》卦下兑上艮，兑为泽，艮为山，大自然损下益上形成泽、山，其道在于向上运行，适时减损，则会有“有孚，元吉，无咎，可贞，利有攸往，曷之用？二簋可用享”的好结果；“二簋”这样的薄祭应该是有时为之，损刚益柔应当适时，损益盈虚，应该与时机相适应。

【解说】《损》，损下益上，其道上行：《损》卦下兑上艮，兑为泽，艮为山，大自然减损在下者形成泽，增益在上者形成山，其道在于向上运行，故曰“《损》，损下益上，其道上行”。

《损》而“有孚，元吉，无咎，可贞，利有攸往，曷之用？二簋可用享”：适时减损，则会有“有孚，元吉，无咎，可贞，利有攸往，曷之用？二簋可用享”的好结果。

有时：有时机。“二簋”应有时：如在灾荒之年或在旅行中，祭祀时可以从俭，用二簋食物；在丰年或在朝廷上祭祀，不能这样过分节俭。

损刚益柔有时，损益盈虚，与时偕行：损刚益柔应当适时，损益盈虚，应该与时机相适应。

《象》曰：山下有泽，《损》；君子以惩忿窒欲。

【本意】《损》卦下兑上艮，兑为泽，艮为山，故曰“山下有泽”，如此则山将日益被水浸蚀，泽将日益被山填塞，二者互相损害，故卦名为“损”；君子观此卦象，当抑制愤怒，节制欲望。

【解说】山下有泽，《损》：《损》卦下兑上艮，兑为泽，艮为山，故曰“山下有泽”，如此则山将日益被水浸蚀，泽将日益被山填塞，二者互相损害，故卦名为“损”。

惩：制止，抑制。忿：怒也，愤怒。惩忿：抑制愤怒。窒：塞也，杜塞，阻止。欲：贪欲，欲望。窒欲：节制欲望。君子以惩忿窒欲：君子观此卦象，在遇到与他人互相损害的情况时，当自觉抑制愤怒，节制欲望，以使互相损害降至最少；或解释为，当遵循正确的养生之道，减损情志欲望，一要止怒，二要节欲，否则生命将日益损害，无可挽回。

初九：巳事遄往，无咎，酌损之。
《象》曰：“巳事遄往”，尚合志也。

【本意】在祭祀之事上行动迅速，没有灾患，有时可以酌情减少祭品或简化祭礼。

《象传》解释说：“巳事遄往”，因为初九上与六四志同道合。

【解说】巳：借为“祀”，祭祀，有的《周易》版本正作“祀”。遄（chuán）：速也，迅速，很快。巳事遄往，无咎：在祭祀之事上行动迅速，没有灾患。

酌：酌情。损：减损，减少，简化。酌损之：在不同的场合，可以酌情减少祭品或简化祭礼。

尚：上也。合志：志同道合。“巳事遄往”，尚合志也：初九当位得正，且与其上得正之六四互相应和，志同道合，相互协助。

九二：利贞，征凶，弗损，益之。

《象》曰："九二""利贞"，中以为志也。

【本意】是有利的占问，但出征或有所行动会有不利，兵力不要减损，而要增益。

《象传》解释说："九二""利贞"，因为九二以持守中道为志向。

【解说】利贞，征凶，弗损，益之：是有利的占问，但出征或有所行动会有不利，兵力不要减损，而要增益。

"九二""利贞"，中以为志也：九二阳刚居下卦之中位，以持守中道为志向。

六三：三人行则损一人，一人行则得其友。

《象》曰："一人行"，"三"则疑也。

【本意】三人同行，意见有分歧时，意见不同的一人会受到损害；一人独行，会得到友人的帮助。

《象传》解释说："一人行"会得到友人的帮助，三人同行，其中两人关系更近，一人遭到孤立而生疑虑。

【解说】三人行则损一人，一人行则得其友：三人同行，意见有分歧时，意见不同的一人会受到损害；一人独行，会得到友人的帮助。这是人之常情。

"一人行"，"三"则疑也："一人行"会得到友人的帮助，三人同行，其中两人关系更近，一人遭到孤立而生疑虑。

六四：损其疾，使遄有喜，无咎。

《象》曰："损其疾"，亦可"喜"也。

【本意】能够减轻疾病的事，迅速行动，则会使疾病早日痊愈，没有灾患。《象传》解释说：减轻疾病，是可喜的事情。

【解说】损其疾，使遄有喜，无咎：能够减轻疾病的事，迅速行动，则会使疾病早日得到痊愈，当然没有灾患。

"损其疾"，亦可"喜"也：减轻疾病，当然是可喜的事情了。

六五：或益之十朋之龟，弗克违，元吉。

《象》曰："六五""元吉"，自上祐也。

【本意】有人送来价值贵重的大龟，而且不能拒绝，大吉。

《象传》解释说："六五""元吉"，因为得到了来自上天的保佑。

【解说】或益之十朋之龟，弗克违，元吉：有人送来价值贵重的大龟，而且不能拒绝，大吉。或：有人。益：加也，卖予，送来，赠予。朋：古代货币单位，十贝为一朋。龟：大龟，用作占卜，为贵重物品。十朋之龟：价值贵重的大龟。弗：不。克：能。违：犹拒也，拒绝。弗克违：不能拒绝。

祐：同"佑"，保佑，《经典释文》曰："祐：本亦作佑。"上祐：上天保佑。"六五""元吉"，自上祐也："六五""元吉"，因为其能柔顺而持守中道，得到了来自上天的保佑。

上九：弗损，益之，无咎，贞吉，利有攸往，得臣无家。

《象》曰："弗损，益之"，大得志也。

【本意】不要减损，而要增益，没有灾患，占问吉利，有利于有所行动，会获得尚未成家的单身奴隶。

《象传》解释说："弗损，益之"，因为上九大为得志。

【解说】弗损，益之，无咎，贞吉，利有攸往，得臣无家：不要减损，而要增益，没有灾患，占问吉利，有利于有所行动，会获得尚未成家的单身奴隶。臣：单身奴隶，故无家。

“弗损，益之”，大得志也：“弗损，益之”，因为上九以阳刚而居上卦艮山之上，大为得志，象征已臻于事业巅峰，踌躇满志。

四十二、益（下震上巽）

䷩《益》：利有攸往，利涉大川。

【本意】《益》卦象征着有利于有所行动，有利于渡越大河。

【解说】《益》：利也，助也，增也，增益，助益。

利有攸往，利涉大川：有利于有所行动，有利于渡越大河，克服艰难险阻。

《彖》曰：《益》，损上益下，民说无疆；自上下下，其道大光；“利有攸往”，中正有庆；“利涉大川”，木道乃行；《益》动而巽，日进无疆；天施地生，其益无方；凡益之道，与时偕行。

【本意】《益》卦象征减损在上者之利以补益在下之民众，故民众会喜悦无限；在上者能够在在下者面前谦卑处下，其道可以大为光大；“利有攸往”，因为六二和九五皆有中正之德，而相互应和，必有吉庆；“利涉大川”，是说木船可以行动以渡大河；《益》卦下震上巽，象征谦逊行事，顺应自然，就会日益前进，前途无量；天地化育万物，其惠泽广泛施及，恒久无限；增益之道是，因时制宜，因应时机而行动。

【解说】说：同“悦”，愉悦，喜悦。《益》，损上益下，民说无疆：《益》卦由《否》卦变化而来，减损《否》卦之上九，以增益到其初六之下，就由《否》卦变化成为《益》卦，是为“《益》，损上益下”，象征减损在上者之利以救济补益在下之民众，故民众会喜悦无限。

自上下下，其道大光：《益》卦由《否》卦变化而来，《否》卦之上九居一卦之最上位，物极必反，“自上下下”，成为《益》卦之初九；“自上下下”，象征在上者能够在在下者面前谦卑处下；“自上下下”，《否》卦变成《益》卦，否极泰来，坏事变好，其道可以大为光大，故曰“自上下下，其道大光”。

中正有庆：《益》卦六二爻居下卦中正之位，九五爻居上卦中正之位，皆有中正之德，而相互应和，必有吉庆，象征臣民恪尽职守，君王英明勤政，上下各得其正，国泰民安有庆。

“利涉大川”，木道乃行：《益》卦下震上巽，巽为木，震为动，木船可以行动以渡大河，故曰“‘利涉大川’，木道乃行”。

巽：借为“逊”，谦逊。《益》动而巽，日进无疆：《益》卦下震上巽，巽为逊，为顺，震为动，能谦逊行事，顺应自然，就会日益前进，前途无量，故曰“《益》动而巽，日进无疆”。

天施地生：《益》卦六二爻居下卦中正之位，九五爻居上卦中正之位，皆有中正之德，而相互应和，象征天施与，地生发，天地配合协调，而化育生成万物。

施：予也。方：类也，犹域也，类别，方所。无方：不受方所、物类的限制，即无限。天施地生，其益无方：天地化育万物，其惠泽广泛施及，恒久无限。

偕：俱也，偕同。凡益之道，与时偕行：增益之道是，因时制宜，因应时机而行动。

《象》曰：风雷，《益》；君子以见善则迁，有过则改。

【本意】《益》卦下震上巽，震为雷，巽为风，风雷相互增益，故卦名为“益”；君子观此卦象，当以风雷相益之象勉励自己，见人有善则从善如流，知己有过则立即改正。

【解说】风雷，《益》：《益》卦下震上巽，震为雷，巽为风，风雷激荡，故曰“风雷”；风烈则雷声愈巨，雷激则风势更猛，二者相互增益，故卦名为“益”。程颐曰：“雷风二物，相益者也，风烈则雷迅，雷激则风怒，两相助益，所以为益。”

迁：迁从，从善如流。君子以见善则迁，有过则改：君子观此卦象，当以风雷相益之象勉励自己，见人有善则从善如流，知己有过则立即改正，且要雷厉风行，痛下决心，如此方为有益。（袁了凡）王弼注曰：“迁善改过，益莫大焉。”

初九：利用为大作，元吉，无咎。

《象》曰："元吉，无咎"，下不厚事也。

【本意】有利于有大动作，大吉，没有灾患。

《象传》解释说："元吉，无咎"，因为初九居最下位，得正静处，象征民众安守本分，没有野心参与君王的国家大事。

【解说】用：犹于也。大作：大动作，大建筑。为大作：大兴土木，大干一番事业。利用为大作，元吉，无咎：有利于有大动作，大作为，大吉，没有灾患，因为初九居最下位，得正静处，不急躁盲动，又与六二阴阳协和，与六四相应默契。

"元吉，无咎"，下不厚事也："元吉，无咎"，因为初九居最下位，得正静处，不急躁盲动，又与六二阴阳协和，与六四相应默契，象征民众安居乐业，安守本分，没有野心参与君王的国家大事。下：庶民，民众。厚：读为"后"，指君王，或解释为落后。

六二：或益之十朋之龟，弗克违，永贞，吉；王用享于帝，吉。

《象》曰："或益之"，自外来也。

【本意】有人送来价值贵重的大龟，而且不能拒绝，关于长期之事方面的占问，则吉利；君王祭献上帝，吉利。

《象传》解释说："或益之"，是说六二会得到来自外卦九五之助益。

【解说】或益之十朋之龟，弗克违：有人送来价值贵重的大龟，而且不能拒绝。或：有人。益：加也，卖予，送来，赠予。朋：古代货币单位，十贝为一朋。龟：大龟，用作占卜，为贵重物品。十朋之龟：价值贵重的大龟。弗：不。克：能。违：犹拒也，拒绝。弗克违：不能拒绝。

永贞，吉：关于长期之事方面的占问，则吉利。

王用享于帝，吉：君王祭献上帝，吉利。或说可能指周武王克商，祭献上帝，接受天命，代替殷商而统治天下。

"或益之"，自外来也：《益》卦六二爻和九五爻皆居中正之位，有中正之德，而相互应和，大吉，六二会得到来自外卦九五之助益，故曰"'或益之'，自外来也"。

六三：益之用凶事，无咎；有孚，中行告公用圭。

《象》曰："益""用凶事"，固有之也。

【本意】在有天灾人祸时互相助益，就没有灾患；有所俘获，在途中执玉圭告急于王公。

《象传》解释说：在有天灾人祸时互相助益，本来就有这个道理。

【解说】益之：祭祀有所增益。凶事：丧事，或说可能指周武王逝世之事。有孚：有所俘获，或说是心存诚信。中行：在途中，或说是中道而行。公：王公，或说可能指周公。告公用圭：执玉圭告急于王公，或说是告诉王公祭祀要执玉圭。

"益""用凶事"，固有之也：在有天灾人祸时互相助益，本来就有这个道理。

六四：中行告公，从，利用为依迁国。

《象》曰："告公，从"，以益志也。

【本意】在途中禀告王公，被立即采纳，把殷民安置好是有利的。

《象传》解释说：在途中禀告王公，被立即采纳，是为了增益其效忠王室的忠心志愿。

【解说】中行：在途中。公：王公，或说可能指周公。从：听命。依：读为"殷"，"依""殷"古通，或说当作"家"，帛书本正作"家"。或说可能指周公东征胜利后，在班师回来的路上，有人报告周公，周成王有命，说把殷民安置好是有利的，周公把殷宗室微子启封于商丘，国号宋；把一些部落分给同姓国做奴隶，如分给鲁国殷民六族，分给卫国殷民七族；把殷贵族集中在洛邑，直接统治。这就是"为依迁国"[①]。

"告公，从"，以益志也：在途中禀告王公，被立即采纳，是为了增益其效忠王室的忠心志愿。

---

① 参见李镜池《周易通义》，北京：中华书局，1981年，第84页；于省吾《双剑誃尚书新证》《双剑誃诗经新证》《双剑誃易经新证》，北京：中华书局，2009年，第729—731页；李零《死生有命 富贵在天：〈周易〉的自然哲学》，北京：生活·读书·新知三联书店，2013年，第226页。

九五：有孚惠心，勿问，元吉，有孚惠我德。

《象》曰："有孚惠心"，"勿问"之矣；"惠我德"，大得志也。

【本意】真心安抚俘虏，俘虏感激，顺服我的意志，不必占问，大吉，有俘虏顺服我的德行。

《象传》解释说：有俘虏顺服我的意志，不必占问了，肯定是大吉；俘虏和民众顺服我的德行，正可实现远大志向。

【解说】惠：顺也。有孚惠心，勿问，元吉：真心安抚俘虏，俘虏感激，顺服我的意志，不必占问，大吉。

有孚惠我德：有俘虏顺服我的德行。

"有孚惠心"，"勿问"之矣：有俘虏顺服我的意志，不必占问，大吉。

"惠我德"，大得志也：九五居尊贵之君位，与六二皆居中正之位而有中正之德，阴阳相互应和协同，象征俘虏和民众顺服我的德行，正是志得意满、实现其远大志向之时。

上九：莫益之，或击之，立心勿恒，凶。

《象》曰："莫益之"，偏辞也；"或击之"，自外来也。

【本意】没有人帮助他，反而有人攻击他，因为他立心不能持久，如此必凶。

《象传》解释说："莫益之"，天下人都推辞助益他；有人攻击他，其人来自外面。

【解说】莫益之，或击之，立心勿恒，凶：没有人帮助他，反而有人攻击他，因为他立心不能持久，经常动摇，如此必凶。

"莫益之"，偏辞也：上九以阳爻居阴位，位不正当，位不正当则不利，象征没有人帮助他，天下人都推辞助益他。偏：有的《周易》版本作"徧"，可从。

"或击之"，自外来也：有人攻击他，其人来自外面。

四十三、夬（下乾上兑）

䷪《夬》：扬于王庭，孚号，有厉，告自邑，不利即戎，利有攸往。

【本意】《夬》卦象征着把俘虏举献于王庭，有俘虏号哭，城邑派人来告有危险，不利于从军，有利于有所行动。

【解说】夬（guài）：决也，决定，决断。

扬：举也。孚：读为“俘”，俘虏。号：号哭。扬于王庭，孚号，有厉，告自邑：把俘虏举献于王庭，有俘虏号哭，城邑派人来告有危险，或有别国来侵犯。

即：犹从也。戎：兵也。不利即戎，利有攸往：不利于从军，有利于有所行动，或指前往安全之地。

《彖》曰：《夬》，决也，刚决柔也，健而说，决而和；“扬于王庭”，柔乘五刚也；“孚号，有厉”，其危乃光也；“告自邑，不利即戎”，所尚乃穷也；“利有攸往”，刚长乃终也。

【本意】“夬”意为决定，《夬》卦下乾上兑，为五个阳爻决定一个阴爻、阳刚决定阴柔之象，刚健而愉悦，阳刚决定而阴柔和悦；“扬于王庭”，因为阴柔乘凌五刚；“孚号，有厉”，是说上六宜在危险之时，使其阴柔之德发扬光大；“告自邑，不利即戎”，是说一味好战，必自取穷困灭亡；“利有攸往”，因为终究是刚长阴衰，君子道长，小人道消。

【解说】《夬》，决也，刚决柔也：《夬》卦下乾上兑，五个阳爻在下，一个阴爻在上，且已到山穷水尽、物极必反之时，阳爻居于绝对优势地位，可以决定阴爻的一切，阳性刚而阴性柔，故曰“《夬》，决也，刚决柔也”。

健而说：《夬》卦下乾上兑，乾为天，性刚健，兑为泽，性和悦，故曰“健而说”。

决而和：《夬》卦下乾上兑，乾为天，性刚健，兑为泽，性和悦，其卦阳爻居于绝对优势地位，可以决定阴爻的一切，阳性刚而阴性柔，阳为君子而阴为小人，君子有刚健之德，小人和悦顺从，故曰“决而和”。

"扬于王庭"，柔乘五刚也:《夬》卦下乾上兑，五个阳爻在下，一个阴爻在上，阳性刚而阴性柔，上六一柔乘凌其他五刚，故曰"柔乘五刚也"；乾为君，九五又居尊贵之君位，有王庭之象，象征有小人被举用于王庭，"扬于王庭"，位在君子之上。

"孚号，有厉"，其危乃光也：在这一柔乘凌五刚之时，上六宜于阴柔顺从，谦逊处下，使阴柔之德充分发扬光大，与其他阳刚和平相处，如此，即可安然渡过危难处境，故曰"其危乃光也"。

"告自邑，不利即戎"，所尚乃穷也：战争终究不是好事，如一味好战，必自取穷困灭亡。

"利有攸往"，刚长乃终也：有利于有所前进，即因为终究是阳息阴消，刚长阴衰，君子道长，小人道消，故说"刚长乃终也"。

《象》曰：泽上于天，《夬》；君子以施禄及下，居德则忌。

【本意】《夬》卦为"泽上于天"之象，泽在天上，水盈则泽必溃决，故卦名为"夬"；君子观此卦象，当知积财太多必招灾祸，应当将利禄恩泽及时施与民众，若聚敛所得财物而不舍得施与他人，必遭忌恨。

【解说】夬：决也。泽上于天，《夬》:《夬》卦下乾上兑，乾为天，居下卦，兑为泽，为上卦，故曰"泽上于天"；泽在天上，水盈则泽必溃决，故卦名为"夬"。

居德：吝惜聚敛所得财物而不舍得施与他人。君子以施禄及下，居德则忌：君子观此水盈而泽决之卦象，当知积财太多必招灾祸，应当将利禄恩泽及时广泛地施与民众，若吝惜聚敛所得财物而不舍得施与他人，必遭忌恨。

初九：壮于前趾，往不胜，为咎。
《象》曰："不胜"而"往"，"咎"也。

【本意】前足趾受伤，继续前进，非但不能胜任，反而会有灾患。

《象传》解释说：不能胜任而有所行动，所以会有灾患。

【解说】壮：借为"戕"，伤也。趾：足趾。不胜：不能胜任。壮于前趾，往不胜，为咎：前足趾受伤，继续前进，非但不能胜任，反而会有灾患。

"不胜"而"往"，"咎"也：不能胜任而有所行动，所以会有灾患。

九二：惕号，莫夜有戎，勿恤。

《象》曰："有戎，勿恤"，得中道也。

【本意】传来惊恐的呼号，暮夜有寇兵来侵扰，不必忧虑。

《象传》解释说："有戎，勿恤"，因为九二能持守中道，所以无忧。

【解说】惕：惧也。号：呼号，大呼。莫：暮。戎：寇兵，敌人。恤：忧。惕号，莫夜有戎，勿恤：传来惊恐的呼号，暮夜有寇兵来侵扰，因早有防备，故不必忧虑，因为九二能持守中道。

中道：正道，即正义，抗击敌人来侵是正义的。"有戎，勿恤"，得中道也："有戎，勿恤"，因为九二居下卦之中位而得中道，能持守中道，所以无忧。

九三：壮于頄，有凶；君子夬夬独行，遇雨若濡，有愠，无咎。

《象》曰："君子夬夬"，终"无咎"也。

【本意】颧骨受伤，有凶险；君子独自决然而去，遇到下雨而被淋湿，有一些不愉快，无过无灾。

《象传》解释说：君子独自决然而去，因为九三能持守正道，所以终究无过无灾。

【解说】頄（qiú）：颧骨。壮于頄，有凶：颧骨受伤，有凶险。

夬夬：决然而去之状，帛《易》作"缺"，古人解释为"去"，或说借为趹趹，急走的样子。若：犹而也。濡：淋湿。愠：怒，恨，不愉快。君子夬夬独行，遇雨若濡，有愠，无咎：君子独自决然而去，遇到下雨而被淋湿，有一些不愉快，无过无灾。

"君子夬夬"，终"无咎"也：君子独自决然而去，因为九三能持守正道，所以终究无过无灾。

九四：臀无肤，其行次且；牵羊悔亡，闻言不信。

《象》曰："其行次且"，位不当也；"闻言不信"，聪不明也。

【本意】臀部受伤严重，行走非常困难；牵羊献于君王，悔恨消亡，听到他人忠告，没有信从。

《象传》解释说："其行次且"，因为九四位不正当；"闻言不信"，因为他没有听清楚。

【解说】次且：同"趑趄"（zī jū），行走困难、难以前进的样子。臀无肤，其行次且：臀部受伤严重，行走非常困难。

牵羊悔亡：牵羊献于君王，悔恨消亡，因为九四以阳爻居于阴爻位，不中不正，居则不安，行则不进，上随九五之尊，与众阳偕同前进，悔恨自然消亡。

闻言不信：听到他人忠告，没有信从。

"其行次且"，位不当也："其行次且"，因为九四以阳爻居阴位，位不正当，位不正当则不利。

"闻言不信"，聪不明也："闻言不信"，因为他没有听清楚。

九五：苋陆夬夬，中行，无咎。

《象》曰："中行，无咎"，中未光也。

【本意】柔脆之草容易决断，中道而行，没有灾患。

《象传》解释说："中行，无咎"，因为九五中正之德还没有充分发扬光大。

【解说】苋（xiàn）陆：柔脆之草，或说是兽名，《说文》谓"苋"为"山羊细角者"。陆：或说借为"睦"，跳而驰也，蹦跳驰奔。行：道路，行走。中行：路中间，中道而行。

苋陆夬夬，中行，无咎：柔脆之草容易决断，中道而行，没有灾患。王弼注曰："苋陆：草之柔脆者也，决之至易，故曰夬夬也。"或解释为，细角山羊在路中间蹦跳驰奔，古人以为是怪异现象，遇怪异现象可作占筮，故作象占，筮占结果是无咎。

"中行，无咎"，中未光也：《象传》认为"中行"即中正，结果应该是吉利，之所以只是无咎，是因为中正之德还没有充分发扬光大。

上六：无号，终有凶。

《象》曰："无号"之"凶"，终不可长也。

【本意】没有发出呼号，终究还是有凶险后果。

《象传》解释说："无号"之"凶"，终究不会长久。

【解说】无号，终有凶：没有发出呼号，终究还是有凶险后果。

"无号"之"凶"，终不可长也："无号"之"凶"，终究不会长久，因为上六一个阴爻居一卦之最上位，已到山穷水尽、物极必反之时。

四十四、姤（下巽上乾）

䷫《姤》：女壮，勿用取女。

【本意】《姤》卦象征着过于刚强健壮的女子，不宜于娶为媳妇。

【解说】姤（gòu）：同"媾"，"媾"同"遘"，遘可训为遇。《象》《序卦》《杂卦》皆释为"遇也"。

壮：强壮，健壮。取：借为"娶"，娶媳妇。女壮，勿用取女：女子以阴柔为美，过于刚强健壮的女子，则不宜于娶为媳妇。

《彖》曰：《姤》，遇也，柔遇刚也；"勿用取女"，不可与长也；天地相遇，品物咸章也；刚遇中正，天下大行也；《姤》之时，义大矣哉！

【本意】姤的意思就是遇，是初六阴柔遇到了五个阳刚；"勿用取女"，是因为阴阳严重失衡，故不会长久与其在一起相处；天地阴阳相遇交感，天地万物都丰富多彩，繁荣昌盛；君王刚健而有中正之德，其志意能大行于天下；相遇适时，意义非常重大啊！

【解说】《姤》，遇也，柔遇刚也：《姤》卦下巽上乾，初六一阴居最下位，上遇五个阳爻，阴性柔而阳性刚，故曰"《姤》，遇也，柔遇刚也"。

"勿用取女"，不可与长也：一阴遇五阳，阴阳严重失调，故不可能长久，象征一女遇五男，不可能长久和睦相处，故曰"'勿用取女'，不可与长也"。

品物：各种物类，指天地万物。咸：都，皆。章：文采，昌盛，壮大。天地相遇，品物咸章也：天地阴阳二气相遇，可以生成宇宙万物，万物丰富多彩，繁荣昌盛。

刚遇中正，天下大行也：九五阳刚居中正之君位而有中正之德，象征君王刚健中正，德才兼备，志意能大行于天下，故曰“刚遇中正，天下大行也”。

《姤》之时，义大矣哉：相遇适时，意义非常重大啊！

《象》曰：天下有风，《姤》；后以施命诰四方。

【本意】《姤》卦为“天下有风”、万物莫不遇之之象，故卦名为“姤”；君主观此卦象，当发布政令，遍告四方。

【解说】姤：遇也。天下有风，《姤》：《姤》卦下巽上乾，巽为风，乾为天，故曰“天下有风”；天下有风，万物莫不遇之，故卦名为“姤”。

后：君主。施：发布。施命：发布政策、法令。诰：告也，使明白、知晓。后以施命诰四方：君主观此卦象，当发布政令，遍告四方，使政令如风，天下万民莫不知晓。

初六：系于金柅，贞吉；有攸往，见凶，羸豕孚蹢躅。

《象》曰：“系于金柅”，柔道牵也。

【本意】牵系于纺车转轮的铜把手，占问吉利；心有所往，则会出现凶祸，好像母猪到处乱跑，被抓住牵引回家，它在路上徘徊不进，回去被牢牢圈起来。

《象传》解释说：“系于金柅”，象征阴柔之道宜有所系。

【解说】金柅（nǐ）：纺车转轮的铜把手。系于金柅，贞吉；有攸往，见凶，羸豕孚蹢躅：丝系于柅，好比女系于男，比喻初六宜系于九二，能一心归顺九二则吉利，故曰“贞吉”；初六既为九二所系，便不可与九四再应和，否则有凶，故曰“有攸往，见凶”；这是以初六阴爻比女，以九二阳爻比夫，女安心系于夫则吉；“有攸往”比喻女不安心系于夫而欲往投九四之男，如此必身败名裂，故凶，好像母猪到处乱跑，被抓住牵引回家，它在路上徘徊不进，回去被牢牢圈起来。羸豕（shǐ）：牝豕，母猪，群猪之中雄猪强壮而母猪柔弱，故谓之“羸豕”。孚：同“俘”，俘获。蹢躅（zhí zhú）：徘徊不进的样子。

“系于金柅”，柔道牵也：“系于金柅”，象征阴柔之道宜有所系，如妇道宜系于夫，臣道宜系于君。

九二：包有鱼，无咎，不利宾。

《象》曰：“包有鱼”，义不及“宾”也。

【本意】厨房有鱼，没有灾患，不宜招待客人。

《象传》解释说：厨房虽然有鱼，但按照常规不宜于招待客人。

【解说】包：借为“庖”，即厨房，《经典释文》曰：“包：本亦作庖，下同。”不利宾：当时认为鱼不宜招待客人，招待客人当用牛羊猪肉。

“包有鱼”，义不及“宾”也：厨房虽然有鱼，但按照常规不宜于招待客人。

九三：臀无肤，其行次且，厉，无大咎。

《象》曰：“其行次且”，行未牵也。

【本意】严重受刑后臀无完肤，行走困难，有危难，而没有大灾患。

《象传》解释说：“其行次且”，因为九三之德行尚未能牵系初六阴柔。

【解说】次且：同“趑趄”（zī jū），行走困难、难以前进的样子。臀无肤，其行次且，厉，无大咎：“臀无肤”指受刑杖，严重受刑后臀无完肤，行走困难，故有危难，但无大害，故称“无大咎”。

“其行次且”，行未牵也：“其行次且”，因为九三不与初六相应，其德行尚未能牵系初六阴柔。

九四：包无鱼，起凶。

《象》曰：“无鱼”之“凶”，远民也。

【本意】厨房里没有了鱼，会引起凶灾。

《象传》解释说：之所以会有“无鱼”之“凶”，是因为九四远离了初六民众。

【解说】包：借为庖，即厨房。包无鱼：厨房里没有了鱼，指陷入贫困。起凶：引起凶灾。包无鱼，起凶：厨房无鱼，说明他没有中正之德，手下没有柔顺之民为他上供，所以会引起凶灾。

“无鱼”之“凶”，远民也：之所以会有“无鱼”之“凶”，是因为九四虽然与初六相应，但其有远离初六民众的倾向，且其以阳爻居阴位，位不正当，又不居于中爻位，没有中正之德，则不利。

九五：以杞包瓜，含章，有陨自天。

《象》曰：“九五”“含章”，中正也；“有陨自天”，志不舍命也。

【本意】用柳条包瓜，内含文采美德，好运由天而降。

《象传》解释说：“九五”“含章”，因为九五有中正之德；“有陨自天”，九五之志不会违反天命。

【解说】杞：杞柳，杞性柔韧，易弯曲以包物。含章：内含章美，内有文采，比喻内含美德。陨：坠落。自天：出于自然。以杞包瓜，含章，有陨自天：用柳条包瓜，内含文采美德，好运由天而降。

“九五”“含章”，中正也：“九五”“含章”，因为九五居中正之位而有中正之德性。

命：天命。“有陨自天”，志不舍命也：九五阳刚中正之志，不会违反天命。

上九：姤其角，吝，无咎。

《象》曰：“姤其角”，上穷“吝”也。

【本意】碰到兽角，是不幸的，但没有什么妨害。

《象传》解释说：“姤其角”，因为上九处境困窘，故有不幸。

【解说】吝：难也，困难，不幸。姤其角，吝，无咎：碰到兽角，为它所触，是不幸的，但未触伤，所以没有什么妨害。

“姤其角”，上穷“吝”也：“姤其角”，因为上九居于一卦之最上位，物极必反，处境困窘，故有不幸。

四十五、萃（下坤上兑）

䷬《萃》：亨，王假有庙，利见大人，亨，利贞；用大牲，吉；利有攸往。

【本意】《萃》卦象征着举行祭祀，王来到宗庙，有利于出现大人物，亨通，是吉利的占问；用牛祭祀，吉利；有利于有所行动。

【解说】萃：聚也，聚会，聚集。帛《易》作“卒”。又借为“瘁”，病也，或借为“悴”，忧也，忧愁，灰心丧气。

前一“亨”同“享”，祭祀，此为其本义。假：通“格”，至，到。有：读为“于”，楚简本正作“于”。庙：宗庙。

见：读为“现”。利见大人：利大人现，有利于有才德的大人物出来有所作为。

后一“亨”意为亨通，此为其引申义。大牲：大牲口，指用作祭品之牛。利有攸往：有利于有所行动。

《彖》曰：《萃》，聚也，顺以说，刚中而应，故聚也；“王假有庙”，致孝享也；“利见大人，亨”，聚以正也；“用大牲，吉，利有攸往”，顺天命也；观其所聚，而天地万物之情可见矣！

【本意】《萃》卦意为聚集，柔顺而和悦，九五阳刚居中正之位而有六二相应，所以是聚集之象；“王假有庙”，是为了举行表达孝心的祭祀；“用大牲，吉，利有攸往”，因为能够顺应天命；观察天地万物相聚的方式，便能了解天地万物的真实情状。

【解说】说：同“悦”，喜悦，和悦。顺以说：《萃》卦下坤上兑，坤为地，性柔顺，兑为泽，性和悦，故曰“顺以说”。

刚中而应：《萃》卦下坤上兑，九五阳刚居中正之位而有中正之德，且有持守中正之道之六二阴柔相应和，故曰“刚中而应”。

“王假有庙”，致孝享也：“王假有庙”，是为了举行表达孝心的祭祀。

“利见大人，亨”，聚以正也：“利见大人，亨”，因为能够以正道相聚。

“用大牲，吉，利有攸往”，顺天命也：“用大牲，吉，利有攸往”，因为能够顺应天命。

观其所聚，而天地万物之情可见矣：观察天地万物相聚的方式，便能了解天地万物的真实情状。《周易·乾·文言传》曰：“同声相应，同气相求，水流湿，火就燥，云从龙，风从虎。”《周易·系辞上》开篇即指出：“方以类聚，物以群分，吉凶生矣。”这就明确揭示了同类事物相互聚集而生吉凶的普遍规律。

《象》曰：泽上于地，《萃》；君子以除戎器，戒不虞。

【本意】《萃》卦为“泽上于地”之象，泽水高于地面，必聚众筑堤，故卦名为“萃”；君子观此卦象，当聚集修整兵器，以防意外事变。

【解说】萃：聚也。泽上于地：泽在地上，水会横流在地上，造成水灾，象征国内会有叛乱之类的灾害发生。

泽上于地，《萃》：《萃》卦下坤上兑，坤为地，兑为泽，故曰“泽上于地”；泽水高于地面，必聚众筑堤，以防溃决，故卦名为“萃”。

除：整修，修治。戎器：兵器。不虞：意料不到的事变，出人意外的灾祸。君子以除戎器，戒不虞：君子观此卦象，当聚集修整兵器，以防意外事变。

初六：有孚不终，乃乱乃萃，若号，一握为笑，勿恤，往无咎。《象》曰：“乃乱乃萃”，其志乱也。

【本意】俘虏不安定，又捣乱又生病，又号哭，惹得一屋之人都笑话，不要忧虑，有所行动，不会有什么妨碍。

《象传》解释说：俘虏又捣乱又生病，因为他们的心志错乱了。

【解说】孚：同“俘”，俘虏，或解释为罚。不终：不安定，逃跑。乱：捣乱，或解释为心慌意乱。萃：借为“瘁”，病也，或说瘁亦作悴，意为憔悴、忧愁、疲惫，或解释为聚会，聚集。若：犹而也。号：呼叫。握：借为“屋”，帛书《周易》正作“屋”。恤：忧也。往无咎：有所行动，不会有什么妨碍。

“乃乱乃萃”，其志乱也：俘虏又捣乱又生病，因为他们的心志错乱了。

六二：引吉，无咎，孚乃利用禴。

《象》曰："引吉，无咎"，中未变也。

【本意】大吉，没有灾患，春祭关键当心怀诚信。

《象传》解释说："引吉，无咎"，因为六二持守中正之德，始终未变。

【解说】引：当作"弘"，形似而误，殷墟卜辞常曰"弘吉"，可为佐证。弘：大也。①

孚：信也，诚信。禴（yuè）：殷商之春祭，或谓夏祭，四时之祭最薄约者也。王弼注曰："禴，殷春祭名也，四时祭之省者也。"孔颖达疏曰："禴，殷春祭之名也，四时之祭最薄者也。"孚乃利用禴：春祭一般祭品俭省，关键当心怀诚信。

"引吉，无咎"，中未变也："引吉，无咎"，因为六二居中正之位而有中正之德，且其中正之德始终未变。

六三：萃如嗟如，无攸利，往无咎，小吝。

《象》曰："往无咎"，上巽也。

【本意】聚集在一起叹息着，没什么有利的事情，前进而无咎，有小困难。

《象传》解释说："往无咎"，因为六三崇尚顺从君王大臣。

【解说】萃如嗟如，无攸利：聚集在一起叹息着，没什么有利的事情；六三阴爻居阳位，不得正，与上六无应，故云"萃如嗟如，无攸利"。

往无咎：前进而无咎，因为六三阴爻上遇九四、九五，阴阳相互感通，故曰"往无咎"。

小吝：有小困难，因为六三与上六皆阴而无应，故曰"小吝"。

上：读为"尚"，重尚，崇尚。巽：顺从，伏从，谦逊。"往无咎"，上巽也："往无咎"，因为六三与其上之九四、九五两爻组成巽卦，且阴阳相互感通，象征民众甘心顺从君王大臣。

---

① 参见闻一多《周易义证类纂》，《闻一多全集》二《古典新义》，北京：生活·读书·新知三联书店，1982年，第62页；高亨《周易古经今注》，北京：清华大学出版社，2010年，第254页；高亨《周易大传今注》，济南：齐鲁书社，1998年，第290页。

九四：大吉，无咎。

《象》曰："大吉，无咎"，位不当也。

【本意】本应大吉，结果仅只是无咎。

《象传》解释说："大吉，无咎"，因为九四位不正当。

【解说】大吉，无咎：本应大吉，结果仅只是无咎，因为九四以阳爻居阴位，位不正当。

"大吉，无咎"，位不当也：本应大吉，结果仅只是无咎，因为九四以阳爻居阴位，位不正当，位不正当则不利。

九五：萃有位，无咎；匪孚，元；永贞，悔亡。

《象》曰："萃有位"，志未光也。

【本意】有职位的人鞠躬尽瘁，没有灾患；统治民众不用刑罚，大吉；关于长期之事方面的占问，则是悔恨消亡。

《象传》解释说：有职位的人鞠躬尽瘁，仅得无咎，因为其志向尚未能发扬光大。

【解说】萃有位，无咎；匪孚，元；永贞，悔亡：有职位的人鞠躬尽瘁，没有灾患；统治民众不用刑罚，大吉；关于长期之事方面的占问，则是悔恨消亡。萃：借为"瘁"或"悴"，劳瘁，憔悴，鞠躬尽瘁。有位：有职位的人。匪：读为"非"，不也。孚：罚也，刑罚。"元"后当有"吉"字，转写误脱。悔亡：悔恨消亡。

"萃有位"，志未光也：有职位的人鞠躬尽瘁，仅得无咎，因为九五虽有中正之德，而其志向尚未能胸怀天下，发扬光大。

上六：赍咨涕洟，无咎。

《象》曰："赍咨涕洟"，未安上也。

【本意】悲叹不已，以至于涕泪横流，终究没有灾患。

《象传》解释说："赍咨涕洟"，因为上六处上，不敢自安。

【解说】赍咨（jī zī）：悲叹，咨嗟。涕洟（yí）：涕泪横流的样子。赍咨涕洟，无咎：上六处上，乘凌九五之尊，孤立无应，远近无助，甚为危险，故悲叹不已；若能知危难之将至，恐惧戒慎，至于涕泪横流，不敢自安，终究没有灾患，因为上六当位得正。

“赍咨涕洟”，未安上也：“赍咨涕洟”，因为上六处上，乘凌九五之尊，孤立无应，远近无助，甚为危险，而能知危难之将至，恐惧戒慎，至于涕泪横流，不敢自安。

四十六、升（下巽上坤）

䷭《升》：元亨；用见大人，勿恤；南征，吉。

【**本意**】《升》卦象征着大通顺；见大人有利，不必忧虑；南征，吉利。

【**解说**】《升》：上升，晋升、登高。帛《易》作“登”，与“升”古常通用。

元亨：《升》卦象征大通顺。用见：当作“利见”，帛《易》即作“利见”，《经典释文》亦曰“用见：本或作利见”。用见大人，勿恤：见大人有利，不必忧虑。南征：周王南征，是哪一次南征，不详。

《彖》曰：柔以时升，巽而顺，刚中而应，是以大“亨”；“用见大人，勿恤”，有庆也；“南征，吉”，志行也。

【**本意**】《升》卦为阴柔顺应时机而上升，谦逊而柔顺，九二阳刚居中而有应，所以结果会是大亨通；“用见大人，勿恤”，因为有吉庆之事；“南征，吉”，象征志愿得以实行。

【**解说**】柔以时升：《升》卦的初爻是阴爻，阴性柔，四爻、五爻、六爻也是阴爻，正是阴柔顺应时机而上升之象，故曰“柔以时升”。

巽而顺：《升》卦下巽上坤，巽为风、为逊，坤为地，性柔顺，故曰“巽而顺”。

刚中而应，是以大“亨”：《升》卦下巽上坤，九二阳刚居下卦之中位，而与居上卦中位之六五相应，阴阳二者皆能持守中道而相互应和，所以结果会是大亨通，故曰“刚中而应，是以大‘亨’”。

“用见大人，勿恤”，有庆也：“用见大人，勿恤”，因为有吉庆之事。

"南征，吉"，志行也："南征，吉"，象征志愿得以实行。

《象》曰：地中生木，《升》；君子以顺德，积小以高大。

【本意】《升》卦为"地中生木"、日益上升长高之象，故卦名为"升"；君子观此卦象，当顺应事物生长的性德，静待其逐渐积小以成高大之材，同时顺应自己天赋之德性，不断积累小善，以成高尚之人格。

【解说】地中生木，《升》：《升》卦下巽上坤，巽为风、为木，坤为地，故曰"地中生木"；地中长出树木，自然会日益上升长高，故卦名为"升"。

君子以顺德，积小以高大：君子观此卦象，当顺应事物生长的性德，静待其逐渐积小以成高大之材，而千万不可揠苗助长，否则欲速则不达，同时顺应自己天赋之德性，不断积累小善，以成高尚之人格。

初六：允升，大吉。
《象》曰："允升，大吉"，上合志也。

【本意】上进而晋升，大吉大利。

《象传》解释说："允升，大吉"，因为初六与其上之爻志同道合。

【解说】允：进也。允升，大吉：上进而晋升，大吉大利，因为初六上升遇到九二、九三，阴阳相感，和合互助，故曰"允升，大吉"。

"允升，大吉"，上合志也：六四以上的三个阴爻逐渐上升，初六与之志同道合，又初六上升遇到九二、九三，阴阳相感，和合互助，故曰"'允升，大吉'，上合志也"。

九二：孚乃利用禴，无咎。
《象》曰："九二"之"孚"，有喜也。

【本意】春祭祭品俭省，关键当心怀诚信，如此则无过无灾。

《象传》解释说："九二"之"孚"，会有喜庆。

【解说】孚：信也，诚信。禴（yuè）：殷商之春祭，或谓夏祭，四时之祭最薄约者也。王弼注曰："禴，殷春祭名也，四时祭之省者也。"孔颖达疏曰：

"禴，殷春祭之名也，四时之祭最薄者也。"孚乃利用禴：春祭一般祭品俭省，关键当心怀诚信。

无咎：无过无灾，没有灾患。

"九二"之"孚"，有喜也："九二"之"孚"，会有喜庆。

九三：升虚邑。

《象》曰："升虚邑"，无所疑也。

【本意】登上空虚的城邑。

《象传》解释说：登上空虚的城邑，无所疑虑。

【解说】虚：空虚，或解释为大丘。虚邑：空虚的城邑，九三之上是坤卦，坤性柔虚，象征空虚的城邑，或解释为大丘上面之邑。升虚邑：登上空虚的城邑。

"升虚邑"，无所疑也：登上空虚的城邑，无所疑虑。

六四：王用亨于岐山，吉，无咎。

《象》曰："王用亨于岐山"，顺事也。

【本意】周王到岐山去祭祀祖先，吉利，没有灾患。

《象传》解释说：周王到岐山去祭祀祖先，是在顺应天理人情以行事。

【解说】王：周王，具体指哪一位周王，不详。亨：同"享"，祭祀。岐山：周族始祖迁居之地，在今陕西省岐山县境内。王用亨于岐山，吉，无咎：周王到岐山去祭祀祖先，吉利，没有灾患，因为六四当位得正，能持守正道。

"王用亨于岐山"，顺事也：周王到岐山去祭祀祖先，是在顺应天理人情以行事。

六五：贞吉，升阶。

《象》曰："贞吉，升阶"，大得志也。

【本意】占问吉利，能逐渐晋升。

《象传》解释说："贞吉，升阶"，因为六五能持守中道，又与九二相应，故可大遂其志。

【解说】阶：台阶，比喻逐渐。贞吉，升阶：占问吉利，能逐渐晋升，因为六五能持守中道，又与九二相应互助。

“贞吉，升阶”，大得志也：“贞吉，升阶”，因为六五居上卦之中位而能持守中道，又与九二相应和，得其辅佐，故可大遂其上升之志向。

上六：冥升，利于不息之贞。
《象》曰：“冥升”在“上”，消不富也。

【本意】在暮夜里上升，有利于不能停息之事的占问。

《象传》解释说：在上位者能持守正道，暮夜还力求上升不息，如此则可以消灭不福以得福。

【解说】冥：夜也，暮夜。冥升：在暮夜里上升。不息：不停息。冥升，利于不息之贞：在暮夜里仍然在上升，有利于不能停息之事的占问，因为上六当位得正，能持守正道。

富：“富”字义亦可通，但不明确，疑当借为“福”。“冥升”在“上”，消不富也：在上位者能持守正道，暮夜还力求上升不息，如此则可以消灭不福以得福。或解释为，“冥升”在“上”，因为上六已居一卦之最上位，迫于形势而欲继续上升，但物极必反乃自然规律，故上六势力会逐渐减消，而不会再增益上升。

四十七、困（下坎上兑）

䷮《困》：亨，贞大人吉，无咎，有言不信。

【本意】《困》卦象征着亨通，占问大人之事吉利，没有灾患，有言论不被信从。

【解说】《困》：受困，穷困，窘迫。

亨，贞大人吉，无咎，有言不信：亨通，占问大人之事吉利，没有灾患，有言论不被信从。

《彖》曰:《困》，刚揜也；险以说，困而不失其所，“亨”，其唯君子乎！“贞大人吉”，以刚中也；“有言不信”，尚口乃穷也。

【本意】《困》卦为阳刚为阴柔所掩藏围困之象；身处困境而仍然能乐观向上，不失其所立的远大志向，终究会得亨通，这只有君子才能做到啊！“贞大人吉”，因为九二和九五阳刚而能持守中道;《困》卦有口若悬河之象，若只是一味夸夸其谈而不务实际，不干实事，则将会无人信从，终究会使自己陷入困境。

【解说】揜：借为“掩”，掩盖，掩藏，掩蔽。《困》，刚揜也:《困》卦下坎上兑，坎为水，为中男，为阳卦，兑为泽，为少女，为阴卦，阳性刚而阴性柔，下卦阳刚为上卦阴柔所掩盖；又,《困》卦阳爻皆为阴爻所掩藏围困，九二为初六和六三所掩藏，九四、九五为上六和六三所围困，故曰“《困》，刚揜也”；阳为阴所围困掩盖，象征君子为小人所围困压制，故卦名曰“困”。

险以说:《困》卦下坎上兑，坎为水、为险，兑为泽、为悦，身处困境而仍然能乐观向上，动心忍性，故曰“险以说”。

困而不失其所，“亨”，其唯君子乎：身处困境而仍然能动心忍性，不失其所立的远大志向，终究会得亨通，这只有君子才能做到啊！

“贞大人吉”，以刚中也：“贞大人吉”，因为九二和九五两个阳爻居上下卦之中位，阳性刚，为大人，大人而能持守中道，自然吉利。

“有言不信”，尚口乃穷也:《困》卦下坎上兑，坎为水，兑为口，有口若悬河之象，若只是一味夸夸其谈而不务实际，不干实事，则将会无人信从，终究会使自己陷入困境。

《象》曰：泽无水,《困》；君子以致命遂志。

【本意】《困》卦为水下于泽、泽上无水、干涸困穷之象，故卦名为“困”；君子观此卦象，当在危难困穷之时，忍辱负重，甚至在非常情况下要能舍生取义，以实现自己的远大志向。

【解说】泽无水,《困》:《困》卦下坎上兑，坎为水，兑为泽，水下于泽，泽上无水，会致干涸，故曰“泽无水”，此乃干涸困穷之象，故卦名为“困”。

致命：舍弃生命。遂：实现，完成。遂志：实现志向。君子以致命遂志：

君子观此卦象，当在危难困穷之时，忍辱负重，甚至在非常情况下要能舍生取义，以实现自己的远大志向。

初六：臀困于株木，入于幽谷，三岁不觌。
《象》曰："入于幽谷"，幽不明也。

【本意】臀部挨了刑杖，且被押禁于牢狱，多年不得见人。

《象传》解释说："入于幽谷"，因为初六阴柔处于《困》卦的最下位，好像是处于幽暗不明的深渊。

【解说】株木：木棍，这里指刑杖。幽谷：牢狱，牢狱幽暗如幽谷。觌（dí）：见也，见面，相见。臀困于株木，入于幽谷，三岁不觌：臀部挨了刑杖，且被押禁于牢狱，多年不得见人。

"入于幽谷"，幽不明也："入于幽谷"，因为初六阴柔处于《困》卦的最下位，阴本象征"幽不明"，《困》卦的最下位也好像是幽暗不明的深渊。

九二：困于酒食，朱绂方来，利用享祀；征凶，无咎。
《象》曰："困于酒食"，中有庆也。

【本意】为酒食所困扰，君王刚赐予朱绂，有利于举行祭祀；出兵征伐或有所行动则凶险不利，至多仅得无过无灾。

《象传》解释说："困于酒食"，因为家中有吉庆之事。

【解说】朱绂（fú）：古代王公卿相的朱红色服饰。困于酒食，朱绂方来：为酒食所困扰，因为君王刚赐予朱绂，正在设宴款待亲朋好友。

享：祭祀。利用享祀；征凶，无咎：有利于举行祭祀；出兵征伐或有所行动则凶险不利，至多仅得无过无灾。

"困于酒食"，中有庆也："困于酒食"，家中有吉庆之事而正在设宴庆贺，因为九二居内卦之中位，能持守中道。

六三：困于石，据于蒺蔾，入于其宫，不见其妻，凶。

《象》曰："据于蒺蔾"，乘刚也；"入于其宫，不见其妻"，不祥也。

【本意】在乱石里受困，在蒺蔾上被刺，回到自己家里，看不见自己的妻子，有凶。

《象传》解释说："据于蒺蔾"，因为六三以阴柔而乘凌九二阳刚；"入于其宫，不见其妻"，是不祥的征兆。

【解说】蔾：今本多作藜。蒺蔾：一年生草本植物，果实有刺。宫：室也。困于石，据于蒺蔾，入于其宫，不见其妻，凶：在乱石里受困，在蒺蔾上被刺，回到自己家里，看不见自己的妻子，有凶，因为六三不得正，且以阴柔而乘凌九二阳刚。

"据于蒺蔾"，乘刚也："据于蒺蔾"，因为六三不得正，且以阴柔而乘凌九二阳刚。

"入于其宫，不见其妻"，不祥也：回到自己家里，看不见自己的妻子，是不祥的征兆。

九四：来徐徐，困于金车，吝，有终。

《象》曰："来徐徐"，志在下也；虽不当位，有与也。

【本意】来的时候慢慢腾腾，受到贵人所乘车马的困阻，虽然有一些困难，但会有好结果。

《象传》解释说：来的时候慢慢腾腾，因为九四志意在下；九四虽然不当位，但会有伙伴帮助。

【解说】徐徐：迟缓也。金车：用黄铜镶嵌辕衡等处的车，是贵人所乘的华贵之车。吝：难也。终：好结果。来徐徐，困于金车，吝，有终：来的时候慢慢腾腾，受到贵人所乘车马的困阻，虽然有一些困难，但会有好结果。

"来徐徐"，志在下也：来的时候慢慢腾腾，因为九四志愿居于九五之下，而与其下之初六相应亲和，与其下之六三阴阳亲比。

与：助也，帮助。虽不当位，有与也：九四虽然不当位，但其与初六相应，与六三亲比，故会有伙伴帮助。

九五：劓刖，困于赤绂，乃徐有说，利用祭祀。

《象》曰："劓刖"，志未得也；"乃徐有说"，以中直也；"利用祭祀"，受福也。

【本意】被大夫困迫，受到割鼻、砍脚的刑罚，后来逐渐获得逃脱的机会，有利于祭谢神灵。

《象传》解释说：受到割鼻、砍脚的刑罚，其志意尚未能实现；后来逐渐获得逃脱的机会，因为九五中正刚直；"利用祭祀"，因为受到神灵的赐福保佑。

【解说】劓刖（yì yuè）：割鼻、砍脚的刑罚。有的《周易》版本"劓刖"作"臲卼"。臲卼（niè wù）：危而不安也。赤绂：赤色之蔽膝，大夫之所服，此指身穿赤绂之大夫。徐：逐渐。说：读为"脱"。用：犹于也。劓刖，困于赤绂，乃徐有说，利用祭祀：被大夫困迫，受到割鼻、砍脚的刑罚，后来逐渐获得逃脱的机会，有利于祭谢神灵。

"劓刖"，志未得也：受到割鼻、砍脚的刑罚，其志意尚未能实现。

"乃徐有说"，以中直也：后来逐渐获得逃脱的机会，因为九五居中正之位而有中正之德，中正刚直，终究吉利。

"利用祭祀"，受福也："利用祭祀"，因为受到神灵的赐福保佑，故有利于祭祀以表达感激之情。

上六：困于葛藟，于臲卼，曰动悔，有悔，征吉。

《象》曰："困于葛藟"，未当也；"动悔，有悔"，吉行也。

【本意】被囚困于葛藟丛生的牢狱，危险不安；有所违规举动则会有悔恨；有所悔悟，则行动吉利。

《象传》解释说："困于葛藟"，因为上六处境未当；有所违规举动则会有悔恨；有所悔悟，则是吉利的行为。

【解说】葛藟（lěi）：蔓生有刺的植物，这里指代牢狱。臲卼（niè wù）：危而不安。曰：发语词。有：读为"又"。困于葛藟，于臲卼，曰动悔，有悔，征吉：被囚困于葛藟丛生的牢狱，危险不安；有所违规举动则会有悔恨；有所悔悟，则行动吉利，因为上六尚且当位得正。

“困于葛藟”，未当也：“困于葛藟”，因为上六以阴爻居一卦之最上位，与六三相敌应，孤立无助，处境未当。

“动悔，有悔”，吉行也：有所违规举动则会有悔恨；有所悔悟，则是吉利的行为。

四十八、井（下巽上坎）

䷯《井》：改邑不改井，无丧无得；往来井，井汔至，亦未繘井，羸其瓶，凶。

【本意】《井》卦象征着改建其邑，而不改造其井，不会失去什么，也不会获得什么；众人往来于水井以汲水，水井干涸，淤泥阻塞，再不组织大家挖井，众人愤怒倾覆其瓶，凶险不利。

【解说】井：水井。井又是社会组织单位，古时八家为一井，四井为一邑。[①]邑：泛指邑里，古代四井为一邑，小村小镇也叫邑。改邑不改井，无丧无得：改建其邑，而不改造其井，不会失去什么，也不会获得什么。

汔（qì）：水涸，水竭。至：借为“窒”，塞也，淤塞。繘（jú）：借为“矞”，穿也，矞井即挖井，或说读为 yù，本义为井上汲水的绳索，引申为出，指用绳汲水出井。羸（léi）：倾覆；或说借为“儡”，毁也。往来井，井汔至，亦未繘井，羸其瓶，凶：众人往来于水井以汲水，水井干涸，淤泥阻塞，再不组织大家挖井，众人愤怒倾覆其瓶，凶险不利。

《象》曰：巽乎水而上水，《井》；井养而不穷也；“改邑不改井”，乃以刚中也；“汔至，亦未繘井”，未有功也；“羸其瓶”，是以“凶”也。

【本意】《井》卦卦象为木桶入于水而水得以上来，是为汲水出井之象，故名为“井”；水井养育人畜，功用无有穷尽；“改邑不改井”，是因为九二、九五阳刚而居中；众人往来于水井以汲水，水井干涸，淤泥阻塞，而不组织大

① 参见刘大钧、林忠军《周易经传白话解》，上海：上海古籍出版社，2006 年，第 123 页。

家挖井，尚未有功；众人愤怒倾覆其瓶，因此有凶。

【解说】巽：入也。巽乎水而上水，《井》：《井》卦下巽上坎，巽为木、为入，坎为水，卦象为木桶、桔槔之类入于水而水得以上来，是为汲水出井之象，故曰“巽乎水而上水，《井》”。

井养而不穷也：水井养育众人牲畜，取之不尽，用之不竭，功用无有穷尽。

“改邑不改井”，乃以刚中也：“改邑不改井”，因为九二、九五两个阳爻皆居中位，阳性为刚。

“汔至，亦未繘井”，未有功也：众人往来于水井以汲水，水井干涸，淤泥阻塞，而不组织大家挖井，尚未有功。

“羸其瓶”，是以“凶”也：众人愤怒倾覆其瓶，因此有凶。

《象》曰：木上有水，《井》；君子以劳民劝相。

【本意】《井》卦为“木上有水”之象，木上升则有水，象以木桶、桔槔之类从井中取水，故卦名为“井”；君子观此井水养人之象，既使民努力劳动，又劝其相互帮助。

【解说】木：巽为木，此指木桶、桔槔之类取水用具。木上有水，《井》：《井》卦下巽上坎，巽为木，坎为水，故曰“木上有水”；木上升则有水，象以木桶、桔槔之类从井中取水，故卦名为“井”。

相：助也，帮助。君子以劳民劝相：君子观此井水养人之象，既使民努力劳动，又劝其相互帮助。

初六：井泥不食，旧井无禽。
《象》曰：“井泥不食”，下也；“旧井无禽”，时舍也。

【本意】水井有淤泥而不能食用，废旧的枯井也没有逮住禽兽。

《象传》解释说：水井有淤泥而不能食用，因为水井位置低下，水井外的泥沙进入而有淤积；废旧的枯井也没有逮住禽兽，其时此水井已被舍弃。

【解说】井泥不食，旧井无禽：水井有淤泥而不能食用，废旧的枯井也没有逮住禽兽。旧井：废旧的枯井。

“井泥不食”，下也：水井有淤泥而不能食用，因为初六位于最下爻位，象征水井位置低下，水井外的泥沙进入而有淤积。

“旧井无禽”，时舍也：废旧的枯井也没有逮住禽兽，其时此水井已被舍弃。

九二：井谷射鲋，甕敝漏。

《象》曰：“井谷射鲋”，无与也。

【本意】从井口射井中的小鱼，井壁破败漏水。

《象传》解释说：从井口射井中的小鱼，没有人帮助。

【解说】井谷：井口。鲋：小鱼。甕：读为“唯”，帛书本正作“唯”，楚简本作“隹”（“唯”字去“口”），读为“唯”，今本多作瓮，甕、瓮皆为汲水瓶或储水器，实际皆为“唯”之讹误。[①] 敝：破败。井谷射鲋，甕敝漏：从井口射井中的小鱼，井壁因长久不用而破败漏水。

与：助也，益也。“井谷射鲋”，无与也：从井口射井中的小鱼，没有人帮助，不会有什么益处，因为九二与九五敌应，敌应无助。

九三：井渫不食，为我心恻；可用汲，王明，并受其福。

《象》曰：“井渫不食”，行“恻”也；求“王明”，“受”“福”也。

【本意】井水清洁而没有人食用，我心恻隐伤悲；水井已经修好，可以汲水饮用，是君王贤明，可使大家都受到福佑。

《象传》解释说：井水清洁而没有人食用，行人也感到恻隐伤悲；渴求英明君王，使大家都受到福佑。

【解说】渫（xiè）：水清洁。井渫不食：井水清洁而没有人食用，比喻贤才不得重用，大道不行。

为我心恻：道既不行，故我心恻隐伤悲。

可用汲，王明，并受其福：水井已经修好，可以汲水饮用，是君王贤明，

---

① 参见何琳仪点校《上海博物馆藏楚竹书〈周易〉》，载汤一介主编《儒藏》（精华编）第281册，北京：北京大学出版社，2007年，第105页。

可使大家都受到福佑。

“井渫不食”，行“恻”也：井水清洁而没有人食用，行人也感到恻隐伤悲。

求“王明”，“受”“福”也：渴求英明君王，使大家都受到福佑。

六四：井甃，无咎。

《象》曰：“井甃，无咎”，脩井也。

【本意】用砖石修治井壁，没有灾患。

《象传》解释说：“井甃，无咎”，因为已经在修井。

【解说】甃（zhòu）：用砖石修治井壁。

脩：借为“修”。“井甃，无咎”，脩井也：“井甃，无咎”，因为已经在修井。

九五：井冽寒泉，食。

《象》曰：“寒泉”之“食”，中正也。

【本意】井水甘冽，好比清凉的甘泉，可以饮用。

《象传》解释说：井水甘冽如泉，可以饮用，因为九五阳刚有中正之德。

【解说】冽：今本多作洌（liè），清也，水清洁澄明。井冽寒泉，食：井水甘冽，好比清凉的甘泉，可以饮用。

“寒泉”之“食”，中正也：井水甘冽，好比清凉的甘泉，可以饮用，因为九五阳刚居中正之位而有中正之德，象征君王贤明有德，刚健有为。

上六：井收，勿幕，有孚，元吉。

《象》曰：“元吉”在“上”，大成也。

【本意】有人汲水完毕，收好井绳和汲水瓶，而没有把井盖好，因而受到惩罚，大吉。

《象传》解释说：“元吉”在“上”，因为上六能得正道，会大有成就。

【解说】收：汲水完毕，收好井绳和汲水瓶。幕：盖好。孚：罚也。井收，勿幕，有孚，元吉：有人汲水完毕，收好井绳和汲水瓶，而没有把井盖好，因而受到惩罚，大吉。把井盖好，可以防止雨水或其他污秽进入井中，也可以避免儿童坠入井中，故把井盖好至关重要。

"元吉"在"上"，大成也："元吉"在"上"，因为上六以阴爻居阴位而得正，能得正道则会大有成就。

四十九、革（下离上兑）

䷰《革》：已日乃孚，元亨，利贞，悔亡。

【**本意**】《革》卦象征着革命或者改革要得到人们的理解和拥护，需要经过一段时间，如此则大通顺，是有利的占问，悔恨消亡。

【**解说**】革：治皮去毛叫革，引申为改也，改变、改革、革命。

已日："已"字，有人读作"已经"的"已"，有人读作"戊己庚辛"的"己"，有人读作"辰巳午未"的"巳"。读作"已经"的"已"是对的，"已日"就是"浃日"，"浃日"就是十日。古人用天干地支纪日，天干共十个，叫作日，地支共十二个，叫作辰。天干循环一周共十日，叫"浃日"，地支循环一周共十二辰，叫"浃辰"，"浃日""浃辰"都是一周的意思，但是这里用"已日"，只是个象征性的说法，不是说仅仅十天，是说一个周期，一个历史阶段。

孚：信也，诚信。已日乃孚：革命或者改革要得到人们的理解和拥护，需要经过一段时间，甚至需要经过整整一段历史时期，绝对不可以把革命或改革看作一朝一夕即可告成的事情。[①]

元亨，利贞，悔亡：大通顺，是有利的占问，悔恨消亡。

《彖》曰：《革》，水火相息，二女同居，其志不相得，曰"革"；"已日乃孚"，革而信之；文明以说，大"亨"以正；革而当，其"悔"乃"亡"；天地革而四时成，汤武革命，顺乎天而应乎人；《革》之时，大矣哉！

【**本意**】《革》卦是泽与火交相消灭、互相改变之象，也是二女同居、志向不同、会有变革之象，故曰"革"；革命或者改革需要经过一段时间，才能得

① 参见金景芳、吕绍纲《周易全解》，长春：吉林大学出版社，2013 年，第 302 页。

到人们的理解和信任；变革光明正大，使人心悦诚服，变革亨通吉利，因其举措正当；变革正当，所以其“悔”乃得消亡；天地变革而四时各有所成，商汤和周武王以武力举行革命，顺应天理而应合人心；变革适时，意义非常重大啊！

【解说】息：灭也。《革》，水火相息：《革》卦下离上兑，离为火，兑为泽，泽中有火，是火与泽交相消灭、互相改变之象，故曰“《革》，水火相息”。孔颖达曰：“息，生也。火本干燥，泽本润湿，燥湿殊性，不可共处；若其共处，必相侵克；既相侵克，其变乃生，变生则本性改矣，水热而成汤，火灭而气冷，是谓‘革’也。”

二女同居，其志不相得，曰“革”：《革》卦下离上兑，离为中女，兑为少女，女子长大，志向不同，会有变革，故曰“二女同居，其志不相得，曰‘革’”。

“已日乃孚”，革而信之：革命或者改革需要经过一段时间，才能得到人们的理解和信任。

说：借为“悦”，喜悦，愉悦。文明以说，大“亨”以正：《革》卦下离上兑，离为火、为明，兑为泽、为悦，变革光明正大，使人心悦诚服，变革亨通吉利，因其举措正当，故曰“文明以说，大‘亨’以正”。

革而当，其“悔”乃“亡”：变革正当，所以其“悔”乃得消亡。

汤武革命：商汤用武力讨伐夏桀，周武王用武力征服商纣王，通过革命建立新政权。

天地革而四时成，汤武革命，顺乎天而应乎人：天地变革而四时各有所成，商汤和周武王以武力举行革命，顺应天理而应合人心。

《革》之时，大矣哉：变革适时，意义非常重大啊！

《象》曰：泽中有火，《革》；君子以治历明时。

【本意】《革》卦是火与泽交相消灭、互相改变之象，故卦名为“革”；君子观此卦象，在朝代变革之际，要认真修订历法，颁布于天下，让民众明白时代已经变革。

【解说】泽中有火，《革》：《革》卦下离上兑，离为火，兑为泽，故曰“泽中有火”，是火与泽交相消灭、互相改变之象，故卦名为“革”。

君子以治历明时：君子观此卦象，在朝代变革之际，要认真修订历法，颁布于天下，让民众明白时代已经变革。古代改朝换代，一般都要重新修订颁布历法，即所谓“改正朔”。

初九：巩用黄牛之革。

《象》曰：“巩用黄牛”，不可以有为也。

【本意】用坚韧无比的黄牛皮捆绑起来。

《象传》解释说：用坚韧无比的黄牛皮捆绑起来，使人不可以有什么越轨的行为。

【解说】巩：束而缚之，捆绑。革：兽皮去毛曰革，皮革坚固耐磨。巩用黄牛之革：用坚韧无比的黄牛皮捆绑起来。

“巩用黄牛”，不可以有为也：用坚韧无比的黄牛皮捆绑起来，使人不可以有什么越轨的行为。

六二：已日乃革之，征吉，无咎。

《象》曰：“已日”“革之”，行有嘉也。

【本意】过一段时期等待时机成熟再进行改革或革命，大举行动就会吉利，不会有什么妨碍。

《象传》解释说：“已日乃革之”，如此审慎行事，则会有可喜可贺的成功。

【解说】已日乃革之，征吉，无咎：过一段时期等待时机成熟再进行改革或革命，大举行动就会吉利，不会有什么妨碍。

“已日”“革之”，行有嘉也：“已日乃革之”，如此审慎行事，则会有可喜可贺的成功。

九三：征凶，贞厉，革言三就，有孚。

《象》曰：“革言三就”，又何之矣？

【本意】大举行动有凶，占问有危难，罪犯不断更改供词，经过多次审问，还是弄清了是非，执行了惩罚。

《象传》解释说：罪犯不断更改供词，经过多次审问，还是弄清了是非，执行了惩罚，更改供词又有什么用呢？

【解说】革言：上兑为言，而兑又为毁折，故曰革言，或解为更改供词。三：三次；多次。就：借为“鞫”，审问，或解释为即，遇，俯就。孚：信；罚。征凶，贞厉，革言三就，有孚：大举行动或出征有凶，占问有危难，罪犯不断更改供词，经过多次审问，还是弄清了是非，执行了惩罚。

何之：何往，达到何种目的。“革言三就”，又何之矣：罪犯不断更改供词，经过多次审问，还是弄清了是非，执行了惩罚，更改供词又有什么用呢？

九四：悔亡，有孚，改命，吉。

《象》曰：“改命”之“吉”，信志也。

【本意】悔恨消亡，有诚信，如此改变天命，自然吉利。

《象传》解释说：“改命”之“吉”，因为其志意得以伸张。

【解说】悔亡，有孚，改命，吉：悔恨消亡，有诚信，如此改变天命，自然吉利。或解释为：悔恨消亡，对民众有所惩罚，后改变命令而不再惩罚，吉利。九四变革为阴而当位得正，故其悔乃亡。“孚”谓五也，巽为命，四变使互巽改变，而当位得正，故“改命吉”。尚秉和曰：“四失位，宜有悔，无应予则无孚，然九四居乾之中，乾为信，故无悔而有孚。”看来革命要成功，首先要韬光养晦（初九），再初试锋芒（六二），后集思广益，总结经验教训（九三），于是就出现九四曙光在前的局面了。

信：伸也。“改命”之“吉”，信志也：“改命”之“吉”，因为其志意得以伸张。

九五：大人虎变，未占有孚。

《象》曰：“大人虎变”，其文炳也。

【本意】明君推行变革，不必占问，天下自然望风而信。

《象传》解释说：大人推行变革，雷厉风行，威猛如虎，因为九五有中正之德，其美德光彩彪炳。

【解说】虎变：变革之势，威猛如虎，慑服万里。孚：信；同“俘”，俘获，收获。

大人虎变，未占有孚：九五居君位而具中正品德，九五为大人，与六二离中相应，互乾为君、为虎（或说兑为虎，或说坤为虎），离为文明，兑为悦，象征德才兼备之明君推行变革，威德自备，天下望风而信，不必占问，自然风行草偃，心悦诚服。或解为：大人推行变革，雷厉风行，威猛如虎，尚未占问，已有收获。

“大人虎变”，其文炳也：大人推行变革，雷厉风行，威猛如虎，因为九五居中正之位而有中正之德，其美德如猛虎初换之斑纹，焕然一新，光彩彪炳。文：斑纹。炳：光彩夺目。

上六：君子豹变，小人革面，征凶，居贞吉。

《象》曰："君子豹变"，其文蔚也；"小人革面"，顺以从君也。

【**本意**】君子推行变革，雷厉风行，威猛灵活如豹，小人变换脸色，小心拥护顺从，有所行动或出征则凶险不利，关于安居方面的占问是吉利的。

《象传》解释说：君子推行变革，雷厉风行，威猛灵活如豹，因为其德盛美显耀；小人变换脸色，因为小人柔顺，甘愿服从君王。

【**解说**】革面：脸色改变。君子豹变，小人革面，征凶，居贞吉：君子推行变革，雷厉风行，威猛灵活如豹，小人变换脸色，小心拥护顺从，有所行动或出征则凶险不利，关于安居方面的占问是吉利的。

“君子豹变”，其文蔚也：君子推行变革，雷厉风行，威猛灵活如豹，因为其美德如大豹的斑纹，盛美显耀。文：斑纹。蔚：盛美，华美。

“小人革面”，顺以从君也：小人变换脸色，因为小人柔顺，甘愿服从君王。

五十、鼎（下巽上离）

䷱《鼎》：元吉，亨。

【**本意**】《鼎》卦象征着大吉，亨通。

【解说】《鼎》:《鼎》卦下巽上离，巽为木，离为火，有炊爨烹饪之象，其卦象正像用来炊爨烹饪之鼎，鼎是古代烹煮食物的礼器，而古代只有贵族统治者才有特权以用鼎烹饪食物以献祭，故鼎又是权威和权力的象征。

元吉，亨：大吉，亨通。

《彖》曰:《鼎》，象也，以木巽火，亨饪也；圣人亨以享上帝，而大亨以养圣贤；巽而耳目聪明，柔进而上行，得中而应乎刚，是以“元”“亨”。

【本意】《鼎》卦卦象本身即鼎之象，以木顺以为火，有炊爨烹饪之象，故曰“烹饪”；圣人用大鼎烹饪以献祭上帝，又大力烹饪以营养圣贤；谦逊而耳目聪明，阴柔升进而上行，六五得中而与得中之九二阳刚相应和，阴阳皆能持守中道而相应，因此卦辞说是“元”“亨”。

【解说】鼎：古代烹煮食物的礼器。巽：入也。“亨饪”“圣人亨”“大亨”之“亨”，读为烹，煮也。饪：熟也。《鼎》，象也，以木巽火，亨饪也:《鼎》卦下巽上离，巽为木，离为火，以木顺以为火，有炊爨烹饪之象，其卦象正像用来炊爨烹饪之鼎，故曰“《鼎》，象也，以木巽火，亨饪也”。

享：祭祀。圣人亨以享上帝，而大亨以养圣贤：圣人用大鼎烹饪以献祭上帝，又大力烹饪以营养圣贤。

巽而耳目聪明:《鼎》卦下巽上离，巽为木、为逊，离为火、为明，象征谦逊而耳目聪明，故曰“巽而耳目聪明”。

柔进而上行:《鼎》卦下巽上离，阴爻由初六上升至六五，阴性柔，故曰“柔进而上行”。

得中而应乎刚，是以“元亨”:《鼎》卦下巽上离，六五得中而与得中之九二阳刚相应和，阴阳皆能持守中道而相应，诸事亨通，故曰“得中而应乎刚，是以‘元亨’”。是以：以是，因此。亨：亨通，通顺。

《象》曰：木上有火，《鼎》；君子以正位凝命。

【本意】《鼎》卦有炊爨烹饪之象，其卦象正像用来炊爨烹饪之鼎，故卦名为“鼎”；鼎为国家重器，君子观此卦象，当端正所居之位置，完成所受之天命。

【解说】木上有火，《鼎》:《鼎》卦下巽上离，巽为木，离为火，故曰“木上有火”，有炊爨烹饪之象，其卦象正像用来炊爨烹饪之鼎，初六像鼎足，九二、九三、九四像鼎腹，六五像鼎耳，上九像鼎盖，故卦名为“鼎”。

凝：成也，完成。凝命：完成使命。君子以正位凝命：鼎为重大礼器，象征特殊权力和地位，君子观此卦象，当稳重如鼎，端正所居之位置，完成所受之天命。

初六：鼎颠趾，利出否；得妾以其子，无咎。

《象》曰:“鼎颠趾”，未悖也;“利出否”，以从贵也。

【本意】鼎覆则趾倒，倒鼎以出秽，得到一妾及其子，没有灾患。

《象传》解释说：鼎覆趾倒，没有违背常理；有利于倒出秽物，因为能够尊从贤明之贵人。

【解说】颠：倒也。趾：此指鼎之足。否：污秽残留之物。出否：倒出秽物。否音《否》卦之否。鼎颠趾，利出否：鼎覆则趾倒，有利于倒出秽物。

得妾以其子：得到一妾及其子。以：犹与也，及也。

鼎颠趾，利出否；得妾以其子，无咎：初六处《鼎》之初，将要纳新，倒鼎以出秽，得到一妾及其子，故“没有灾患”。

“鼎颠趾”，未悖也:《鼎》卦初六不甘居下而上升之六五，正象鼎足朝天，象征鼎覆趾倒，有利于倒出秽物，没有违背常理。

“利出否”，以从贵也：鼎足朝天有利于倒出秽物，象征能够清除奸臣贼子，《鼎》卦初六阴柔上承九二阳刚，阴性顺从而阳为贵人，象征能够尊从贤明之贵人。

九二：鼎有实，我仇有疾，不我能即，吉。

《象》曰:“鼎有实”，慎所之也;“我仇有疾”，终无尤也。

【本意】鼎中有食物，我的配偶有病，不能和我共餐，因九二能持守中道，故吉利。

《象传》解释说:“鼎有实”，要慎重其所行动的目标;“我仇有疾”，而终究没有灾患。

【解说】鼎有实，我仇有疾，不我能即，吉：鼎中有食物，我的配偶有病，不能和我共餐，但九二能持守中道，有病会马上痊愈，吉利。仇：匹也，匹配，配偶。即：就近。

之：往也，行动。“鼎有实”，慎所之也：“鼎有实”，要慎重其所行动的目标，九二下乘初六，上应六五，须慎重处理与二者的关系。

尤：灾也。“我仇有疾”，终无尤也：“我仇有疾”，但因为九二居下卦之中位而能持守中道，故终究没有灾患。

九三：鼎耳革，其行塞；雉膏不食，方雨，亏，悔，终吉。

《象》曰：“鼎耳革”，失其义也。

【本意】鼎耳脱坏，抬鼎行进受到阻碍，鼎中的野鸡肉不能吃上，天正下雨，雨落鼎中，损坏了美味的肉，有所悔恨，终究吉利。

《象传》解释说：“鼎耳革”，失其所宜。

【解说】革：变革，脱坏。鼎耳革：鼎耳脱坏，不能贯杠来抬走。其行塞：抬鼎行进受到阻碍。雉膏不食：鼎中的野鸡肉不能吃上。方雨，亏：天正下雨，雨落鼎中，损坏了美味的肉。悔，终吉：有所悔恨，终究吉利。

义：宜也。“鼎耳革”，失其义也：“鼎耳革”，不能用，失其宜，六五为鼎耳，九三与六五不相应，故“‘鼎耳革’，失其义也”。

九四：鼎折足，覆公悚，其形渥，凶。

《象》曰：“覆公悚”，信如何也！

【本意】鼎足折了，王公的食物倾泻满地，沾濡弄脏了一大片，凶险不利。

《象传》解释说：王公的食物倾泻满地，真是无可奈何啊！

【解说】悚（sù）：糁也，菜也，粥也，指代食物。渥（wò）：沾濡，弄脏。鼎折足，覆公悚，其形渥，凶：鼎足折了，王公的食物倾泻满地，沾濡弄脏了一大片，凶险不利。

信：实也，真也。“覆公悚”，信如何也：王公的食物倾泻满地，真是无可奈何啊，因为九四以阳爻居阴位，位不正当，位不正当则不利。

六五：鼎黄耳金铉，利贞。

《象》曰："鼎黄耳"，中以为实也。

【本意】有鼎，且是金黄色的鼎耳和铜制横杠，是有利的占问。

《象传》解释说："鼎黄耳"，六五居君位而能持守中道，一定会使民众生活殷实富裕。

【解说】黄耳：金黄色的鼎耳。金铉（xuàn）：金黄色的铜制横杠，用来贯鼎耳以抬鼎。鼎黄耳金铉，利贞：有鼎，且是金黄色的鼎耳和铜制横杠，是有利的占问。

实：殷实，富裕。"鼎黄耳"，中以为实也：因为六五以阴柔居上卦之中位，黄为居中之色，故曰"鼎黄耳"；六五居君位而能持守中道，一定会使民众生活殷实富裕，故曰"中以为实也"。

上九：鼎玉铉，大吉，无不利。

《象》曰："玉铉"在"上"，刚柔节也。

【本意】有鼎，且是饰玉的横杠，大吉，没有什么不利。

《象传》解释说："玉铉"在"上"，因为上九阳刚与六五阴柔刚柔相济，而有节度。

【解说】玉铉：饰玉的横杠。鼎玉铉，大吉，无不利：有鼎，且是饰玉的横杠，大吉，没有什么不利。

节：有节度。"玉铉"在"上"，刚柔节也："玉铉"在"上"，因为上九阳刚有六五居君位而能持守中道之阴柔相承，二者刚柔相济而有节度。

五十一、震（下震上震）

䷲ 《震》：亨，震来虩虩，笑言哑哑，震惊百里，不丧匕鬯。

【本意】《震》卦象征着亨通，霹雳突来，令人惊惧惶恐，有人却谈笑自若，巨雷震惊百里，而没有使其洒落匙里的一滴酒。

【解说】亨：亨通。《震》：震为雷，打雷时，令人恐惧戒慎，不敢妄为，乃可致福，故为亨通，或说，一打雷，冬天蛰伏的万物皆可得以苏醒伸展，所以象征亨通。

虩虩（xì）：恐惧之貌，或说是声音大得吓人，或作“愬愬”。哑哑（è）：笑语之声，或说是言笑有节貌，《说文解字》小徐本引此作“呝呝”。震来虩虩：霹雳突来，令人惊惧惶恐。笑言哑哑：打雷时谈笑自若，从容镇定。

匕（bǐ）：匙，以棘木为柄，举行祭礼时，主祭人用以从鼎中将烹好的肉移入俎中，以供祭祀神灵。孔颖达《周易正义》曰：“用棘者，取其赤心之义。”鬯（chàng）：用黑黍与郁金（一种香草）酿成的香酒，以供祭祀。震惊百里，不丧匕鬯：巨雷震惊百里，而没有使其洒落匙里的一滴酒，说明其人处变不惊，镇定自若，堪任大事。[①]

《象》曰：“《震》：亨，震来虩虩”，恐致福也；“笑言哑哑”，后有则也；“震惊百里”，惊远而惧迩也；[“不丧匕鬯”，] 出可以守宗庙社稷，以为祭主也。

【本意】《震》卦象征亨通，因为听见打雷，恐惧戒慎，终究会获得福佑；打雷时从容镇定，行动仍然有法度；“震惊百里”，远近皆惊惧戒慎；雷霆震慑之下，仍能谈笑自若，“不丧匕鬯”，可以被立为王侯，持守宗庙社稷，主持大型祭祀。

【解说】“震来虩虩”，恐致福也：听见打雷，恐惧戒慎，小心从事，不敢妄为，终究会获得福佑。

“笑言哑哑”，后有则也：打雷时从容镇定，谈笑自若，所以言语有条理，

① 在此有一典型故事可以参考，即“煮酒论英雄”。《华阳国志》载：公从容谓先主曰：“天下英雄，惟使君与操。本初之徒，不足数也。”先主方食，失匕箸。会天震雷，先主曰：“圣人言‘迅雷风烈必变’，良有以也。一震之威，乃至于此也！”公亦悔失言。

《三国演义》云：操曰：“夫英雄者，胸怀大志，腹有良谋，有包藏宇宙之机，吞吐天地之志者也。”玄德曰：“谁能当之？”操以手指玄德，后自指，曰：“今天下英雄，惟使君与操耳！”玄德闻言，吃了一惊，手中所执匙箸，不觉落于地下。时正值天雨将至，雷声大作。玄德乃从容俯首拾箸曰：“一震之威，乃至于此。”操笑曰：“丈夫亦畏雷乎？”玄德曰：“圣人迅雷风烈必变，安得不畏？”将闻言失箸缘故，轻轻掩饰过了。操遂不疑玄德。后人有诗赞曰：“勉从虎穴暂趋身，说破英雄惊杀人。巧借闻雷来掩饰，随机应变信如神。”

行动有法度。

迩：近也。“震惊百里”，惊远而惧迩也：雷霆震威，远近皆惊惧戒慎。

“不丧匕鬯”四字，今本无，郭京本有，此据郭京本及王弼注补。出：立为王侯。社稷：土地神坛为社，五谷神坛为稷，社稷又指国家。守宗庙社稷：持守宗庙，治理国家。祭主：古代国家以祭祀为大事，由国君主持，故称祭主。[“不丧匕鬯”,] 出可以守宗庙社稷，以为祭主也：雷霆震慑之下，仍能从容镇定，谈笑自若，“不丧匕鬯”，可以被立为王侯，持守宗庙，治理国家，主持大型祭祀。

《象》曰：洊雷，《震》；君子以恐惧脩省。

【本意】《震》卦有雷声滚滚、震动不已之象，故曰“洊雷，《震》”；君子观此卦象，当时时恐惧戒慎，不断修身反省。

【解说】洊（jiàn）：再也，重也，重复。洊雷：雷声滚滚，重复打雷。洊雷，《震》:《震》卦二震重叠，震为雷，有雷声滚滚、震动不已之象，故曰“洊雷，《震》”。

脩：借为“修”。君子以恐惧脩省：君子观此卦象，当时时恐惧戒慎，不断修身反省。《中庸》曰：“君子戒慎乎其所不睹，恐惧乎其所不闻。莫见乎隐，莫显乎微，故君子慎其独也。”

初九：震来虩虩，后笑言哑哑，吉。

《象》曰：“震来虩虩”，恐致福也；“笑言哑哑”，“后”有则也。

【本意】打雷时，先是恐惧戒慎，后来谈笑自如，从惧到不惧，从恐惧戒慎到镇定自若，自然吉利。

《象传》解释说：听见打雷，恐惧戒慎，终究会获得福佑；打雷后从容镇定，行动仍然有法度。

【解说】虩虩（xì）：恐惧之貌，或说是声音大得吓人，或作“愬愬”。

哑哑（è）：笑语之声，或说是言笑有节貌，《说文解字》小徐本引此作“呝呝”。

震来虩虩：霹雳突来，令人惊惧惶恐。笑言哑哑：打雷时谈笑自若，从容镇定。

震来虩虩，后笑言哑哑，吉：打雷时，先是恐惧戒慎，后来谈笑自如，从惧到不惧，从恐惧戒慎到镇定自若，自然吉利。

恐：恐惧戒慎。致：导致，招致，带来。福：福庆，福佑。“震来虩虩”，恐致福也：听见打雷，恐惧戒慎，小心从事，战战兢兢，不敢胡来，终究会获得福佑。

则：法则，法度。“笑言哑哑”，“后”有则也：打雷时从容镇定，谈笑自若，所以言语有条理，行动有法度。

六二：震来厉，亿丧贝，跻于九陵，勿逐，七日得。
《象》曰：“震来厉”，乘刚也。

【本意】雷声隆隆而来，有危险，会丧失钱财，登上高山，不必追逐，七日即可寻得。

《象传》解释说：“震来厉”，因为六二阴柔乘凌初九阳刚。

【解说】厉：危险；猛。亿：发语词，犹唯也，或说是十万，犹言大也，或说是臆测。贝：古代货币，指代钱财。跻：登，升。九陵：九重岭，指高山，互艮为山。逐：追寻；赶路。震来厉，亿丧贝，跻于九陵，勿逐，七日得：雷声隆隆而来，有危险，会丧失钱财，登上高山，不必追逐，七日即可寻得。

“震来厉”，乘刚也：“震来厉”，因为六二阴柔，乘凌初九阳刚，阴乘阳则不利。幸亏六二阴柔而有中正之德，故“勿逐，七日得”。

六三：震苏苏，震行，无眚。
《象》曰：“震苏苏”，位不当也。

【本意】雷声迟缓，雷行不至于伤人，故没有灾害

《象传》解释说：“震苏苏”，因为六三位不正当。

【解说】苏苏：读为“疏疏”，迟也，迟缓，帛书本正作“疏疏”，或解释为恐惧不安貌，不安躁动貌，或说读为怵怵，畏惧之貌。眚（shěng）：灾也，灾祸。震苏苏，震行，无眚：雷声迟缓，雷行不至于伤人，故没有灾害，或解

释为，打雷使人恐惧不安，在雷声中坚持小心行动，没有灾害。

“震苏苏”，位不当也：“震苏苏”，因为六三以阴爻居阳位，位不正当，故不利。

九四：震遂泥。

《象》曰：“震遂泥”，未光也。

【本意】打雷吓得其人倒在泥泞之中。

《象传》解释说：“震遂泥”，因为九四位不正当，阳刚有为之德无法发扬光大。

【解说】遂：借为“队”，队即古“坠”字，坠入，荀本作队。震遂泥：打雷吓得其人倒在泥泞之中。泥：泥泞，或说疑读“迩”。

“震遂泥”，未光也：打雷吓得其人倒在泥泞之中，因为九四以阳爻居阴位，位不正当，位不正当则不利，且九四又为上下四个阴爻所围困，正像倒在泥中，如此，则阳刚有为之德无法发扬光大。

六五：震往来，厉，亿无丧，有事。

《象》曰：“震往来，厉”，危行也；其“事”在中，大“无丧”也。

【本意】雷电往来不息，有危险，不会有什么损失，照常小心行事。

《象传》解释说：雷电往来不息，有危险，要戒惧危行；六五能持守中道以行事，故能大无损失。

【解说】亿：今本多作“意”，发语词，犹唯也；读为“臆”，臆测。丧：损害。有：犹于也。震往来，厉，意无丧，有事：雷电往来不息，有危险，不会有什么损失，照常小心行事。

“震往来，厉”，危行也：雷电往来不息，有危险，要小心谨慎，如临深履薄，战战兢兢，戒惧危行。

中：六五居上卦之中，故称“中”。其“事”在中，大“无丧”也：六五居上卦之中位，能持守中道以行事，故能大无损失。

上六：震索索，视矍矍，征凶；震不于其躬，于其邻，无咎，婚媾有言。

《象》曰："震索索"，中未得也；虽"凶""无咎"，畏"邻"戒也。

【本意】雷声滚滚，令人恐惧难行，惊惧四顾，有所行动则凶险不利；雷霆没有危及自身，而震及邻居，虽然自己无咎，但此时应慰问邻居，若自己仍然举行婚事，则会遭到非议。

《象传》解释说："震索索"，因为上六未得中道；虽"凶""无咎"，因为上六能够持守正道，在雷霆没有危及自身而震及邻居之时，已能未雨绸缪，谨慎戒惧。

【解说】索索：足不正，因恐惧而畏缩难行的样子。矍矍（jué）：目不正，惊惧四顾、不敢正视的样子。震索索，视矍矍，征凶：雷声滚滚，令人恐惧难行，惊惧四顾，有所行动则凶险不利。

躬：自身。言：非议，闲言碎语，谴责，口角。震不于其躬，于其邻，无咎，婚媾有言：雷霆没有危及自身，而震及邻居，虽然自己无咎，但此时应慰问邻居，若自己仍然举行婚事，则会遭到非议。

"震索索"，中未得也："震索索"，因为上六以阴爻居上爻位，当位得正，而没有得中。

虽"凶""无咎"，畏"邻"戒也：上六以阴爻居上爻位，当位得正，故虽"凶""无咎"，因为能够持守正道，在雷霆没有危及自身而震及邻居之时，已能未雨绸缪，谨慎戒惧，防患于未然。

五十二、艮（下艮上艮）

䷳ ［《艮》：］艮其背，不获其身；行其庭，不见其人，无咎。

【本意】《艮》卦象征着注意他的背，不保护他的身体；走到他的院子里，看不见他，没有灾患。

【解说】[《艮》：] 作为卦名之“艮”，承下句卦辞“艮”字脱，今据《周易》全书通例而补。[①] 李零先生认为此处“卦名连上读”，不宜补。[②]

艮（gèn）：顾也，止也，注视，注意，帛《易》作“根”；或读为“限”，限制，控制。有学者从导引修炼的角度解释此卦，如唐明邦先生主编的《周易评注》，可以参考。

获：读为“护”。艮其背，不获其身；行其庭，不见其人：注意他的背，不保护他的身体；走到他的院子里，看不见他。

《彖》曰：《艮》，止也，时止则止，时行则行，动静不失其时，其道光明；《艮》其止，止其所也；上下敌应，不相与也，是以“不获其身，行其庭，不见其人，无咎”也。

【本意】《艮》为止，时机要求停止则停止，时机要求行动则行动，动静皆不失时机，其前途自然会无限光明；《艮》卦所谓止，当止得其所，止所当止；上下相敌应而不相助，会导致“不获其身，行其庭，不见其人，无咎”的结果。

【解说】《艮》，止也：以艮为止，即注意力停止在一处。

时止则止，时行则行，动静不失其时，其道光明：一切行动皆须遵从时机，时机要求停止则停止，时机要求行动则行动，动静皆不失时机，其前途自然会无限光明。

《艮》其止，止其所也：《艮》卦所谓止，当止得其所，止所当止。

与：帮助。上下敌应，不相与也，是以“不获其身，行其庭，不见其人，无咎”也：上下相敌应而不相助，缺乏协作意识和整体观念，这样为人处世是不行的，会导致“不获其身，行其庭，不见其人，无咎”的结果。

---

① 此据高亨先生之说。参见高亨《周易古经今注》，北京：清华大学出版社，2010 年，第 279 页；高亨《周易大传今注》，济南：齐鲁书社，1998 年，第 323 页。

② 参见李零《死生有命 富贵在天：〈周易〉的自然哲学》，北京：生活·读书·新知三联书店，2013 年，第 258 页。

《象》曰：兼山，《艮》；君子以思不出其位。

【本意】《艮》卦卦象呈两山并立的样子，故曰“兼山，《艮》”；两山并立，各居其所而互不干扰，君子观此卦象，当常自我省思，不可超越自己所处的本位。

【解说】兼山，《艮》：《艮》卦下艮上艮，艮为山，卦象呈两山并立的样子，故曰“兼山，《艮》”。

君子以思不出其位：《艮》卦卦象为两山并立，各居其所而互不干扰，君子观此卦象，当常自我省思，不可超越自己所处的本位，妄自干预他人之事。

初六：艮其趾，无咎，利永贞。
《象》曰：“艮其趾”，未失正也。

【本意】注意自己的脚趾，没有灾患，有利于关于长期之事方面的占问。

《象传》解释说：注意自己的脚趾，能够防微杜渐，尚未失去正道。

【解说】艮其趾，无咎，利永贞：注意自己的脚趾，是注意保护脚趾，指能够防微杜渐，所以没有灾患，有利于关于长期之事方面的占问。

“艮其趾”，未失正也：注意自己的脚趾，能够防微杜渐，尚未失去正道。

六二：艮其腓，不拯其随，其心不快。
《象》曰：“不拯其随”，未退听也。

【本意】注意自己的腿肚子，腿肚子不长肉而很消瘦，故心情不愉快。

《象传》解释说：“不拯其随”，没有听从其下级的正确意见。

【解说】腓：腿肚子。拯：借为“增”，增加，增长。随：借为“隋”，垂肉。艮其腓，不拯其随，其心不快：注意自己的腿肚子，腿肚子不长肉而很消瘦，故心情不愉快。

“不拯其随”，未退听也：“不拯其随”，没有听从其下级的正确意见，因为六二阴柔居中正之位而有中正之德，上承九三阳刚，而九三非但不听从六二的正确意见，反而乘凌之，令六二心情不快。未退听：没有听从其下级的正确意见。

九三：艮其限，列其夤，厉，熏心。

《象》曰："艮其限"，危"熏心"也。

【本意】注意力只停止在腰部，到背部注意力就分散了，有危险，会熏灼其心。

《象传》解释说："艮其限"，是说有危险，会熏灼其心。

【解说】限：腰也。列：读为"裂"，裂开，分裂。夤（yín）：夹脊肉。熏心：薰灼其心。艮其限，列其夤，厉，熏心：注意力只停止在腰部，与上面下面都不关联，到背部注意力就分散了，这是危险的，会熏灼其心。

"艮其限"，危"熏心"也：注意力只停止在腰部，与上面下面都不关联，这是危险的，会熏灼其心。

六四：艮其身，无咎。

《象》曰："艮其身"，止诸躬也。

【本意】注意其全身，没有灾患。

《象传》解释说："艮其身"，能够止其身所当止。

【解说】艮其身，无咎：注意其全身，没有灾患，因为六四当位得正，能持守正道。

"艮其身"，止诸躬也：注意其全身，能够止其身所当止，所以"无咎"。

六五：艮其辅，言有序，悔亡。

《象》曰："艮其辅"，以中正也。

【本意】注意其颊腮，说话有条理，悔恨消亡。

《象传》解释说："艮其辅"，因为六五能持守中正之道。

【解说】辅：借为"酺"，颊腮，即嘴巴。艮其辅，言有序，悔亡：注意其颊腮，说话有条理，悔恨消亡。

"艮其辅"，以中正也："艮其辅"，因为六五以阴爻居上卦之中位，上承本卦之主爻上九，是止其所当止，虽然以阴爻居阳位，位不当，未得正，但因其居君位而得中，也可以说得中正，故曰"以中正也"。

上九：敦艮，吉。

《象》曰："敦艮"之"吉"，以厚终也。

【本意】敦厚知止，所以吉利。

《象传》解释说："敦艮"之"吉"，以敦厚知止而告终，有"止于至善"之意蕴。

【解说】敦：厚也，敦厚，或说为考也，考察。艮：止也，知止，或说为顾也，顾及。敦艮，吉：敦厚知止，吉利，或解释为，考察所顾及之事，能周详得当，所以吉利。高亨《周易大传今注》云："敦，考也。艮，顾也。'敦艮吉'，谓考察所顾及之事，则知之周详，处之得当，是吉矣。"

"敦艮"之"吉"，以厚终也："敦艮"之"吉"，以敦厚知止而告终，上九居本卦最上位，能止其所当止，有"止于至善"之意蕴。参阅唐明邦先生主编的《周易评注》。

五十三、渐（下艮上巽）

䷴ 《渐》：女归，吉，利贞。

【本意】《渐》卦象征着女子出嫁，吉利，是有利的占问。

【解说】《渐》：进也，是嫁女之卦。《咸》为娶女之占，可以参看。

女归，吉，利贞：女子出嫁，吉利，是有利的占问。归：出嫁。

《象》曰：《渐》之进也，"女归，吉"也，进得位，往有功也；进以正，可以正邦也；其位刚得中也；止而巽，动不穷也。

【本意】《渐》卦的"渐"，是进的意思，嫁女是吉利的，前进得到适当的地位，行动有所成功；前进而顺从正道，则可以治国安邦。从爻位上说，是九五以阳刚而居上卦之中位，得中正之道；知止而谦逊，则其行动永远不会困穷。

【解说】《渐》之进也：朱熹《周易本义》认为"'之'字疑衍"，可备一说。

《渐》之进也，“女归，吉”也:《渐》卦的“渐”，是进的意思，好比女子出嫁，在人生的道路上前进了一大步一样，是吉利的。

进得位，往有功也：在《渐》卦中，阴爻在初六居阳位而不得位，但前进到六二、六四则皆得位，好像女子出嫁后，开始地位尚未确立稳固，诸事不太顺手，以后随着地位逐渐稳固，行事就日益成熟，家庭也日趋和谐美满，故曰“进得位，往有功也”。

进以正，可以正邦也:《渐》卦有初六、六二、六四三个阴爻，阴爻有上进之象，且六二、六四皆为阴爻居阴位而得正，好像女子出嫁后，随着地位逐渐稳固，行事就日益成熟，家庭也日趋和谐美满;《渐》卦又有九三、九五、上九三个阳爻，阳爻有上进之象，且九三、九五皆为阳爻居阳位而得正，九五居中正之君位，象征君王持守中正之德而君临天下，故“可以正邦”，此即《大学》“家齐而后国治”的思想。

其位刚得中也:《渐》卦九五以阳刚而居上卦之中位。

止而巽，动不穷也:《渐》卦下艮上巽，艮为止，巽为逊，能自我约束节制其谦逊有礼，其行动当然永远顺利，而不会遭遇困穷之境，故曰“止而巽，动不穷也”。

《象》曰：山上有木，《渐》；君子以居贤德善俗。

【本意】《渐》卦为“山上有木”、逐渐长大之象，故卦名为“渐”；君子观此卦象，应当逐渐存养贤美之德，并使风俗日臻于美善。

【解说】山上有木，《渐》:《渐》卦下艮上巽，艮为山，巽为木，故曰“山上有木”；山上之木，逐渐长大，故卦名为“渐”。

居：积聚，积累，指存养道德。善：改善，美化。善俗：王肃本作“善风俗”。君子以居贤德善俗：君子观此卦象，应当逐渐存养贤美之德，以移风易俗，使风俗日臻于美善。

初六：鸿渐于干，小子厉，有言，无咎。

《象》曰："小子"之"厉"，义"无咎"也。

【本意】大雁飞进河岸，小孩有危险，家长加以责备，不会有什么妨害。

《象传》解释说：小孩有危险，而家长加以责备，应该是"无咎"的。

【解说】鸿：大雁，鸿雁，一种水鸟，大致像鹅，善于游泳和飞行。渐：进也。干：借为"岸"，河岸；帛书《周易》作"渊"，水洼。言：谴责，责备。鸿渐于干，小子厉，有言，无咎：大雁飞进河岸，小孩到河岸处会有危险，家长加以责备，不会有什么妨害。

义：宜也。"小子"之"厉"，义"无咎"也："小子"之"厉"，而家长加以责备，应该是"无咎"的。

六二：鸿渐于磐，饮食衎衎，吉。

《象》曰："饮食衎衎"，不素饱也。

【本意】大雁飞进水边石堆上，饮水吃鱼，欢喜快乐，吉利。

《象传》解释说："饮食衎衎"，因为六二恪尽职守，不是尸位素餐。

【解说】磐：磐石，水涯堆，指水边石堆，可在那里饮水捕鱼；帛书《周易》作"坂"，水边，岸边。衎衎（kàn）：欢喜快乐的样子。鸿渐于磐，饮食衎衎，吉：大雁飞进水边石堆上，饮水吃鱼，欢喜快乐，吉利。

素饱：犹素餐，即不劳作却受人供养。"饮食衎衎"，不素饱也："饮食衎衎"，因为六二得正而上承九三，应和九五，以阴柔辅佐阳刚，恪尽职守，不是尸位素餐，故曰"不素饱也"。

九三：鸿渐于陆，夫征不复，妇孕不育，凶，利御寇。

《象》曰："夫征不复"，离群丑也；"妇孕不育"，失其道也；"利"用"御寇"，顺相保也。

【本意】大雁飞进离水边较高较远的地方，丈夫出征很久仍然没有回来，妇人怀孕而不能顺利生育，有凶险，利于防御寇兵。

《象传》解释说："夫征不复"，因为九三离开了同伴；"妇孕不育"，因为失去了正道；“利”用“御寇”，因为顺从正道可以互相保护。

【解说】陆：陆地，高平之地，离水边较高较远的地方。夫征不复，妇孕不育，凶，利御寇：丈夫出征很久仍然没有回来，妇人怀孕而不能顺利生育，有凶险，这都是由于有敌人侵略，破坏了家庭和平安宁的生活，所以提出“利御寇”，主张抵御侵略，保家卫国，保卫和平。参阅李镜池先生的《周易通义》。

丑：众也，群众，或说借为“俦”，侣也，同伴，伴侣。“夫征不复”，离群丑也：丈夫出征很久仍然没有回来，因为九三阳爻离开初六、六二，阳性刚健上进，象征九三离开同伴，独自前进。

“妇孕不育”，失其道也：“妇孕不育”，因为失去了孕妇抚养胎儿的正道。

“利”用“御寇”，顺相保也：“利”用“御寇”，九三独自上进，难免遭遇凶险，但上遇六四，与其皆得正而亲比，可以互相保护，又上卦为巽，巽为顺，故柔顺处事，可以自我保护。

六四：鸿渐于木，或得其桷，无咎。

《象》曰：“或得其桷”，顺以巽也。

【本意】大雁飞进了树林里，栖息在横平的树枝上，没有灾患。

《象传》解释说：“或得其桷”，因为六四柔顺而谦逊。

【解说】桷（jué）：横平的树枝。鸿渐于木，或得其桷，无咎：大雁飞进了树林里，栖息在横平的树枝上；大雁足有蹼，与鹅、鸭相同，故不适宜栖息在不平的树枝上，所以栖息在横平的树枝上，则没有灾患。

巽：借为“逊”，谦逊。“或得其桷”，顺以巽也：大雁不小心飞到了树林里，好在可以栖息在横平的树枝上，不会有什么妨碍，因为六四柔顺谦逊而得正，又以阴柔上承九五之阳刚。

九五：鸿渐于陵，妇三岁不孕，终莫之胜，吉。

《象》曰：“终莫之胜，吉”，得所愿也。

【本意】大雁飞到了山岭，妇女多年不孕，终究没有人能胜过，吉利。

《象传》解释说：“终莫之胜，吉”，因为九五得以实现其宏大的志愿。

【解说】陵：山丘，山岭。三岁：三年，或多年。妇三岁不孕，终莫之胜，吉：古代社会妇女多年不孕是会遭到许多刁难甚至被休弃的，这个妇女却胜利克服了这些困难局面，更没有被休弃，因而是吉利的。

“终莫之胜，吉”，得所愿也：“终莫之胜，吉”，因为九五居中正之尊位，且与中正之六二相应和，象征君王君临天下，得以实现其宏大的志愿。

上九：鸿渐于陆，其羽可用为仪，吉。

《象》曰：“其羽可用为仪，吉”，不可乱也。

【本意】大雁飞到了大山岭，它的羽毛可以用作舞蹈道具，吉利。

《象传》解释说：“其羽可用为仪，吉”，不可乱了阵脚。

【解说】陆：当作“阿”。阿：大山岭，大丘陵。李镜池《周易通义》曰：“‘阿’原讹为‘陆’。因‘陆’不但与九三爻犯复，且不协韵。故江永、王引之、俞樾均说是‘阿’之讹。阿、仪，古为韵。《诗·皇矣》：‘我陵我阿。’陵阿相次，可作旁证。据改。《说文》：‘阿，大陵也。’”其羽可用为仪：它的羽毛可以用作舞蹈道具。

“其羽可用为仪，吉”，不可乱也：“其羽可用为仪，吉”，但因为上九已居于一卦之最上位，面临物极必反的转折关头，故要顺应自然，不可乱了阵脚。

五十四、归妹（下兑上震）

䷵《归妹》：征凶，无攸利。

【本意】《归妹》卦象征着出征有凶险，无所利。

【解说】《归妹》：出嫁少女。归：女子出嫁，嫁女。妹：少女。《归妹》卦下兑上震，兑为少女，震为长男，有少女嫁给长男之象，故卦名为“归妹”。

征：出征，或有所行动。攸：所。无攸利：无所利。

《彖》曰：《归妹》，天地之大义也，天地不交而万物不兴；《归妹》，人之终始也；说以动，所归妹也；“征凶”，位不当也；“无攸利”，柔乘刚也。

【本意】归妹即男婚女嫁，是天地之大义所在，天地阴阳之气不交合，则万物无法生长；男婚女嫁是人一辈子的大事情；男女相悦而后行动，相爱而后才能嫁女；“征凶”，因为许多职位用人不当；“无攸利”，因为柔弱乘凌刚强。

【解说】《归妹》，天地之大义也：归妹即男婚女嫁，是天地万物互相交感的典型事例，这是天地间的大事情。

天地不交而万物不兴：天地阴阳之气不交合，则万物无法生长。兴：生长。

《归妹》，人之终始也：男婚女嫁是人一辈子的大事情。终始：终始之事，大事情。

说以动，所归妹也：《归妹》卦下兑上震，兑为少女，为悦，震为长男，为动，象征男女相悦而后行动，即相爱而后结婚。所归妹也：有的《周易》版本作“所以归妹也”。

“征凶”，位不当也：《归妹》卦二爻、三爻、四爻、五爻皆不当位，象征许多职位用人不当，如此则出征必败。

“无攸利”，柔乘刚也：六三阴柔乘凌九二阳刚，六五阴柔乘凌九四阳刚，以柔弱乘凌刚强，故“无攸利”。

《象》曰：泽上有雷，《归妹》；君子以永终知敝。

【本意】《归妹》卦为“泽上有雷”、少女嫁给长男之象，故卦名为“归妹”；君子观此卦象，在婚嫁之事上，一求百年好合，佳偶永终，二防夫妻反目，横生弊端。

【解说】归妹：出嫁少女。泽上有雷，《归妹》：《归妹》卦下兑上震，兑为泽、为少女，震为雷、为长男，故曰“泽上有雷”；古人认为冬天寒冷，雷入泽中，春天暖和，雷出泽上；春天来了，雷出泽上，阴阳相感，万物生发，好像男婚女嫁、生儿育女一样，且其卦本身即有少女嫁给长男之象，故卦名为“归妹”。

永终：永远有好结果。敝：同“弊”，弊端，弊病。君子以永终知敝：君子观此卦象，在婚嫁之事上，一求百年好合，佳偶永终，二防夫妻反目，横生弊端。

初九：归妹以娣，跛能履，征吉。

《象》曰："归妹以娣"，以恒也；"跛能履""吉"，相承也。

【本意】嫁女以女方的妹妹陪嫁，跛子能行走，出行吉利。

《象传》解释说："归妹以娣"，是依常规行事的；"跛能履""吉"，因为大家能够相互帮助。

【解说】娣（dì）：妹妹。归妹以娣：先秦时代贵族嫁女，常以女方的妹妹陪嫁。跛能履，征吉：跛子能行走，出行吉利。

"归妹以娣"，以恒也："归妹以娣"，是依据当时的常规行事的。恒：常也，常规。

相：相互。承：佐也，帮助，辅佐。"跛能履""吉"，相承也："跛能履""吉"，因为大家能够相互帮助。

九二：眇能视，利幽人之贞。

《象》曰："利幽人之贞"，未变常也。

【本意】盲人而能看见，有利于幽居深闺的少女的占问。

《象传》解释说："利幽人之贞"，因为尚未改变常道。

【解说】眇：盲也。幽：囚也。眇能视：盲人而能看见，乃去除黑暗而恢复光明之象。利幽人之贞：有利于幽居深闺的少女的占问。幽人：被幽禁的人，当时贵族女性被关在深闺不能出来，故称"幽人"，或说指囚人。

"利幽人之贞"，未变常也："利幽人之贞"，因为九二居下卦之中位，有持守中道之德，虽然不当位，但也尚未改变常道。

六三：归妹以须，反归以娣。

《象》曰："归妹以须"，未当也。

【本意】嫁女以女方姐姐陪嫁，男方以女方姐姐为正妻，把妹妹休回娘家。

《象传》解释说："归妹以须"，不太妥当。

【解说】须：同"媭"，姊姊，姐姐。归妹以须，反归以娣：当时嫁女，以女方妹妹作陪嫁，故以女方姐姐陪嫁为反常；以女方姐姐陪嫁，男方以女方姐姐为正妻，把妹妹休回娘家。

"归妹以须"，未当也：六三以阴爻居阳位，不当位，表明以女方姐姐陪嫁，而男方以女方姐姐为正妻，把妹妹休回娘家，这种做法违反常规，不太妥当。

九四：归妹愆期，迟归有时。

《象》曰："愆期"之志，有待而行也。

【本意】推迟嫁人，是因为等待良辰吉日或如意郎君。

《象传》解释说：推迟嫁人的志意，是等待良辰吉日或如意郎君而再作行动。

【解说】愆（qiān）：过也，错过，超过，延误。愆期：延迟日期。时：借为"待"，等待良辰吉日或如意郎君。归妹愆期，迟归有时：推迟嫁人，是因为等待良辰吉日或如意郎君。

行：行动，这里指嫁女。"愆期"之志，有待而行也：推迟嫁人的志意，是等待良辰吉日或如意郎君而再作行动。

六五：帝乙归妹，其君之袂不如其娣之袂良，月几望，吉。

《象》曰："帝乙归妹"，"不如其娣之袂良"也，其位在中，以贵行也。

【本意】帝乙嫁少女于周文王，将作夫人的姐姐的衣裳还不如其陪嫁的妹妹漂亮华美，月亮快要圆了，吉利。

《象传》解释说："帝乙归妹"，"不如其娣之袂良"，因为六五居上卦中爻之君位，有持守中道的尊贵德行。

【解说】帝乙：殷帝名乙，商纣王的父亲。帝乙归妹：帝乙嫁少女于周文王。

君：古代王之后、诸侯之夫人也称为君，这里指成为周文王之后的帝乙之少女。娣：帝乙少女的妹妹。袂：衣袖，这里指衣裳。其君之袂不如其娣之袂良：将作夫人的姐姐的衣裳还不如其陪嫁的妹妹漂亮华美。

几：近也，接近。月几望，吉：月亮快要圆了，吉利。有的《周易》版本作“月既望”。既望：夏历每月十六日至二十二、三日。望：月球与太阳的地心黄经相差180° 的时刻，这时地球处于太阳和月球之间，月球朝向地球的一面照满太阳光，所以从地球上看来，月球呈光亮的圆形，这时的月球叫作满月或望月。在中国古代历法中，把包含望月那一时刻的那一天叫作望日，一般为夏历每月十五日，有时为十六日或十七日。

“帝乙归妹”，“不如其娣之袂良”也，其位在中，以贵行也：“帝乙归妹”，“不如其娣之袂良”也，因为六五居上卦中爻之君位而称后，有持守中道的尊贵德行，象征帝乙少女有尊贵的身份和德行，能够宽容她妹妹的衣裳比她华美漂亮。

上六：女承筐无实，士刲羊无血，无攸利。

《象》曰：“上六”“无实”，“承”虚“筐”也。

【本意】少女手托空筐，青年斩羊无血，无所利。

《象传》解释说：“上六”“无实”，因为上六没有合适的婚配对象，不能生儿育女，有所成果，好像手托空筐一样。

【解说】承：捧也，托奉。实：果品食物。士：未婚之男。刲（kuī）：刺也，屠杀，刺斩。女承筐无实，士刲羊无血，无攸利：少女手托空筐，青年斩羊无血，婚礼徒有形式，众人怨声载道，无所利。

“上六”“无实”，“承”虚“筐”也：上六居一卦之最上位而无应，没有合适的婚配对象，因而不能生儿育女，有所成果，好像手托空筐一样。

五十五、丰（下离上震）

䷶《丰》：亨，王假之，勿忧，宜日中。

【本意】《丰》卦象征着举行祭祀，国王亲临祖庙，不必忧虑，时间宜于在正午。

【解说】《丰》：大也，盛大，丰盛。

亨：同“享”，祭也，祭祀。假：至也，亲临。日中：正午时。王假之：国王亲临祖庙。勿忧，宜日中：不必忧虑，时间宜于在正午。

《彖》曰:《丰》，大也；明以动，故《丰》；“王假之”，尚大也；“勿忧，宜日中”，宜照天下也；日中则昃，月盈则食，天地盈虚，与时消息，而况于人乎？况于鬼神乎？

【本意】《丰》卦象征盛大，丰盛；太阳运转不息，万物繁荣昌盛，故名为“丰”；国王亲临祖庙，表明崇尚祭祀这种盛大之事；“勿忧，宜日中”，象征国王如日在中天，宜以光明之德惠泽天下；太阳正中就要偏斜，月亮圆满就要亏缺，天地日月还有这样的圆满和亏缺，还要随着天时消长，何况人和受祭的鬼神呢？

【解说】《丰》，大也:《丰》卦象征盛大，丰盛。

明以动，故《丰》:《丰》卦下离上震，离为火，为电，为明，震为雷，为动，象征太阳运转不息，万物蓬勃生长，天地一片繁荣昌盛，故曰“明以动，故《丰》”。

“王假之”，尚大也：国王亲临祖庙，表明重视、崇尚祭祀这种盛大之事。古代以祭祀和战争为大事。

“勿忧，宜日中”，宜照天下也：不必忧虑，时间宜于在正午，象征国王如日在中天，宜以智慧和德泽君临天下。

昃（zè）：侧斜，太阳偏西。食：日月亏缺，指日食、月缺或月食。消息：消衰和长大。日中则昃，月盈则食，天地盈虚，与时消息，而况于人乎？况于鬼神乎：太阳正中就要偏斜，月亮圆满就要亏缺，天地日月还有这样的圆满和亏缺，还要随着天时消长，何况人和受祭的鬼神呢？

《象》曰：雷电皆至，《丰》；君子以折狱致刑。

【本意】《丰》卦为“雷电皆至”、雷鸣电闪、声势盛大之象，故卦名为“丰”；君子观此卦象，乃仿效闪电之明，洞察秋毫以断案，效法雷霆之威，严明刑罚以惩凶。

【解说】丰：盛大也。雷电皆至，《丰》：《丰》卦下离上震，离为火、为电，震为雷，故曰“雷电皆至”；雷鸣电闪，声势盛大，故卦名为“丰”。

折狱：断狱，判决狱讼。致刑：行刑，执行刑罚。君子以折狱致刑：君子观此雷鸣电闪之卦象，乃仿效闪电之明，洞察秋毫以断案，效法雷霆之威，严明刑罚以惩凶。

初九：遇其配主，虽旬无咎，往有尚。
《象》曰：“虽旬无咎”，过旬灾也。

【本意】遇到女主人，在十天内没有灾患，行动会有赏。

《象传》解释说：在十天内没有灾患，过十天会有灾祸。

【解说】配主：配读为“妃”，妃犹妻也，配主即指女主人。虽：读为“唯”，帛书《周易》正作“唯”。旬：十天为一旬。尚：借为“赏”。虽旬无咎：在十天内没有灾患，过十天会有灾祸，在当时可能是一种禁忌。往有尚：行动会有赏。

“虽旬无咎”，过旬灾也：在十天内没有灾患，过十天会有灾祸。

六二：丰其蔀，日中见斗，往得疑疾，有孚发若，吉。
《象》曰：“有孚发若”，信以发志也。

【本意】日食时太阳为月亮所大大蒙蔽，以至于在中午能够看见北斗星，行动会得可疑的怪病，以诚信去循循善诱，吉利。

《象传》解释说：“有孚发若”，因为六二有中正之德，其诚信可以启发远大的志向。

【解说】丰：大也。蔀（bù）：日蔽云中，此指太阳为月亮所蒙蔽（日食时），或说读为“薄”，日月无光，或说是棚，院中席子所搭之棚，以遮蔽太阳风雨。斗：北斗星。疑疾：可疑的怪病，或说是多疑之病，疑神疑鬼之病，疑难之病。孚：信也，诚信，或说是罚也，加罚。发：启发，循循善诱，或说借为“拨”，去除。丰其蔀，日中见斗，往得疑疾，有孚发若，吉：日食时太阳为月亮所大大蒙蔽，以至于在中午能够看见北斗星，行动会得可疑的怪病，以诚信去循循善诱，吉利。

“有孚发若”，信以发志也：“有孚发若”，因为六二居中正之位而有中正之德，诚信可以启发诱导光明远大的志向。

九三：丰其沛，日中见沬，折其右肱，无咎。

《象》曰：“丰其沛”，不可大事也；“折其右肱”，终不可用也。

【本意】日食时太阳为月亮所大大蒙蔽，以至于在中午能够看见小星星，右臂折断了，没什么灾患。

《象传》解释说：日食时太阳为月亮所蒙蔽，不可以去做祭祀、战争之类的大事情；“折其右肱”，终究不可能被重用。

【解说】沛：日在云中称沛，沛者，不明也，此指日食时太阳为月亮所蒙蔽，或读为“旆”，古代旗末端状如燕尾的垂旒，或指布幔之类。沬：小星，或说指斗勺附近的暗星，或读为“彗”，彗星，或借为“魅”，妖魔。肱（gōng）：臂也，手臂。丰其沛，日中见沬，折其右肱，无咎：日食时太阳为月亮所大大蒙蔽，以至于在中午能够看见小星星，右臂折断了，没什么灾患。

“丰其沛”，不可大事也：日食时太阳为月亮所蒙蔽，在这种不正常的天时变化中，不可以去做祭祀、战争之类的大事情。

“折其右肱”，终不可用也：“折其右肱”，终究不可能被重用。

九四：丰其蔀，日中见斗，遇其夷主，吉。

《象》曰：“丰其蔀”，位不当也；“日中见斗”，幽不明也；“遇其夷主”，“吉”行也。

【本意】日食时太阳为月亮所大大蒙蔽，以至于在中午能够看见北斗星，遇到他经常寄寓的房东，吉利。

《象传》解释说：日食时太阳为月亮所大大蒙蔽，因为《丰》卦九四位不正当；“日中见斗”，因为天下一片幽暗不明；遇到他经常寄寓的房东，此行吉利。

【解说】丰：大也。蔀（bù）：日蔽云中，此指太阳为月亮所蒙蔽（日食时），或说读为“薄”，日月无光，或说是棚，院中席子所搭之棚，以遮蔽太阳风雨。斗：北斗星。夷：常也。夷主：经常寄寓的房东。丰其蔀，日中见斗，遇其夷主，吉：日食时太阳为月亮所大大蒙蔽，以至于在中午能够看见北斗星，遇到他经常寄寓的房东，吉利。

“丰其蔀”，位不当也：日食时太阳为月亮所大大蒙蔽，因为《丰》卦九四阳爻而居阴位，不当位，故曰“位不当也”。

“日中见斗”，幽不明也：在中午能够看见北斗星，因为太阳隐藏起来了，天下一片幽暗不明。

“遇其夷主”，“吉”行也：遇到他经常寄寓的房东，此行吉利。

六五：来章，有庆誉，吉。

《象》曰：“六五”之“吉”，“有庆”也。

【本意】太阳出来，光明再现，大有庆誉，吉利。

《象传》解释说：“六五”之所以“吉”而“有庆”，是因为六五能持守中道。

【解说】章：文采，文章，或读为殷商之“商”。来章：万物重现文采，太阳出来，光明再现。来章，有庆誉，吉：太阳出来，光明再现，大有庆誉，吉利。

“六五”之“吉”，“有庆”也：“六五”之所以“吉”而“有庆”，是因为六五居上卦之中位，能持守中道。

上六：丰其屋，蔀其家，窥其户，阒其无人，三岁不觌，凶。

《象》曰：“丰其屋”，天际翔也；“窥其户，阒其无人”，自藏也。

【本意】宽大的屋子，被严严实实地遮蔽起来，从门缝里窥视，寂静无人，后来多年不见人影，不吉利。

《象传》解释说：在位得势时居宽大的屋子，人在其中如同鸟儿在天空翱翔一样，一旦遭贬遇祸，宜于独自隐藏。

【解说】丰：大也。蔀（bù）：棚也，院中席子所搭之棚，此指严实遮蔽，或说读为“薄”，微薄，寡薄。窥：看也。阒（qù）：空静，寂静无声。三岁：三年，或多年。觌（dí）：见也。丰其屋，蔀其家，闚其户，阒其无人，三岁不觌，凶：宽大的屋子，被严严实实地遮蔽起来，从门缝里窥视，寂静无人，后来多年不见人影，不吉利。

“丰其屋”，天际翔也：在位得势时可以居宽大的屋子，人在其中如同鸟儿在天空自由翱翔一样。

“窥其户，阒其无人”，自藏也：“窥其户，阒其无人”，是说一旦遭贬遇祸，门庭冷落，宜于深居简出，独自隐藏。

五十六、旅（下艮上离）

䷷《旅》：小亨，旅贞，吉。

【本意】《旅》卦象征着小通顺，关于旅行方面的占问，是吉利的。

【解说】《旅》：旅行，军旅。

小亨：旅行经常要到陌生之地，遇陌生之人，即使有熟人朋友，也得看人家眼色行事，所谓“好出门不如歹在家”，所以仅得小通顺。小亨，旅贞，吉：小通顺，关于旅行方面的占问，是吉利的。

《彖》曰：《旅》，“小亨”，柔得中乎外，而顺乎刚，止而丽乎明，是以“小亨，旅贞，吉”也；《旅》之时，义大矣哉！

【本意】《旅》卦为小通顺，因为六五阴柔得中道于外面，而顺从阳刚之上九，知止而依附于光明，所以卦辞说“小亨，旅贞，吉”；旅行得时，意义重大啊！

【解说】柔得中乎外：《旅》卦六五为阴爻，阴性柔，居外卦之中，故曰“柔得中乎外”。

顺乎刚：六五阴爻上承上九，阴性柔顺，上九为阳爻，阳性刚，故云“顺乎刚”。

丽：附也，附丽，附着。止而丽乎明：《旅》卦下艮上离，艮为山，为止，离为火，为明，故曰“止而丽乎明”。

是以“小亨，旅贞，吉”也：因此会有“小亨，旅贞，吉”的结果。

《旅》之时，义大矣哉：出门旅行得时，意义重大啊！

《象》曰：山上有火，《旅》；君子以明慎用刑，而不留狱。

【本意】《旅》卦为“山上有火”、不能居留之象，故卦名为“旅”；君子观此卦象，用刑当明察慎重，稳健如山，决狱应果断而不拖延，迅若避火。

【解说】山上有火，《旅》：《旅》卦下艮上离，艮为山，离为火，故曰“山上有火”；山上野火熊熊，蔓延迅速，绝不能居留停止，故卦名为“旅”。

留狱：稽留讼狱，对狱讼拖延不决。君子以明慎用刑，而不留狱：君子观此卦象，用刑当明察慎重，稳健如山，决狱应果断而不拖延，迅若避火。

初六：旅琐琐，斯其所取灾。

《象》曰：“旅琐琐”，志穷“灾”也。

【本意】出外旅行的人猥琐吝啬，三心二意，如此多会招致灾患。

《象传》解释说：出外旅行的人猥琐吝啬，志意穷短，多会招致灾患。

【解说】琐琐：细小，琐细，此指猥琐吝啬，斤斤计较，抠抠搜搜，或说是三心二意，或多疑，疑虑重重。斯：读为“此”，帛书《周易》作“此”，或解释为离。旅琐琐，斯其所取灾：出外旅行的人猥琐吝啬，三心二意，如此多会招致灾患。

“旅琐琐”，志穷“灾”也：出外旅行的人猥琐吝啬，志意穷短，不能光明正大，如此多会招致灾患。

六二：旅即次，怀其资，得童仆，贞。

《象》曰：“得童仆，贞”，终无尤也。

【本意】旅人就住旅馆，怀揣着钱财，还领回男仆，占问（当为吉利）。

《象传》解释说：“得童仆，贞”，是说终究不会有什么灾患。

【解说】即：就，近，就住。次：客舍，旅馆。即次：就住旅馆。资：钱财。童仆：男奴隶。旅即次，怀其资，得童仆，贞：旅人就住旅馆，怀揣着钱财，还领回男仆，占问吉利。“贞”字后疑当有“吉”字，[①] 因为六二居中正之位而有中正之德，当为吉利，爻辞所说可以为证，从押韵角度亦可为之佐证。

尤：灾也，灾患，过错，怨尤。“得童仆，贞”，终无尤也：“得童仆，贞”，因为六二居中正之位而有中正之德，柔顺处事，所以终究不会有什么灾患。

九三：旅焚其次，丧其童仆，贞厉。

《象》曰：“旅焚其次”，亦以伤矣；以旅与下，其义“丧”也。

【本意】旅客住的旅馆被火烧了，失掉了他的男仆，占问有危险。

《象传》解释说：旅客住的旅馆被火烧了，旅人也受到了伤害；旅人与人相处而行为卑下猥琐，应该会遭到损害。

【解说】次：客舍，旅馆。厉：危也，危险。旅焚其次，丧其童仆，贞厉：旅客住的旅馆被火烧了，失掉了他的男仆，占问有危险，因为九三过于阳刚，急躁冒进。

伤：受到伤害，有所损失。“旅焚其次”，亦以伤矣：旅客住的旅馆被火烧了，旅人也受到了伤害，而有所损失。

与：二人共处。下：卑下猥琐。义：宜也，应该。以旅与下，其义“丧”也：旅人与人相处而行为卑下猥琐，应该会遭到损害。

九四：旅于处，得其资斧，我心不快。

《象》曰：“旅于处”，未得位也；“得其资斧”，“心”未“快”也。

【本意】旅人在临时居住地赚了钱，但其心里仍然不愉快。

《象传》解释说：虽然旅人在临时住所赚了钱，但其心里仍然不愉快，因为九四尚未得到如意之职位。

【解说】处：临时住所，临时居住地。资斧：钱币。斧：古代模仿斧形制

① 此据高亨先生之说。参见高亨《周易古经今注》，北京：清华大学出版社，2010年，第294页；高亨《周易大传今注》，济南：齐鲁书社，1998年，第342页。

成的钱币。不快：不愉快，不快活。旅于处，得其资斧，我心不快：旅人在临时居住地赚了钱，但其心里仍然不愉快。

“旅于处”，未得位也：旅人在临时住所，尚未得到如意之职位，因为九四以阳爻居阴位，不当位。

“得其资斧”，“心”未“快”也：旅人虽然赚了钱，但其心里仍然不愉快，因为九四不当位，象征旅人在外尚未得到如意之职位。

六五：射雉，一矢亡，终以誉命。

《象》曰：“终以誉命”，上逮也。

【本意】在射山鸡的比赛中，只有一箭未射中，最终获得了美名。

《象传》解释说：“终以誉命”，因为能上承上天或先王之旨意。

【解说】雉：山鸡。亡：失去，这里指箭未射中。誉命：美名。射雉，一矢亡，终以誉命：在射山鸡的比赛中，只有一箭未射中，最终获得了美名。

逮：及，达到，或说犹赐也。“终以誉命”，上逮也：“终以誉命”，因为六五居上卦之中位，能持守中道，又上承上九，象征国王有持中之德，能上承上天或先王之旨意。

上九：鸟焚其巢，旅人先笑后号咷，丧牛于易，凶。

《象》曰：以“旅”在“上”，其义“焚”也；“丧牛于易”，终莫之闻也。

【本意】鸟儿的巢被烧掉了，旅人先大笑，后又号啕大哭，因狄人侵掠而丧失了牛，凶险不吉利。

《象传》解释说：旅人不谦卑有礼，却高高在上，他的住处应该被焚；“丧牛于易”，却终究没有人来慰问。

【解说】号咷（táo）：号啕大哭。易：通“狄”，北方少数民族，指有易氏，古代一个氏族部落，有易氏是狄人，据说居于易水流域。丧牛于易：因狄人侵掠而丧失了牛。

鸟焚其巢，旅人先笑后号咷，丧牛于易，凶：鸟儿的巢被烧掉了，旅人先大笑，后又号啕大哭，因狄人侵掠而丧失了牛，凶险不利。这里牵涉到了历史事件，有多种说法，其中一个是说，周人居豳时，被狄人侵害，太王以犬马、牛羊、珠玉等礼物送给狄人求和，狄人不肯，一定要占领周人的土地，太王只好带领周人迁居岐山，迁居过程中，狄人抢掠了周人大量牛羊。[①]或说是指殷商之祖先王亥之故事。

义：宜也，应该。以“旅”在“上”，其义“焚”也：因为上九以阳爻居阴位，不当位，且居一卦之最上位，象征旅人不谦卑有礼，却高高在上，他的住处应该被焚。

莫之闻：莫闻之。闻：闻知；或说读为“问”，恤问，慰问。王念孙云：“闻犹问也，谓相恤问也。”“丧牛于易”，终莫之闻也：“丧牛于易”，却终究没有人来慰问，因为上九不当位，且居一卦之最上位，象征其人不谦卑有礼，却高高在上。

五十七、巽（下巽上巽）

☴《巽》：小亨，利有攸往，利见大人。

【本意】《巽》卦象征着小通顺，有利于有所行动，有利于有才德之大人物出来有所作为。

【解说】巽（xùn）：一般解释为入、伏、顺、顺从、逊、谦逊，巽为风、为入、为顺，故可引申为教命，号令，命令。帛书本“巽”作“筭”，读为“算”，计算，卜算。

小亨：小通顺。利有攸往：有利于有所行动。利见大人：有利于有才德之大人物出来有所作为。

《彖》曰：重巽以申命；刚巽乎中正而志行；柔皆顺乎刚，是以“小亨，利有攸往，利见大人”。

【本意】《巽》卦上下皆顺从，可以伸张教命和政令；九五阳刚顺从中正之道，其志意能施行于天下；阴柔皆顺从阳刚，因此会有“小亨，利有攸往，利

① 参见李镜池《周易通义》，北京：中华书局，1981年，第113页。

见大人”的结果。

【解说】巽：顺从。重巽以申命：《巽》卦下巽上巽，巽为风，为顺，为随，上下卦皆为巽，象征上下皆顺从，可以伸张教命和政令，故曰“重巽以申命”。此句或解释为，通过卜算以申天命。

刚巽乎中正而志行：九五阳刚居中正之位而有中正之德，象征刚健有为，持守中正，君王的志意能施行于天下，故曰“刚巽乎中正而志行”。

柔皆顺乎刚：《巽》卦下巽上巽，初六和六四两个阴爻分别上承九二和九五两个阳爻，阴性柔而阳性刚，上承即为顺从，故曰“柔皆顺乎刚”。

是以“小亨，利有攸往，利见大人”：由于《巽》卦有以上所说“重巽以申命；刚巽乎中正而志行；柔皆顺乎刚”三个特点，因此会有“小亨，利有攸往，利见大人”的结果。

《象》曰：随风，《巽》；君子以申命行事。

【本意】《巽》卦为风与风相随、物顺风而动之象，故曰“随风”，而卦名为“巽”；君子观此卦象，当反复申明教命和政令，以有效地推行政事。

【解说】随风，《巽》：《巽》卦下巽上巽，巽为风、为顺、为随，上下卦皆为巽，象风与风相随，物顺风而动，故曰“随风”，而卦名为“巽”。

申命：申明教命和政令。君子以申命行事：君子观此卦象，当三令五申，反复申明教命和政令，以有效地推行政事。

初六：进退，利武人之贞。

《象》曰：“进退”，志疑也；“利武人之贞”，志治也。

【本意】或进攻，或后退，有利于军人占问。

《象传》解释说：或进攻，或后退，因为志意疑惑不定；有利于军人占问，因为军人志意须有条不紊。

【解说】进退，利武人之贞：或进攻，或后退，进退乃兵家常事，故有利于军人占问。

疑：疑惑。“进退”，志疑也：或进攻，或后退，因为志意疑惑不定。

治：不乱，有条不紊。“利武人之贞”，志治也：有利于军人占问，因为军人志意须有条不紊，而不可经常疑惑不定。

九二：巽在床下，用史巫纷若，吉，无咎。

《象》曰："纷若"之"吉"，得中也。

【本意】伏在床下，不断用史巫，吉利，没有灾患。

《象传》解释说："纷若"之所以得"吉"，是因为九二能得中道。

【解说】巽：伏也，指顺伏。巽在床下：伏在床下，或说指病人怕鬼。史：向神祷告的人。巫：降神的人。纷若：乱纷纷的样子。巽在床下，用史巫纷若，吉，无咎：伏在床下，不断用史巫，吉利，没有灾患，或解释为，病人怕鬼，伏在床下，不断用史巫来驱鬼，吉利，没有灾患。当时迷信认为用史巫来驱鬼会得吉利，至少可得无咎。

"纷若"之"吉"，得中也："纷若"之所以得"吉"，是因为九二得中而能持守中道。

九三：频巽，吝。

《象》曰："频巽"之"吝"，志穷也。

【本意】忧愁不快地顺从，会遇到困难。

《象传》解释说："频巽"之"吝"，是因为志意困窘。

【解说】频：通"颦"，皱眉，忧愁不快的样子。巽：顺从，顺伏。吝：难也，困难。频巽，吝：忧愁不快地顺从，会遇到困难。

"频巽"之"吝"，志穷也："频巽"之"吝"，因为九三过于阳刚，急躁冒进，以致志意困窘，不得伸展。

六四：悔亡，田获三品。

《象》曰："田获三品"，有功也。

【本意】悔恨消亡，打猎获得多种猎物。

《象传》解释说：打猎获得多种猎物，很有功劳。

【解说】田：打猎。品：品种。三品：多种物品，这里指多种猎物。悔亡，田获三品：悔恨消亡，打猎获得多种猎物，因为六四当位得正，能持守正道，又能上承九五之尊。

“田获三品”，有功也：打猎获得多种猎物，很有功劳。

九五：贞吉，悔亡，无不利，无初有终；先庚三日，后庚三日，吉。

《象》曰："九五"之"吉"，位正中也。

【本意】占问吉利，悔恨消亡，无所不利，没有好开头，但有好结果；庚日前三天、后三天行动吉利。

《象传》解释说："九五"之所以"吉"，是因为九五居于中正之位。

【解说】贞吉，悔亡，无不利：占问吉利，悔恨消亡，无所不利。无初有终：没有好开头，但有好结果。

先庚三日，后庚三日，吉：庚日前三天、后三天行动吉利。古代以甲、乙、丙、丁、戊、己、庚、辛、壬、癸十天干来记日，先庚三日即丁日，后庚三日即癸日，这次占问结果是，丁日和癸日是吉日。

“九五”之“吉”，位正中也："九五"之所以"吉"，是因为九五居中正之位而有中正之德。

上九：巽在床下，丧其资斧，贞凶。

《象》曰："巽在床下"，"上"穷也；"丧其资斧"，正乎"凶"也。

【本意】顺伏在床下，丧失了他的钱财，占问有凶。

《象传》解释说："巽在床下"，因为上九陷入了困穷境地；"丧其资斧"，正是"凶"的表现。

【解说】巽：伏也，指顺伏。丧：丧失，失去。资：钱财。斧：古代的一种斧形货币。巽在床下，丧其资斧，贞凶：顺伏在床下，当是盗贼入室，家人害怕而躲避，所以丧失了他的钱财，占问有凶。

“巽在床下”，“上”穷也："巽在床下"，因为上九居于一卦之最上位，已顺从之极，陷入了困穷境地。

“丧其资斧”，正乎“凶”也："丧其资斧"，正是"凶"的表现。

五十八、兑（下兑上兑）

䷹《兑》：亨，利贞。

【本意】《兑》卦象征着亨通，是有利的占问。

【解说】《兑》："兑"为卦名，读为"悦"，意为喜悦，愉悦；或读为"说"，"脱"，"敓"（同夺）。《兑》卦中的全部"兑"字，帛书《周易》皆作"夺"，意为夺取，争夺，有学者即依据帛书《周易》解释此卦。

亨，利贞：《兑》卦象征亨通，是有利的占问。

《彖》曰：《兑》，说也；刚中而柔外，说以"利贞"，是以顺乎天而应乎人；说以先民，民忘其劳；说以犯难，民忘其死；说之大，民劝矣哉！

【本意】《兑》卦主要讲愉悦之道；刚在中而柔在外，和悦而"利贞"，因此行事就会上顺天理，下应人心；君王或领导以先于民众劳苦为喜悦，民众就会忘记劳苦，全力以赴；以先于民众受难为喜悦，民众就会忘记死亡，勉力效忠；和悦的大用，在于劝勉民众奋发努力啊！

【解说】说：读为"悦"，喜悦，愉悦。

刚中而柔外：《兑》卦下兑上兑，九二和九五两个阳爻居上下卦之中位而得中，阳性刚，故曰"刚中"；此卦六三和上六两个阴爻分别居于上下卦之上位，上为外，阴性柔，故曰"柔外"；象征君子外圆内方，内心刚毅坚贞，外表和蔼可亲。

说以"利贞"，是以顺乎天而应乎人：和悦而"利贞"，因此行事就会上顺天理，下应人心。

说以先民，民忘其劳；说以犯难，民忘其死：君王或领导以先于民众劳苦为喜悦，民众就会忘记劳苦，全力以赴；以先于民众受难为喜悦，民众就会忘记死亡，勉力效忠。

劝：勉励，劝勉。说之大，民劝矣哉：和悦的大用，在于劝勉民众奋发努力啊！

《象》曰：丽泽，《兑》；君子以朋友讲习。

【本意】《兑》卦为“丽泽”之象，两泽相连，则可相互交流，和悦调剂，故卦名为“兑”；君子观此卦象，当与朋友共同学习，以相互补益。

【解说】丽：犹连也，附丽，相连。丽泽：两泽相连。丽泽，《兑》：《兑》卦下兑上兑，上下卦皆为兑，兑为泽，故曰“丽泽”；两泽相连，则可相互交流，和谐调剂，故卦名为“兑”。

君子以朋友讲习：君子观此卦象，当与朋友共同学习，以相互补益。

初九：和兑，吉。
《象》曰：“和兑”之“吉”，行未疑也。

【本意】以温和态度令人喜悦，吉利。

《象传》解释说：“和兑”之“吉”，因为行动毫不迟疑。

【解说】和：温和。兑：读为“悦”，喜悦，愉悦。和兑，吉：以温和态度令人喜悦，吉利。

“和兑”之“吉”，行未疑也：“和兑”之“吉”，因为初九得正，阳性刚健，故其行动刚毅果断，毫不迟疑。

九二：孚兑，吉，悔亡。
《象》曰：“孚兑”之“吉”，信志也。

【本意】以诚信令人喜悦，吉利，悔恨消亡。

《象传》解释说：“孚兑”之“吉”，因为有诚信的志意。

【解说】孚：信也，诚信。兑：读为“悦”，喜悦，愉悦。孚兑，吉，悔亡：以诚信令人喜悦，吉利，悔恨消亡。

“孚兑”之“吉”，信志也：“孚兑”之“吉”，因为九二能持守中道，有诚信的志意。

六三：来兑，凶。

《象》曰："来兑"之"凶"，位不当也。

【本意】有所谋求而来，使人喜悦乃有媚人之嫌，有凶。

《象传》解释说："来兑"之所以"凶"，是因为六三位不正当。

【解说】兑：读为"悦"，喜悦，愉悦。来兑，凶：有所谋求而来，使人喜悦乃有媚人之嫌，故"凶"。

"来兑"之"凶"，位不当也："来兑"之所以"凶"，是因为六三以阴爻居阳位，位不正当，位不正当则不利。

九四：商兑未宁，介疾有喜。

《象》曰："九四"之"喜"，有庆也。

【本意】遇事相互和悦地商量，即使不能一下达成一致意见，也是吉利的，好像犯了疥疮之类的疾病一样，很快就会痊愈的。

《象传》解释说："九四"之"喜"，是有吉庆之事。

【解说】商：商量，商谈。兑：读为"悦"，喜悦，愉悦。未宁：未定，尚未最终达成一致意见。介：借为"疥"，癣疥。介疾：疥疮之类的疾病。有喜：有喜事，这里指疾病痊愈。商兑未宁，介疾有喜：遇事相互和悦地商量，即使不能一下达成一致意见，也是吉利的，正像犯了疥疮之类的疾病一样，即使一下不能痊愈，也不会有什么妨碍，很快就会痊愈的。

"九四"之"喜"，有庆也："九四"之"喜"，是有吉庆之事。

九五：孚于剥，有厉。

《象》曰："孚于剥"，位正当也。

【本意】在没落之时掠夺他人财物，会有危险。

《象传》解释说："孚于剥"，因为九五处位正当，不至于太凶。

【解说】孚：同"俘"，俘获，掠夺。剥：穷困没落。孚于剥，有厉：在他人或自己穷困没落之时，掠夺他人财物，会有危险。

"孚于剥"，位正当也："孚于剥"，而不至于太凶，因为九五虽然居于中正之位而有中正之德，处位正当，但与九二敌应，且其上之上六阴柔欲减消九五的阳刚之气。

上六：引兑。

《象》曰："上六""引兑"，未光也。

【本意】通过引诱而使人愉悦。

《象传》解释说："上六""引兑"，因为上六的道德还不能发扬光大。

【解说】引：引发，引诱。兑：读为"悦"，喜悦，愉悦。引兑：通过引诱而使人愉悦。

"上六""引兑"，未光也："上六""引兑"，因为上六有乘凌九五之尊之意，其道德还不能说是正大光明，也不可以发扬光大。

五十九、涣（下坎上巽）

䷺《涣》：亨，王假有庙，利涉大川，利贞。

【本意】《涣》卦象征着在举行祭祀时，国王亲临神庙，有利于渡大河，做大事，是吉利的占问。

【解说】《涣》：离也，流散，离散，水流，冲洗，涣散。

亨：享祀之享，帛书《周易》正作"享"，汉碑"元亨"字皆作"元享"，本义为献物以祭，祭祀可以沟通天人、使人通于神明，故引申为通，通达，亨通。

假：读为格，至也，到达。有：犹于也，帛书《周易》"有"正作"于"。庙：神庙，宗庙。亨，王假有庙：在举行祭祀时，国王亲临神庙。利涉大川，利贞：有利于渡大河，做大事，是吉利的占问。

《象》曰：《涣》"亨"，刚来而不穷，柔得位乎外而上同；"王假有庙"，王乃在中也；"利涉大川"，乘木有功也。

【本意】《涣》卦象征亨通，阳刚来临而不会困穷，臣民各安其位而上同于君王；“王假有庙”，是说九五之尊居中正之位而有中正之德；“利涉大川”，是说人可乘木舟而有其功。

【解说】《涣》“亨”，刚来而不穷：《涣》卦亨通，因为《涣》卦九二、九五两个阳爻皆居中位，九二在内为主，九五在外居尊，阳性刚健，象征明君贤臣有中正之德，行事自然不会困穷，故曰“《涣》，‘亨’，刚来而不穷”。宋儒杨简以卦变说解释为：涣卦由否卦变化而来，否卦九四之刚来为九二而成坎，故曰“刚来”，六二之柔往为六四而成巽，故曰“柔得位乎外”。

柔得位乎外而上同：《涣》卦六四居外卦而得正，上承九五阳刚之君，象征臣民各安其位，顺从君王，故曰“柔得位乎外而上同”。上同：上同于君王，顺从君王。

“王假有庙”，王乃在中也：《涣》卦九五居中正之位，象征君王有中正之德，故曰“‘王假有庙’，王乃在中也”。

“利涉大川”，乘木有功也：《涣》卦下坎上巽，坎为水，巽为风，为木，象船，正像船行于水上，人可乘之而有其功，故曰“‘利涉大川’，乘木有功也”。

《象》曰：风行水上，《涣》；先王以享于帝，立庙。

【本意】《涣》卦有“风行水上”之象，风吹于水上，水会涌流激荡，冲刷岸边及水上之物，故卦名为“涣”；先王观此卦象，当祭祀上天，建立宗庙。

【解说】涣：水流，冲洗，涣散。风行水上，《涣》：《涣》卦下坎上巽，坎为水，巽为风，故曰“风行水上”；风吹于水上，水会涌流激荡，冲刷岸边及水上之物，故卦名为“涣”。

先王以享于帝，立庙：先王观此卦象，当祭祀上天，建立宗庙，宣扬君权神授和先祖功德，以加强臣民的凝聚力，防止民心涣散。

初六：用拯马，壮，吉。

《象》曰：“初六”之“吉”，顺也。

【本意】用来骟马，马会健壮，吉利。

《象传》解释说：“初六”之“吉”，是因为初六柔顺承刚。

【解说】拯：借为“騬”，阉割，今称作“骟”。用拯马，壮，吉：用来骟马，马会健壮，吉利。

顺：柔顺。“初六”之“吉”，顺也：“初六”之“吉”，是因为初六柔顺承刚。

九二：涣奔其机，悔亡。

《象》曰：“涣奔其机”，得愿也。

【本意】大水奔流到台阶，可冲洗院内的污秽，没有什么悔恨。

《象传》解释说：“涣奔其机”，得遂其心愿。

【解说】涣：冲刷。奔：奔流。机：帛书《周易》作“阶”，“机”当读为“阶”。涣奔其机，悔亡：大水奔流到台阶，可冲洗院内的污秽，没有什么悔恨。

得愿：遂其心愿。

六三：涣其躬，无悔。

《象》曰：“涣其躬”，志在外也。

【本意】以水冲洗自身，没有悔恨。

《象传》解释说：洪水冲到自身，也不悔恨，因为六三志意在外，而不在自身。

【解说】涣：冲刷。躬：身体。涣其躬，无悔：以水冲洗自身，可以洗去污秽，象征清除邪恶，自然无悔；或解释为，洪水冲到自身，幸而脱险，无悔。

“涣其躬”，志在外也：洪水冲到自身，也不悔恨，因为六三以阴爻居阳位，上与外卦之上九相应和，象征他志在抢救他人，而不在自身脱险。

六四：涣其群，元吉；涣有丘，匪夷所思。

《象》曰：“涣其群，元吉”，光大也。

【本意】水流冲洗群众，大吉；奔流的水冲激在丘陵上，不是平常情况下所能想到的。

《象传》解释说："涣其群，元吉"，因为其志愿得以发扬光大。

【解说】涣：冲刷。涣其群，元吉：水流冲洗群众，使大家去恶从善，洁身自好，故大吉；有学者解释为，洪水冲到人群，而群众得以脱险，大吉。

有：犹于也。夷：平常。涣有丘，匪夷所思：奔流的水冲激在丘陵上，是异常现象，出人意料，不是平常情况下所能想到的。

"涣其群，元吉"，光大也："涣其群，元吉"，因为六四阴柔上承九五阳刚之君，阴阳得正而亲比，象征君臣和谐，各司其职，其志愿得以发扬光大。

九五：涣汗其大号，涣王居，无咎。
《象》曰："王居，无咎"，正位也。

【本意】汹涌呼号的大水冲激王宫，不会有什么妨碍。

《象传》解释说："王居，无咎"，因为九五居中正之君位。

【解说】涣：冲刷。汗：漫汗，水势浩大。涣汗其大号，涣王居，无咎：汹涌呼号的大水冲激王宫，能洗刷掉王宫的肮脏污秽，象征能清除许多奸臣小人，不会有什么妨碍。

正位：端正王位。"王居，无咎"，正位也：汹涌呼号的大水冲激王宫，而能没有灾患，因为九五居中正之君位，有中正之美德，能够清除邪恶不正、肮脏污秽一般的小人。

上九：涣其血，去，逖出，无咎。
《象》曰："涣其血"，远害也。

【本意】冲散他的忧患，忧患消失了，警惕之心出来了，故不会有什么妨害。

《象传》解释说：冲散他的忧患，警惕之心出来，可以远离危害。

【解说】涣：冲刷，涣散，冲散。血：借为"恤"，忧虑，忧患。逖：通"惕"，警惕。涣其血，去，逖出：当作"涣其血，血去，逖出"。涣其血，去，逖出，无咎：冲散他的忧患，忧患消失了，但仍小心谨慎，警惕之心出来了，故不会有什么妨害。

"涣其血"，远害也：冲散他的忧患，忧患消失，但仍小心谨慎，警惕之心出来，如此可以远离危害。

六十、节（下兑上坎）

䷻《节》：亨；苦节，不可贞。

【本意】《节》卦象征着节制则亨通，以有节度为苦，是不可行的占问。

【解说】《节》：节约，节制，节度。

亨：亨通。苦节，不可贞：以有节度为苦，而不想要节度，是不可行的占问。

《象》曰：《节》"亨"，刚柔分而刚得中；"苦节，不可贞"，其道穷也；说以行险，当位以节，中正以通；天地节而四时成，节以制度，不伤财，不害民。

【本意】《节》卦象征节制则亨通，刚柔平分而阳刚得守中道；"苦节，不可贞"，因为以有节度为苦，是自取困穷之道；愉悦以行于险境，当位得正而有节度，持守中正之道而可以畅通于天下；天地有节度地运行，而四时各有所成，制定各种法则，以使天下大众尤其是贵族各有节度，就不会浪费财物，不会危害民众。

【解说】《节》"亨"，刚柔分而刚得中：《节》卦阴爻、阳爻各为三爻，平分秋色，又其上卦为坎，坎为中男，为阳卦，阳性刚，下卦为兑，兑为少女，为阴卦，阴性柔，《节》卦的九五、九二为阳爻，阳性刚，居上下卦的中爻位而得中，故曰"刚柔分而刚得中"。

"苦节，不可贞"，其道穷也：以有节度为苦，是不可行的占问，因为以有节度为苦，是自取困穷之道。

说：同"悦"，喜悦，愉悦。说以行险：《节》卦下兑上坎，兑为悦，坎为水、为险，象征谈笑风生地在险境中行进，故曰"说以行险"。

当位以节，中正以通：《节》卦下兑上坎，初九、六四、九五、上六皆当位，尤其九五居中正之位而有中正之德，下有六四相承，上有上六亲比，象征君民各安其位，各守节度，君王有中正之德性，其政令可以畅通于天下，故曰"当位以节，中正以通"。

天地节而四时成：天地有节度地运行，而四时各有所成。

节以制度：制定各种法则，以使天下大众各有节度，如制定法律、礼仪。

不伤财，不害民：按照社会制度，人们尤其是贵族的享受和行动，要在规定的范围以内，就不会浪费财物，不会危害民众。

《象》曰：泽上有水，《节》；君子以制数度，议德行。

【本意】《节》卦有“泽上有水”、须加节制调控之象，故卦名为“节”；君子观此卦象，须及时制定礼仪节度，评议道德行为。

【解说】泽上有水，《节》：《节》卦下兑上坎，兑为泽，坎为水，故曰“泽上有水”；水在沼泽之上流，会有盈溢之患，须加节制调控，不使水泛滥成灾，水涨时要筑堤坝，故卦名为“节”。

数：礼仪的等级。度：法度，包括法律、礼仪。数度：数量和长短度量，引申为使社会有节度秩序的社会制度、礼仪、规范。议：评议。君子以制数度，议德行：君子观此卦象，须及时制定礼仪节度，规范社会秩序，评议道德行为，以使社会有条不紊，而不至于纷乱无序。

初九：不出户庭，无咎。
《象》曰：“不出户庭”，知通塞也。

【本意】不出自家院子，不会有什么妨害。

《象传》解释说：“不出户庭”，没有灾患，因为知道通塞之理。

【解说】户庭：室门前的院子；或说指家门。不出户庭，无咎：在家里不守节度，家人忍让，所以不会有什么妨害，因为初九当位得正，能持守正道，谦卑处下。

知通塞也：知道畅通无阻与阻塞不通的原因和道理。“不出户庭”，知通塞也：知道在家里不守节度行得通，到家外行不通，所以不出自家院子。

九二：不出门庭，凶。
《象》曰：“不出门庭，凶”，失时极也。

【本意】不出宅门去有所作为，不利。

《象传》解释说：“不出门庭，凶”，因为九二不当位，严重错失时机。

【解说】门庭：宅门前的空地；或说指闾门。不出门庭，凶：九二阳刚虽能持守中道，而不当位，象征本应有所作为而没有职位，只好不出宅门，故为不利；或解释为，在闾门内住有许多人家，在闾门内不守节度，要得罪邻居，所以“凶”。

极：严重，最甚。“不出门庭，凶”，失时极也：“不出门庭，凶”，因为严重错失时机。

六三：不节若，则嗟若，无咎。

《象》曰：“不节”之“嗟”，又谁“咎”也？

【本意】不守节度，就会忧愁嗟叹，通晓这个道理，就会没有妨害。

《象传》解释说：由于不守节度而导致忧愁嗟叹，又能去责怪谁呢？

【解说】若：语气助词。不节若，则嗟若，无咎：不守节度，就会忧愁嗟叹，通晓这个道理，就会没有妨害。

“不节”之“嗟”，又谁“咎”也：由于不守节度而导致忧愁嗟叹，又能去责怪谁呢？

六四：安节，亨。

《象》曰：“安节”之“亨”，承上道也。

【本意】安心遵守节度，诸事通顺。

《象传》解释说：“安节”之所以“亨”，是因为六四顺承阳刚上级之正道。

【解说】安节，亨：安心遵守节度，诸事通顺。

承：顺承，遵守。“安节”之“亨”，承上道也：“安节”之所以“亨”，是因为六四得正而上承九五中正之阳刚君王，顺承阳刚上级之正道。

九五：甘节，吉，往有尚。

《象》曰：“甘节”之“吉”，居位中也。

【本意】甘心遵守节度，吉利，继续这样做，会获赞誉。

《象传》解释说：“甘节”之所以“吉”，是因为九五居于中正之位。

【解说】尚：读为“赏”，嘉赏，赞许，嘉许。甘节，吉，往有尚：甘心遵守节度，吉利，继续这样做，会获赞誉。

中：中正。“甘节”之“吉”，居位中也：“甘节”之所以“吉”，是因为九五居于中正之位而有中正之德。

上六：苦节，贞凶；悔亡。

《象》曰：“苦节，贞凶”，其道穷也。

【本意】以节制为苦，占问不利；遵守节度，悔恨就会消亡。

《象传》解释说：“苦节，贞凶”，因为“苦节”是自取困穷之道。

【解说】苦节，贞凶；悔亡：以节制为苦，占问不利；遵守节度，悔恨就会消亡。

“苦节，贞凶”，其道穷也：“苦节，贞凶”，因为上六居《节》卦最上位，已到物极必反、山穷水尽的地步，这是“苦节”的后果，表明“苦节”是自取困穷之道。

六十一、中孚（下兑上巽）

䷼ 《中孚》：豚鱼吉，利涉大川，利贞。

【本意】《中孚》卦象征着内心诚信，以豚鱼之类的微薄物品举行祭祀，也一样吉利，利于渡涉大川，是吉利的占问。

【解说】《中孚》：卦名，意为内心诚信。高亨先生认为，“‘中孚’二字当重”，原本疑因下文有“中孚”二字而脱，据《周易》卦辞通例以补。

豚（tún）鱼：小猪和鱼。古代重大的祭品是牛、羊、猪三牲，小猪和鱼是薄祭之物。中孚，豚鱼吉：内心诚信，以豚鱼之类的微薄物品举行祭祀，也一样吉利。孔颖达疏曰：“信发于中，谓之中孚。鱼者，虫之幽隐。豚者，兽之微贱。人主内有诚信，则虽微隐之物，信皆及矣。莫不得所而获吉，故曰‘豚鱼吉’也。”

利涉大川，利贞：《中孚》卦下兑上巽，兑为泽、为水，巽为风、为木，木在水上，正像木船在水，《中孚》卦六三、六四两个阴爻在中间，阴性虚，且卦象全体也是中虚的，木船虚可载人，故曰“利涉大川，利贞”。

《象》曰:《中孚》，柔在内而刚得中，说而巽，孚乃化邦也;“豚鱼吉”，信及豚鱼也;“利涉大川”，乘木舟虚也;“中孚”以“利贞”，乃应乎天也。

【本意】《中孚》卦象是阴柔在内而阳刚得其中道，君王诚信、和悦而谦逊，可以感化全邦民众;“豚鱼吉”，因为内心诚信至极，才能感化反应迟钝的豚鱼;“利涉大川”，因为《中孚》卦象全体中虚，象征木船虚可载人；内心诚信之所以是吉利的占问，是因为诚信乃顺应天之正道。

【解说】《中孚》，柔在内而刚得中:《中孚》卦内部中间两爻为阴柔之爻，外面四爻为阳刚之爻，九五、九二为阳刚之爻，分别居于上下卦的中爻位，故曰“柔在内而刚得中”。

说而巽，孚乃化邦也:《中孚》卦下兑上巽，兑为泽、为悦，巽为风、为逊，和悦而谦逊，“诚信发于内，则邦国化于外”，君王诚信、和悦而谦逊，可以感化全邦民众，故曰“说而巽，孚乃化邦也”。说：同“悦”，愉悦，和悦。巽：借为“逊”，谦逊，谦虚。

“豚鱼吉”，信及豚鱼也：以豚鱼之类的薄物举行祭祀，也一样吉利，因为内心诚信至极，才能感化反应迟钝的豚鱼。

“利涉大川”，乘木舟虚也:《中孚》卦下兑上巽，兑为泽、为水，巽为风、为木，木在水上，正像木船,《中孚》卦六三、六四两个阴爻在中间，阴性虚，且卦象全体也是中虚的，木船虚可载人，故曰“‘利涉大川’，乘木舟虚也”。

“中孚”以“利贞”，乃应乎天也：内心诚信之所以是吉利的占问，是因为诚信乃顺应天之正道,《中庸》曰:“诚者，天之道也；诚之者，人之道也。”

《象》曰：泽上有风,《中孚》；君子以议狱缓死。

【本意】《中孚》卦有“泽上有风”、风吹泽水、泽水必动、诚实无妄之象，同时，其卦象为大离卦，离为日、为明，象征内怀明德，诚信磊落，故卦名为“中孚”；君子观此卦象，于决断狱讼时，要诚实无妄，周详审议，从缓执行死刑，务求信实可靠，避免发生冤狱。

【解说】中孚：内心诚信。泽上有风，《中孚》:《中孚》卦下兑上巽，兑为泽，巽为风，故曰“泽上有风”；风吹泽水，泽水必动，微风起涟漪，狂风起巨澜，这是诚实无妄、确信无疑的自然现象，同时，其卦象为大离卦，离为日、为明，象征内怀明德，诚信磊落，故卦名为“中孚”。

君子以议狱缓死：君子观此卦象，于决断狱讼时，要诚实无妄，周详审议，从缓执行死刑，务求信实可靠，避免发生冤狱，使受刑者诚心伏罪；若罚不当罪，必难服众。同时，君子在议狱缓死的过程中也体现出不忍之心，希望以自己的诚信感化罪犯，使之改邪归正。

初九：虞吉，有它不燕。

《象》曰：“初九”“虞吉”，志未变也。

【本意】安定则吉，另有他求则不安。

《象传》解释说：“初九”“虞吉”，因为初九守正之志没有改变。

【解说】虞：安也，或说为度，或说犹专也。它：别的变故，意外之事。燕：安也。虞吉，有它不燕：初九当位得正，守正安定则吉，外与六四远应，另有他求则不安。

志未变：守正之志没有改变，故可以安然无忧。“初九”“虞吉”，志未变也：“初九”“虞吉”，因为初九当位得正，守正之志没有改变。

九二：鸣鹤在阴，其子和之；我有好爵，吾与尔靡之。

《象》曰：“其子和之”，中心愿也。

【本意】老鹤在树荫里鸣叫，其子听到后唱和起来；我有甘美的琼浆，希望与你们共享它。

《象传》解释说：“其子和之”，内心情愿如此。

【解说】阴：树荫或月夜，或说是山阴。爵：古代雀形酒器，这里指代美酒。靡：共享。鸣鹤：有的《周易》版本作“鹤鸣”。

鸣鹤在阴，其子和之，我有好爵，吾与尔靡之：老鹤在树荫里鸣叫，其子听到后唱和起来；我有甘美的琼浆，希望与你们共享这美好时光。

中心愿也：内心情愿如此。

六三：得敌，或鼓或罢，或泣或歌。

《象》曰："或鼓或罢"，位不当也。

【本意】俘获了敌人，有人主张继续进攻，有人主张及时收兵，有人哭泣，有人歌唱。

《象传》解释说："或鼓或罢"，因为六三位不正当。

【解说】得：获得，俘获。得敌：俘获敌人。鼓：进军，进攻。罢：收兵。得敌，或鼓或罢，或泣或歌：打了胜仗，俘获了敌人，有人主张继续进攻，有人主张及时收兵，有人哭泣，有人歌唱。

"或鼓或罢"，位不当也：有人主张继续进攻，有人主张及时收兵，进退失度，悲欢无常，因为六三以阴爻居阳位，位不正当，且又乘凌九二阳刚，处境不利。

六四：月几望，马匹亡，无咎。

《象》曰："马匹亡"，绝类上也。

【本意】月亮接近望日，有马匹跑掉了，没有灾患。

《象传》解释说："马匹亡"，杜绝类似的事情再次发生。

【解说】月几望，马匹亡，无咎：月亮接近望日，有马匹跑掉了，没有灾患。几：接近；马王堆汉帛书《周易》作"既"。望：月球与太阳的地心黄经相差 180° 的时刻，这时地球处于太阳和月球之间，月球朝向地球的一面照满太阳光，所以从地球上看来，月球呈光亮的圆形，这时的月球叫作满月或望月。在中国古代历法中，把包含望月那一时刻的那一天叫作望日，一般为夏历每月十五日，有时为十六日或十七日。亡：跑掉，失去。

"马匹亡"，绝类上也：有马匹跑掉了，立即采取措施，杜绝类似的事情再次发生。

九五：有孚挛如，无咎。

《象》曰："有孚挛如"，位正当也。

【本意】有许多俘虏被捆绑在一起，没有灾患。

《象传》解释说："有孚挛如"，而无咎，因为九五居于中正之位。

【解说】孚：同"俘"，俘获，俘虏。挛（luán）如：拘系相连的样子。有孚挛如，无咎：有许多俘虏被捆绑在一起，没有灾患。

"有孚挛如"，位正当也："有孚挛如"，而无咎，因为九五居于中正之位而有中正之德。

上九：翰音登于天，贞凶。

《象》曰："翰音登于天"，何可长也？

【本意】鸡飞得太高，容易掉下来摔坏，占问有凶。

《象传》解释说："翰音登于天"，怎么会长久呢？

【解说】翰音：鸡。翰音登于天：鸡飞上天，比喻鸡飞得太高。翰音登于天，贞凶：鸡飞得太高，容易掉下来摔坏，故此占问有"凶"。

"翰音登于天"，何可长也："翰音登于天"，是反常现象，怎么会长久呢？

六十二、小过（下艮上震）

䷽ 《小过》：亨，利贞；可小事，不可大事；飞鸟遗之音，不宜上，宜下，大吉。

【本意】《小过》卦象征着通顺，是有利的占问；可以做小事，不可以做大事；飞鸟传来好声音，不宜向上飞使人不闻，宜向下飞使人闻之，大吉。

【解说】《小过》：小过失，小差错，稍微有一些过度。

亨，利贞：《小过》卦象征通顺，是有利的占问。

可小事，不可大事：可以做小事，不可以做大事。

飞鸟遗之音，不宜上，宜下，大吉：飞鸟传来好声音，不宜向上飞使人不闻，宜向下飞使人闻之，大吉。此句或从鸟情（以飞鸟之行及其声音占卜的方术）角度解释为，飞鸟留下声音，不宜上，宜下，大吉。或解释说是，飞鸟传来异常的叫声，可能受伤了，不宜向上强飞，宜向下飞，寻找栖息之地，大吉。

《象》曰:《小过》，小者过而“亨”也；过以“利贞”，与时行也；柔得中，是以“小事”“吉”也；刚失位而不中，是以“不可大事”也；有“飞鸟”之象焉，“飞鸟遗之音，不宜上，宜下，大吉”，上逆而下顺也。

【本意】《小过》卦是说，小的方面有过错，关系不大，所以还是通顺的；《小过》卦有“过”而“利贞”，因为能够依据时势行事；阴柔能持守中道，因此“小事”“吉”；阳刚者没有地位，且不能持守中道，因此说“不可大事”；《小过》卦有“飞鸟”之象，之所以说“飞鸟遗之音，不宜上，宜下，大吉”，是因为向上有背事理，而向下则随顺天道。

【解说】《小过》，小者过而“亨”也:《小过》卦下艮上震，从卦形上看，中间两个阳爻九三和九四被其他四个阴爻包围，阳刚陷入重重阴柔之中，阴柔有所过而阳刚略显不足，故称“小过”。实际上，阴性柔弱，阴柔有所过，正好与阳刚达到平衡，阴阳平衡则吉利亨通，故曰“亨”，象征小的方面有过错，关系不大，所以还是通顺的。

过以“利贞”，与时行也:《小过》卦之所以“过”而却是有利的占问，是因为能够依据时势行事的缘故。

柔得中，是以“小事吉”也:《小过》卦下艮上震，六二、六五两个阴爻居上下卦之中位，阴性柔弱，比喻才力薄弱的人虽然能持守中道，但却只可以办小事。

刚失位而不中，是以“不可大事”也:《小过》卦阳爻失去主要位置，且不居中位，阳性刚健，比喻才力强大的人没有地位，且不能持守中道，因此不能办大事。

有“飞鸟”之象焉，“飞鸟遗之音，不宜上，宜下，大吉”，上逆而下顺也:《小过》卦下艮上震，震为鹄，今名天鹅，艮为山，天鹅飞过山上，有异常叫声，可能受伤了，故不宜继续向上飞，应该向下飞，寻找栖息之地，向上有背事理，而向下则随顺天道。

《象》曰：山上有雷，《小过》；君子以行过乎恭，丧过乎哀，用过乎俭。

【本意】《小过》卦下艮上震，艮为山，震为雷，故曰“山上有雷”；山上响雷，山谷回响，这种现象不太常见，稍微超出正常范围，故卦名为“小过”；君子观此卦象及卦名，从而谨言慎行，力求无过，其偶尔有小过者，只是行为稍过于恭敬，而失之拘谨；居丧稍过于哀伤，而失之毁身；日用稍过于节俭，而失之吝啬。

【解说】山上有雷，《小过》：《小过》卦下艮上震，艮为山，震为雷，故曰“山上有雷”；山上响雷，山谷回响，这种现象不太常见，稍微超出正常范围，故卦名为“小过”。

君子以行过乎恭，丧过乎哀，用过乎俭：君子观此卦象及卦名，从而谨言慎行，力求无过，其偶尔有小过者，只是行为稍过于恭敬，而失之拘谨；居丧稍过于哀伤，而失之毁身；日用稍过于节俭，而失之吝啬。[①] 此句或可解释为，君子若有小过，当知小过并不为过，比如行为稍许过于恭谨，居丧稍许过于悲哀，日用稍许过于节俭，虽为小过，却无伤大雅。[②]

初六：飞鸟以凶。

《象》曰：“飞鸟以凶”，不可如何也。

【本意】飞鸟带来凶兆。

《象传》解释说：“飞鸟以凶”，真是无可奈何。

【解说】以：与，带来。飞鸟以凶：飞鸟带来凶兆。《小过》卦“上逆而下顺”，而初六之应爻九四在上卦，初六欲进，进而违背事理，无所措足，故曰“飞鸟以凶”。

“飞鸟以凶”，不可如何也：“飞鸟以凶”，违背事理，真是无可奈何。

---

① 参见高亨《周易大传今注》，济南：齐鲁书社，1998 年，第 366 页。

② 参见唐明邦主编《周易评注》，北京：中华书局，1995 年，第 190 页。

六二：过其祖，遇其妣；不及其君，遇其臣，无咎。
《象》曰："不及其君"，臣不可过也。

【本意】祖父也可以批评，祖母也应表扬；君王也可以指出他的不足，臣子也可以受到赞扬，没有灾患。

《象传》解释说："不及其君"，是说臣民在各个方面都不可超过君主。

【解说】过：责备，批评。祖：祖父。遇：礼遇，与"过"相反，引申为表扬，赞扬。妣（bǐ）：祖母。不及：不够，有缺点，这里作动词，意思与"过"相同。

过其祖，遇其妣；不及其君，遇其臣，无咎：在家里，祖父也可以批评，祖母也应表扬；在国里，君王也可以指出他的不足，臣子也可以受到赞扬；这样才是有利于社会发展的，所以说"无咎"。当时是父权制社会，在家庭中祖父是最权威的，而妇女，即使是祖母，也形同奴隶；在国家，更是君尊臣卑，等级森严。当时作者能提出这种见解，是十分难能可贵的。①

"不及其君"，臣不可过也：臣民在各个方面都不可超过君主，所以说臣民"不及其君"。在这里，《象传》的解释与六二爻辞的原意有所不同。

九三：弗过，防之，从或戕之，凶。
《象》曰："从或戕之"，"凶"如何也？

【本意】没有错误，也要防止他，如果放纵不理，反而会害了他，有凶。

《象传》解释说：放纵不理，最终反而会害了他，使他得到不利后果，又能怎么样呢？

【解说】从：通"纵"，放纵。戕（qiāng）：伤害。弗过，防之，从或戕之，凶：没有错误，也要防止他，如果放纵不理，反而会害了他，有凶。

"从或戕之"，"凶"如何也：放纵不理，最终反而会害了他，使他得到不利后果，又能怎么样呢？

① 参见李镜池《周易通义》，北京：中华书局，1981年，第123页。

九四：无咎，弗过，遇之，往厉，必戒；勿用永贞。

《象》曰："弗过，遇之"，位不当也；"往厉，必戒"，终不可长也。

【**本意**】没有过失，没有过度，要表扬鼓励，行动有危险，必须警惕戒备；不利于长期之事方面的占问。

《象传》解释说："弗过，遇之"，因为九四位不正当；"往厉，必戒"，因为这种状况终究不可能长久。

【**解说**】无咎，弗过，遇之，往厉，必戒：没有过失，没有过度，要表扬鼓励，行动有危险，必须警惕戒备。

勿用永贞：不利于长期之事方面的占问。

"弗过，遇之"，位不当也：九四阳爻居阴位，是不当位，故曰"位不当"。既然不当其位，自然不会犯在这个位子上才能犯的过错，所以就"弗过，遇之"。这样解释，与爻辞的原意有所不同。

"往厉，必戒"，终不可长也：九四以阳爻居阴位，位不正当，位不正当则不利，行动有危险，一定要警惕，但这种状况终究不可能长久。

六五：密云不雨，自我西郊；公弋，取彼在穴。

《象》曰："密云不雨"，已上也。

【**本意**】浓密的云彩不会下雨，因为是来自西郊；王公射猎，在鸟巢中收获猎物。

《象传》解释说："密云不雨"，因为云彩已经上升到高空。

【**解说**】弋（yì）：射也，系缴（zhuó）于矢以射鸟。

密云不雨，自我西郊：这是在讲气候变化；浓密的云彩来自西郊，向东飘移，则不会下雨，北方谚语有"云彩往东，十有九空"。

密云不雨，自我西郊；公弋，取彼在穴：前者是气候之占，后者是行猎之占；气候之占的结果还是无雨，王公行猎则有收获。

"密云不雨"，已上也："密云不雨"，因为云彩已经上升到高空，不会降下雨了。

上六：弗遇，过之，飞鸟离之，凶，是谓灾眚。

《象》曰："弗遇，过之"，已亢也。

【本意】没有受到表扬，反而挨了批评，正像飞鸟误投网罗，凶险不利，这就叫灾难。

《象传》解释说：没有受到表扬，反而挨了批评，因为上六已经处于穷高危险之地。

【解说】离：借为"罗"，网罗。眚（shěng）：灾也，灾难。弗遇，过之，飞鸟离之，凶，是谓灾眚：没有受到表扬，反而挨了批评，正像飞鸟误投网罗，凶险不利，这就叫灾难。

"弗遇，过之"，已亢也：没有受到表扬，反而挨了批评，因为上六居一卦之最上位，已经处于穷高危险之地，物极必反，挨批有凶在所难免。

六十三、既济（下离上坎）

䷾ 《既济》：亨，小利贞，初吉，终乱。

【本意】《既济》卦象征着通顺，是稍微有利的占问，开始吉利，终究混乱。

【解说】济：成也。《既济》：已经成功渡过，指所作已毕，圆满成功。《杂卦》曰："既济，定也。""定"犹"成"也。

亨，小利贞，初吉，终乱：通顺，实为"小亨"，因"初吉，终乱"，故称"小利贞"。小利贞：稍微有利的占问，开始吉利，终究混乱。初吉，终乱：开始吉利，终究混乱。

《象》曰：《既济》"亨"，小者亨也；"利贞"，刚柔正而位当也；"初吉"，柔得中也；"终"止则"乱"，其道穷也。

【本意】《既济》之"亨"，是指小的方面通顺；"利贞"，因为《既济》卦阴阳刚柔皆得正而位当；"初吉"，因为六二阴柔能得中道；"终"止则"乱"，因为其道即将面临困穷之境。

【解说】《既济》"亨"，小者亨也:《既济》之"亨"，是指小的方面通顺。

"利贞"，刚柔正而位当也:《既济》"利贞"，因为《既济》卦阴爻、阳爻皆得正而位当，阴性柔而阳性刚，"刚柔正而位当也"。

"初吉"，柔得中也："初吉"，因为六二阴柔居下卦之中位，而能得中道。

"终"止则"乱"，其道穷也："终"止则"乱"，因为成败吉凶，随时变化，相互转化，物极必反，乃是自然之理，上六虽然柔顺得正，但已面临困穷之境，同时,《既济》卦阴阳刚柔皆得正而位当，象征一切已经成功，但成败吉凶，会随时相互转化，所以说"终"止则"乱"。

《象》曰：水在火上,《既济》；君子以思患而豫防之。

【本意】《既济》卦有"水在火上"、互相成就之象，故卦名为"既济"；君子观此卦象，要居安思危，预防事情向坏的方面转化。

【解说】既济：已经渡过河，引申为事业已成功。水在火上,《既济》:《既济》卦下离上坎，离为火，坎为水，故曰"水在火上"；以水灭火，火灾遂息，以火煮水中之物，物必成熟，可见水火不必互相毁灭，运用得当，可以使之互相成就，故卦名为"既济"。

患：祸患，灾患。豫：读为"预"，预防，防止。君子以思患而豫防之：君子观此卦象，当在事业成功之时，仍须保持忧患意识，要居安思危，进而努力防范，以防止事情向坏的方面转化，如此乃可达到持久"既济"的目的。

初九：曳其轮，濡其尾，无咎。
《象》曰："曳其轮"，义"无咎"也。

【本意】牵引车子的轮子，浸湿了车子的尾部，没有灾患。

《象传》解释说："曳其轮"，应该"无咎"。

【解说】曳其轮，濡其尾，无咎：牵引车子的轮子，浸湿了车子的尾部，没有灾患。

义：宜也，应该。"曳其轮"，义"无咎"也：牵引车子过河，应该"无咎"。

六二：妇丧其茀，勿逐，七日得。

《象》曰："七日得"，以中道也。

【本意】妇女丢失了她的头巾，不必急于寻找，七日内就会得到。

《象传》解释说："七日得"，因为六二能够持守中道。

【解说】丧：丢失。逐：追寻。茀（fú）：头巾；或说是首饰，或说读为髴，假发。妇丧其茀，勿逐，七日得：妇女丢失了她的头巾，不必急于寻找，七日内就会得到，因为六二爻居于下卦之中位，能够持守中道。

"七日得"，以中道也：七日内就会自然得到，因为六二能够持守中道。

九三：高宗伐鬼方，三年克之，小人勿用。

《象》曰："三年克之"，惫也。

【本意】殷高宗征伐鬼方，经过三年才征服，庶民不可有所行动。

《象传》解释说：经过三年才征服，自身也已疲惫。

【解说】高宗：商王武丁，高宗是他的庙号。鬼方：殷商西北方的少数民族。李鼎祚《周易集解》引虞翻曰："高宗，殷王武丁。"又引干宝曰："鬼方，北方国也。"朱骏声《六十四卦经解》曰："鬼方，西北之戎，西落鬼方也。夏曰獯鬻，周曰猃狁，汉曰匈奴，魏曰突厥。"三年：或说指多年。小人勿用：民众不利，指战争中民众有不少伤亡。高宗伐鬼方，三年克之，小人勿用：殷高宗征伐鬼方，经过三年才征服，庶民不可有所行动。《竹书纪年》曰："武丁三十二年，伐鬼方，次于荆。三十四年，王师克鬼方，氐、羌来宾。"正与"三年克之"吻合。

"三年克之"，惫也：经过多年才征服，自身也已经疲惫不堪。

六四：繻有衣袽，终日戒。

《象》曰："终日戒"，有所疑也。

【本意】沾湿了破旧的棉絮，须要终日谨慎戒惧。

《象传》解释说："终日戒"，因为有所疑虑。

【解说】 繻（xū）：读为“濡”，沾湿，或说是彩色的丝帛，这里指代华美的衣裳。有：犹于也。袽（rú）：旧絮，破布。繻有衣袽，终日戒：沾湿了破旧的棉絮，须要终日谨慎戒惧。

“终日戒”，有所疑也：终日谨慎戒惧，因为有所疑虑，唯恐事态会有所变化。

九五：东邻杀牛，不如西邻之禴祭实受其福。

《象》曰：“东邻杀牛”，“不如西邻”之时也；“实受其福”，吉大来也。

【本意】 东邻杀牛举行盛大祭祀，不如西邻简单祭祀实际受到神灵福佑。

《象传》解释说：殷商虽然祭祀丰盛，但不如周族微薄之祭正得其时；实际受到神灵的保佑，吉庆会盛大而来。

【解说】 东邻：商纣王时的殷商，在周族领地东部。牛：祭祀所用的牺牲，以牛最尊，称为“太牢”（或说牛、羊、豕三牲全备为太牢）。西邻：文王时的周族，在殷商西部。《礼记·坊记》引此爻辞（唯“实”作“寔”），郑玄注曰：“东邻，谓纣国中也。西邻，谓文王国中也。”禴（yuè）：四时祭中之最薄约者，不用大牲，用麦菜禽类等祭神。“杀牛”后，帛书本有“以祭”二字，当据补。[①]

东邻杀牛，不如西邻之禴祭实受其福：商纣王时殷商祭祀丰盛，周族祭祀微薄，神不赐福给殷商，却赐福给周族，因为九五居中正之位而有中正之德，象征周族领袖文王有中正之德。王弼注曰：“牛，祭之盛者也。禴，祭之薄者也。居既济之时而处尊位，物皆盛矣，将何为焉？其所务者，祭祀而已。祭祀之盛，莫盛修德，故沼沚之毛，苹蘩之菜，可羞于鬼神，故黍稷非馨，明德惟馨。”孔颖达疏曰：“九五居既济之时而处尊位，物既济矣，将何为焉？其所务者，祭祀而已。祭祀之盛，莫盛修德。九五履正居中，动不为妄，修德者也。苟能修德，虽薄可飨。假有东邻，不能修德，虽复杀牛至盛，不为鬼神歆飨，不如我西邻，禴祭虽薄，能修其德，故神明降福。”

“东邻杀牛”，“不如西邻”之时也：殷商虽然祭祀丰盛，但不如周族微薄之祭正得其时。

① 此据高亨先生之说。参见高亨《周易大传今注》，济南：齐鲁书社，1998 年，第 372 页。

"实受其福"，吉大来也：实际受到神灵的保佑，吉庆会盛大而来，因为九五居中正之位而有中正之德。

上六：濡其首，厉。

《象》曰："濡其首，厉"，何可久也？

【本意】河水打湿了车头，有危险。

《象传》解释说："濡其首，厉"，怎么会长久呢？

【解说】濡其首，厉：渡河时河水打湿了车头，有车子陷没水中的危险。

"濡其首，厉"，何可久也："濡其首，厉"，怎么会长久呢？因为上六居一卦之最上位，面临物极必反之局面，所以这种境况是不会长久的。

六十四、未济（下坎上离）

䷿ 《未济》：亨，小狐汔济，濡其尾，无攸利。

【本意】《未济》卦象征着通顺，小狐狸将要渡过河了，河水打湿了它的尾巴，无所利。

【解说】济：渡水，引申为成也，成就，成功。未济：未成，尚未成功。

亨：通顺。汔（qì）：接近，近乎。濡：沾湿。攸：所。亨，小狐汔济，濡其尾，无攸利：《未济》卦象征通顺，小狐狸将要渡过河了，河水打湿了它的尾巴，无所利。

《象》曰：《未济》"亨"，柔得中也；"小狐汔济"，未出中也；"濡其尾，无攸利"，不续终也；虽不当位，刚柔应也。

【本意】《未济》卦辞说"亨"，因为六五阴柔得持中道；"小狐汔济"，尚未走出水中；"濡其尾，无攸利"，是说不能保持体力到终点；虽然阴阳六爻皆不当位，但又皆能相互应和。

【解说】《未济》"亨"，柔得中也：《未济》卦辞说"亨"，因为《未济》卦六五阴柔居上卦之中位而得持中道。

"小狐汔济"，未出中也：小狐狸将要渡过河了，但还在水中，因为九二居下卦坎之中位，坎为水，正像还在水中、尚未渡过河。

"濡其尾，无攸利"，不续终也："濡其尾，无攸利"，因为小狐狸使出全身力气渡河，最终还是让河水打湿了它的尾巴，而未能保持体力到终点。

虽不当位，刚柔应也：《未济》卦下坎上离，阴阳六爻皆不当位，但六爻又皆能相互应和，所以是"亨"。

《象》曰：火在水上，《未济》；君子以慎辨物居方。

【本意】《未济》卦有"火在水上"、水火互不交感、不能济物之象，故卦名为"未济"；君子观此卦象，应当审慎分辨事物的特性，使万物各得其所。

【解说】未济：事情尚未成功。火在水上，《未济》：《未济》卦下坎上离，坎为水，离为火，故曰"火在水上"；火性炎上，水性润下，水火背道而驰，互不交感，不能济物，故卦名为"未济"。

方：方位，方所，位置。君子以慎辨物居方：君子观此卦象，应当审慎分辨事物的特性，使万物各得其所。[①] 俞樾曰："辨物者，分别其物品也。居方者，处置其方位也。"

初六：濡其尾，吝。

《象》曰："濡其尾"，亦不知极也。

【本意】河水打湿了尾巴，有困难。

《象传》解释说："濡其尾"，因为初六不知持守中道。

【解说】尾：尾巴，或说是衣后之假尾。吝：难也。濡其尾，吝：河水打湿了尾巴，有困难。

极：中也，指中道。"濡其尾"，亦不知极也："濡其尾"，因为初六以阴爻居阳位，位不当，又不知持守中道，故不利。

① 参见唐明邦主编《周易评注》，北京：中华书局，1995年，第190页。

九二：曳其轮，贞吉。

《象》曰："九二""贞吉"，中以行正也。

【本意】牵引车子的轮子过河，占问吉利。

《象传》解释说："九二""贞吉"，因为九二能持守中道而行为正直。

【解说】曳其轮，贞吉：牵引车子的轮子过河，占问吉利。

"九二""贞吉"，中以行正也："九二""贞吉"，因为九二居下卦之中位而得中，能持守中道而行为正直，且与居于君位之六五相应，象征能得上层贵人之佑助。

六三：未济，征凶；利涉大川。

《象》曰："未济，征凶"，位不当也。

【本意】没有渡过河，象征有所行动则有凶；有利于渡大河。

《象传》解释说："未济，征凶"，因为六三位不正当。

【解说】未济，征凶，利涉大川：没有渡过河，象征有所行动则有凶；有利于渡大河，做大事。

"未济，征凶"，位不当也："未济，征凶"，因为六三以阴爻居阳位，位不正当，位不正当则不利。

九四：贞吉，悔亡，震用伐鬼方，三年，有赏于大国。

《象》曰："贞吉，悔亡"，志行也。

【本意】占问吉利，悔恨消失，周人以雷霆万钧之势出动大部队去讨伐鬼方，打了三年，从大国殷商得到赏赐。

《象传》解释说："贞吉，悔亡"，因为其志意得以实行。

【解说】震：为雷，又为动，这里指以雷霆万钧之势出动大部队，或说是周族君或臣之人名。鬼方：殷商西北方的少数民族。三年：或说指多年。大国：殷商。贞吉，悔亡，震用伐鬼方，三年，有赏于大国：占问吉利，悔恨消失，周人以雷霆万钧之势出动大部队去讨伐鬼方，打了三年，从大国殷商得到赏赐。朱骏声《六十四卦经解》曰："《逸周书》云：'武丁三十二年，伐鬼方，次于荆。三十四年，克鬼方，氐、羌来宾。’正与‘三年有赏’‘三年克之’合。”

“贞吉，悔亡”，志行也：“贞吉，悔亡”，因为九四与初六相应，又上遇六五而通，所以其志意得以实行。

六五：贞吉，无悔，君子之光，有孚，吉。

《象》曰："君子之光"，其晖"吉"也。

【本意】占问吉利，没有悔恨，君子的光辉在于诚信，吉利。

《象传》解释说："君子之光"，其光辉是"吉"的。

【解说】孚：信也，诚信。贞吉，无悔，君子之光，有孚，吉：占问吉利，没有悔恨，君子的光辉在于诚信，吉利。

晖：或作"辉"，光辉。"君子之光"，其晖"吉"也："君子之光"，其光辉是"吉"的，因为六五阴柔居上卦之中位而得中，柔顺持中，其道光明。

上九：有孚于饮酒，无咎，濡其首，有孚，失是。

《象》曰："饮酒""濡首"，亦不知节也。

【本意】有诚信于饮酒，没有灾患，饮酒过度，连头都被浇湿了，虽有诚信，但已失去饮酒正道。

《象传》解释说："饮酒""濡首"，是不知节度的后果。

【解说】孚：信也，诚信，或解释为罚。是：正也。有孚于饮酒，无咎，濡其首，有孚，失是：有诚信于饮酒，没有灾患，饮酒过度，连头都被浇湿了，虽有诚信，但已失去饮酒正道。

节：节度，节制。"饮酒""濡首"，亦不知节也：饮酒过度，连头都被浇湿了，是不知节度的后果。[①]

① 除了古注之外，《易经》部分的解说多参阅尚秉和先生的《周易尚氏学》，高亨先生的《周易古经今注》和《周易大传今注》，李镜池先生的《周易通义》，金景芳、吕绍纲二位先生的《周易全解》，黄寿祺、张善文二位先生的《周易译注》，唐明邦先生主编的《周易评注》，李申先生主撰的《周易经传译注》，刘大钧、林忠军二位先生的《周易经传白话解》，周振甫先生的《周易译注》，李零先生的《死生有命 富贵在天：〈周易〉的自然哲学》，等等。只是限于本书特点，笔者未及一一出注，特此说明，并谨致谢忱。

贰

易传①

易学文化水平等级测试
CHINESE CULTURE PROMOTION SOCIETY

① 传：古人最初对经的原创性注释。《易传》，指形成于春秋战国时期的对《易经》的经典诠释，共有七种十篇，即《系辞》（上、下）、《彖》（上、下）、《象》（上、下）、《文言》、《说卦》、《序卦》、《杂卦》，汉儒又称之为《十翼》。其中，《彖》（上、下）、《象》（上、下）、《文言》等五篇，已经分别附于《易经》相应的经文之后，故以下只有《系辞》（上、下）、《说卦》、《序卦》、《杂卦》等五篇。

一、系辞上[①]

〔第一章〕

天尊地卑，乾坤定矣。[②] 卑高以陈，贵贱位矣。[③] 动静有常，刚柔断矣。[④] 方以类聚，物以群分，吉凶生矣。[⑤] 在天成象，在地成形，变

---

① 《系辞传》是对《易经》所作的通论性的宏观阐释和论述，分为《系辞上》和《系辞下》两篇。南宋大儒朱熹的《周易本义》把这两篇各分为十二章。本书即依据朱熹的《周易本义》来分章，章次标在每章之首，篇幅太长者则再分段。

② 尊：高也。卑：下也。天尊地卑，乾坤定矣：在八卦中，乾卦的主象是天，坤卦的主象是地，天高地下，乾上坤下，宇宙万物的秩序由此确定；乾坤两卦在先天八卦方位图和先天六十四卦方位图中的位置也由此得以确定；在今本《周易》的六十四卦中，《乾》卦居首，而《坤》卦居第二位，《周易》的特性由此奠定。朱伯崑先生说："《易传》中有两套语言，一是关于占筮的语言，一是哲学语言。"其实，整个《周易》的语言也常常是一语双关、非常丰富灵活的，因此，在学习《周易》时，一方面要有基本的原则立场，另一方面，要注意博采众长，广泛参考不同观点，而不要过于执着，不要执着于某一种说法。

③ 以：读为"已"。陈：列也。位：犹立也，确立位置。

④ 常：常道，规律。断：分也，分别，判然分明。刚柔：阳刚、阴柔。《杂卦传》曰："《乾》刚《坤》柔。"《系辞上传》第二章曰："刚柔者，昼夜之象也。"

⑤ 方：方所，道，理，事，或说当作"人"，形似而误。类：类型，种类。类聚：同类相聚。群：族群，群体。群分：以群类相分别。方以类聚，物以群分，吉凶生矣：万事万物都是同类相聚，依此而生吉凶祸福。

化见矣。[①] 是故刚柔相摩，[②] 八卦相荡[③]；鼓之以雷霆，润之以风雨；[④] 日月运行，一寒一暑；[⑤] 乾道成男，坤道成女；[⑥] 乾知大始，坤作成物。[⑦]

---

① 象：可以看见、可供模拟，但未必能够触知的事物，比如日月星辰。形：有形体可以看见、可供模拟，也可以被触知的事物，比如山川草木。朱熹《周易本义》曰：“象者，日月星辰之属。形者，山川动植之属。”

② 刚：阳也，可以指阳爻、乾卦、天、男等一切阳性事物。柔：阴也，可以指阴爻、坤卦、地、女等一切阴性事物。相摩：互相切摩交感。刚柔相摩：乾坤两卦、阴爻阳爻相互交感，则生巽、震、离、坎、兑、艮六卦，一共有八卦，同时指阴阳相互交感生成的八类事物。

③ 荡：冲激。相荡：八经卦之间的相互交流和配合，即八经卦相重而成为六十四别卦。八卦相荡：八经卦两两相重而生成六十四别卦。

④ 雷霆：雷电，震卦和艮卦之象。风雨：巽卦和兑卦之象。日：离卦之象。月：坎卦之象。李鼎祚《周易集解》引虞翻曰：“鼓，动；润，泽也；雷，震；霆，艮；风，巽；雨，兑也。”

⑤ 日月运行，一寒一暑：日月运行不息，寒暑交替往来。李鼎祚《周易集解》引虞翻曰：“日离月坎，寒乾暑坤也。运行往来，日月相推，而明生焉。寒暑相推，而岁成焉，故‘一寒一暑’也。”

⑥ 乾道成男：能继承父亲阳刚之道的男子，是震卦、坎卦和艮卦之象。坤道成女：能继承母亲阴柔之道的女子，是巽卦、离卦和兑卦之象。李鼎祚《周易集解》引荀爽曰：“男谓乾，初适坤为震；二适坤为坎；三适坤为艮，以成三男也。女谓坤，初适乾为巽；二适乾为离；三适乾为兑，以成三女也。”

⑦ 知：主也，为也。大始：此“大”读为“太”，“大始”即太始，指万物之始创。乾知大始，坤作成物：乾的作用在于始创万物，坤的作用在于长养成就万物。

乾以易知，坤以简能。[①] 易则易知，简则易从。[②] 易知则有亲，易从则有功。[③] 有亲则可久，有功则可大。[④] 可久则贤人之德，可大则贤人之业。[⑤] 易简而天下之理得矣。天下之理得，而成位乎其中矣。[⑥]

---

① 知："乾知大始"中的"知"，主也，为也。能："坤作成物"中的"作"。易：平易，容易，不繁难。简：简约，简明，不繁杂。乾以易知，坤以简能：天地之道，无为而作，任凭万物自由生长，故曰"易""简"。韩康伯注曰："天地之道，不为而善始，不劳而善成，故曰易、简。"

② 知：知晓，认识。易则易知，简则易从：天道平易，"乾知大始"自然实现，故容易认识；地道简约，"坤作成物"，也是自然完成，故容易顺从。

③ 易知则有亲：容易认识，则平易近人，易于亲近，故曰"有亲"。易从则有功：容易顺从，则易于上手，速致成功，故曰"有功"。

④ 久：时间长久。大：空间广大。有亲则可久，有功则可大：亲近者众多，则事业容易长久，前途无可限量；功业卓著，则事业容易壮大，受益者广大无边。

⑤ 可久：可以持之以恒，长久保持。德：德性，品德。可大：可以不断推广，发扬光大。业：事业，功业。

⑥ 易简而天下之理得矣："易简"二字，足以涵盖天地之道，天下之理尽在其中了。成：犹定也，确定。成位：确定阴阳刚柔上下贵贱之位。其中：天地之中，天地之间。

〔第二章〕

圣人设卦观象①，系辞焉而明吉凶②，刚柔相推而生变化③。是故吉凶者，失得之象也；悔吝者，忧虞之象也；④变化者，进退之象也；刚柔者，昼夜之象也；六爻之动，三极之道也。⑤是故君子所居而安者，《易》之序也；所乐而玩者，爻之辞也。⑥是故君子居则观其象而玩其辞，动则观其变而玩其占，是以“自天祐之，吉，无不利”。

---

① 圣人设卦观象：圣人设立八卦和六十四卦的卦象之时，仰观天文，俯察地理，广泛体察天地万物的物象。

② 系辞：给每一卦和每一爻确定相应的卦辞和爻辞，以辅助推断事情的吉凶悔吝。明吉凶："明吉凶"之后，有的《周易》版本有"悔吝"二字。有"悔吝"者与下文文义相契合，但从文章修辞的角度则似乎没有"悔吝"更好，"吉凶"可以涵盖"悔吝"。

③ 刚柔相推：阳刚、阴柔两爻之间的进退、升降、推移等，《易经》以此象征阴阳两种事物及其属性的相互作用，由此引起阴阳力量对比的变动，而使事物发生变化。

④ 悔：小不幸也，事后反思有失误而显出的忧虑悔恨。吝：难也，小错误导致的小困难。朱熹《周易本义》云："悔，自凶而趋吉；吝，自吉而向凶也。"吉凶，悔吝：《易经》判定占筮结果的断卦之辞，用来预言所占问之事的结果，"吉凶"是正相反对的两极，"悔吝"是居于"吉凶"之中的两种状态。忧虞：踌躇而不决，或说是忧惊。

⑤ 极：栋也，房屋最高之大梁，引申为至、高、最高、至高无上。三极：天、地、人三才，乃宇宙万物中之最高最大者。

⑥ 是故：因此。安：读为"按"或"案"，观察。序：有的《周易》版本作"象"，于义为优。玩：玩赏，揣摩，体味。

〔第三章〕

象者，言乎象者也。爻者，言乎变者也。[①]吉凶者，言乎其失得也。[②]悔吝者，言乎其小疵也。[③]无咎者，善补过也[④]。是故列贵贱者存乎位[⑤]，齐小大者存乎卦[⑥]，辩吉凶者存乎辞，忧悔吝者存乎介，[⑦]震

---

① 彖：这里指卦辞。爻：这里指爻辞。卦辞总论六十四卦各卦的卦义和吉凶，爻辞分述各爻在卦中的具体情状、变动趋势和吉凶。故“彖”与“爻”是整体与部分、体用、经权之关系，“彖”为整体，“爻”为局部；“彖”为体，“爻”为用；“彖”为经，“爻”为权。

② 吉凶者，言乎其失得也：吉凶是说卦爻之失位、得正所导致的吉利、凶险两种结果。李鼎祚《周易集解》引虞翻曰：“得正言吉，失位言凶也。”

③ 悔吝者，言乎其小疵也：悔吝是说小毛病、小麻烦。李鼎祚《周易集解》引崔憬曰：“系辞著悔吝之言，则异凶咎。有其小病，比于凶咎，若疾病之与小疵。”

④ 补：弥补，补救。过：过失，过错。

⑤ 位：各爻在六十四卦各卦中的位置。一般来说，爻位愈高，其位愈贵；爻位愈低，其位愈贱。孔颖达疏曰：“六爻之位，皆上贵而下贱也。”这只是就通常情况而言。《易经》六十四卦由上下两卦构成，上卦为贵，下卦为贱。《易经》尚中，第五爻居上卦之中位，故第五爻为君位，是六爻之中位置最为尊贵的。上爻则处于物极必反之位，贵贱吉凶不定。

⑥ 齐：犹列也，排列，分辨。小：阴爻、阴卦，及其所象征的阴性事物及小人之道。大：阳爻、阳卦，及其所象征的阳性事物及君子之道。

⑦ 辩：借为“辨”，分辨。介：纤小，细微。

无咎者存乎悔[①]**。是故卦有小大，辞有险易。辞也者，各指其所之。**[②]

〔第四章〕

《易》与天地准，故能弥纶天地之道。[③] **仰以观于天文，俯以察于地理，是故知幽明之故**[④]**。原始反终，故知死生之说。**[⑤] **精气为物，游**

---

① 震：动也，震动，惊惧。悔：悔悟，追悔。震无咎者存乎悔：不因无咎而洋洋自得，反而因之有所震动惊惧，关键在于内心有所悔悟。李鼎祚《周易集解》引虞翻曰："震，动也。有不善，未尝不知之；知之，未尝复行；无咎者善补过，故'存乎悔'也。"

② 易：平易。之：往也，向也。是故卦有小大，辞有险易；辞也者，各指其所之：卦与辞虽然有大小、险易之不同，但他们都各有指向，如吉则趋之，凶则避之，悔吝则忧之，无咎则悔之。

③ 准：等也，同也，平也。本章及《易传》之"《易》"，指《易经》这部经典，也指《易经》所蕴含之宇宙万物之道，有时也指作为宇宙本原的形而上之道，以及通达《易》道的圣人。《易》与天地准：《易经》准确模拟天地万物的运行情状，以至于可与天地之道相等同。弥纶：弥缝之弥，丝纶之纶，弥可引申为遍也、遍及、周备，纶可引申为络也、包络、包含、涵盖，弥纶即普遍涵盖。

④ 幽明：黑暗为幽，光亮为明；无形为幽，有形为明；夜为幽，昼为明；不可感者为幽，可感者为明。故：缘故，事物所以然之理。

⑤ 原：察也，审察。反：犹求也，推求。原始反终，故知死生之说：审察万物之始，故知其所以生；推求万物之终，故知其所以死。

魂为变，是故知鬼神之情状。[①] 与天地相似，故不违。[②] 知周乎万物，而道济天下，故不过。[③] 旁行而不流，乐天知命，故不忧。[④] 安土敦

---

① 精气：犹灵气也，精微灵动之气。精气为物：万物皆由阴阳二气交感而生，精气凝聚，万物即开始形成，气之精粗清浊可以决定事物（包括生命）的层次高低。游魂：游离于形体内外的灵明。魂为阳，魄为阴，气聚则魂依于魄，有生命之物得以形成，故称"精气为物"；气散则精气耗散，魂游离于魄，生命就会转变、结束，故曰"游魂为变"。鬼：归也。鬼神：此指阴阳二气的奥妙莫测的运动变化。鬼神之情状：气之聚散屈伸的奥妙变化情况。

② 相似：相类似，或说是相一致。与天地相似，故不违：《易经》与天地之道相类似，所以天地自然的运行变化不会违背《易》道，同时，体道之圣人与天地相似，故其言行不会违背天地之道。此句与《乾·文言传》之"夫大人者，与天地合其德，与日月合其明，与四时合其序，与鬼神合其吉凶，先天而天弗违，后天而奉天时"，可以互相参照发明。

③ 知：知识。周：周遍，涵括。济：成也。过：过失，差错。知周乎万物，而道济天下，故不过：《易经》周遍涵盖万物运动变化的知识，并以其道兼济天下，而不会出现什么差错。

④ 旁：溥（pǔ）也，普遍，广泛，广大，或说读为"方"，正直。旁行：普遍推行。不流：不流于过度，不失其正道。乐天：体知天地之运化，乐观其成而顺应之，故在任何情境中都能快乐随缘，安乐无忧。知命：体知天命，深知命运的变化规律和运行方式，故在任何情境中都能不怨不尤，泰然处之。

乎仁，故能爱。[①] **范围天地之化而不过**[②]**，曲成万物而不遗**[③]**，通乎昼夜之道而知**[④]**，故神无方而《易》无体**[⑤]**。**

---

① 安土：安于所居之地，是圣人及万物的本性。敦：厚也。敦乎仁：敦厚于仁，喜欢仁爱，是圣人及万物的真实情形。

② 范：法也，模拟，效法。围：周也，周备，包括，涵盖。化：运动变化的方式和规律。不过：不会有过失。

③ 曲成：普遍助成，间接成就，屈曲迂回地成就万物。曲成万物而不遗：普遍助成万物，而没有遗漏。李鼎祚《周易集解》引侯果曰："言阴阳二气，委曲成物，不遗微细也。"孔颖达疏曰："圣人随变而应，屈曲委细，成就万物，而不有遗弃细小而不成也。"

④ 通：通晓，通达。知：读为"智"，智慧。

⑤ 神：玄妙之道，天地阴阳二气的玄妙莫测的运动变化及其所遵循的玄冥之道。无方：无定方，没有固定的方式和方所。无体：无定体，没有固定的格式和形体。

〔第五章〕

一阴一阳之谓道[①]，继之者善也[②]，成之者性也[③]。仁者见之谓之仁，

---

① “一阴一阳之谓道”，是《易传》揭示《易经》宗旨的核心命题，与《庄子·天下》篇“《易》以道阴阳”一语遥相呼应。一阴一阳：阴阳者，阴性、阳性、阴气、阳气也，可引申为阴性事物、法则和阳性事物、法则；一一者，阴阳相对、不断迭运、相辅相成、相互转化之意也。道：宇宙的本原，万物的本体。韩康伯注曰：“道者何？无之称也，无不通也，无不由也，况之曰道，寂然无体，不可为象。必有之用极，而无之功显，故至乎‘神无方而易无体’，而道可见矣。故穷变以尽神，因神以明道，阴阳虽殊，无一以待之。在阴为无阴，阴以之生；在阳为无阳，阳以之成。故曰‘一阴一阳’也。”孔颖达疏曰：“一谓无也，无阴无阳，乃谓之道。一得为无者，无是虚无，虚无是大虚，不可分别，唯一而已，故以一为无也。若其有境，则彼此相形，有二有三，不得为一。故在阴之时，而不见为阴之功；在阳之时，而不见为阳之力。自然而有阴阳，自然无所营为，此则道之谓也。故以言之为道，以数言之谓之一，以体言之谓之无，以物得开通谓之道，以微妙不测谓之神，以应机变化谓之易。总而言之，皆虚无之谓也。”程颐曰：“一阴一阳之谓道，道非阴阳也，所以一阴一阳，道也”，“离了阴阳更无道，所以阴阳者，是道也。阴阳，气也。气是形而下者，道是形而上者”（《程氏遗书》卷三、十五）。朱子《周易本义》曰：“阴阳迭运者，气也；其理，则所谓道。”

② 继：承继。继之者善也：在天人相与之际，天降人受，人禀受于道而有自然之善。

③ 成之者性也：依于道而各有所成，正是万物自身的本性。“成之”，以及上句“继之”和下文两处“见之”的“之”，皆指“道”。

知者见之谓之知，①百姓日用而不知，故君子之道鲜矣。②显诸仁，藏诸用，③鼓万物而不与圣人同忧④，盛德大业至矣哉！⑤富有之谓大业，

---

① 知：智也。仁者见之谓之仁，知者见之谓之知：见仁见智者，各得道之一隅而偏执之，未能窥其全貌，正像盲人摸象一样。就此四句，孔颖达疏曰："'继之者善也'者，道是生物开通，善是顺理养物，故继道之功者，唯善行也。'成之者性也'者，若能成就此道者，是人之本性。若性仁者成就此道为仁，性知者成就此道为知也。"

② 百姓：广大民众。日用而不知：天天都在利用天地阴阳之道，但对天地阴阳之道却几乎没有自觉的理性认知。君子之道：对天地阴阳之道的全面把握和自觉利用。鲜：少也。

③ 显：显现。诸："之于"的合音。仁：道化育万物的性德。藏：隐藏。用：道化育万物的功用。

④ 鼓万物：道鼓舞推动万物生成发展。不与圣人同忧：道自然无为，不像圣人那样有济世利民、悲天悯人之忧患。

⑤ 盛德大业至矣哉：道化育万物的盛美性德和伟大事业，真是无与伦比、止于至善啊！

日新之谓盛德。[1] 生生之谓易 [2]，成象之谓乾，效法之谓坤，[3] 极数知来

---

① 富有之谓大业，日新之谓盛德：因为道广大悉备，富有万物，所以谓之大业；因为道变化无穷，日新月异，是德之盛极，故谓之盛德。韩康伯注曰："广大悉备，故曰富有。体化合变，故曰日新。"孔颖达疏曰："以广大悉备，万事富有，所以谓之大业。圣人以能变通体化，合变其德，日日增新，是德之盛极，故谓之盛德也。"张载《横渠易说》云："富有，广大不御之盛与！日新，悠久无疆之道与！富有者，大而无外也；日新者，久而无穷也。"

② 生生：道化育万物，万物新陈代谢，日新月异，变化无常，永无止息，同时，"生生"也指生生者，即作为终极存在、宇宙本体的形而上之道。易：变易，改易，易之道，既指本体，也指变易，即体即用，体用不二。生生之谓易：道化育万物，万物新陈代谢，变化无常，永无止息，这就是变易，同时也意味着，生生者即是终极存在，宇宙本体，形而上之道，亦即是"易"。李鼎祚《周易集解》引荀爽曰："阴阳相易，转相生也。"孔颖达疏曰："生生，不绝之辞。阴阳变转，后生次于前生，是万物恒生，谓之易也。前后之生，变化改易，生必有死，《易》主劝戒，奖人为善，故云生、不云死也。"

③ 成象之谓乾：天创生成就万物万象，《易经》以乾卦模拟之。孔颖达疏曰："画卦成乾之象，拟乾之健，故谓卦为乾也。"效法：仿效，顺承，指地顺承天之法。效法之谓坤：大地顺应天，承天而时行，《易经》以坤卦模拟之。孔颖达疏曰："画卦效坤之法，拟坤之顺，故谓之坤也。"

之谓占[①]，通变之谓事[②]，阴阳不测之谓神[③]。

① 极：尽也。极数：穷尽筮策之数和万物气数的变化和奥妙。知来：预知未来。占：占卜，预卜。极数知来之谓占：穷尽筮策之数和万物气数的变化和奥妙，便可以预知未来之事，以使人趋吉避凶，这就是占卜。孔颖达疏曰："穷极蓍策之数，豫知来事，占问吉凶，故云谓之占也。"

② 通变之谓事：事物的顺向发展为"通"，逆向发展为"变"；例如，由春至夏，气温渐升，为通；由夏至秋，气温转降，为变；由秋至冬，气温渐降，为通；由冬至春，气温回升，为变；《易经》以四象模拟四时的变化，由少阳至太阳为通，由太阳至少阴为变；由少阴至太阴为通，由太阴至少阳为变；事物的运动变化，或顺或逆，故说"通变之谓事"。下文有"变通配四时""变通莫大乎四时""化而裁之谓之变，推而行之谓之通""《易》穷则变，变则通，通则久"，皆可作类似的解释。参阅唐明邦先生主编的《周易评注》。通变之谓事，孔颖达疏曰："物之穷极，欲使开通，须知其变化，乃得通也。凡天下之事，穷则须变，万事乃生，故云通变之谓事。"

③ 阴阳不测之谓神：阴阳二爻及其象征的阴阳二气的玄妙莫测的运化及其功用，称为"神"。韩康伯注曰："神也者，变化之极，妙万物而为言，不可以形诘者也，故曰阴阳不测。尝试论之曰：原夫两仪之运，万物之动，岂有使之然哉？莫不独化于大虚、欻尔而自造矣。造之非我，理自玄应；化之无主，数自冥运。故不知所以然，而况之神。是以明两仪以太极为始，言变化而称极乎神也。夫唯知天之所为者，穷理体化，坐忘遗照。至虚而善应，则以道为称；不思而玄览，则以神为名。盖资道而同乎道，由神而冥于神也。"孔颖达疏曰："天下万物，皆由阴阳，或生或成，本其所由之理，不可测量之谓神也，故云阴阳不测之谓神。"

〔第六章〕

夫《易》，广矣！大矣！以言乎远则不御[①]，以言乎迩则静而正[②]，以言乎天地之间则备矣[③]。夫乾，其静也专，其动也直，是以大生焉。[④]夫坤，其静也翕，其动也辟，是以广生焉。[⑤]广大配天地，变通配四时，阴阳之义配日月，易简之善配至德。[⑥]

---

① 御：止也，禁止也。不御：无尽，没有止境，无远不达而莫之能止也。来知德曰："广言其中之所含，大言其外之所包，不御者，无远不到而莫之止也。""御"，帛书《周易》作"过"，过失，差错。亦通。

② 迩：近也。静：审也，精审，或说是洁静。正：正确，或说是端正。静而正：精审而正确。《礼记·经解》曰："洁静精微，《易》教也。"

③ 备：周备，完备，无所不有。来知德曰："备者，无所不有也。"

④ 专：借为"团"，圆也，或说同"抟"，圜也，或说是抟聚。直：刚健正直。夫乾，其静也专，其动也直，是以大生焉：李鼎祚《周易集解》引宋衷曰："乾静不用事，则清静专一，含养万物矣。动而用事，则直道而行，导出万物矣。一专一直，动静有时，而物无夭瘁，是以大生也。"

⑤ 翕（xī）：犹闭也，合也。辟：开也。夫坤，其静也翕，其动也辟，是以广生焉：李鼎祚《周易集解》引宋衷曰："翕，犹闭也。坤静不用事，闭藏微伏，应育万物矣。动而用事，则开辟群蛰，敬导沉滞矣。一翕一辟，动静不失时，而物无灾害，是以广生也。"

⑥ 配：相当，吻合，或说是相似。易：平易。至：极致。德：得也，德性。张载《横渠易说》云："得天下之理之谓德。"广大配天地，变通配四时，阴阳之义配日月，易简之善配至德：《易经》模拟宇宙万物，以其乾坤广大之义模拟天地，变通之义模拟四时，阴阳之义模拟日月，易简之善模拟至善之性德。

〔第七章〕

子曰："《易》，其至矣乎！夫《易》，圣人所以崇德而广业也[①]。知崇礼卑，崇效天，卑法地。[②]天地设位，而《易》行乎其中矣。[③]成性存存，道义之门。[④]"

〔第八章〕

圣人有以见天下之赜[⑤]，而拟诸其形容[⑥]，象其物宜[⑦]，是故谓之象[⑧]。圣人有以见天下之动，而观其会通[⑨]，以行其典礼[⑩]，系辞焉以断

---

① 崇：崇高，崇尚。崇德：崇尚道德。业：见之于自然人事的功业。广业：发扬光大其事业。

② 知：读为"智"。礼：礼仪，礼节。知崇礼卑，崇效天，卑法地：智慧崇高而礼仪谦卑，智慧崇高以仿效天之高远，礼仪谦卑以取法地之卑下。《礼记·曲礼上》曰："夫礼者，自卑而尊人。"

③ 设：立也。天地设位，而《易》行乎其中矣：天地立其上下之位，而《易》道即运行于天地之间。

④ 成性：修成完美之德性。存存：存而又存，不断存养美德。道义：道德理义，指价值理想。成性存存，道义之门：努力修成完美德性，并不断蕴存涵养之，这是通向崇高理想的唯一途径。

⑤ 赜（zé）：杂也，繁杂，指天下事物繁多复杂的现象。

⑥ 拟：模拟，比拟。其：代词，指"天下之赜"。

⑦ 象：动词，意为象征。其：代词，指"天下之赜"。宜：合宜，合适，恰到好处。物宜：万物依其天性而各有其合宜之处。

⑧ 象：像也，名词，模拟与再现天下事物的符号，这里指卦象，如《说卦传》所谓"乾为天、为父、为君""坤为地、为母、为布"之类。

⑨ 会：相聚，会合。通：贯通，融通。

⑩ 行：施行，推行，实行。典礼：典章礼仪，指各种社会规范与制度。

其吉凶[①]，是故谓之爻[②]。言天下之至赜而不可恶也[③]，言天下之至动而不可乱也[④]。拟之而后言[⑤]，议之而后动[⑥]，拟议以成其变化[⑦]。

“鸣鹤在阴，其子和之；我有好爵，吾与尔靡之。”[⑧]子曰：“君子居其室，出其言善，则千里之外应之，况其迩者乎？居其室，出其言不善，则千里之外违之，况其迩者乎？言出乎身，加乎民；行发

---

① 系辞：系之以卦爻辞，此指系之以爻辞。断：判断，推断。

② 爻：《易》卦的组成元素。《易经》有六十四卦，每卦由六爻组成，六十四卦共三百八十四爻（不包括《乾》卦的用九爻和《坤》卦的用六爻两个特殊爻），每一爻由爻画、爻题、爻辞三个部分组成，《易经》作者以爻在卦中上下、往来、升降、进退等位置的变动，来模拟天下事物的上下、往来、升降、进退等各种运动变化情形。

③ 言：谈论，论述。至赜：最为繁杂者。恶：厌也，厌恶，或说是妄言。

④ 至动：变动之极致。不可乱：爻模拟天下万物的运动变化，有条不紊，即使模拟万物变动之极致情形，也不会有丝毫紊乱。

⑤ 拟：比拟，模拟。拟之而后言：《易经》卦象是对天下事物的模拟，遇事而以相关之卦象比拟体察，即可言之有据，出言成理。

⑥ 议：议论，讨论。议之而后动：议论《易经》卦爻辞，先事而决疑明理，就会知晓趋吉避凶之法，行动自然有利。

⑦ 成：促成，或说犹定也。拟议以成其变化：如此比拟、议论《易经》卦象和卦爻辞，明白其中所蕴含的宇宙人生之道，可以随时使自己的言行符合宇宙人生之道，从而促成事物顺利地向好的方向运动变化。

⑧ 鸣鹤在阴，其子和之；我有好爵，吾与尔靡之：老鹤在树荫里鸣叫，其子听到后唱和起来；我有甘美的琼浆，希望与你们共享这美好时光。此为《中孚》卦九二爻辞，注释详见该卦。

乎迩，见乎远。言行，君子之枢机[①]。枢机之发，荣辱之主也。[②]言行，君子之所以动天地也，可不慎乎？[③]”

“同人，先号咷而后笑。”[④]子曰：“君子之道，或出或处[⑤]，或默或语。二人同心，其利断金[⑥]；同心之言，其臭如兰[⑦]。”

“初六：藉用白茅，无咎。”[⑧]子曰：“苟错诸地而可矣[⑨]，藉之用茅，何咎之有？慎之至也。夫茅之为物薄，而用可重也。慎斯术也以往，其无所失矣。”[⑩]

---

① 机：门橛；或说指弩牙，弩机上的发动机关。枢机：门户之要；或说指弩弓之枢机，类似今天枪械之扳机。

② 主：关键，主宰，决定性的因素。枢机之发，荣辱之主也：枢机决定着弓箭能否射中目标，言行作为君子之枢机，决定着君子的成败荣辱。

③ 言行，君子之所以动天地也，可不慎乎：言行是君子所以用来发动天地万物的方式，可以不慎重视吗？

④ 同人，先号咷而后笑：与人会同之人，先遭艰险而大哭，后来破涕为笑。此引《同人》卦九五爻辞，注释详见该卦。

⑤ 出：出去，行动。处：静处，无为。

⑥ 利：锋利。断：斩断，切断。金：金属制成的器物。

⑦ 臭（xiù）：气味。如兰：如同兰花一样芳香。

⑧ 初六：藉用白茅，无咎：祭祀时用白茅垫在礼器下，上放祭品，如此虔诚敬慎，自然没有灾患。此引《大过》卦初六爻辞，注释详见该卦。

⑨ 苟：如果。错：借为“措”，置也，放置。《经典释文》曰：“错：本亦作措。”

⑩ 薄：微薄。慎：读为“顺”，遵循，《经典释文》曰“慎：一本作顺”，或解释为谨慎，戒惧。术：道也。斯术：“藉用白茅”。慎斯术：遵循小心谨慎的办事方式。

“劳谦，君子有终，吉。”[①] 子曰：“劳而不伐[②]，有功而不德[③]，厚之至也[④]。语以其功下人者也。[⑤] 德言盛，礼言恭。[⑥] 谦也者，致恭以存其位者也。[⑦]”

“亢龙有悔。”[⑧] 子曰：“贵而无位，高而无民，贤人在下位而无辅，是以动而有悔也。”[⑨]

“不出户庭，无咎。”[⑩] 子曰：“乱之所生也，则言语以为阶。[⑪] 君不

---

① 劳谦，君子有终，吉：有功劳而仍然谦虚有礼，这样的谦谦君子当然会有好结果，吉利。此引《谦》卦九三爻辞，注释详见该卦。

② 伐：犹夸也，自夸，夸耀，炫耀，自称其能。劳而不伐：有功劳而不自夸其能。

③ 德：得也，这里指洋洋自得、忘乎所以的神态。有功而不德：有功劳而不洋洋自得，以功劳自居。

④ 厚之至：“劳而不伐，有功而不德”，是极其敦厚实诚的表现。

⑤ 语：意谓，是说，说明。以其功下人：有功劳而仍然谦卑待人，指不以其功傲慢轻人，反而仍然谦虚处下。

⑥ 德言盛，礼言恭：德以盛美为贵，礼以恭敬为要。孔颖达疏曰：“德以盛为本，礼以恭为主。德贵盛新，礼尚恭敬。”

⑦ 谦也者，致恭以存其位者也：谦虚这种美德，可以使人恭谨待人，长期保持其有利地位。此句是在阐发爻辞“君子有终，吉”之意蕴。

⑧ 亢龙有悔：已处于极高处的龙，因物极必反，故会有悔恨。此引《乾》卦上九爻辞，注释详见该卦。

⑨ 贵而无位，高而无民，贤人在下位而无辅，是以动而有悔也：此句与《乾·文言》重复，注释详见《乾·文言》。

⑩ 不出户庭，无咎：不出自家院子，不会有什么妨害。此引《节》卦初九爻辞，注释详见该卦。

⑪ 阶：阶梯，导引，途径。乱之所生也，则言语以为阶：登楼要靠阶梯，祸乱出自言语。

密则失臣，臣不密则失身，几事不密则害成[①]**，是以君子慎密而不出也。”**

子曰：“作《易》者，其知盗乎？《易》曰：‘负且乘，致寇至。’[②]**负也者，小人之事也。乘也者，君子之器也。小人而乘君子之器，盗思夺之矣。上慢下暴，盗思伐之矣。**[③]**慢藏诲盗，冶容诲淫。**[④]**《易》曰‘负且乘，致寇至’，盗之招也。”**[⑤]

---

① 几：微也，始也，或说读为“机”。几事：事物的隐微之处，或说指事情的开始。

② 负且乘，致寇至：背者东西乘车，招来强盗抢劫。此引《解》卦六三爻辞，注释详见该卦。

③ 思夺：虽未抢夺而欲抢夺之。思伐：虽未攻伐而欲攻伐之。上慢下暴，盗思伐之矣：在上位者松懈怠惰，在下位者恃强逞暴，就会让盗寇产生攻伐抢掠的想法。

④ 慢：惰也，怠惰，散漫。慢藏：松懈怠惰于收藏财物。诲：教也，这里指招致，引诱。诲盗：招致偷盗。冶：妖冶，妖艳。冶容：容貌打扮得十分妖艳。淫：不正当的男女关系。

⑤ 盗之招也：自我暴露，是招致盗寇的原因。

〔第九章〕[①]

大衍之数五十，其用四十有九。[②] 分而为二以象两 [③]，挂一以象

① 此章非常重要，不仅记述了占筮时的演算起卦过程，而且阐发了其中的象征意义，可以与“易有太极”一段互相参看。其文字内容及顺序各本多有差异，朱熹《周易本义》作：“天一，地二；天三，地四；天五，地六；天七，地八；天九，地十。天数五，地数五，五位相得，而各有合。天数二十有五，地数三十，凡天地之数五十有五。此所以成变化而行鬼神也。大衍之数五十，其用四十有九。分而为二以象两，挂一以象三，揲之以四以象四时，归奇于扐以象闰。五岁再闰，故再扐而后挂。《乾》之策二百一十有六，《坤》之策百四十有四，凡三百有六十，当期之日。二篇之策万有一千五百二十，当万物之数也。是故四营而成易，十有八变而成卦。八卦而小成，引而伸之，触类而长之，天下之能事毕矣。显道神德行，是故可与酬酢，可与祐神矣。子曰：‘知变化之道者，其知神之所为乎？’”金景芳、吕绍纲两位先生的《周易全解》从之，唯“五十”作“五十有五”。金先生在其晚年定论《〈周易·系辞传〉新编详解》中，以此章为第八章，并将“《乾》之策”至“当万物之数也”一段移至“祐神矣”之后，且把“子曰”一句移为第九章首句。

② 衍：演也，演算，演卦。大衍之数：占筮时用以演算起卦的蓍草之数。其用四十有九：演卦时，先从五十根蓍草中取出一根放在最上面，以象征太极，只用四十九根，故曰“其用四十有九”。王弼曰：“演天地之数，所赖者五十也。其用四十有九，则其一不用也。不用而用以之通，非数而数以之成，斯易之太极也。四十有九，数之极也。夫无不可以无明，必因于有，故常于有物之极，而必明其所由之宗也。”（见韩康伯《周易注·系辞上》引）王夫之《周易内传》解释“天地之数”与“大衍之数”相差“有五”时云：“天道有余而人用不足，行法以俟命者，非可穷造化之藏也，故极乎衍之大而五十尽之矣。”“大衍之数五十”，或作“大衍之数五十有五”。有的易学家（如金景芳、高亨等）认为，“大衍之数五十”后转写脱去“有五”二字，原文应当是“大衍之数五十有五”，与下文“天地之数五十有五”相合。可备一说。

③ 分而为二：此为第一营，指将占筮用的四十九根蓍草任意分为两部分，分别放在左右或上下两处，以象征天地。象两：象征两仪，天地，阴阳。

三[①]，揲之以四以象四时[②]，归奇于扐以象闰[③]。五岁再闰[④]，故再扐而后挂[⑤]。

---

① 挂一：此为第二营，指从右方或上方蓍草中任意取出一根，置于左右或上下两堆蓍草中间，象征人。李鼎祚《周易集解》引孔颖达谓“挂一”曰：“就两仪之中，分挂其一于最小指间”，恐非是。象三：象征天、地、人三才。

② 揲（shé）：犹数也，阅持也，手持而分数之也。象四时：象征春、夏、秋、冬四季等四象（少阳、太阳、少阴、太阴）所摄之事物。揲之以四：此为第三营，指以四为单位，分别数取左右或上下两部分蓍草，直到余数为一、或二、或三、或四为止，余数不能超过四。

③ 奇：余也，多余，指数取后所剩余的蓍草。扐（lè）：疑借为“肋”，肋为胸之两旁，此指所挂蓍草之两旁，或说是别也，别处。象闰：象征历法中将每年的剩余天数归聚在一起而形成闰月。归奇于扐：此为第四营，指将第三营所余的蓍草放置在两旁。

④ 五岁再闰：我国古代历法中五年有两个闰月。

⑤ 故再扐而后挂：“归奇于扐”之后，再将上次“揲四”后的两部分蓍草合而为一，此为一变。然后再对两部分重新合一的全部蓍草分而为二、挂一、揲之以四、归奇于扐，此为二变。接着再将二变之后两部分合一的蓍草分而为二、挂一、揲之以四、归奇于扐，此为三变。三变之后两部分蓍草之和为二十四，或二十八，或三十二，或三十六，不会超出此四个数字之外。再以四除之，得数为六、七、八、九。六为太阴，八为少阴，七为少阳，九为太阳。依所得奇偶之数画爻，七、九为奇数，奇数为阳，画阳爻；六、八为偶数，偶数为阴，画阴爻。凡三变可得一爻，《易》卦六爻，故总共须要十八变，才可以由下而上依次画出初爻、二爻、三爻、四爻、五爻、上爻六个爻，故下文有“十有八变而成卦”之语。

天数五[①]，地数五[②]，五位相得，而各有合。[③]天数二十有五，地数三十，凡天地之数五十有五。[④]此所以成变化而行鬼神也。[⑤]

《乾》之策二百一十有六[⑥]，《坤》之策百四十有四[⑦]，凡三百有六十，

---

① 天数五：一、三、五、七、九五个奇数，奇数为阳，天为阳，故天数为奇数。

② 地数五：二、四、六、八、十五个偶数，偶数为阴，地为阴，故地数为偶数。从“天数五”至“行鬼神也”一段，朱熹《周易本义》等移至“大衍之数五十”之前，似于义为优。

③ 五位相得，而各有合：天数五个和地数五个各自相加，得出各自的和数。有学者将此句与河图联系起来解释，可以参考。

④ 天数二十有五，地数三十，凡天地之数五十有五：天数一、三、五、七、九五个奇数之和为二十五，地数二、四、六、八、十五个偶数之和为三十,二者之和为五十五，故曰“凡天地之数五十有五”。

⑤ 此所以成变化而行鬼神也：天地之数五十有五，可以用来比拟推衍天地万物的神妙变化，故可以占筮预知过去未来之事。

⑥ 策：蓍草，此指十八变后得出的蓍草根数。古人称蓍草根数为“策”，一根蓍草为一策。《乾》之策二百一十有六:《乾》卦六爻皆阳爻，得阳爻之数为七、九,九为大，阳为大，故取九,三变所揲蓍草数为三十六,六爻凡十八变，六乘三十六，得二百一十六，故《乾》卦所揲蓍草总数最多为二百一十六。

⑦《坤》之策百四十有四:《坤》卦六爻皆阴爻，得阴爻之数为六、八，六为小，阴为小，故取六,三变所揲蓍草数为二十四,六爻凡十八变，六乘二十四，得一百四十四，故《坤》卦所揲蓍草总数最少为一百四十四。

当期之日。[①] 二篇之策万有一千五百二十，当万物之数也。[②] 是故四营而成易[③]，十有八变而成卦。八卦而小成[④]，引而伸之[⑤]，触类而长之，天下之能事毕矣。[⑥] 显道神德行[⑦]，是故可与酬酢，可与祐神矣。[⑧] 子曰："知

---

① 凡：共。期（jī）：一年。凡三百有六十，当期之日：三百六十，为《乾》《坤》策数之和，与一年之三百六十日（约数）相当，乾为天，坤为地，一年乃是天地运行的一个周期。

② 二篇：《易经》上下两篇。二篇之策万有一千五百二十，当万物之数也：《易经》六十四卦总爻数为三百八十四，阴爻阳爻各有一百九十二爻。阳爻每爻最多为三十六策，一百九十二乘三十六为六千九百一十二策；阴爻每爻最少为二十四策，一百九十二爻乘二十四为四千六百零八策；二者相加，总策数为一万一千五百二十，象征万物之数。

③ 四营：分而为二、挂一、揲之以四、归奇于扐。易：变易。是故四营而成易：因此四营为一变。

④ 八卦而小成：指九变后所得到的由三爻组成的八经卦，八经卦还不能预测事情吉凶，故曰"八卦而小成"。

⑤ 伸：当读为"申"，重也。引而伸之：再经过九变而得到又一个三爻组成的八经卦，与前一八经卦相重，则可成为六十四别卦之一，六十四别卦就可以预测事情吉凶。

⑥ 触：犹遇也。长：增长，扩张。触类而长之：根据八卦的特性，分类赋予和扩张八卦所象征的事物。毕：尽也。天下之能事毕矣：内、外卦所代表的各种物象之间的复杂关系，可将天下万事万物的各种情形全都囊括其中。

⑦ 显：显明，显示。道：一阴一阳的宇宙万物之道。神：神化，神圣化。德：得也，道德。行：行为，躬行，实践。显道神德行：圣人将《周易》所揭示的宇宙万物之道转换成的人伦规范。

⑧ 与：犹以也。酬酢：主客在宴会上以酒回敬，引申为应对，回应。是故可与酬酢：因此占筮可以代表鬼神而与人应对。祐：同"佑"，助也，帮助，辅佐。可与祐神矣：可以有助于神灵垂示告诫。

变化之道者，其知神之所为乎？”①

〔第十章〕

“《易》有圣人之道四焉：以言者尚其辞②**，以动者尚其变**③**，以制器者尚其象**④**，以卜筮者尚其占**⑤**。”是以君子将有为也，将有行也，问焉而以言，**⑥**其受命也如响，无有远近幽深，遂知来物。**⑦**非天下之**

---

① 变化之道：天地万物运动变化的内在规律。神：天地阴阳二气奥妙莫测的运动变化，决定事物运动变化的神妙莫测的作用力。知神之所为：知道“神”在事物运动过程中所起的作用。

② 以：用也。言：言论，以语言表达。尚：崇尚，重视。以言者尚其辞：用《易经》表达的人重视它的卦爻辞。

③ 以动者尚其变：用《易经》决定行为进退的人重视它的卦爻变化。

④ 以制器者尚其象：用《易经》创制发明器物的人重视它的卦象关系。

⑤ 以卜筮者尚其占：用《易经》从事占筮活动的人重视它的占筮程序和法则。以上“言”“动”“制器”“卜筮”，是圣人之所为也；“辞”“变”“象”“占”为《易经》之所备也，圣人行动之所依也。张载《横渠易说》云：“尚辞则言无所苟，尚变则动必精义，尚象则法必致用，尚占则谋必知来，四者非知神之所为，孰能与于此？”

⑥ 是以君子将有为也，将有行也，问焉而以言：占筮之人将疑惑不定之事向蓍策叩问吉凶。

⑦ 受命：蓍策接受到叩问。如响：如响之应声。物：事也。来物：所占问的、将来事物的吉凶。其受命也如响，无有远近幽深，遂知来物：蓍策接受叩问后立即开始运算，从而找到与所占问之事相应的卦爻辞，显示出所占问之事的吉凶成败。

至精，其孰能与于此？[①]参伍以变，错综其数。[②]通其变，遂成天地之文；[③]极其数，遂定天下之象。[④]非天下之至变，其孰能与于此？[⑤]《易》，无思也，无为也，寂然不动，感而遂通天下之故。[⑥]非天下之至神，其孰能与于此？夫《易》，圣人之所以极深而研几也。[⑦]唯深

---

① 精：精密，精妙，精微。孰：谁也。与：及也。

② 参：读为“三”。伍：读为“五”。举此两数以概括大衍之数运蓍过程中的反复推衍。变：“十有八变而成卦”之“变”。错：交错也，指演卦运蓍过程中分二、挂一、揲四、归奇时蓍草之数的交错变更。综：综合，总合，集合，指《易经》各卦六爻之数交错综合，形成各种内在关系，或说是指将四营后两部分蓍草集合在一起。

③ 通：贯通，融通。变：“十有八变而成卦”之“变”。遂：于是。成：成为，表现为，或说犹定也。文：纹理，文采。天地之文：天地万物纷繁复杂、仪态万方的运动变化。通其变，遂成天地之文：贯通《易》卦各种各样的变化，不外乎六十四乘六十四（4096）种十八变；通过“十有八变而成卦”，可得六十四个卦，六十四本卦和六十四之卦的组合，则可模拟天地万物纷繁复杂、仪态万方的运动变化。

④ 极：尽也，穷尽。数：大衍之数及与其有关的一切数理。象：六十四卦卦象及其所象征的天地万物纷繁复杂的运动变化之象。极其数：穷尽“大衍之数”的推衍。遂定天下之象：便可确定六十四本卦和六十四之卦的卦象，以象征天地万物纷繁复杂的运动变化。

⑤ 至变：最善于变化者。孰：谁也。与：及也。

⑥ 无思也，无为也：《易经》本身没有思虑和行为。寂：静也。感：受到叩问时产生的反应，即“其受命也如响”。通：通晓，精通。故：事也。感而遂通天下之故：受到叩问时，就会通晓天下事物或吉或凶的内在原因。

⑦ 几：微也，微妙，精微。夫《易》，圣人之所以极深而研几也：由于《易》理精深微妙，故圣人用《易》理来探求天下事物之理，可以极尽其幽深难达之处，研求其微妙难察之点。

也，故能通天下之志；[①] 唯几也，故能成天下之务；[②] 唯神也，故不疾而速，不行而至。[③] 子曰“《易》有圣人之道四焉”者，此之谓也。

〔第十一章〕

天一，地二；天三，地四；天五，地六；天七，地八；天九，地十。[④] 子曰：“夫《易》，何为者也？夫《易》，开物成务[⑤]，冒天下之道[⑥]，如斯而已者也。”是故圣人以通天下之志，以定天下之业，以断天下之疑。是故蓍之德圆而神，卦之德方以知，[⑦] 六爻之义易以贡[⑧]。

---

① 唯深也，故能通天下之志：唯圣人能极尽其幽深难达之处，因而能通晓天下万物的志意。

② 唯几也，故能成天下之务：唯圣人能研求其微妙难察之点，故能准确预见事物的发展趋向，因而能辅佐成就天下各种事务。

③ 疾：急也。唯神也，故不疾而速，不行而至：唯圣人能穷尽天下万物的神妙变化，故不须急忙而事情自然迅速成功，不须行走而自然能够到达。孔颖达疏曰：“以无思无为，寂然不动，感而遂通，故不须急疾而事速成，不须行动而理自至也。”

④ 天一，地二；天三，地四；天五，地六；天七，地八；天九，地十：此二十字，《汉书·律历志》引在“天数五”之前，有学者（如程颐《河南程氏经说·卷一·易说》、朱熹《周易本义》、高亨《周易大传今注》、金景芳和吕绍纲《周易全解》、唐明邦主编《周易评注》）主张移到“天数五”之前，于义为优。

⑤ 开物：揭开宇宙万物的真相。成务：成就天下各种事务。

⑥ 冒：覆也，包也，涵盖，包容，或说是触也。

⑦ 蓍：蓍策。德：德性，性质。知：读为“智”，智慧。蓍之德圆而神，卦之德方以知：蓍草的德性是圆融而神通广大，《易》卦的德性是方正而智慧无量。

⑧ 易：变也。贡：告也，献也。六爻之义易以贡：以六爻变动的情形将所问事物的吉凶呈献于人。

圣人以此洗心，退藏于密，吉凶与民同患。[①] 神以知来，知以藏往，[②] 其孰能与此哉？古之聪明睿知神武而不杀者夫！[③] 是以明于天之道，而察于民之故，是兴神物，以前民用。[④] 圣人以此齐戒，以神明其德夫！[⑤]

是故阖户谓之坤，辟户谓之乾，[⑥] 一阖一辟谓之变，往来不穷谓之

---

① 洗：或作“先”，帛书本《系辞》作“佚”。洗心：洗涤身心，即《庄子》所谓“疏瀹而心，澡雪而精神”。先心：启导其心。佚心：安佚其心，修身养性。皆可通，可以互相发明。退藏于密：退隐而藏之于心，因为凡事皆不宜显摆张扬，或说指将占筮之事及其结果记录下来，退回而藏到秘密的地方，以供来日观其应验情况。吉凶与民同患：圣人所虑所占，事涉天下百姓，故其吉凶与民众休戚相关，圣人与民同此忧患。

② 神以知来，知以藏往：神者，蓍之德也，故布蓍推衍，可以预知将来的事情；知者，智也，卦之德也，圣人作卦爻辞，皆是其长期仰观俯察的心得，是对既往经验知识的总结。

③ 聪明：听觉灵敏曰聪，视觉锐敏曰明。睿（ruì）知：智慧。古之聪明睿知神武而不杀者夫：《周易》以其神妙《易》理可以推知将来的事情，使人知道戒惧而不犯错误，古代的聪明睿智之人得到《周易》，则不必以刑杀服人而人自归服。

④ 明：明晓，明白。察：明察，洞察。故：事也，事理。兴：起而用之。神物：蓍草和龟壳，殷周时卜用龟壳，筮用蓍草，卜筮是神圣之事，故二者并称神物。以前民用：卜筮定吉凶于前，民众依其法而用之于后。

⑤ 齐：修洁，湛然纯一，或说同“斋”，敬也。戒：警惕，戒惧。韩康伯注曰：“洗心曰齐，防患曰戒。”朱熹曰：“湛然纯一之谓斋，肃然警惕之谓戒。”以：用也。神明其德：提高德性，以达到出神入化的境界。

⑥ 阖：闭也。辟：开也。是故：因此。阖户谓之坤，辟户谓之乾：乾阳性动以象开门，坤阴性静以象闭门，故阖辟者，阴阳之动静也。

通，[①] 见乃谓之象，形乃谓之器，[②] 制而用之谓之法 [③]，利用出入，民咸用之谓之神。[④]

---

① 一阖一辟谓之变，往来不穷谓之通：一闭一开，变化无穷；往来不息，万物贯通。

② 见：读为"现"。器：犹物也。见乃谓之象，形乃谓之器：凡自然显现且能为人所见的物象，皆可以称之为象；凡有形实体且能以手触及的事物，皆可以称之为器。李鼎祚《周易集解》引荀爽曰："谓日月星辰，光见在天而成象也。万物生长，在地成形，可以为器用者也。"

③ 法：效法，取法。制而用之谓之法：效法卦象以制器备用，就叫效法。

④ 神：神妙。利用出入，民咸用之谓之神：百姓日常反复利用但不知其所由来，是其神妙而不可言之处。

是故《易》有大极[①]，是生两仪[②]，两仪生四象[③]，四象生八卦[④]，八

① “《易》有大极”一节，在《易传》中有着非常重要的地位，它提纲挈领，言约意丰，可以看作整部《周易》的精髓。一般认为，这一节有两套语言：一套是筮法语言，讲八卦、六十四卦产生的逻辑顺序，以及在用《易传》“大衍之数”筮法进行实际操作时《易》卦的产生过程；另一套是哲学语言，主要是讲宇宙万物的生成过程，即宇宙生成论，同时包含本体论，这主要是由汉代以后的学者阐发揭示的。《易》：在筮法意义上是指《周易》及其筮法，在哲学（宇宙论）意义上是指《周易》及其《易》道。大极：此“大”读为“太”，“大极”即“太极”，在筮法意义上是指混而未分的“大衍之数五十”，在哲学（宇宙论）意义上是指宇宙万物的本原，是宇宙演化之初天地阴阳“醇和未分”的元气。

② 两仪：在筮法意义上似乎是指“分而为二以象两”，但实际上应该是指由“大衍之数”经过复杂的演算而产生的阴阳两爻，六、八为阴爻，七、九为阳爻；在哲学（宇宙论）意义上是指太极分化出的阴阳二气，即《易传》所说的“乾元”和“坤元”。

③ 四象：在筮法意义上是指由“大衍之数”经过复杂的演算而产生的太阴（六）、少阴（八）、少阳（七）、太阳（九），而不应只是指“揲之以四以象四时”的“四时”；在哲学（宇宙论）意义上是指由宇宙演化最初的阴阳二气经过相互作用进一步生成的太阴、少阴、少阳、太阳四类物质。

④ 八卦：在筮法意义上不只是指由阴阳两爻所可能组成的乾、兑、离、震、巽、坎、艮、坤八种卦象，即八经卦，而更是指由“大衍之数”经过“四营而成易，十有八变”所形成的六十四种卦象，即六十四别卦，因为下文紧接着说“八卦定吉凶”，而八经卦是不能决定吉凶的，由于六十四别卦也是由八经卦组成的，故以“八卦”概言之；在哲学（宇宙论）意义上是指由太阴、少阴、少阳、太阳四种物质进一步相互作用，而生成的乾、兑、离、震、巽、坎、艮、坤这八个卦所象征的八大类宇宙万物。

卦定吉凶，吉凶生大业。[①] 是故法象莫大乎天地[②]，变通莫大乎四时，县象著明莫大乎日月，[③] 崇高莫大乎富贵[④]；备物致用，立成器，以为天下利，莫大乎圣人；[⑤] 探赜索隐，钩深致远，[⑥] 以定天下之吉凶，成

---

① 八卦定吉凶，吉凶生大业：根据八经卦组成的六十四别卦可以判断事物的吉凶成败，使人能够趋吉避凶，逢凶化吉，从而最大限度地成就人间事业。

② 法象：《易经》模拟、效法的物象。天地：万物万象中最大的物象，《易经》以乾、坤两卦模拟之。

③ 变通莫大乎四时：变化不息，通达有序，没有比四时更为典型的了。县：同“悬”。县象著明莫大乎日月：日月之光普照天下，日月是天地间光明最为显著的物象，《易经》以坎、离两卦模拟之。

④ 崇高：尊贵，高尚。富贵：人君的势位大富大贵。崇高莫大乎富贵：人君的势位大富大贵，最为尊贵高尚，没有比人君的势位更为尊贵高尚的，《易》卦以九五爻之位模拟之。

⑤ 立成器：有的《周易》版本“立”后有“功”字，朱熹《周易本义》云：“‘立’下疑有阙文。”高亨《周易大传今注》据《汉书·货殖传》引《易》“立功成器”之文增补。此句有“功”字于义为优。备物致用，立成器，以为天下利，莫大乎圣人：完备天下事物，以为天下万民所用，建立卓越功业，成就天下器物，以为天下万民所利用，没有比圣人更伟大的了。

⑥ 赜（zé）：杂也，繁杂，繁富。探赜：探求复杂的事理。索：求也，探求，寻求。索隐：寻索隐微的大道。钩：取也，求取。钩深：求取深奥的法则。致：犹推也。致远：推知久远事物的吉凶成败。

天下之亹亹者，莫大乎蓍龟。[①] 是故天生神物，圣人则之；[②] 天地变化，圣人效之；[③] 天垂象，见吉凶，圣人象之；[④] 河出图，洛出书，圣人则

---

① 亹亹（wěi）：勉也，勤勉，奋勉上进。成天下之亹亹者，莫大乎蓍龟：促成天下人奋勉上进的，没有超过蓍龟的事物。莫大乎蓍龟：古本多作"莫善乎蓍龟"，帛书本，汉何休《春秋公羊经传解话》，唐魏徵《群书治要》，唐虞世南《北堂书钞》，《四库全书》经部易类清惠栋增补《新本郑氏周易》、唐李鼎祚《周易集解》等皆作"莫善乎蓍龟"，其余诸书多作"莫大乎蓍龟"。《经典释文》曰："莫善乎蓍龟，本亦作莫大。"宋元之际俞琰《周易集说》云："李氏曰：莫大乎蓍龟，古本作莫善乎蓍龟。"（郭彧）

② 神物：蓍草和龟，此指用于卜筮的蓍草和龟壳。则：取法，尊奉。

③ 天地变化，圣人效之：天地万物运动变化，圣人作《易》，以仿效模拟天地万物的运动变化，探索天地万物运动变化的内在规律。

④ 天垂象，见吉凶，圣人象之：宇宙万物万象，自有吉凶成败，圣人推衍《易》象，以模拟物象与人事吉凶的相互感应关系。

之。[1]《易》有四象，所以示也；系辞焉，所以告也；定之以吉凶，所以断也。

〔第十二章〕

《易》曰："自天祐之，吉，无不利。"[2] 子曰："祐者，助也。天之

---

① 河：黄河。图：河图。洛：洛水。书：洛书。圣人则之：圣人效法河图、洛书以作《易》，而推明事物吉凶。"河出图"之说，流传甚古。《尚书·顾命》记载周成王丧礼之陈设时有云："太玉、夷玉、天球、河图在东序。"《论语·子罕》《墨子·非攻》《礼记·礼运》《管子·小匡》等篇亦均有提及。然而河图究竟为何物，汉代便已众说纷纭。先秦文献有缺，至今无从详考。宋代学者所传出的河图，会合于天地之数五十有五。"洛出书"较为晚出，先秦著作仅此处与《管子·小匡》有载。洛书究竟为何物，也无从断定。宋代学者所传出的洛书，出自《道藏·灵图类》中的《太乙下行九宫法》，原图有"一白二黑三碧四绿五黄六白七赤八白九紫"，注于黑白点的旁边。《大戴礼记·明堂》曰："明堂者，古有之也。凡九室……二九四，七五三，六一八。"《易纬·乾凿度》云："一阴一阳合而为十五之谓道……故太一取其数以行九宫，四正四维，皆合于十五。"清儒孙星衍《问字堂集》云："北周甄鸾注《数术记遗·九宫算》云：'九宫者，即二四为肩，六八为足，左三右七，戴九履一，五居中央。'"（唐明邦）现代考古学发现，河图洛书的渊源甚为悠远。例如，1977 年在安徽阜阳双古堆西汉初年汝阴侯墓出土的太一九宫式盘，上面即有数字，并与洛书的数字吻合。1987 年在安徽省含山县凌家滩的新石器时代遗址，出土了一个玉龟，玉龟由背甲和腹甲组成，其间有一片玉版，上面有图案和圆孔。冯时先生考证认为，此玉版上的图案和圆孔表明，在距今 5300 年前后，古洛书（含河图洛书）已经形成（见冯时《中国天文考古学》第八章第二节，北京：中国社会科学出版社，2010 年）。因此可以明确推定，宋代学者所传出的河图洛书，有更为古老的渊源。

② 自天祐之，吉，无不利：此引《大有》卦上九爻辞，注释详见该卦。

所助者，顺也；人之所助者，信也。[①] 履信思乎顺[②]，又以尚贤也，是以‘自天祐之，吉，无不利’也。”[③]

子曰：“书不尽言，言不尽意。”[④] 然则圣人之意，其不可见乎？子曰：“圣人立象以尽意[⑤]，设卦以尽情伪[⑥]，系辞焉以尽其言[⑦]，变而通之

---

① 天之所助者，顺也：上天所愿意护助者为顺从天道的人，故顺从天道以行事的人，才容易得到天的帮助。人之所助者，信也：人类愿意帮助者是诚信之人，故恪守诚信之道的人，才容易得到他人的帮助。

② 履：践履，践行。履信：践履于诚信之道。思乎顺：时时都考虑使言行顺从于天地之道。

③ 此段有的《周易》版本（如孔颖达《周易正义》）置于十一章之末，有的《周易》版本（如朱熹《周易本义》）置于十二章之首。朱熹认为，此段在此与上下文不合，可能是错简，应该在第八章之末。可备一说。

④ 书：书册，书本。言：语言。意：思想，意识，观念。书不尽言，言不尽意：书本是记载语言的，语言是表达思想观念的。但书本和语言一旦形成后，便具有相对独立的稳定性，对于生动活泼、无限丰富的思想意识来说，书本和语言的稳定性无疑会使其表达功能受到局限，同时，书本也不可能把语言全部记载下来，因为书本是有限的，而语言是无穷的，语言也不可能把思想观念全部表达出来，因为语言是有局限性的，而思想观念是无限自由活泼的，故曰“书不尽言，言不尽意”。这一深刻思想，对于中国古代哲学、诗歌、书法、绘画、音乐、舞蹈、气功、医学等理论的发展，有着重大而深远的影响。

⑤ 立象：创立《易经》卦爻象的符号系统。尽意：充分表达思想意蕴。

⑥ 情：人性的自然流露，引申为真实。伪：人为也，引申为虚假。

⑦ 系辞焉以尽其言：《易经》卦爻辞的内涵丰富无比，可以充分发挥语言的表达功能。

以尽利[①]，鼓之舞之以尽神[②]。”

《乾》《坤》，其《易》之缊邪？[③]《乾》《坤》成列，而《易》立乎其中矣。[④]《乾》《坤》毁，则无以见《易》;《易》不可见，则《乾》

---

① 变而通之以尽利：通过《易经》卦爻的变通以占筮吉凶，从而指导人们趋吉避凶，趋利避害；“通”是事物变动后的稳定顺畅的运行状态，人应充分利用这一状态实现最大价值；如果有变无通，事物总是变来变去，无丝毫稳定性可言，人类的认识便很难发生，更谈不上“以尽利”了。

② 鼓之舞之以尽神：在揲蓍起卦的过程中，来回操作那五十根蓍草，以充分模拟天地万物神妙莫测的运动变化；又，古代在出征或庆典的大型祭祀活动环节，由众多的人排列成一定的队形，边鼓边舞，气势雄壮，意在以尽情真诚的歌舞激发神的兴致，调动神的欢心。

③ 缊：同“蕴”，藏也，唐石经作“蕴”。邪：读为“耶”。《乾》《坤》，其《易》之缊邪:《乾》《坤》两卦，蕴藏着《易经》其他的六十二卦，蕴藏着全部《易经》。王夫之《张子正蒙注》云:“‘《乾》《坤》，其《易》之蕴邪’，言《易》藏畜阴阳，具足充满，以因时而成六十二象。”

④ 《乾》《坤》成列，而《易》立乎其中矣:《易经》其余六十二卦皆本于《乾》《坤》两卦，故《易》道变化就体现在《乾》《坤》两卦之中。

《坤》或几乎息矣。[①] 是故形而上者谓之道，形而下者谓之器，[②] 化而裁之谓之变，推而行之谓之通，举而错之天下之民谓之事业。[③] 是故夫象[④]，圣人有以见天下之赜，而拟诸其形容，象其物宜，是故谓之象。圣人有以见天下之动，而观其会通，以行其典礼，系辞焉以断

---

① 《乾》《坤》毁，则无以见《易》;《易》不可见，则《乾》《坤》或几乎息矣：没有《乾》《坤》二卦，其余六十二卦则无法生成,《易》道也就荡然无存了；没有《易》道变化之理，则《乾》《坤》的作用也就几乎消亡了。此段《周易正义》《周易本义》皆在第十二章，王夫之《周易内传》认为此段“与上下文义不相属，盖亦错简，疑在第六章之末”。

② 形：天下各种有形事物。道：宇宙万物的大道，天地万物的本原。器：有形质的具体事物。形而上者谓之道，形而下者谓之器：“道”无形质而为虚，在有形事物之上，故曰“形而上”;“器”有形体而为实，在有形事物之中，故曰“形而下”。孔颖达疏曰：“道是无体之名，形是有质之称。凡有从无而生，形由道而立，是先道而后形，是道在形之上，形在道之下。故自形外已上者谓之道也，自形内而下者谓之器也。形虽处道器两畔之际，形在器，不在道也。既有形质，可为器用，故云形而下者谓之器也。”

③ 化：改也，改变。裁：制也。举：犹取也。错：借为“措”，施也。化而裁之谓之变，推而行之谓之通，举而错之天下之民谓之事业：顺应天下事物变与通的运动规律，当变即变，当通即通，充分发挥天赋的卓越主体性，普遍地应用于天下之民，以成就人生事业；也就是说，当客观事物出现向相反方向转化的苗头时，应当随其化而裁断之，犹如当革命之时，及时进行革命，此为善用《易》之变也；变革之后，尽力巩固成果，推而行之，使之发扬光大，惠泽天下，此为善用《易》之通也（唐明邦）。

④ 夫象：有的《周易》版本（如王夫之《周易考异》引郭京）无“夫象”二字。

其吉凶，是故谓之爻。[①] 极天下之赜者存乎卦，鼓天下之动者存乎辞，[②] 化而裁之存乎变，推而行之存乎通，神而明之存乎其人；[③] 默而成之，不言而信，存乎德行。[④]

---

① 从“圣人有以见天下之赜”到“系辞焉以断其吉凶，是故谓之爻”一段，已见于第八章，为重复出现的文字，可能是转相传抄所致，也可能是重复出现以开启下文。

② 极：尽也，穷尽。赜（zé）：杂也，繁杂，繁富。存乎：在于。卦：卦象。辞：卦爻辞。

③ 化而裁之存乎变，推而行之存乎通，神而明之存乎其人：人之所以能“化而裁之”，原因在于事物客观上已具备了变的契机；人之所以能“推而行之”，原因在于事物已具备了通畅发展的趋势；体悟《易经》之道的神妙莫测，从而使之显明于世，就在于人的先天一点灵明了。

④ 默而成之：默默地按照《易》道去成就人生事业。不言而信：不必言语而能取信于人。存乎德行：全在于人的品德修养和实际修为。

二、系辞下

〔第一章〕

八卦成列，象在其中矣；①因而重之，爻在其中矣；②刚柔相推，变在其中矣；③系辞焉而命之，动在其中矣；吉凶悔吝者，生乎动者也。④刚柔者，立本者也；变通者，趣时者也；⑤吉凶者，贞胜者也；⑥天地之道，贞观者也；⑦日月之道，贞明者也；⑧天下之动，贞夫一者

---

① 成列：八卦依一定位置、法则排列出来。象：八卦卦象及其所象征的事物。八卦成列，象在其中矣：在八卦依一定位置排列出来后，天地万象就无不囊括其中了。

② 因：依据。因而重之：依据一定规律，八卦依次相重，而可以生成六十四卦。爻：卦象的基本组成元素。爻在其中矣：爻的运动变化存在于由六爻组成的卦象之中。

③ 刚柔：阳和阴，阳爻和阴爻。相推：相互推动，此指阴阳爻的相互作用和变化。刚柔相推，变在其中矣：由于阴阳爻的相互作用，形成阴阳爻在卦象中的往来、进退、消长、盈虚等变动，故云“刚柔相推，变在其中矣”。

④ 系辞：给卦、爻系之以文辞。命：告也。命之：告之以吉凶悔吝。动在其中矣：人的行动依据就在其中了。吉凶悔吝者，生乎动者也：吉凶悔吝，就出于人及万物的种种行动。

⑤ 本：根本。趣：读为“趋”，急走也，引申为迅速趋向。

⑥ 贞：正也。胜：“胜负”之“胜”。吉凶者，贞胜者也：吉凶成败的内在规律在于守正则胜。

⑦ 天地之道，贞观者也：天无私覆，地无私载，为天地之正；贞者，正也，天地正，才会为人所崇仰。观：观瞻，崇仰。

⑧ 日月之道，贞明者也：日月以其无限光明普照天下，日月之正道，在于日月无私照，永远以其光明普照无私。

也。[①] 夫乾，确然示人易矣。夫坤，隤然示人简矣。[②] 爻也者，效此者也。象也者，像此者也。[③] 爻象动乎内，吉凶见乎外，功业见乎变，圣人之情见乎辞。[④] 天地之大德曰生[⑤]，圣人之大宝曰位[⑥]。何以守位？曰仁[⑦]。何以聚人？曰财。理财正辞，禁民为非，曰义。[⑧]

〔第二章〕

古者包牺氏之王天下也[③]，仰则观象于天，俯则观法于地，观鸟兽

---

① 一：道也。天下之动，贞夫一者也：天下万物运动变化皆遵循于道。

② 确然：刚貌，刚健的样子。易：平易。隤（tuí）然：柔貌，柔顺的样子。简：简约。

③ 这里的两个“此”字，指代天地易简之至理与贞一之大道。

④ 内：蓍卦之内。外：蓍卦之外。变：动乎内之卦爻变化。辞：见乎外之卦爻辞。爻象动乎内，吉凶见乎外，功业见乎变，圣人之情见乎辞：爻象往来、进退、升降于蓍卦之内，而吉凶昭示于蓍卦之外；随其变，趋吉以避凶，则功业由之以兴；圣人所系之卦爻辞，体现着圣人的觉民护生之情。

⑤ 德：德性。生：生育，化生。天地之大德曰生：天地的伟大德性就是无私地生育万物，此即“上天有好生之德”。

⑥ 位：位置，地位，权位。没有合适的位置，则无以参赞天地而仁民爱物。

⑦ 仁：有的《周易》版本作“人”，人、仁古通。

⑧ 理财：管理财物。正辞：端正言辞，明确号令。理财正辞：管理财物有节，则物尽其用，财用有余；端正辞令以教化民众，则民众知理安分，社会有序。禁民为非：禁止民众去做非礼违法之事。

③ 包牺：又作“伏羲”，即伏牺、庖牺、宓羲、伏戏、牺皇、皇羲，风姓，唐尧时期南方有苗族尊崇的祖先神。伏羲氏生活时期距今约七千年之久。战国时期，南北文化合流，伏羲进入中原的圣王系统，称为太昊，三皇之最先最尊者也。《系辞传》据传说所作的这一记载，对八卦起源的探讨有重要的文献价值。

之文与地之宜，[①] 近取诸身，远取诸物，[②] 于是始作八卦，以通神明之德，以类万物之情。[③] 作结绳而为罔罟，以佃以渔，[④] 盖取诸《离》[⑤]。

---

① 法：法则。与地：有的《周易》版本作“与天地”。宜：适宜，协调。地之宜：或说指植物。观鸟兽之文与地之宜：考察各种类型的飞禽走兽、草木花卉与天地相适应的关系和特性。

② 诸：“之于”的合音。近取诸身，远取诸物：近取象于耳目鼻口之属，远取象于雷风山泽之类。孔颖达疏云：“‘近取诸身’者，若耳目鼻口之属是也；‘远取诸物’者，若雷风山泽之类是也。举远近，则万事在其中矣。”

③ 通：会通，融通，会合。神：妙也。明：显也。德：德性，性质。类：模拟，类同，或说是分类。情：真实，情状。于是始作八卦，以通神明之德，以类万物之情：于是就创作了八卦，以通达神明之德，以模拟万物之情。孔颖达疏曰：“始作八卦以通神明之德者，言万事云为，皆是神明之德，若不作八卦，此神明之德闭塞幽隐，既作八卦，则而象之，是通达神明之德也。以类万物之情者，若不作易，物情难知，今作八卦以类象，万物之情皆可见也。”

④ 罔：读为“网”，捕兽之网。罟（gǔ）：犹网也，捕鱼之网。“作结绳”之“作”字，清代学者王念孙认为是“涉上文‘作八卦’而衍”，“结绳而为罔罟”，文义已明，加一“作”字则显累赘。王引之广为引述以证之。（见《经义述闻》卷二“作结绳”条）此说可从。佃（tián）：借为“田”，猎也，捕鸟兽。《经典释文》曰：“佃：本亦作田。”渔：捕鱼。

⑤ 盖：大概。盖取诸《离》：《离》卦下离上离，离为目，两目相承而附着，为网罟之象，且《离》卦卦形阴阳相间，虚实相隔，也正像网罟。

包牺氏没，神农氏作[①]，斲木为耜，揉木为耒，[②]耒耨之利，以教天下，[③]盖取诸《益》[④]。

日中为市，致天下之民，聚天下之货，交易而退，各得其所，[⑤]盖取诸《噬嗑》[⑥]。

---

① 神农氏：炎帝，兴起于西北甘陕一带的姜姓氏族的首领，后迁入中原。《白虎通》卷一曰："古之人民皆食禽兽肉。至于神农，人民众多，禽兽不足，于是神农因民之时，分地之利，制耒耜，教民农耕，神而化之，使民宜之，故谓之神农氏。"

② 斲（zhuó）：斫也，砍削。揉：使木弯曲。耒耜：上古翻土之农具，类似今天的犁。耒（lěi）：耒耜上部之曲柄，以手操纵之处。耜（sì）：为耒耜下部入土之部分，铁器广泛使用后，耜加上铁铧，称为犁头。

③ 耒耨（nòu）之利，以教天下：此句可读为"以耒耨之利教天下"。耨：古代锄草的农具。"耨"，有的《周易》版本作"耜"。从上文来看，"耨"似为"耜"之转抄误写。

④ 盖取诸《益》：《益》卦下震上巽，震为动，巽为入、为木，又震为东方，五行亦属木；二至四爻互为坤，坤为地；巽木入坤土而震木动，有耒耜之象，故曰"盖取诸《益》"。

⑤ 日中：正午。为市：开设市场。致：招致。聚：聚集，聚合。交易：交换，这里指以货易货。所：人所需之物。

⑥ 盖取诸《噬嗑》：《噬嗑》下震上离，震为动，离为明、为日，上明而下动，又借"噬"为"市"，借"嗑"为"合"，有在白天聚合为市之象；下互卦艮为径路，震为大途、为足，致民之象；上互卦坎为水，下互卦艮为山，群珍所出，聚货之象；又震错巽，巽为市三倍，为集市聚货互利之象；震为动，人流攒动，交易之象；巽为逊，退之象；艮为止，各得其所之象。此《噬嗑》之象也。参阅朱熹《周易本义》和来知德《周易集注》。

神农氏没，黄帝、尧、舜氏作，[①]通其变，使民不倦；[②]神而化之，使民宜之。[③]《易》，穷则变，变则通，通则久。[④]是以“自天祐之，吉，无不利”。黄帝、尧、舜垂衣裳而天下治，盖取诸《乾》《坤》。[⑤]

刳木为舟，剡木为楫，舟楫之利，以济不通，致远以利天下，盖取

---

① 黄帝：姬姓，号轩辕氏。《史记·五帝本纪》曰：“黄帝者，少典之子，姓公孙，名曰轩辕。轩辕之时，神农氏世衰，诸侯相侵伐，暴虐百姓，而神农氏弗能征。于是轩辕乃习于干戈，以征不享，诸侯咸来宾从。”《国语·晋语》曰：“黄帝以姬水成，炎帝以姜水成，成而异德，故黄帝为姬，炎帝为姜。”尧：伊祈姓，陶唐氏，史称唐尧。舜：姚姓，有虞氏，史称虞舜。《史记·五帝本纪》曰：“自黄帝至舜禹，皆同姓而异其国号，以章明德。故黄帝为有熊，帝颛顼为高阳，帝喾为高辛，帝尧为陶唐，帝舜为有虞。”

② 通其变，使民不倦：开通其变，因时创新，变化而后畅通之，使民众不会倦怠；若变化而不畅通，则民众以为纷乱而产生倦怠厌烦之感。孔颖达疏曰：“事久不变，则民倦而穷，今黄帝、尧、舜之等，以其事久或穷，故开通其变，量时制器，使民用之日新，不有懈倦也。”

③ 神而化之，使民宜之：因循事物内在的神妙特性而推进其运动变化，故可使民众各得其宜。《白虎通》卷一引“神而化之，使民宜之”归之神农，可能另有所本，或者此句为错简。

④ 《易》，穷则变，变则通，通则久：事物发展到穷尽之处，便会出现巨大“变化”，在巨变之后顺畅运动，通顺则长久，久长则又会穷尽，穷一变一通，循环往复，以至无穷，此即《易》之道也，亦为天之道也。

⑤ 黄帝、尧、舜垂衣裳而天下治，盖取诸《乾》《坤》：古代上衣下裳，据传自黄帝始，上衣居上覆物，取象于天，乾为天；下裳居下含物，取象于地，坤为地；天地无为而万物生成，黄帝、尧、舜无为而天下治平。

诸《涣》。[①]

服牛乘马，引重致远，以利天下，盖取诸《随》。[②]

重门击柝，以待暴客，盖取诸《豫》。[③]

断木为杵，掘地为臼，臼杵之利，万民以济，盖取诸《小过》。[④]

---

① 刳（kū）：判也，劈开，剜空。刳木：将大木剖开并凿空。为舟：制作成舟船。剡（yǎn）：锐利，削尖。剡木为楫：砍削木材制成楫。楫：拨船所用的长竿，划船所用的船桨。致远以利天下：有的《周易》版本无此句。盖取诸《涣》:《涣》卦下坎上巽，巽为木，坎为水，二爻至四爻互为震，震为动，木动于水上，正像舟楫有助人济渡江河之利。

② 服牛：穿牛鼻而驯服之，使之可以驮重物。乘马：络马首而驾乘之，使之可以行远路。服牛乘马，引重致远：服牛以引重，乘马以致远。盖取诸《随》:《随》卦下震上兑，上互卦巽为绳，下互卦艮为鼻、为手，震为足，服之乘之之象也；震、兑本乾、坤所变，乾为马，坤为牛，牛可引重，马能致远；牛非不可以致远，说牛引重者，因为牛更善于驮重物也；马非不可以引重，说马致远者，因为马更善于奔跑也。（来知德）

③ 重："重复"之"重"。重门：不止一道门，许多重门。柝（tuò）：巡夜敲打的木梆，用以警戒。重门击柝，以待暴客，盖取诸《豫》:《豫》卦下坤上震，震综为艮（综指颠倒卦象），下互卦为艮，上互卦为坎，艮为门，两艮为两门，重门之象；震为动、为善鸣、有声之木，柝之象；艮为守门阍人、为手，坎为夜，击柝之象；坎为盗，暴客之象。故曰"重门击柝，以待暴客，盖取诸《豫》"。

④ 杵臼：舂米的工具。杵（chǔ）须用短木，故"断木为杵"。臼（jiù）须要凿地，故"掘地为臼"。臼杵之利，万民以济，盖取诸《小过》:《小过》卦下艮上震，上互卦为兑，下互卦为巽，兑为毁折，断与掘之象;《小过》卦象好像重合之坎，坎为陷，臼之象；巽为木、为入，震为动，艮为手、为土，手执木杵动而入臼土之象；万民前此虽知粒食，而不知脱粟，万民得此杵臼，治米益精，此乃小有过而民用以济生者也，故曰"臼杵之利，万民以济，盖取诸《小过》"。

弦木为弧，剡木为矢，弧矢之利，以威天下，盖取诸《睽》。[①]

上古穴居而野处，后世圣人易之以宫室，上栋下宇，以待风雨，盖取诸《大壮》。[②]

古之葬者，厚衣之以薪，葬之中野，不封不树，丧期无数。后世圣人易之以棺椁，盖取诸《大过》。[③]

上古结绳而治，后世圣人易之以书契，百官以治，万民以察，盖取

---

① 弦木：加弦于木上。弧：弓也。弦木为弧：使木弯曲成上弦状，制成弓。剡（yǎn）：锐利，削尖。剡木为矢：削木使其锐利，制成箭。弧矢之利，以威天下，盖取诸《睽》：《睽》卦下兑上离，上互卦为坎，下互卦为离，坎木坚，离木槁，兑为毁折，弦木、剡木之象；坎为水、为弓矢，离为火、为戈兵，又水火交战，皆有征伐以威天下之象，故曰“弧矢之利，以威天下，盖取诸《睽》”。

② 栋：屋梁。宇：屋边，房屋四边的墙壁。上古穴居而野处，后世圣人易之以宫室，上栋下宇，以待风雨，盖取诸《大壮》：《大壮》卦下乾上震，震错为巽，震为雷，巽为风，雷风相薄之象；上互卦为兑，兑为泽，雨水之象；兑错为艮，山泽通气，有山有水，宜于居住，为宫室择址之象；震为木、为长子，象木之长子，有栋梁之象；乾为刚健，又四阳相比，壮大而刚健，有栋宇壮观牢固之象，故曰“上栋下宇，以待风雨，盖取诸《大壮》”。

③ 衣：遮盖。之：尸体。古之葬者，厚衣之以薪：古代的葬礼有以厚薪覆盖在尸体上，有火葬之意，只是没有明说。葬之中野：埋葬在田野里。不封不树：不堆积土丘以为坟，是不封也；不种植树木以标示其处，是不树也。丧期无数：服丧之期无日月限数。棺椁（guǒ）：盛葬尸体之具，最内层为棺，棺外为椁。《庄子·天下》曰：“古之丧礼，贵贱有仪，上下有等。天子棺椁七重，诸侯五重，大夫三重，士再重。”后世圣人易之以棺椁，盖取诸《大过》：《大过》卦下巽上兑，上下互卦皆为乾，厚衣之象；巽为木，薪之象；《大过》卦内阳外阴，为大坎卦，坎为陷，坑之象；巽为入、为木，棺椁入坑之象。

诸《夬》。[①]

〔第三章〕

是故《易》者，象也；[②] 象也者，像也[③]。彖者，材也；[④] 爻也者，效天下之动者也。[⑤] 是故吉凶生而悔吝著也。[⑥]

〔第四章〕

阳卦多阴，阴卦多阳，其故何也？[⑦] 阳卦奇，阴卦偶，其德行何

---

① 上古结绳而治：上古时期以结绳之法记载物品之数量与事件之大小，事大大结其绳，事小小结其绳。书：文字。契：刀刻。后世圣人易之以书契，百官以治，万民以察，盖取诸《夬》:《夬》卦下乾上兑，兑综为巽，巽为绳直，结绳之象；乾为金，巽为木，又乾错为坤，坤为文，以金刻木而有文，书契之象；兑为附决、为悦，百官附决于君，以文字明于治事，万民察于书契，悦于明理守度（唐明邦）。

② 是故：总结的发语词，因此。象：模写，象征。

③ 像：模拟，相像，相似。

④ 彖：断也，指卦辞，以其能断吉凶。材：读为"裁"，指卦辞有裁断一卦主旨和事物吉凶的作用，或说指材质，指由阴阳爻相配合所构成的卦体。

⑤ 爻也者，效天下之动者也：爻在卦体中的位置、态势及其进退、往来、升降等，仿效着天下万物的运动变化。

⑥ 生：产生，发生。著：显著，呈现。

⑦ 阳卦多阴，阴卦多阳：八卦除乾、坤为纯阳、纯阴外，其他六卦则由阴阳二爻构成；震、坎、艮为长男、中男、少男，为阳卦，皆一阳二阴；巽、离、兑为长女、中女、少女，为阴卦，皆一阴二阳；物以稀为贵，阳卦一阳二阴，故阳为主；阴卦一阴二阳，故阴为主。韩康伯注曰："夫少者，多之所宗；一者，众之所归。阳卦二阴，故奇为之君；阴卦二阳，故偶为之主。"其故何也：其原因是什么呢？

也？[①] 阳一君而二民，君子之道也；阴二君而一民，小人之道也。[②]

〔第五章〕

《易》曰："憧憧往来，朋从尔思。"[③] 子曰："天下何思何虑？[④] 天

---

① 阳卦奇，阴卦偶：八卦卦象笔画之数，凡阳卦皆一阳二阴，为五画，为奇数；凡阴卦皆一阴二阳，为四画，为偶数。其德行何也：其品德行为是怎么样的呢？

② 阳一君而二民，君子之道也；阴二君而一民，小人之道也：阳为君、为君子，阴为民、为小人；阳卦一个阳爻两个阴爻，象征一君而二民，二民共事一君，上下协同，为君子之道；阴卦一个阴爻两个阳爻，象征一民同事二君，二君共争一民，一民无所适从，为小人之道。

③ 憧憧往来，朋从尔思：往来心意不定，朋友们随从你的想法。此引《咸》卦九四爻辞，原意详见该卦注释。

④ 天下何思何虑：此句为疑问句，意为天下人想的是什么呢？虑：思之深也。

下同归而殊涂，一致而百虑，[1] 天下何思何虑！[2] 日往则月来，月往则日来，日月相推而明生焉。寒往则暑来，暑往则寒来，寒暑相推而岁成焉。[3] 往者屈也，来者信也，屈信相感而利生焉。[4] 尺蠖之屈，

---

① 涂：读为“途”，路也。致：读为“至”。天下同归而殊涂：天下万事终究会同归于一，只是所行路线有所不同。一致而百虑：人同此心，心同此理，故虑虽不同，必归于一致。孔颖达疏曰：“天下同归而殊涂者，言天下万事，终则同归于一，但初时殊异其涂路也。一致而百虑者，所致虽一，虑必有百。言虑虽百种，必归于一致也；涂虽殊异，亦同归于至真也。”因此，孟子曰：“夫道，一而已矣。”王阳明先生指出：“自古圣贤因时立教，虽若不同，其用功大指（同旨）无或少异。《书》谓‘惟精惟一’，《易》谓‘敬以直内，义以方外’，孔子谓‘格致诚正，博文约礼’，曾子谓‘忠恕’，子思谓‘尊德性而道问学’，孟子谓‘集义养气，求其放心’，虽若人自为说，有不可强同者，而求其要领归宿，合若符契，何者？夫道，一而已。道同则心同，心同则学同。其卒不同者，皆邪说也。”（《示弟立志说》）

② 天下何思何虑：此句为感叹句，意思是说，天下万事万物皆顺应自然，殊途同归，百虑一致，何须格外劳神思虑哉！参阅唐明邦先生主编的《周易评注》。

③ 相推：相互推移交替。日往则月来，月往则日来，日月相推而明生焉；寒往则暑来，暑往则寒来，寒暑相推而岁成焉：日月交替而生明，寒暑交替而成岁，往来不息，无思无为，自然而成。

④ 信：借为“伸”，伸展。《经典释文》曰：“信：本又作伸。”相感：阴阳往来屈伸交替过程中互相交感应和。利：利益，功用。

以求信也。龙蛇之蛰，以存身也。[①] 精义入神，以致用也。[②] 利用安身，以崇德也。[③] 过此以往，未之或知也。[④] 穷神知化，德之盛也。[⑤]”

《易》曰：“困于石，据于蒺藜，入于其宫，不见其妻，凶。”[⑥] 子曰：“非所困而困焉，名必辱；非所据而据焉，身必危。既辱且危，死期将至，妻其可得见耶？”[⑦]

《易》曰：“公用射隼于高墉之上，获之，无不利。”[⑧] 子曰：“隼者，

---

① 尺蠖（huò）：一种昆虫，其行先屈后伸，如人布手知尺之状，故名尺蠖。蛰：蛰伏，潜藏。尺蠖之屈，以求信也；龙蛇之蛰，以存身也：尺蠖屈身，是为了求得伸展；龙蛇蛰伏，是为了保存自身。此句以实例说明屈伸相感的天地之道。

② 精义入神，以致用也：精研事物之理以达到“穷神知化”的胜境，是为了经世致用、付诸实行。

③ 利用安身，以崇德也：便利器用，改善物质生活条件，使人身有所安，最终是为了更好地提高人的道德修养。

④ 此：指代“精义入神”与“利用安身”。过此以往，未之或知也：“精义入神”与“利用安身”此二者皆已达到天地事理之极致，此外则微妙莫测，不易知晓，故云“未之或知也”。

⑤ 穷神知化，德之盛也：穷尽知晓天地万物神妙莫测的运动变化规律，并能自觉运用以济世利人，是最盛美的德性。

⑥ 困于石，据于蒺藜，入于其宫，不见其妻，凶：在乱石里受困，在蒺藜上被刺，回到自己家里，看不见自己的妻子，有凶。此引《困》卦六三爻辞，详见该卦注释。

⑦ 其：岂。耶：有的《周易》版本作“邪”。“邪”和“耶”古通，均可作句末语气词，表示疑问或反问，相当于现代汉语的“吗”或“呢”。既辱且危，死期将至，妻其可得见耶：求荣反辱，求安反危，身心皆遭损害，故“死期将至”，这样难道还能见到妻室吗？

⑧ 公用射隼于高墉之上，获之，无不利：王公大臣在城墙上射中鸷鸟，抓获它，没什么不利。此引《解》卦上六爻辞，详见该卦注释。

禽也。弓矢者，器也。射之者，人也。君子藏器于身，待时而动，[①]何不利之有？动而不括，是以出而有获，语成器而动者也。”[②]

子曰：“小人不耻不仁，不畏不义，不见利不劝，不威不惩。[③]小惩而大诫，此小人之福也。[④]《易》曰：‘屦校灭趾，无咎。’[⑤]此之谓也。善不积不足以成名，恶不积不足以灭身。小人以小善为无益而弗为也，以小恶为无伤而弗去也，故恶积而不可揜，罪大而不可解。[⑥]《易》曰：‘何校灭耳，凶。’[⑦]”

子曰：“危者，安其位者也。亡者，保其存者也。乱者，有其治者也。是故君子安而不忘危，存而不忘亡，治而不忘乱，是以身安而国家可保也。《易》曰：‘其亡其亡，系于苞桑。’[⑧]”

子曰：“德薄而位尊，知小而谋大，力小而任重，鲜不及矣。[⑨]

---

① 器：弓矢，比喻才能。待时而动：隼来而及时射之，比喻适时发挥才能。

② 括：闭也，塞也，闭塞，阻碍。动而不括，是以出而有获：因藏器于身，待时而动，故动必无碍，行必有获。语：是说，意义在于，意思是说。成器：拥有现成的器具，比喻拥有现成的才能。

③ 劝：勉也，勉力，努力。威：威厉，严厉，刑威。惩：戒也，惩戒。

④ 诫：读为“戒”，警戒。小惩而大诫，此小人之福也：受小惩罚而警戒犯大错，这是小人的福分。这是在说明“屦校灭趾，无咎”的原因。

⑤ 屦校灭趾，无咎：刑具加于足上而遮没了脚趾，在古代只是小警戒，没有灾祸。此引《噬嗑》卦初九爻辞，详见该卦注释。

⑥ 揜：同“掩”，掩盖，掩蔽。解：解救，化解。恶积而不可揜，罪大而不可解：邪恶积累而至于不可掩蔽，罪过增大而至于不可解救。

⑦ 何校灭耳，凶：脖子上负荷着遮没耳朵的木枷，有凶。此引《噬嗑》卦上九爻辞，详见该卦注释。

⑧ 其亡其亡，系于苞桑：将要灭亡，将要灭亡，能有这样的忧患意识，就能像系于苞桑一样稳固。此引《否》卦九五爻辞，详见该卦注释。

⑨ 鲜：少也。不及：不及祸，不陷入祸乱，不受到祸害。

《易》曰：'鼎折足，覆公𫗧，其形渥，凶。'[①]言不胜其任也。"

子曰："知几，其神乎！君子上交不谄，下交不渎，[②]其知几乎！几者，动之微，吉之先见者也。[③]君子见几而作，不俟终日。[④]《易》曰：'介于石，不终日，贞吉。'[⑤]介如石焉，宁用终日，断可识矣。[⑥]君子知微知彰，知柔知刚，万夫之望。[⑦]"

子曰："颜氏之子，其殆庶几乎？有不善未尝不知，知之未尝复

---

① 鼎折足，覆公𫗧，其形渥，凶：鼎足折了，王公的食物倾泻满地，沾濡弄脏了一大片，凶险不利。此引《鼎》卦九四爻辞，原意详见该卦注释。

② 上交，下交：与地位在己之上或在己之下的人交往。谄：谄媚。渎：轻慢，轻侮。

③ 几：几微，预兆，微妙的变化。见：同"现"。吉之先见者也：有的《周易》版本在"吉"字后有"凶"字，似于义为优。

④ 俟：待也，等待。见几而作，不俟终日：君子既见事物微妙的变化，则须立即采取行动以应对之，不得稍有懈怠、迟疑，以免错失良机，而机不可失，时不再来。

⑤ 介于石，不终日，贞吉：坚贞如磐石，而不整天不变，占问吉利。此引《豫》卦六二爻辞，详见该卦注释。

⑥ 宁：何也。断：断然，迅速，立即。

⑦ 微：几微，精微，隐微。彰：显著，明显，昭著。望：仰望。

行也。[①]《易》曰：'不远复，无祇悔，元吉。'[②] 天地絪缊，万物化醇；[③] 男女构精，万物化生。[④]《易》曰：'三人行则损一人，一人行则得其友。'[⑤] 言致一也。[⑥]"

子曰："君子安其身而后动，易其心而后语，定其交而后求。君子脩此三者，故全也。[⑦] 危以动，则民不与也；惧以语，则民不应也；无

---

① 颜氏之子：孔子的得意弟子颜回。殆：恐怕，大概。庶几：近也，接近，将近，这里指近道，或接近道德盛美的圣人。朱熹《周易本义》曰："庶几，近意，言近道也。"颜氏之子，其殆庶几乎：《郭氏传家易说》曰："颜子亚圣之道，未能无过，故《论语》称'不贰过'；未能无得失，故《中庸》言'得一善，则拳拳服膺而弗失之'。由此则知，庶几于圣人矣。"

② 不远复，无祇悔，元吉：走了不远就返回，故不至于有什么悔恨，大吉。此引《复》卦初九爻辞，详见该卦注释。

③ 天地絪缊：天地阴阳二气浑然一体、交合充盈、亲密感应的样子。絪（yīn）缊（yūn）：有的《周易》版本作"氤氲"。万物化醇：万物化生发育，普遍醇厚，源源不断。醇（chūn）：纯也，均也，厚而凝也，平均，普遍。

④ 男女：泛指万物的阴阳两性和生成万物的阴阳二气。李鼎祚《周易集解》引干宝曰："男女，犹阴阳也。"构：合也，交感和合。构精：阴阳异性交合感应。化生：化出，生成。朱熹《周易本义》曰："絪缊，交密之状。醇，谓厚而凝也，言气化者也。化生，形化者也。"

⑤ 三人行则损一人，一人行则得其友：三人同行，意见有分歧时，意见不同的一人会受到损害；一人独行，会得到友人的帮助。此引《损》卦六三爻辞，详见该卦注释。

⑥ 致一：归于一也。言致一也：天地若有二心，则不能使万物普遍生成；男女若无自然之性，而互相乖违，则万物不能化生。李鼎祚《周易集解》引侯果曰："此明物情相感，当上法絪缊、化醇、致一之道，则无患累者也。"

⑦ 易：平易，平静。脩：借为"修"。全：完全，周备，人己两益。马其昶《重定周易费氏学》曰："人己两益为全。"

交而求，则民不与也；莫之与，则伤之者至矣。[①]《易》曰：‘莫益之，或击之，立心勿恒，凶。’[②]”

〔第六章〕

子曰：“《乾》《坤》，其《易》之门邪？”[③]乾，阳物也；坤，阴物也。阴阳合德，而刚柔有体，[④]以体天地之撰，以通神明之德。[⑤]其

---

① 危以动：冒险行动，侥幸求成而妄动。与：助也，予也。应：接应，响应。伤之者至矣：损伤他人的人就会来到。

② 莫益之，或击之，立心勿恒，凶：没有人帮助他，反而有人攻击他，因为他立心不能持久，如此必凶。此引《益》卦上九爻辞，详见该卦注释。

③ 邪：读为耶。《乾》《坤》，其《易》之门邪：此句是说《乾》《坤》二卦在《易经》中的地位与作用，《乾》卦六爻皆阳，《坤》卦六爻皆阴，六十四卦凡阳爻皆出自《乾》，凡阴爻皆出自《坤》，《周易》之变化从《乾》《坤》而起，犹人之行动从门而出，同时，《乾》《坤》为《周易》开篇两卦，好像是《周易》之门，所以说《乾》《坤》为《周易》的门户；《周易》之卦以阴阳爻为基本组成单位，《周易》之理以阴阳交感为核心原则，故《乾》《坤》为《易》之门户。

④ 阴阳合德：阴爻与阳爻相互配合以成卦象，阴阳二气相互交感以成万物。刚柔有体：阴阳爻合成的卦象或阳刚，或阴柔，阴阳二气交合产生的或刚或柔的物体。

⑤ 体：模拟，体现。撰：犹事也，撰述营为，撰作，作为；或说是具也，具有；或说是数也。以体天地之撰：《周易》的卦象可以用来模拟和体现天地的撰作营为。通：通达，贯通。神明之德：天地造化生成万物的神妙性德和功能。以通神明之德：《周易》大道可以贯通天地造化生成万物的神妙性德和功能。本章开头至“以通神明之德”一段，《周易正义》在《系辞下传》第五章，《周易本义》在《系辞下传》第六章，唐明邦先生主编的《周易评注》认为此段与上下文义不相属，疑为错简，当移到《系辞上传》第十一章“是故阖户谓之坤”之前。

称名也，杂而不越，于稽其类，其衰世之意邪？[①] 夫《易》，彰往而察来，而微显阐幽，开而当名辩物，正言断辞，则备矣。[②] 其称名也小，其取类也大，其旨远，[③] 其辞文，其言曲而中，其事肆而隐。[④] 因贰以济民行，以明失得之报。[⑤]

---

① 称名：《周易》为各个卦象所定的卦名。杂而不越：卦象之排列和卦名错综复杂而不相混乱逾越。于：语气助词。稽：考也，考察。类：类比，取象比类。于稽其类：考察这些卦名取象比类的含义和规律。衰世：商朝纣王时期衰败之末世。

② 彰往：彰显往昔。察来：洞察未来。微显：使细微至精之事得以显著。阐幽：使幽微深奥之理得以阐明。而微显阐幽，开而当名辩物：朱熹《周易本义》认为“而微显”恐当作“微显而”；“开而”之“而”亦疑有误。可备一说。又，“开而”之间和之后恐有脱字。当：适当，合宜。当名：卦名与卦画、万物之象相合宜。辩：读为辨，分辨。辩物：卦画象征各类事物，通过卦名可以分辨事物的类别。正言：周正恰当的言语，或说是直截了当的语言。断辞：决断吉凶悔吝的判辞。备：完备，具备。

③ 旨远：旨意深远。其称名也小，其取类也大，其旨远：卦爻辞所称物象之名虽细小，但所取喻的事类却广大，所蕴含的旨意很深远。韩康伯注曰：“托象以明义，因小以喻大。”

④ 文：物象交融而有文采。曲：曲折，迂回，婉转，如“曲径通幽”之“曲”。中：即“射中”之“中”，合乎，符合，吻合，此指合乎道及事物的真实情状。事：历史事件，典故。肆：直也，显露。隐：义理隐微。

⑤ 贰：两仪，阴阳之道。济：成也。报：应也，应验，报应。从“其称名也小”至“以明失得之报”，孔颖达《周易正义》在第五章的末尾，朱熹《周易本义》在第六章的末尾。

〔第七章〕

《易》之兴也，其于中古乎？作《易》者，其有忧患乎？[①]

是故《履》，德之基也；[②]**《谦》，德之柄也；**[③]**《复》，德之本也；**[④]**《恒》，德之固也；**[⑤]**《损》，德之脩也；**[⑥]**《益》，德之裕也；**[⑦]**《困》，德之**

---

① 中古：《系辞下传》第十一章所云"当殷之末世，周之盛德"之时。从"《易》之兴也"至"其有忧患乎"，孔颖达《周易正义》在第六章之首，朱熹《周易本义》在第七章之首。

② 以下一段为三陈九卦，以集中说明《周易》的道德修养思想。《履》：卦名，履者，礼也。德：道德规范。是故《履》，德之基也：德以礼为根基，礼以分辨上下尊卑，确定等级名分，安抚民众志意；没有礼，则无以立德，故曰"《履》，德之基也"。

③ 《谦》：卦名。柄：器具的把儿，即器具之为手所把持的部位，引申为下手处，根本。《谦》，德之柄也：德贵崇高而礼贵谦卑，谦卑者积德，骄傲者丧德，谦卑乃修德的下手处，故曰"《谦》，德之柄也"。

④ 《复》：卦名。本：根本。《复》，德之本也：《复》卦一阳始生于下，象征人的天赋的良心善端开始萌生，万善皆由此存养扩充，好比树有根本而枝叶自然畅茂，故曰"《复》，德之本也"。

⑤ 《恒》：卦名。固：稳固。《恒》，德之固也：修德不能持之以恒，则其德性不会稳固，故曰"《恒》，德之固也"。《论语·子路》引《易经·恒》九三爻辞曰："不恒其德，或承之羞。"

⑥ 《损》：卦名。脩：借为"修"，修养，修为。《损》，德之脩也：减损邪恶，则善德乃修，故曰"《损》，德之脩也"。老子曰："少私寡欲"，"为道日损，损之又损，以至于无为，无为而无不为"。

⑦ 《益》：卦名。裕：充裕，充盈，宽裕。《益》，德之裕也：增益美善则德性充裕，宽裕温柔，故曰"《益》，德之裕也"。老子曰："圣人不积，既以为人己愈有，既以与人己愈多。"《中庸》曰："唯天下至圣，为能……宽裕温柔，足以有容也。"

辩也；[①]《井》，德之地也；[②]《巽》，德之制也。[③]

《履》，和而至；[④]《谦》，尊而光；[⑤]《复》，小而辩于物；[⑥]《恒》，杂

---

① 《困》：卦名。辩：读为“辨”，分辨，辨明。《困》，德之辩也：遭遇困难之时，关键之际，有德无德，德厚德薄，就可以清楚分辨出来了，故曰“《困》，德之辨也”。

② 《井》：卦名。《井》卦之名，一字而含多义，此处主要取“水井”之“井”及“井田制”之“井”，为人群生息居住之地；井田制有“四井为邑，四邑为丘，四丘为甸，甸方八里”之建制，井为最小单位。地：方所，居住之地。《井》，德之地也：井之德在施与、利益人，象征德在人而施与人，离开人群居住之地，则德无从修亦无所施也，故曰“《井》，德之地也”。

③ 《巽》：卦名。制：相宜裁断，量宜接物。《横渠易说》曰：“量宜接物，故曰制也。”《巽》，德之制也：巽者，顺也，入也，巽既顺于理，又入于微，事至则能随宜裁断，故曰“《巽》，德之制也”。

④ 《履》：卦名，履者，礼也。和：和谐，不争。《履》，和而至：礼可以调节社会各阶层的内部关系，使社会稳定和谐而无争端，礼之用，和为贵，和之道，中为美，故曰“《履》，和而至”。老子曰：“和曰常，智（知）和曰明。”（楚简本）《论语》载有子曰：“礼之用，和为贵。先王之道，斯为美，小大由之。”《礼记·乐记》曰：“礼至则不争”。

⑤ 《谦》，尊而光：谦以自卑则不尊，以自晦则不光，然而自卑则人益尊，自晦而德愈光，尊而光，这是谦虚美德的理想境界。

⑥ 辩：读为“遍”，普遍，遍及，或说读为“辨”，分辨，辨明。《复》，小而辩于物：《复》一阳下生，其势似小也，然勉力扩充善端，存养心性，则可使此仁心遍润万物，其德可臻于至崇也，而若顺习而为，自暴自弃，则会埋没善端，难免沉沦也，其分别甚明。

而不厌；[①]《损》，先难而后易；[②]《益》，长裕而不设；[③]《困》，穷而通；[④]《井》，居其所而迁；[⑤]《巽》，称而隐。[⑥]

---

① 杂：混杂；或说当读为帀，周也，一终之谓也。《恒》，杂而不厌：世事皆正邪、美丑、善恶相混杂，正不被邪所诱，美不被丑所染，善不被恶所侵，始终持守德操而毫不厌倦，只有依靠持之以恒才能做到。王引之则曰："《恒》之为道，终始相巡，而无已时，故曰'帀而不厌'。"

② 《损》，先难而后易：减损自身的不善，开始时多深感艰难，一旦养成习惯，乃至于"闻过则喜"，"见贤思齐"，"沛然莫之能御也"，则减损自身的不善自然会成为很容易的事情。

③ 裕：丰富，增益，充盈，宽裕。设：造作。《益》，长裕而不设：益，须诚心增益自身美德，而不能有丝毫造作，故曰"《益》，长裕而不设"。

④ 穷：尽头。《困》，穷而通：人陷入困境，坚守德操，至于穷困的尽头，则自然会转化为畅通，即所谓时来运转。

⑤ 《井》，居其所而迁：君子居其位而善德可广施于人，正如水井安处其位而泽及大众一样。孔颖达疏曰："言井卦居得其所，恒住不移，而能迁其润泽，施惠于外也。"

⑥ 称：相宜，符合。《巽》，称而隐：巽为风、为顺、为入、为伏，风能随物宛转，顺应事理，因时称宜，成就万物，而又不露痕迹，不自我张扬，堪为君子修身效法之楷模，故曰"《巽》，称而隐"。

《履》以和行，[①]《谦》以制礼，[②]《复》以自知，[③]《恒》以一德，[④]《损》以远害，[⑤]《益》以兴利，[⑥]《困》以寡怨，[⑦]《井》以辩义，[⑧]《巽》以行权。[⑨]

---

① 和：恰当，适中，和谐。行：施行，行动。《履》以和行：履者礼也，"礼之用，和为贵"，故曰"《履》以和行"。

② 制：制定；节制。《谦》以制礼：礼以尊他自谦为原则，故曰"《谦》以制礼"，或说以礼为准则谦卑行事，可以克己复礼，节制自己的行为，以符合礼义法度，故曰"《谦》以制礼"。

③ 知：知觉。《复》以自知：《复》卦卦象是一阳来复，阳正阴邪，阳善阴恶，《复》卦之义，在于使人正心，复归自己天生本有的善性，使自己自觉行善，有不善未尝不知，知之未尝复行，故曰"《复》以自知"。

④《恒》以一德：恒者，久也；恒久故能始终不渝，一以贯之，纯一其德，止于至善。孔颖达疏曰："恒能终始不移，是纯一其德也。"

⑤《损》以远害：减损自身的不良习气，养成良好的思想行为习惯，损其不善而归于善，自然可以远离祸害。孔颖达疏曰："自降损修身，无物害已，故远害也。"老子说："为道日损，损之又损，以至于无为，无为而无不为"，"清静为天下正"。

⑥《益》以兴利：增益善德，则可以崇德而广业，导民以兴利，使大众都能普遍获益，安居乐业。孔颖达疏曰："益以兴利者，既能益物，物亦益己，故兴利也。"

⑦《困》以寡怨：遭遇困境，而能守节不移，反求诸己，既不怨天，也不尤人，无怨于物，故曰"《困》以寡怨"。

⑧ 井：水井，也指安居之地。辩：读为"辨"，分辨，辨明。《井》以辩义：如井一样安定其身，则能周密思考，周密思考则能辨明道义，惠泽天下，故曰"《井》以辩义"。

⑨ 权：权变，顺时应变。《巽》以行权：巽为顺，能顺时合宜，顺天应人，可以通权达变，万事亨通，故曰"《巽》以行权"。

〔第八章〕

《易》之为书也不可远，[①] 为道也屡迁，[②] 变动不居，周流六虚，上下无常，刚柔相易，[③] 不可为典要，唯变所适。[④] 其出入以度，外内使知惧，[⑤] 又明于忧患与故[⑥]，无有师保，如临父母。[⑦] 初率其辞而揆其方，

---

① 远：疏远，远离。《易》之为书也不可远：《易经》这本书须时常研习，而不可荒疏。张载《横渠易说》曰："心不存之，是远也；不观其书，亦是远也。"

② 屡：数次，多次，时常。迁：更改。为道也屡迁：《易》之"为道"，指《易经》模拟天地阴阳和万事万物的运动变化规律，天地万物时时在运动变化，《易经》之道也就以变易为核心。

③ 居：止也。六虚：卦体六爻之位。常：恒常，不变。易：变易，交易。变动不居：阴阳六爻互相变动，不止于一位一卦。周流六虚：阴阳二爻周遍流动在六个爻位。六个爻位之所以言"虚"者，是因为位本无象，有爻始见。上下：上卦和下卦，也指阴阳爻上下移动。上下无常：上下卦体变化，阴阳爻上下移动，没有固定格式。刚柔相易：卦体中不同性质的两爻可以相互作用，相互交易。

④ 典要：不可变的典常纲要。适：趋也，往也。不可为典要，唯变所适：孔颖达疏曰："六爻错综，上下所易，皆不同，是不可为典常要会也"，"刚柔相易之时，既无定准，唯随应变之时所之适也"。

⑤ 度：审度。其出入以度，外内使知惧：由占筮之出于本卦，入于变卦，而审度外卦与内卦、外在环境与内在状态的联系与态势，使人知所警惧。

⑥ 故：缘故。又明于忧患与故：又能使人明晓忧患以及产生忧患的内在缘故。

⑦ 师保：负责教育辅导的师长。《礼记·文王世子》曰："入则有保，出则有师，是以教喻而德成也。"无有师保，如临父母：此句与"《易》之为书也不可远"相呼应，强调人们应当自觉用《易》理指导言行，如同时刻有师保父母督促一样，不可须臾荒疏《易》理。

既有典常。[①] **苟非其人，道不虚行。**[②]

〔第九章〕

《易》之为书也，原始要终，以为质也；[③] **六爻相杂，唯其时物**

---

① 初：学《易》之始。率：循也，遵循。辞：卦爻辞。揆（kuí）：审度。方：意义，方式，方法。典常：规律。初率其辞而揆其方，既有典常：学《易》之初，应遵循卦爻辞之意，审度其取象比类的方式，这些是有规律可循的。

② 苟：如果。其人：贤明慧达之人。道不虚行：谓《易》道不可以凭空推行。苟非其人，道不虚行：若不是贤明慧达之人掌握《易》道，《易》道就不可以推行。此句与《系辞上传》第十二章“神而明之，存乎其人”遥相呼应。孔子曰：“人能弘道，非道弘人。”《中庸》曰：“苟不至德，至道不凝焉。”此段目的在于阐明“神无方而《易》无体”之意，也就是说，仅仅通晓《易经》有规律性的一面，而不知其为道屡迁的灵活性的一面，那是不可能全面准确地掌握《易》理的。从“《易》之为书也不可远”至“道不虚行”，孔颖达的《周易正义》在第七章之首，朱熹的《周易本义》单列为第八章。

③ 原：察也，推原。始：此处指卦体之初爻。原始：推原考察其始。要：总也，会也，归纳。终：此处指卦体之上爻。要终：总会归纳其终。质：体也，指卦体大义；或说是本也，根本。《易》之为书也，原始要终，以为质也：《周易》六十四卦，均推原考察其始，总会归纳其终，以形成各卦的根本大义。

也；[①] 其初难知，其上易知，本末也；[②] 初辞拟之，卒成之终；[③] 若夫杂物撰德，辩是与非，则非其中爻不备。[④] 噫！亦要存亡吉凶，则居可知矣。[⑤] 知者观其彖辞，则思过半矣。[⑥]

二与四同功而异位，其善不同：二多誉，四多惧，近也；[⑦] 柔之为

---

① 六爻相杂：六爻阴阳互相糅合，共居一卦之中。时物：占筮之决吉凶，须看卦爻所值之时、所象之物。

② 其初难知，其上易知：占筮者揲蓍时，始得初爻，全卦尚在未知之中，无法知道事物的吉凶成败，故云“其初难知”；至上爻，六爻皆已揲出，则全卦六爻及变爻皆已确定，吉凶自明，故云“其上易知”。本末：初爻为本，上爻为末。其初难知，其上易知，本末也：事物皆始于精微而后逐渐至于显著；初爻为数之始，模拟其开端，故难知也；上爻为卦之终，事物皆已显著，故易知。参阅唐明邦先生主编的《周易评注》。

③ 初辞：初爻的爻辞。拟之：模拟事物之开端。卒：事物的终结。成之终：完成于卦之上爻。

④ 杂物：阴阳互相参杂，共居一卦之中，同“六爻相杂”之义。撰：述也。德：性能，德性。撰德：撰述阴阳之性能。辩：通“辨”，辨别。有的《周易》版本“辩”作“辨”。中爻：卦体初爻、上爻之外，中间的二爻至五爻为中爻；又，卦分上下体，上体之五爻与下体之二爻，分居上下卦体之中位，也称为中爻。这里与下文相应，“中爻”当指卦体的二、三、四、五爻。备：具也。（唐明邦）

⑤ 噫：感叹词。要：求也。居：平居无为。

⑥ 知：读为“智”。彖辞：卦辞，统论一卦六爻之义。知者观其彖辞，则思过半矣：卦辞是依据卦象而断定一卦之吉凶的，聪明慧达之士观一卦之卦辞，差不多就可以思考判断所占问事物的吉凶了。

⑦ 二与四同功：因二爻和四爻二者皆在阴爻位，故同样以阴柔顺从为功。异位：位置不同。其善不同，二多誉，四多惧，近也：《易经》尚中，二爻处下卦之中位，故“多誉”；五爻为君位，四爻靠近君位，伴君如伴虎，故“多惧”。

道，不利远者，其要无咎，其用柔中也。[①] 三与五同功而异位，三多凶，五多功，贵贱之等也。[②] 其柔危，其刚胜邪？[③]

〔第十章〕

《易》之为书也，广大悉备：有天道焉，有人道焉，有地道焉。兼三材而两之，故六。六者非它也，三材之道也。[④] 道有变动，故曰

---

① 中：中爻，二、三、四、五爻皆为一卦的中爻，这里主要指二爻。柔之为道，不利远者，其要无咎，其用柔中也：二爻、四爻居阴位，其性柔顺，当亲附顺从于近旁之人以济世利物，即"柔之为道，不利远者"；如果二、四爻为阴爻，阴爻居阴位而得正位，皆可"无咎"，因为"其用柔中"的缘故。

② 等：等级，差等。三与五同功：三爻与五爻同功，因为二者皆为阳爻位，以阳刚有为为功。异位：位置不同。三多凶，五多功，贵贱之等也：五爻居中而在君位，故为贵，三爻处于上下两卦交变之际，而容易冒进，故为贱；贵则多功，贱则多凶。

③ 其柔危，其刚胜邪：三爻与五爻处奇位，奇为阳；阴柔处阳位则位不当，位不当则不利，故危；阳刚处阳位则位当，位当则吉利，故胜。孔颖达的《周易正义》以此章开头至"思过半矣"为第七章之末，以从"二与四同功"至"其刚胜邪"为第八章之首，朱熹的《周易本义》则单列此章为第九章。

④ 三材之道也：八卦三画已具有三才，八卦相重而为六十四卦，每卦皆有六爻，以上二爻为天，中二爻为人，下二爻为地；无论是三画的八个经卦或六画的六十四个别卦，都象征着天、地、人三才的有机统一。材：有的《周易》版本作"才"，"才"与"材"古代通用。

爻。[①] 爻有等，故曰物。[②] 物相杂，故曰文。[③] 文不当，故吉凶生焉。[④]

〔第十一章〕

《易》之兴也，其当殷之末世、周之盛德邪？当文王与纣之事

① 道有变动，故曰爻：天道、地道、人道三者各自内在的以及三者之间的相互作用与转换，《易经》以卦体中的阴阳爻的变动象征之。

② 等：等级。爻有等，故曰物：爻有性质与位置的差异，《易经》以此象征事物的远近贵贱之等级差别。

③ 相杂：阴阳爻位相互错杂糅合，象征万物互相交错繁富。文：纹也。物相杂，故曰文：阴阳爻位相互错杂，万物互相交错杂陈，因而天地之间会五彩缤纷，仪态万方。

④ 文不当，故吉凶生焉："文不当"只为凶，不为吉，怎么能说"吉凶生"呢？"文不当"，可能原本作"文当不"，转写误倒；"不""否"古通用，"当不"即"当否"也；物相杂为"文"，物相杂而"当"，即"文之当也"，"文当"则吉；物相杂而"不当"，即"文之不当也"，"文不当"则凶，故曰"文当否，故吉凶生焉"。参阅高亨先生的《周易大传今注》。此段孔颖达的《周易正义》紧接上一段，在第八章；朱熹的《周易本义》单列为第十章。

邪？[①]是故其辞危[②]。危者使平，易者使倾。[③]其道甚大，百物不废。[④]惧以终始，其要无咎。[⑤]此之谓《易》之道也。[⑥]

〔第十二章〕

夫乾，天下之至健也，德行恒易以知险。[⑦]夫坤，天下之至顺也，

---

① 邪：读为耶。《易》之兴也，其当殷之末世，周之盛德邪：《系辞传》作者推断，《易经》的卦爻辞可能写成于殷末周初之际。文王：周文王，姬姓，名昌，商纣王时为西伯。周之盛德：周文王三分天下而有其二，而仍然长期服事殷朝，故可谓是"盛德"。纣：商纣王，又称帝辛，商朝末代君王，是古代典型的残暴无道之君。司马迁："昔西伯拘羑里，演《周易》。"（《史记》卷一三〇《太史公自序第七十》）

② 辞：卦爻辞。危：危险，忧惧。

③ 危者使平，易者使倾：危惧故得平安，轻慢必致倾覆。

④ 其道：《易经》之道，或说是指殷末周初这段历史时期的经验与教训所反映的宇宙人生大道。甚大：很大，指具有普遍意义。废：弃置，除外，废弃。百物不废：任何事物都在宇宙人生大道的范围之内，而没有任何事物能置之道外。

⑤ 以：犹于也。要：概要，要旨。惧以终始，其要无咎：因忧惧而生警戒之心，自始至终都谨慎从事，其要旨是慎求无咎而善于弥补过失。

⑥ 此段孔颖达的《周易正义》在第八章之末，朱熹的《周易本义》单列为第十一章。

⑦ 以：犹而也。夫乾，天下之至健也，德行恒易以知险：由天体运行的至健而平易的永恒功能，可以体知到险难。

德行恒简以知阻。[①] 能说诸心，能研诸侯之虑，[②] 定天下之吉凶，成天下之亹亹者 [③]。是故变化云为，吉事有祥。象事知器，占事知来。[④] 天地设位，圣人成能，人谋鬼谋，百姓与能。[⑤]

八卦以象告，爻彖以情言，刚柔杂居，而吉凶可见矣。[⑥] 变动以利

---

① 夫坤，天下之至顺也，德行恒简以知阻：由大地顺承于天而所行简约的功能，可以体知到阻碍。

② 说：读为“悦”，喜悦，愉悦。诸：“之于”的合音。研：研磨，详审。能说诸心，能研诸侯之虑：能使人心愉悦，能使人虑详审。张载《横渠易说》曰：“简易故能悦诸心，险阻故能研诸虑。”“能说诸心，能研诸侯之虑”，王弼《周易略例·明爻通变》引作“能说诸心，能研诸虑”，司马光《温公易说》据此认为“侯之”二字为衍文；张载《横渠易说》曰：“《系辞》言‘能研诸虑’，止是剩‘侯之’二字。”（剩：犹衍也）朱熹《周易本义》曰：“‘侯之’二字，衍。”高亨《周易大传今注》认为，“能说诸心，能研诸侯之虑”，“当作‘能说诸心，能研诸虑，侯之……’乃‘侯之’二字误窜入上句，非无端而衍也。‘侯’借为‘候’。《说文》，‘候，伺望也。’引申为预占之义。”

③ 亹亹（wěi）：勉也，勉力，勤勉，奋勉上进。

④ 云为：口之所云，身之所为。变化云为：人事因言行所引起的各种变化。祥：祥瑞的吉兆。吉事有祥：吉事自然会有祥瑞的征兆。象事知器：观察《易经》所象征的事物则可以知道制作器物的方法。占事知来：以《易经》占问事物则可以预知未来。

⑤ 成能：成就天地万物运动变化的神妙功用，从而与天地相参。天地设位，圣人成能：圣人作《易》，以模拟天地万物的运动变化，从而成就其神妙功用，与天地相参。人谋：谋之于人。鬼谋：谋之于鬼神。与：参与，利用。能：《易经》的占筮功能。

⑥ 象：卦画及其所象征的事物。爻彖：爻辞和卦辞。情：实情，真实，物之情状与人之情感。刚：阳爻，因为阳性刚。柔：阴爻，因为阴性柔。杂居：阴爻和阳爻交杂共居一卦六位之中。

言，吉凶以情迁，[①] 是故爱恶相攻而吉凶生，远近相取而悔吝生，情伪相感而利害生。[②]

凡《易》之情，近而不相得则凶，或害之，悔且吝。[③] 将叛者其辞惭，中心疑者其辞枝，吉人之辞寡，躁人之辞多，诬善之人其辞游，失其守者其辞屈。[④]

---

① 变动：卦爻之变动。以利言：以是否有利为准来论定。迁：转移。吉凶以情迁：或吉或凶，因所占事物之具体情况为转移。变动以利言，吉凶以情迁：这两句是说占筮时如何解释卦爻之象与卦爻辞。

② 是故爱恶相攻而吉凶生：这是就卦体中各爻之间的关系而言，"爱"指异性之爻相互吸引，"恶"指同性之爻相互排斥，爱则吉，恶则凶。远近相取而悔吝生：这是就卦体中爻位之间的关系而言，"远"者相间，"近"者相邻，"远"者或疏或应，"近"者或昵或比，故生悔吝。情伪相感而利害生："情"谓实情，"伪"谓虚伪，若以实情相感则利生，若以虚伪相感则害生。

③ 凡《易》之情，近而不相得，则凶，或害之，悔且吝：此句是在进一步说明"远近相取而悔吝生"一句中相近之爻的关系。如四爻近五爻，五爻为君位，四爻位逼于君位，若四爻顺从五爻，则二者相得，吉利，若四爻不臣伏于五爻，则二者不相得，故凶，因此上文有"四多惧，近也"之说。

④ 将叛者其辞惭，中心疑者其辞枝，吉人之辞寡，躁人之辞多，诬善之人其辞游，失其守者其辞屈：此句是在进一步说明"情伪相感而利害生"。惭：同"惭"，惭愧，或说读为"渐"，诈也，伪诈。其辞惭：言辞不实，内心伪诈。枝：模棱两可，前后不一。吉人：善人。躁人：浮躁之人。诬：诬蔑。游：游荡无实，游移不定。守：操守。屈：屈服，委屈，不舒展。

三、说卦[①]

〔第一章〕

昔者圣人之作《易》也[②]，幽赞于神明而生蓍[③]，参天两地而倚数[④]，观变于阴阳而立卦[⑤]，发挥于刚柔而生爻[⑥]，和顺于道德而理于

---

① 《说卦传》旨在说明八卦所代表的特性和所象征的物象，它从人伦、人体、方位、器物、颜色、性质和动作等各个方面，阐述了八卦取象的内容，为认识《易经》卦象的内涵及其推演，提供了不可替代的重要依据。本书依据朱熹的《周易本义》将《说卦传》分为十一章。

② 昔者：以往，从前，没有指明确切时间，现代多数学者认为是指殷周之际。圣人之作《易》也：汉代以后许多学者认为是伏羲、文王、周公作《易》，伏羲画八卦，文王重为六十四卦并作卦辞，周公作爻辞。其实这些都只是一种推测，但是这些至少可以显示，《周易》作于殷周之际，而这为学界大多数学者所信从。参阅唐明邦先生主编的《周易评注》。

③ 幽：隐也，暗也。赞：佐也，助也，赞助，辅佐。神明：神祇，天神地祇。蓍：蓍草，传说为多年生的神草，古代用以占筮起卦。幽赞于神明而生蓍：暗中辅佐神灵，发明用蓍草进行占筮的方法。

④ 参：读为“三”，为奇数。两：二，为偶数。《系辞上传》“天一，地二”一节即以奇数为天数，偶数为地数。倚：立也。倚数：将天数同地数两相参杂糅合，推出七、八、九、六之筮数，从而确立阴阳二爻，九、七为阳爻，六、八为阴爻，九、六为变爻，七、八为不变爻。

⑤ 观变于阴阳：观察天地万物的阴阳变化和用蓍草揲数经过四营十八变所得出的阴爻数（六、八）和阳爻数（九、七）。立卦：观察揲蓍所得奇偶之数及其产生的次序来确立与之相对应的卦象。由此可见，是先有六十四卦的卦象，再通过占筮确定筮数，依筮数而求其所对应的卦象，以卦象的阴阳变化，来模拟事物的阴阳变化。

⑥ 刚：阳刚。柔：阴柔。生爻：依照天地万物或刚或柔的特性来确定阳爻和阴爻的爻象。发挥于刚柔而生爻：奇数偶数各按其刚柔特性发挥作用，便产生不同的阴阳爻象。

义[①]，穷理尽性以至于命[②]。

〔第二章〕

昔者圣人之作《易》也，将以顺性命之理[③]，是以立天之道曰阴与阳[④]，立地之道曰柔与刚[⑤]，立人之道曰仁与义[⑥]，兼三才而两之，故

---

① 和：应和。顺：顺从。道：宇宙大道，万物本原，即事物发展的一般规律和终极依据。德：得也，事物得之于道者也，即事物运动变化的具体规律。理：治理。义：宜也。和顺于道德而理于义：上述倚数、立卦、生爻的过程，既顺应遵循事物发展的内在规律，也能够治理事物，使其各得其宜。

② 穷理：尽力探究事物变化的特殊规律。尽性：尽量了解天地事物固有的特性。以至于命：以至于把握最高的自然规律，达到"与天地合其德，与日月合其明，与四时合其序，与鬼神合其吉凶，先天而天弗违，后天而奉天时"的"大人"境界。

③ 性：事物的天性。命：天命，即自然规律。将以顺性命之理：将使《易》理顺应事物天性和自然规律这一普遍原理。

④ 天之道：自然规律。是以：因此。立天之道曰阴与阳：一阴一阳的对立和统一，是天地万物运动变化的普遍规律。

⑤ 立地之道曰柔与刚：阴柔与阳刚的对立和统一，是地上万物运动变化的一般规律。

⑥ 仁：爱人，嘉惠于人以推行仁爱。义：宜也，严于律己以因时制宜。立人之道曰仁与义：仁与义的对立和统一，是处理社会关系的基本准则。

《易》六画而成卦。[①] 分阴分阳，迭用柔刚，[②] 故《易》六位而成章[③]。

〔第三章〕

天地定位[④]，山泽通气[⑤]，雷风相薄[⑥]，水火不相射[⑦]，八卦相错[⑧]。数

---

① 三才：指天、地、人。六画：六爻。兼三才而两之：六爻象征三才，三才各兼两爻，五爻、上爻两爻象天，初爻、二爻两爻象地，三爻、四爻两爻象人。成卦：每卦六爻而成六十四卦。

② 分阴分阳，迭用柔刚：六十四卦每卦六爻，分为 阳爻和阴爻，初爻、三爻、五爻为阳爻，阳性刚；二爻、四爻、上爻为阴爻，阴性柔，阳刚与阴柔交相迭用。

③ 六位：六十四卦每卦六爻的爻位。章：文章，符号体系。故《易》六位而成章:《易》卦六个爻位，阴柔与阳刚相互交错，构成一个完整和谐的符号体系。

④ 天：乾卦。地：坤卦。天地定位：乾坤两卦的地位，犹天在上地在下，天尊地卑，乾尊坤卑，确定不移。

⑤ 山：艮卦。泽：兑卦。山泽通气：山上的云气下降而成沼泽，泽水蒸发而成云雨遍于山林，山与泽相对立，而山气与泽气时时交流相通。

⑥ 雷：震卦。风：巽卦。薄：借为“搏”，搏击，搏斗。雷风相薄：雷和风既各自发动，又相互搏击，从而使雷声更宏大，大风更迅猛。

⑦ 水：坎卦。火：离卦。射（yì）：厌也，厌弃。水火不相射：水与火不相容，但又绝不相互厌弃，而是相互辅佐以成就万物。

⑧ 八卦相错：乾、坤、艮、兑、震、巽、坎、离八卦，就像天、地、山、泽、雷、风、水、火一样，彼此并非互相孤立，而是相互联系，相互交合渗透，从而构成和谐统一的有机整体。

往者顺，知来者逆，是故《易》，逆数也。[①]

〔第四章〕

雷以动之[②]**，风以散之**[③]**，雨以润之**[④]**，日以烜之**[⑤]**，艮以止之**[⑥]**，兑以说之**[⑦]**，乾以君之**[⑧]**，坤以藏之**[⑨]**。**

---

① 数：推算。数往者顺：以《易经》推算过去之事，因为是推论已经发生之事，故曰“顺”。知来者逆：以《易经》推知未来之事，由于是推论尚未发生之事，故曰“逆”。是故：因此。《易》，逆数也：《易经》是逆料预知未知之事或未来之事的象数符号体系。有学者认为此段与先天八卦方位图有密切关系。

② 雷以动之：雷指震卦，震为雷，为动，故曰“雷以动之”。

③ 风以散之：风指巽卦，巽为风，风具有吹散万物的特性，故曰“风以散之”。

④ 雨以润之：雨即水，指坎卦，坎为水，雨水有滋润万物生长的特性，故曰“雨以润之”。

⑤ 日：离卦。烜（xuān）：暴晒，温暖。日以烜之：阳光能够温暖、暴晒万物，故曰“日以烜之”。

⑥ 艮以止之：艮为山，山的特征是静止不动，能缓解震动，减小风力，阻止水流，故曰“艮以止之”。

⑦ 兑以说之：兑为泽，说即“悦”，泽水有利于万物生长，万物得之无不喜悦，故曰“兑以说之”。

⑧ 乾以君之：乾为天，为君，君即主宰，天为万物的主宰，故曰“乾以君之”。

⑨ 坤：坤为地。藏：收藏，包容。坤以藏之：大地能包容万物，故曰“坤以藏之”。

〔第五章〕

帝出乎震[①]，齐乎巽[②]，相见乎离[③]，致役乎坤[④]，说言乎兑[⑤]，战乎乾[⑥]，劳乎坎[⑦]，成言乎艮[⑧]。

万物“出乎震”，震，东方也。[⑨]“齐乎巽”，巽，东南也；“齐”也者，言万物之絜齐也。[⑩]离也者，明也，万物皆“相见”，南方之卦也；[⑪]圣人南面而听天下，向明而治，盖取诸此也。[⑫]坤也者，地也，

---

① 帝：不是指上帝，而是指大自然运动变化的主宰者。帝出乎震：震卦在方位上象征东方，在时令上象征春分，日月由东方升起，万物生机由此时萌生。

② 齐乎巽：万物齐生并长于巽（东南方，立夏）。

③ 相见乎离：充分显现于离（南方，夏至）。

④ 致役乎坤：获得滋养于坤（西南方，立秋）。

⑤ 说：读为悦，愉悦，欣悦。言：读为焉。说言乎兑：成熟欣悦于兑（西方，秋分）。

⑥ 战乎乾：阴阳交接战斗于乾（西北方，立冬）。

⑦ 劳乎坎：勤劳倦怠、归藏休息于坎（北方，冬至）。

⑧ 言：读为焉。成言乎艮：前功告成并重新萌动于艮（东北方，立春）。

⑨ 万物“出乎震”，震，东方也：震代表东方，其时令为春分，日月升起于东方，万物生长萌动于春分时节。

⑩ “齐乎巽”，巽，东南也：巽代表东南方，其时令为立夏。絜（jié）：同“洁”，洁净，鲜洁；或说是修整。齐：整齐，齐备。“齐”也者，言万物之絜齐也：立夏时节，万物整齐一致地同时成长，呈现出鲜洁齐备的繁盛景象。

⑪ 离也者，明也：离卦代表南方，为太阳，象征光明。万物皆“相见”：万物充分显现其茁壮成长、繁荣昌盛的景象。南方之卦也：离代表南方，故称之为“南方之卦也”。

⑫ 圣人南面而听天下，向明而治，盖取诸此也：圣人坐北朝南而听取裁断朝政，犹如面向南方的太阳，正大光明，而治理国事，大概就是取法于离卦的吧。

万物皆致养焉，故曰“致役乎坤”。[①] 兑，正秋也，万物之所说也，故曰“说言乎兑”。[②]“战乎乾”，乾，西北之卦也，言阴阳相薄也。[③] 坎者，水也，正北方之卦也，劳卦也，万物之所归也，故曰“劳乎坎”。[④] 艮，东北之卦也，万物之所成终而所成始也，故曰“成言乎艮”。[⑤]

〔第六章〕

神也者，妙万物而为言者也。[⑥] 动万物者莫疾乎雷[⑦]，桡万物者莫疾

---

① 坤也者，地也，万物皆致养焉，故曰“致役乎坤”：坤卦象征大地，万物都在大地之中获得滋养，所以说“致役乎坤”。致：使之至也，取到，得到。役：助也，滋养，资助。

② 兑，正秋也，万物之所说也，故曰“说言乎兑”：兑卦代表西方，于时令为秋分，秋分为正秋，万物均已成熟，硕果累累而令人喜悦不已，故曰“说言乎兑”。说：同“悦”，喜悦。

③ 战：交战，战斗。薄：借为“搏”，搏斗，搏击。“战乎乾”，乾，西北之卦也，言阴阳相薄也：乾卦代表西北方，于时令为立冬；立冬之时，是阴盛阳衰的转折关头，阴与阳互相搏击战斗，交接在天地万物中的领导地位。

④ 劳：勤劳以至于疲惫。归：归藏，休息。坎者，水也，正北方之卦也，劳卦也，万物之所归也，故曰“劳乎坎”：坎卦为水，代表正北方，于时令为冬至；此时万物经过春生、夏长、秋成，均已疲惫衰老，需要休息归藏，故曰“劳乎坎”。

⑤ 而：犹且也，而且，并且。艮，东北之卦也，万物之所成终而所成始也，故曰“成言乎艮”：艮卦代表东北方，于时令为立春；冬末春初之时，万物不仅归藏，而且也开始新生，故曰“成言乎艮”。

⑥ 神：神奇，神妙。神也者，妙万物而为言者也：神是就其使万物玄妙莫测而言的；或解释为，造化的神奇之处，在于它神妙莫测地化育万物。

⑦ 动：震动。疾：急也，快速，急遽，疾骤。动万物者莫疾乎雷：震动万物者，没有比雷霆更急遽猛烈的。

乎风[①]，燥万物者莫熯乎火[②]，说万物者莫说乎泽[③]，润万物者莫润乎水[④]，终万物始万物者莫盛乎艮[⑤]。故水火相逮[⑥]，雷风不相悖[⑦]，山泽通气[⑧]，然后能变化，既成万物也。[⑨]

〔第七章〕

乾，健也。坤，顺也。[⑩]震，动也。巽，入也。[⑪]坎，陷也。离，丽也。[⑫]艮，止也。兑，说也。[⑬]

---

① 桡（náo）：读为“挠”，曲折，吹拂使曲。桡万物者莫疾乎风：吹拂万物者，没有比风更急剧的。

② 燥：烤干，干燥。熯（hàn）：燥热，干燥，烘烤。燥万物者莫熯乎火：能使万物干燥的，没有比火更燥热的。

③ 说：同“悦”，喜悦。说万物者莫说乎泽：能使万物喜悦的，莫过于泽。

④ 润：滋润。润万物者莫润乎水：能滋润万物的，莫过于水。

⑤ 盛：盛美，美好。终万物始万物者莫盛乎艮：能使万物得其所善终而且得其所萌始的，没有比艮（山）和立春之时更盛美的。

⑥ 故：因此，所以。逮：及也，赶得上。水火相逮：水火不相容，又能相济成事。水火相逮：有的《周易》版本作“水火不相逮”。

⑦ 悖：乱也。雷风不相悖：雷风各自发动，又能相互助长。

⑧ 山泽通气：山泽高下对立，又能互通气息。

⑨ 然后能变化，既成万物也：造化的神妙莫测的作用，在于通过动万物，桡万物，说万物，润万物，终始万物等各种运动变化，使万物得以繁荣茂盛，令天地间充满朝气蓬勃的无限生机。

⑩ 乾，健也：乾卦的特性为刚健。坤，顺也：坤卦的特性为柔顺。

⑪ 震，动也：震卦的特性为震动。巽，入也：巽卦的特性为善入。

⑫ 坎，陷也：坎卦的特性为陷落。离，丽也：离卦的特性为附丽。

⑬ 艮，止也：艮卦的特性为静止。说：同“悦”。兑，说也：兑卦的特性为愉悦。健、顺、动、入等均指八卦的基本特性和意象，又称卦德。

〔第八章〕

乾为马。[①] 坤为牛。[②] 震为龙。[③] 巽为鸡。[④] 坎为豕。[⑤] 离为雉。[⑥] 艮为狗。[⑦] 兑为羊。[⑧]

---

① 乾为马：乾卦性刚健，而马是刚健善行的代表，故乾为马。请注意"乾为马"和"乾，健也"两种表述方式的区别："乾为马"是在举例说，乾卦可以象征马，乾卦也可以象征别的事物，是灵活的；"乾，健也"是说，乾卦的特性为刚健，而不是别的，是基本规定，不可改变。《说卦传》全篇皆应作如是观。

② 坤为牛：坤卦性柔顺，而牛为柔顺服从的代表，故坤为牛。

③ 震为龙：震为雷，卦性善动，而龙常伴雷电而出现，善于在天地间上下腾跃，故震为龙。

④ 巽为鸡：巽卦性善入，主象为风，风能呼号，而鸡善晨鸣，故巽为鸡。

⑤ 豕（shǐ）：猪。坎为豕：坎卦为水，性为陷，如坑中之泥水，而豕五行属水，善在泥水中嬉戏，故坎为豕。

⑥ 离为雉：离卦性附丽，象征有华丽羽毛附于其身的野雉。

⑦ 艮为狗：艮卦性静止，象征相对止于门口看家或止于羊群附近看护羊群的狗。

⑧ 兑为羊：兑卦性喜悦，象征令人喜爱的羊羔。以上马、牛、龙、鸡、豕、雉、狗、羊为八卦所代表的动物形象，取象有利于比类，八卦的取象仍在于其比喻的意义。

〔第九章〕

乾为首。① 坤为腹。② 震为足。③ 巽为股。④ 坎为耳。⑤ 离为目。⑥ 艮为手。⑦ 兑为口。⑧

〔第十章〕

乾，天也，故称乎父；坤，地也，故称乎母。⑨ 震一索而得男，故谓之长男。⑩ 巽一索而得女，故谓之长女。⑪ 坎再索而得男，故谓

---

① 乾为首：乾为天，为大自然的最上方，犹如人的头颅在人体的最上方，故乾为首。

② 坤为腹：坤为地，大地能包容收藏万物，犹如人腹能包藏食物，故坤为腹。

③ 震为足：震为动，而足为使人移动者，故震为足。

④ 巽为股：巽为木，大腿正如树木的主干，故巽为股。

⑤ 坎为耳：坎为陷，耳为头部明显的陷坑，故坎为耳。

⑥ 离为目：离为火、为日、为明，古人以目比类于日，目光炯炯，明察秋毫，故离为目。董仲舒《春秋繁露·人副天数》曰："上有耳目聪明，日月之象也。"

⑦ 艮为手：艮为山，山陵起伏，犹如人之手指，故艮为手。

⑧ 兑为口：兑为泽，吞纳众流，正如人口吞纳饮食，故兑为口。以上八句取人体八种器官，说明八卦取象贯彻了"近取诸身"的原则。

⑨ 称：犹等也，即相当。乾，天也，故称乎父；坤，地也，故称乎母：乾为天，刚健有为；坤为地，柔顺而生物，故乾相当于父，坤相当于母。

⑩ 索：求索。震一索而得男，故谓之长男：震为阳卦，初爻为阳爻，阳为男，坤母求得的第一个爻为阳爻，正如母亲所得的第一个孩子是男孩，故震为长男。

⑪ 巽一索而得女，故谓之长女：巽为阴卦，初爻为阴爻，阴为女，乾父求得的第一个爻为阴爻，正如父亲所得的第一个孩子是女孩，故巽为长女。

之中男。[1] 离再索而得女，故谓之中女。[2] 艮三索而得男，故谓之少男。[3] 兑三索而得女，故谓之少女。[4]

〔第十一章〕

乾为天，为圜，[5] 为君，为父，[6] 为玉，为金，[7] 为寒，为冰，[8] 为大

---

① 坎再索而得男，故谓之中男：坎为阳卦，中爻为阳爻，阳为男，坤母求得的第二爻为阳爻，正如母亲所得的第二个孩子是男孩，故坎为中男。

② 离再索而得女，故谓之中女：离为阴卦，中爻为阴爻，阴为女，乾父求得的第二爻为阴爻，正如父亲所得的第二个孩子是女孩，故离为中女。

③ 艮三索而得男，故谓之少男：艮为阳卦，末爻为阳爻，阳为男，坤母求得的末爻为阳爻，正如母亲所得的最后一个孩子是男孩，故艮为少男。

④ 兑三索而得女，故谓之少女：兑为阴卦，末爻为阴爻，阴为女，乾父求得的末爻为阴爻，正如父亲所得的最后一个孩子是女孩，故兑为少女。

⑤ 乾为天，为圜：乾卦的主要象征就是天；圜，圆也，古时有天圆地方之说，故乾为圜。

⑥ 为君，为父：天居尊而有为，主宰万物，君亦居尊而有为，主宰社会，故乾为君；父为一家之主，正如天为万物之主，故乾为父。

⑦ 为玉，为金：乾为天，五行属金，天刚健洁净且尊贵，犹如玉为刚硬尊贵之石，黄金为尊贵之金属。

⑧ 为寒，为冰：乾为立冬之时，且位居西北，其时其地常遭天寒地冻，容易生冰，故乾为寒，为冰。

赤[①]，为良马，为老马，为瘠马，为驳马，[②]为木果[③]。

坤为地，为母，[④]为布，为釜，[⑤]为吝啬，为均，[⑥]为子母牛，为大舆，[⑦]为文，为众，为柄；[⑧]其于地也为黑。[⑨]

---

① 为大赤：大赤即大红色，象征精力旺盛，周人崇尚赤色，赤为五色之主，正如天为万物之主，故乾为大赤。

② 为良马，为老马，为瘠马，为驳马：良马刚健有力，乾性刚健；老马识途，故为可贵，比喻人年老资深而受敬重，乾为天，天受人敬仰；瘠马即瘦马，瘦马一般较为精干，乾性刚健，也即精干；驳马斑驳特出，乾为天，天高高在上，最为特出，故这些马均符合乾卦的特性。

③ 为木果：乾性刚健、为圜，木果圆而坚硬，也符合乾卦的特性。

④ 坤为地，为母：坤卦的主要象征就是地；母亲生儿育女，正如大地养育万物一样，故坤为母。

⑤ 为布，为釜：布柔软且能包裹物件，正如大地包容万物之性；釜即锅，能容纳、放置食物，符合大地包容万物之性。

⑥ 为吝啬，为均：吝啬意为隐藏而不示人，正如大地包容蕴藏万物；均为平均，正如大地普载万物，不分轻重亲疏。

⑦ 为子母牛，为大舆：子母牛，幼小的牝牛，柔弱而可爱，坤性即为柔顺；大舆，即大车，大车能装载物品，正像大地能承载包容万物一样。

⑧ 为文，为众，为柄：文，文采，好比大地养育万物，丰富多彩；众，臣民，臣民宜卑下而顺从，坤性柔顺；柄为生物之本，正如大地为万物所依存之根本。

⑨ 其于地也为黑：肥沃土地多为黑色，善于生养庄稼万物，故坤为黑土地。

震为雷，为龙，[①] 为玄黄[②]，为旉[③]，为大涂[④]，为长子[⑤]，为决躁[⑥]，为苍筤竹[⑦]，为萑苇[⑧]；其于马也为善鸣，为馵足，为作足，为的颡；[⑨] 其

---

① 震为雷，为龙：震卦的主要象征就是雷；震卦性善动，而龙常伴雷电而出现，善于在天地间腾跃，故震为龙。

② 为玄黄：玄黄指玄黄和合之色，玄黄和合接近青色，震为东方，为春分季节，为木，木为青色，故震为玄黄。

③ 旉（fū）：花的通称。为旉：旉为花的通称，震为动、为春分季节，春暖花开，百花齐放，花开有欣然绽放之动意，故震为旉。

④ 涂：同“途”。为大涂：大涂即大路，震性动，故也象征让人行动的大道。

⑤ 为长子：震为阳卦，初爻为阳爻，阳为男，坤母求得的第一个爻为阳爻，正如母亲所得的第一个孩子是男孩，故震为长子。

⑥ 决（或说读 xuè）：疾也，急速，迅捷，疾走不顾。躁：本作趮，行走急速。为决躁：急速行走，正如雷霆震动急速一样。

⑦ 为苍筤（láng）竹：苍筤竹为初生的青竹，震为动、为春分、为木、为青色，竹为木类，苍筤竹为青色，春天初生青竹生长迅速，变动明显，故震为苍筤竹。

⑧ 为萑（huán）苇（wěi）：萑苇也属木类，其色青，震为东方、为木、为青色，故震为萑苇。萑苇是两种形似而实际不同的植物：萑今名荻，初生叫菼，未开花秀食前叫薍，开花秀食后叫萑或荻；苇今名芦苇，初生叫葭，未开花秀食前叫蒹或芦，开花秀食后叫苇（李零）。

⑨ 其于马也为善鸣：震为雷，善于鸣叫的马，声音宏亮巨大，抑扬顿挫，正如雷霆震动一样。为馵（zhù）足：为后左足长白毛的马。为作足：作足为双举前足的马。为的颡（sǎng）：的颡为额头长白毛的马。这四种马均善动，或具有明显特征，容易令人触动，引人注目，震为动，故以震卦象征它们。

于稼也为反生；[①] 其究为健，为蕃鲜。[②]

巽为木，为风,[③] 为长女[④]，为绳直，为工,[⑤] 为白[⑥]，为长[⑦]，为高[⑧]，为

---

① 其于稼也为反生：反生即倒生，果实（属刚）在地下，茎叶（属柔）在地上，如土豆、地瓜、葱、蒜、萝卜、花生等，正如震之卦象为阳刚在下，阴柔居上。

② 究：极也，终究，究极，究竟。健：刚健。蕃鲜：繁盛新鲜。其究为健，为蕃鲜：震为动、为春分、为木，春天万物竞相生长，刚健积极，繁盛新鲜，变动明显，故震卦究竟为刚健积极、繁盛新鲜之象。

③ 巽为木，为风：巽卦的主要象征就是风，风吹草动，春风吹又生，风来木先应，故巽为木。

④ 为长女：巽为阴卦，初爻为阴爻，阴为女，乾父求得的第一个爻为阴爻，正如父亲所得的第一个孩子是女孩，故巽为长女。

⑤ 为绳直，为工：巽为风，风吹而万物皆动，如同号令齐物，好像引绳而取直一样；巽为顺，能顺规矩，遵循法度，乃可为工（尚秉和），故巽为绳直，为工；或说巽为木，木需引绳而取直，工指加工木材或引绳取直的工匠，故巽为绳直，为工。

⑥ 为白：巽为风，风吹去尘，令物洁白，故巽为白；或说巽为木，木去其表皮，其里面一般为白色，故巽为白。

⑦ 为长：长者，长远也，巽为风，风吹大地，动及万里，故巽为长。

⑧ 为高：巽为风，风能上至云霄，故巽为高。

进退[①]，为不果[②]，为臭[③]；其于人也为寡发，为广颡，为多白眼，[④]为近利，市三倍，[⑤]其究为躁卦[⑥]。

坎为水，为沟渎，[⑦]为隐伏[⑧]，为矫輮[⑨]，为弓轮[⑩]；其于人也为加忧，

---

① 为进退：巽为风，风向不定，时进时退，故巽为进退。

② 为不果：巽为风，风向不定，强弱亦不定，犹如人之不果断，故巽为不果。

③ 为臭（xiù）：臭为气味，气味好像风一样随处飘散，故巽为臭；或解释为，各种东西被风吹拂，必散发出不同气味。

④ 寡发：头发稀疏，巽为风，风吹落叶，使树稀疏，故巽为寡发。广颡（sǎng）：头发稀疏，就会显得额头宽大。多白眼：眼睛里白色部分较多，巽为风，风躁动不定，急躁之人容易生气翻白眼，故巽为多白眼。古代相面术以寡发、广颡、多白眼的人为木质之性，巽为木，故以巽卦象征他们。

⑤ 为近利：巽为风，风躁动不定，急躁之人一般多急功近利，故巽为近利。三倍：多倍。市三倍：巽为木、为近利，栽植树木，树木长成，或售其果，或卖其材，可在市场上获得多倍于成本的利润。

⑥ 躁：躁动不安。其究为躁卦：巽为风，风吹拂不定，其性躁动不安，所以巽究竟是躁动之卦。

⑦ 坎为水，为沟渎：坎卦的主要象征就是水；沟渎有积水，故坎为沟渎。

⑧ 为隐伏：坎为水，水紧贴于地面，潜流于草木沟渎，渗透于地面之下，有隐伏之状，故坎为隐伏。

⑨ 为矫輮：矫輮使木变直或变曲，坎为水，水流或曲或直，故坎为矫輮。矫：有的《周易》版本作“挢”，二字古通，意为使曲者变直。輮：有的《周易》版本作“揉”，二字古通，意为使直者变曲。

⑩ 为弓轮：弓轮为揉木所造，为弯曲之器物，坎为水，水流常常弯曲，故坎为弓轮。

为心病，为耳痛，为血卦，为赤；[①] 其于马也为美脊，为亟心，为下首，为薄蹄，[②] 为曳 [③]；其于舆也为多眚，[④] 为通，为月，为盗，[⑤] 其于木也为坚多心。[⑥]

---

① 其于人也为加忧，为心病，为耳痛，为血卦，为赤：加忧指增加忧愁，坎为险，容易使人增加忧愁，故坎为加忧；精神加忧，易生心理疾病，故坎为心病；耳在头部为陷，灌水生疾则痛，又肾属水，开窍于耳，故坎为耳痛；地之有水，如人之有血，又陷于险难易受伤流血，故坎为血卦；血色为赤，故坎为赤。

② 亟（jí）：急也，敏急，敏捷，急速。其于马也为美脊，为亟心，为下首，为薄蹄：美脊指马的背脊美丽，亟心指心性敏捷、行动急速，下首指常低头、精神不振作，薄蹄指马蹄薄弱而易生伤痛；古代相马术认为，以上四种马均行路迟缓，易于驾驭，坎为水，水流缓慢，易于引导，故以坎卦象征它们。参阅唐明邦先生主编的《周易评注》。

③ 曳（yè）：引也，拖拉，牵引。为曳：坎为水，水流冲走所遇之物，正如马牵引其他物体一样。孔颖达疏曰："为曳，取其水磨地而行也。"

④ 眚（shěng）：灾也，灾害，或说是败也，挫败。其于舆也为多眚：坎为坑陷、沟渎，使车行路不太顺利，常常产生挫败或灾害。

⑤ 为通，为月，为盗：通者，通达也，坎为水，水流弯曲，终究畅通，又坎卦阳爻在中，上下皆为阴爻，阳遇阴则通，故坎为通；坎为水，月为水之精，月光皎洁如水，有"月光如水"之喻，故坎为月；盗贼喜欢隐伏行事，如水之喜欢潜行，坎为水、为隐伏，故坎为盗。

⑥ 其于木也为坚多心：坚多心，外柔内刚之棘木，柔中有刚，水性也是柔中有刚，老子曰，"天下莫柔弱于水，而攻坚强者莫之能胜"，坎卦一阳爻在内，二阴爻在外，阳性刚而阴性柔，也是外柔内刚。又坎为陷，棘枣之类草木坚硬多刺，触之容易受伤，陷入危险，故坎卦"其于木也为坚多心"。

离为火，为日，为电，[①] 为中女 [②]，为甲胄，为戈兵；[③] 其于人也为大腹；[④] 为乾卦 [⑤]，为鳖，为蟹，为蠃，为蚌，为龟；[⑥] 其于木也为科上槁。[⑦]

---

① 离为火，为日，为电：离卦的主要象征就是火；离为火，有火则有光明，火、日、电均为光明之物，故离为日，为电。

② 为中女：离为阴卦，中爻为阴爻，阴为女，乾父求得的第二爻为阴爻，正如父亲所得的第二个孩子是女孩，故离为中女。

③ 为甲胄，为戈兵：甲胄指铠甲和头盔，兵指兵器，甲胄和戈兵均为防卫身体的坚固武器，离卦卦形为两阳护卫一阴，呈外刚内柔之象，正如甲兵护身之象，故离为甲胄，为戈兵。

④ 其于人也为大腹：离卦卦形两阳在外，一阴在内，为中虚之象，正如人腹中空大。

⑤ 为乾（gān）卦：乾即干燥，离为日、火，能烤物使之干燥。

⑥ 蠃（luǒ）：蚌属，其壳大者可以为酒杯，亦可为乐器。为鳖，为蟹，为蠃，为蚌，为龟：鳖、蟹、蠃、蚌、龟均有坚硬的外壳，而肉身内藏，如离卦外刚内柔之象。

⑦ 科：借为“棵”，木干，或说是空也。其于木也为科上槁：枯槁中空之树木，是外实中虚、外强中空，如离卦外刚内柔之象。

艮为山，为径路，[①] 为小石[②]，为门阙[③]，为果蓏[④]，为阍寺[⑤]，为指[⑥]，为狗[⑦]，为鼠[⑧]，为黔喙之属[⑨]；其于木也为坚多节。[⑩]

---

① 艮为山，为径路：艮卦的主要象征就是山；山陵之中多羊肠小道，故艮为径路。

② 为小石：艮为山，山中多小石，故艮为小石。

③ 为门阙：门阙指门的两旁所筑的楼台，似小山高耸，艮为山，同时，艮卦的卦象也像门，故艮为门阙。

④ 为果蓏（luǒ）：果指木实，蓏指草实，二者常为山中之物，艮为山，故艮为果蓏。

⑤ 为阍（hūn）寺：阍为阍人，守门之职，守于门外，不准人妄入；寺为寺人，守于门内不准人妄出，都是阻止人擅自出入的人，艮为止，故艮为阍寺。

⑥ 为指：指即手指，手指可以执物使止，又手指似山峰林立，艮为山、为止，故艮为指。

⑦ 为狗：艮为止，狗相对止于门口看家或看护羊群，不准人禽妄入家门，不准禽兽伤害羊群，故艮为狗。

⑧ 为鼠：鼠常出没于山野或人家，艮为山、为止，故艮为鼠。孔颖达疏曰："为狗、为鼠，取其皆止人家也。"

⑨ 黔：黑。为黔喙之属：黔喙即黑嘴，指代肉食野兽，亦常居山中，艮为山，故艮为黔喙之属。

⑩ 其于木也为坚多节：艮为山，山体坚固，多层起伏，山木坚硬而多节，故艮卦"其于木也为坚多节"。

兑为泽，为少女，[①] 为巫 [②]，为口舌 [③]，为毁折 [④]，为附决 [⑤]；其于地也为刚卤；[⑥] 为妾 [⑦]，为羊 [⑧]。

---

① 兑为泽，为少女：兑卦的主要象征就是泽；兑为阴卦，末爻为阴爻，阴为女，乾父求得的末爻为阴爻，正如父亲所得的最后一个孩子是女孩，故兑为少女。

② 为巫：巫即祝，能以舞通神的女人，兑为少女，为口，正如女巫以口舌说唱通神，故兑为巫。

③ 为口舌：兑为口，舌在口中，口舌可以说话，有时也能争吵，故兑为口舌。

④ 为毁折：兑于时令为秋分，秋天果实成熟，需要采摘，加之秋风劲吹，皆易使枝叶遭到毁折；又兑为泽，泽水震荡，容易冲毁桥梁及岸边之物，故兑为毁折。

⑤ 为附决：好比果实成熟落地，与枝断决；又兑为泽，泽水震荡，容易在其边岸之处溃决而溢出。附决：断决也。

⑥ 刚：坚硬，刚硬，硬结。卤：此指盐碱地。其于地也为刚卤：兑为泽，泽水停滞之处，使土地变成了硬结的盐碱地，故兑卦“其于地也为刚卤”。

⑦ 为妾：妾以容悦夫，是家中位卑的少女，兑为少女，又为泽，泽位卑下，故兑为妾。

⑧ 为羊：兑为泽，为少女，羊具有听从指挥的温顺性格，正如泽水、少女之性，故兑为羊。

四、序卦[①]

〔上篇〕

有天地，然后万物生焉。[②]盈天地之间者唯万物，故受之以《屯》;《屯》者，盈也；[③]《屯》者，物之始生也。[④]物生必蒙，故受之以《蒙》;《蒙》者，蒙也，物之稺也。[⑤]物稺不可不养也，故受之

---

① 《序卦传》的中心思想，旨在说明通行本《易经》六十四卦排列顺序的内在意蕴，它大多只根据卦名和卦象，来揭示卦与卦之间相互联结的思想意义。它对卦名的解释略有牵强之处。本书依据朱熹的《周易本义》，将《序卦传》分为上下两篇：上篇解说《周易·上经》从《乾》至《离》共三十卦的顺序和意义；下篇解说《周易·下经》从《咸》至《未济》共三十四卦的顺序和意义。

② 有天地，然后万物生焉：乾卦象征天，坤卦象征地，此处以天地指代《乾》《坤》二卦，《乾》《坤》为《周易》的开篇首要两卦，天地阴阳二气乃万物的开端，故曰“有天地，然后万物生焉”。这是说明《乾》《坤》二卦为《周易》之首的象征意义。

③ 受：继也，承继，继续，紧接着。受之以：接着是，紧接着就是。《序卦传》通篇皆是这种句式。盈：充盈，充满。盈天地之间者唯万物，故受之以《屯》;《屯》者，盈也：充满天地之间的，唯有万事万物，所以《乾》《坤》之后紧接着就是象征事物初步生长的《屯》;《屯》表示阴阳之气充盈，万物得以萌生。

④ 《屯》者，物之始生也：屯，难也，屯为会意字，像种子萌芽生根，冲破大地，开始生长一般比较艰难。

⑤ 《蒙》者，蒙也，物之稺也：万物始生，尚待启蒙，故《屯》卦之后接着就是《蒙》卦。蒙：萌芽，启蒙。稺：同“稚”，幼稚，幼小，稚嫩。

以《需》;《需》者，饮食之道也。[1] 饮食必有讼，故受之以《讼》。[2]《讼》必有众起，故受之以《师》;《师》者，众也。[3] 众必有所比，故受之以《比》;《比》者，比也。[4]《比》必有所畜，故受之以《小畜》。[5] 物畜然后有礼，故受之以《履》。[6]《履》而泰然后安，故受之以《泰》;《泰》者，通也。[7] 物不可以终通，故受之以《否》。[8] 物不

---

① 需：养也，滋养，供养。物稺不可不养也，故受之以《需》;《需》者，饮食之道也：物始生而幼稚，不能不加以滋养，故《蒙》卦之后为《需》卦；滋养必靠饮食，故曰“《需》者，饮食之道也”。

② 讼：争讼。饮食必有讼，故受之以《讼》：事物始生而幼稚，急需供养；为求生存，相互争夺供养的食物，众人争夺必引起争讼，故《需》卦之后为《讼》卦。

③《讼》必有众起，故受之以《师》：争讼必有众人卷入，故《讼》卦之后接着就是《师》卦。《师》者，众也：师者，兵众也，兵众二千五百人为师。

④ 众必有所比，故受之以《比》：众人参与其事，必定各有所亲比依附，故《师》卦之后为《比》卦。《比》者，比也:《比》卦意为亲比，亲密。

⑤《比》必有所畜，故受之以《小畜》：民众相互亲近，其力量必小有蓄聚，故《比》卦之后为《小畜》卦。畜：蓄聚，蓄积。

⑥ 物畜然后有礼，故受之以《履》：人物蓄聚多了，必须有一定的礼仪制度，以便组织、管理，故《小畜》卦之后紧接着就是象征按礼行事的《履》卦。“受之以《履》”后，有的《周易》版本有“《履》者，礼也”四字。

⑦ 泰：安泰，通泰。《履》而泰然后安，故受之以《泰》：有了礼仪制度，大家都能信守，然后才会安泰无事，故《履》卦之后为《泰》卦。《泰》者，通也:《泰》卦象征通泰。

⑧ 否：闭塞，不畅通。物不可以终通，故受之以《否》：事物不可能永远畅通无阻，通泰有时会转为闭塞不通，故《泰》卦后面紧接着就是《否》卦。

可以终否，故受之以《同人》。[①] 与人同者，物必归焉，故受之以《大有》。[②] 有大者不可以盈，故受之以《谦》。[③] 有大而能谦必豫，故受之以《豫》。[④]《豫》必有随，故受之以《随》。[⑤] 以喜随人者必有事，故受之以《蛊》;《蛊》者，事也。[⑥] 有事而后可大，故受之以《临》;[⑦]《临》者，大也。[⑧] 物大然后可观，故受之以《观》。[⑨] 可观而后有所

---

① 同人：与众人同一志向，同一行为。物不可以终否，故受之以《同人》：事物不会永久闭塞，否则思通，终因和同于人而得以疏通，故《否》卦之后接着就是《同人》卦。

② 大有：有大收获。与人同者，物必归焉，故受之以《大有》：能与民众和同者，外人、外物必来归附，一定能大有收获，故《同人》卦下接《大有》卦。

③ 盈：满也，骄傲，自满。谦：谦让，谦虚，不骄傲自满。有大者不可以盈，故受之以《谦》：大有收获、大有成就时不可以骄傲自满，故《大有》卦下接《谦》卦。

④ 豫：安也，安乐，安逸。有大而能谦必豫，故受之以《豫》：大有收获，大有成就，而能谦虚谨慎，必定能够安逸快乐，故《谦》卦之后为《豫》卦。

⑤ 随：跟随，追随。豫必有随，故受之以《随》：自己安乐，并使他人安乐的人，一定会有人追随服从，故《豫》卦之后为《随》卦。

⑥ 蛊：事也，祸乱。有事：惹起事端，起祸乱。以喜随人者必有事，故受之以《蛊》：以喜悦之心随从他人的人，必定是有事求人；或解释为，因私心所好而随从他人的人，最终会惹起事端，故《随》卦之后为《蛊》卦。

⑦ 有事而后可大，故受之以《临》：遇到事端而能果敢处理，然后可以成大志，临大事，故《蛊》卦之后接着就是《临》卦。

⑧《临》者，大也：临，居上临下，比喻居高位而有大志，故称"《临》者，大也"。

⑨ 观：注视，引申为敬仰。物大然后可观，故受之以《观》：事物壮大，自有可观，志向伟大的人，自然会受人敬仰，故《临》卦之后为《观》卦。

合，故受之以《噬嗑》；[①] 嗑者，合也。[②] 物不可以苟合而已，故受之以《贲》；[③]《贲》者，饰也。[④] 致饰然后亨则尽矣，故受之以《剥》；[⑤]《剥》者，剥也。[⑥] 物不可以终尽，《剥》穷上反下，故受之以《复》。[⑦] 复则不妄矣，故受之以《无妄》。[⑧] 有无妄，然后可畜，故受之以《大畜》。[⑨] 物畜然后可养，故受之以《颐》；[⑩]《颐》者，养也。[⑪] 不养则

---

① 噬嗑：咀嚼，咀嚼可以使物和合，引申为和合。可观而后有所合，故受之以《噬嗑》：能受人敬仰，则可使上下融洽和合，故《观》卦之后为《噬嗑》卦。

② 嗑者，合也：《噬嗑》本是咀嚼之象，咀嚼可以使物和合，故可引申为和合。

③ 物不可以苟合而已，故受之以《贲》：事物不可以苟且和合，必须有礼乐文饰，故《噬嗑》卦之后紧接着就是《贲》卦。

④ 《贲》者，饰也：贲为文饰，故曰"《贲》者，饰也"。

⑤ 亨：亨通，顺达。剥：剥离。致饰然后亨则尽矣，故受之以《剥》：礼乐文饰固可亨通，文饰至极，会剥尽其质朴本质，故《贲》卦之后紧接着就是《剥》卦。

⑥ 《剥》者，剥也：《剥》卦意为剥尽。

⑦ 穷上反下：穷尽于上，便会反复于下。物不可以终尽，《剥》穷上反下，故受之以《复》：事物不可能始终处于穷极状态，事物穷极必会反复，故《剥》卦之后为《复》卦。

⑧ 妄：虚妄不实，妄言妄行。复则不妄矣，故受之以《无妄》：因穷极而复反，则能惩前毖后，而无妄行，故《复》卦之后为《无妄》卦。

⑨ 畜：同"蓄"，蓄积。有无妄，然后可畜，故受之以《大畜》：不妄行则德业不断进益，以至于大有蓄积涵养，故《无妄》卦之后为《大畜》卦。

⑩ 颐：养也，滋养。物畜然后可养，故受之以《颐》：事物大有积蓄，必有利于颐养，故《大畜》卦之后接着就是《颐》卦。

⑪ 《颐》者，养也：《颐》卦有颐养之象。

不可动，故受之以《大过》。[①] 物不可以终过，故受之以《坎》；[②]《坎》者，陷也。[③] 陷必有所丽，故受之以《离》；《离》者，丽也。[④]

〔下篇〕

有天地然后有万物，有万物然后有男女，有男女然后有夫妇，有夫妇然后有父子，有父子然后有君臣，有君臣然后有上下，有上下然后礼义有所错。[⑤]

---

① 大过：大过失，太过度。不养则不可动，故受之以《大过》：万物得不到滋养，就不可能有所发展，然而滋养应防止过甚，故《颐》卦之后为《大过》卦。

② 物不可以终过，故受之以《坎》：事物不可能永远过度地发展，事物发展太过，就会遇到坎坷，故《大过》卦之后接着就是《坎》卦。

③《坎》者，陷也：《坎》卦有陷入之象。

④ 陷必有所丽，故受之以《离》：遭遇坎坷、险境，必要寻求依附，才能摆脱危难困境，故《坎》卦之后为《离》卦。《离》者，丽也：《离》卦意为附丽。丽：附丽，依附，附着。

⑤《周易·下经》自《咸》卦开始。咸：感也。《咸》卦之象为上兑（少女）下艮（少男），男下女，正如男子亲迎于女家，相感而结成夫妇。错：措也，设置，施行。有天地然后有万物，有万物然后有男女，有男女然后有夫妇，有夫妇然后有父子，有父子然后有君臣，有君臣然后有上下，有上下然后礼义有所错：有了天地阴阳二气，便能生成宇宙万物；有了万物，便有阴阳、雄雌、男女之分别；有了男女之分别，便会产生夫妇之间的婚育关系；有了夫妇，便会产生父子；有了父子，人类社会日益复杂，需要加以治理，因而就有了君臣；有了君臣，便有了上下尊卑的阶层名分；有了阶层名分，礼仪制度才能施行于社会。此论“咸”为社会人伦之始。《中庸》曰：“君子之道，造端乎夫妇；及其至也，察乎天地。”

夫妇之道不可以不久也，故受之以《恒》;《恒》者，久也。[1]物不可以久居其所，故受之以《遯》;《遯》者，退也。[2]物不可以终遯，故受之以《大壮》。[3]物不可以终壮，故受之以《晋》;《晋》者，进也。[4]进必有所伤，故受之以《明夷》；夷者，伤也。[5]伤于外者必反于家，故受之以《家人》。[6]家道穷必乖，故受之以《睽》;《睽》者，

① 夫妇之道不可以不久也，故受之以《恒》;《恒》者，久也：男女有缘结成夫妻，就应该长期忠贞相依，这是恒久不变的社会法则，是天地之间的大义所在，故《咸》卦之后为《恒》卦。《荀子·大略》曰："《易》之《咸》，见夫妇，夫妇之道不可不正也，君臣、父子之本也。"

② 遯：同"遁"，退避，隐退。物不可以久居其所，故受之以《遯》;《遯》者，退也：事物不可能恒久保持原状，人不可以久居原位，当适时有所退避，故《恒》卦之后为《遯》卦。

③ 物不可以终遯，故受之以《大壮》：万物不可以长期隐避，到一定程度便会重新兴盛壮大，故《遯》卦之后为《大壮》卦。

④ 晋：晋升，发展。物不可以终壮，故受之以《晋》;《晋》者，进也：事物不可以安于壮大，当更加前进，继续发展，故《大壮》卦之后接着就是《晋》卦。

⑤ 明：光明。明夷：光明受到损伤。进必有所伤，故受之以《明夷》：事物不断发展前进，终究会物极必反，而遭到损伤，故《晋》卦之后为《明夷》卦。

⑥ 反：返，返回。家：家庭，家室。伤于外者必反于家，故受之以《家人》：在外面受到伤害，必返回家中求得家人的宽慰，故《明夷》卦之后为《家人》卦。

乖也。[①]乖必有难，故受之以《蹇》;《蹇》者，难也。[②]物不可以终难，故受之以《解》;《解》者，缓也。[③]缓必有所失，故受之以《损》。[④]损而不已必益，故受之以《益》。[⑤]益而不已必决，故受之以《夬》;《夬》者，决也。[⑥]决必有遇，故受之以《姤》;《姤》者，遇也。[⑦]物相遇而后聚，故受之以《萃》;《萃》者，聚也。[⑧]聚而上者谓之升，

---

① 睽：乖离，离散。家道穷必乖，故受之以《睽》：和睦的家庭有时会陷入穷困，家道一旦穷困，家人必会彼此乖离，故《家人》卦之后是《睽》卦。

② 蹇（jiǎn）：本义为跛，腿瘸，引申为行走困难，艰难。乖必有难，故受之以《蹇》：家人彼此乖离，必定会造成很多艰难，故《睽》卦之后为《蹇》卦。

③ 解：缓解，解救。物不可以终难，故受之以《解》：事物不会永远处于艰难状态，艰难终究会得到缓解，故《蹇》卦之后是《解》卦。

④ 缓必有所失，故受之以《损》：矛盾得到缓解，往往麻痹懈怠，而导致新的损失，故《解》卦之后为《损》卦。

⑤ 益：进益，增益。损而不已必益，故受之以《益》：亏损达到极点，物极必反，必将有所增益，故《损》卦之后是《益》卦。

⑥ 夬：决也，溃决。益而不已必决，故受之以《夬》;《夬》者，决也：洪水增益不止，必会导致水坝溃决，人事也会出现类似情况，故《益》卦之后为《夬》卦。

⑦ 姤：相遇，遭遇，指遇到阻拦。决必有遇，故受之以《姤》：河水决堤泛滥，必定绕过山陵在低处相遇，也会遇到堤坝阻拦，也会遇到堤坝阻拦，故《夬》卦之后为《姤》卦。

⑧ 萃：草木茂盛的样子，引申为聚集。物相遇而后聚，故受之以《萃》：事物不断相遇，必会日益聚集，故《姤》卦之后是《萃》卦。

故受之以《升》。[①] 升而不已必困，故受之以《困》。[②] 困乎上者必反下，故受之以《井》。[③] 井道不可不革，故受之以《革》。[④] 革物者莫若鼎，故受之以《鼎》。[⑤] 主器者莫若长子，故受之以《震》;《震》者，动也。[⑥] 物不可以终动，止之，故受之以《艮》;《艮》者，止也。[⑦] 物不可以终止，故受之以《渐》;《渐》者，进也。[⑧] 进必有所归，故受

---

① 聚而上者谓之升，故受之以《升》：水流汇聚则水位上升，土壤积聚则丘陵突起，人物聚集则力量提升，知识积累则智能提高，故《萃》卦之后为《升》卦。

② 升而不已必困，故受之以《困》：不断升高，达到极点，必然转向反面，遭遇困境，故《升》卦之后是《困》卦。

③ 反：返也。困乎上者必反下，故受之以《井》：困穷于上，必反向下，穷上而反下，正如用木桶、桔槔之类提水于井，故《困》卦之后为《井》卦。

④ 革：革新。井道不可不革，故受之以《革》：水井易受泥沙堵塞，不得不经常革新、整修，故《井》卦之后为《革》卦。

⑤ 鼎：三足两耳的烹煮器物，能烹熟食物，以祭神灵，以养大众。革物者莫若鼎，故受之以《鼎》：能改革事物，烹成新味的莫过于鼎，故《革》卦之后接《鼎》卦。

⑥ 主器者莫若长子，故受之以《震》;《震》者，动也：鼎是祭祀用的礼器，古代陈列鼎器而主祭的是嫡长子，故曰“主器者莫若长子”,《说卦传》曰“震为长子”，所以《鼎》卦之后接着就是《震》卦。

⑦ 物不可以终动，止之，故受之以《艮》;《艮》者，止也：震为动，事物不可以无休止地动荡，必有所止，故曰“止之”；艮为山，性静止，所以《震》卦之后为《艮》卦。

⑧ 物不可以终止，故受之以《渐》：事物不可以永远静止不动，当逐渐有所行动，故《艮》卦之后接着就是《渐》卦。《渐》者，进也:《渐》卦意为逐渐前进。

之以《归妹》。[①] 得其所归者必大，故受之以《丰》;《丰》者，大也。[②] 穷大者必失其居，故受之以《旅》。[③] 旅而无所容，故受之以《巽》;《巽》者，入也。[④] 入而后说之，故受之以《兑》;《兑》者，说也。[⑤] 说而后散之，故受之以《涣》;《涣》者，离也。[⑥] 物不可以终离，故受之以《节》。[⑦] 节而信之，故受之以《中孚》。[⑧] 有其信者必行之，

---

① 归妹：嫁少女，少女以夫家为归宿，故曰“归”。进必有所归，故受之以《归妹》：事物渐进，不可以漫无止境，必有所归宿，故《渐》卦之后为《归妹》卦。

② 得其所归者必大，故受之以《丰》：事物有所依归，必定日益丰盛壮大，故《归妹》卦之后为《丰》卦。《丰》者，大也:《丰》卦意为壮大。

③ 穷大者必失其居，故受之以《旅》：丰盛富有到极点的人，因物极必反，人心思动，常常会离开其安居之所而外出旅行，故《丰》卦之后接着就是《旅》卦。

④ 巽：巽为风，风无孔不入，随时随地皆可入。旅而无所容，故受之以《巽》;《巽》者，入也：外出旅行者难有长久栖身之地，只能随遇而入住，正如风随时随地而入一样，巽为风，故《旅》卦之后为《巽》卦。

⑤ 说：同“悦”，喜悦。入而后说之，故受之以《兑》;《兑》者，说也：随遇而入的旅人，常须令他人愉悦，小有吉利之事便会心生喜悦，《说卦》曰“兑为说”，故《巽》卦之后为《兑》卦。

⑥ 涣：涣散，离散。说而后散之，故受之以《涣》;《涣》者，离也：旅人喜有所归，但毕竟不是久居之地，终究会离散，故《兑》卦之后为《涣》卦。

⑦ 节：节制，约束。物不可以终离，故受之以《节》：事物不可以始终游离、涣散，而应有所节制，故《涣》卦之后是《节》卦。

⑧ 中：心中，有学者解释为忠诚。孚：信也。节而信之，故受之以《中孚》：只有依照礼仪加以节制，才会使人心悦诚服，故《节》卦之后为《中孚》卦。

故受之以《小过》。[①] 有过物者必济，故受之以《既济》。[②] 物不可穷也，故受之以《未济》，终焉。[③]

---

① 有其信者必行之，故受之以《小过》：过分诚信的人，往往会刻板地履行其职责，以于于偶尔会造成小的过失，故《中孚》卦之后是《小过》卦。

② 过物：超越常规。济：成也，成功。有过物者必济，故受之以《既济》：善于超越常规，通权达变以行事的人，办事一定能够成功，故《小过》卦之后是《既济》卦。

③ 未济：尚未最后成功，尚未终结。物不可穷也，故受之以《未济》，终焉：事物的存在和发展是不可穷尽的。今本《周易》六十四卦以《未济》卦作终结，象征宇宙万物永无终结，永远都会有无限的可能性，永远都会有无可限量的发展前景。老子曰："民之从事，常于几成而败之。慎终如始，则无败事。"

五、杂卦[①]

① 《杂卦传》不依《序卦传》所述的今本《周易》六十四卦的次序，而是打乱其次序（谷继明先生说："我们不能执定了看六十四卦。有了一定的秩序观，就要破执着。《杂卦传》，就是破执。"），仅着眼于揭示某两卦的相对关系，通篇显示了作者素朴而深刻的辩证思维方式，以及对《周易》高屋建瓴的精准把握。一般认为，《杂卦传》作于战国时期，当在《序卦传》之后。其实，《杂卦传》杂而不乱，通篇以孔颖达所言"二二相偶，非覆即变"之相综或相错的关系，来论述配对两卦之性理，以两卦对举释义为特点，且全篇用韵，同时在整体排列上有其内在规律，如前三十卦始于《乾》《坤》，后三十四卦始于《咸》《恒》，既合于今本《周易》上下经的卦数，又合于今本上下经的起首两卦；篇末以《夬》卦结尾，义取"刚决柔也，君子道长，小人道忧也"，深契于《周易》崇尚刚健中正之道的宗旨，并与阳主阴从、阳刚阴柔之天道、人道相吻合。参见黄寿祺、张善文两位先生的《周易译注》。尚秉和《周易尚氏学》指出："十翼以《杂卦》终，与六十四卦以未济终义同也。盖六十四卦卦序皆文王所定，其起讫皆有深义，不可动摇。然易道以不穷为义，六十四卦至既济而六爻定，定则穷矣，故殿以未济，使之复通。六十四卦，上经始天地，下经始夫妇，此不易者也，故《杂卦》仍之，而以井困居上经之末，以损益为枢纽，以未济夬居下经之末，以否泰为枢纽。损益否泰，后先互易，明文王之意，先天道，后人事；孔子之意，先人事，后天道也。先人事，井取其不穷，困而不失其亨，故以为上经之殿。听天道，则事之济不济，命也，刚健果决，自强不息，终焉以赴之耳，故以未济夬终，仍穷变通久之义也。谓之为'杂'者，言杂糅各卦，使上下经互易，不与文王卦序同。非孔子不敢有此改作，亦非孔子无此神化之笔也，彼七十二贤固不敢创制如斯也。"

《乾》刚《坤》柔，[①]《比》乐《师》忧。[②]《临》《观》之义，或与或求。[③]《屯》见而不失其居，[④]《蒙》杂而著。[⑤]《震》，起也；《艮》，

① 《乾》刚《坤》柔：乾卦纯阳，其性刚健，主象为天，凡有刚健属性的事物，皆可用乾卦象征，如父、雄、男、玉、君；坤卦纯阴，其性柔顺，主象为地，凡有柔顺属性的事物，皆可用坤卦象征，如母、雌、女、布、众。《乾》与《坤》，纯阳与纯阴，互为错卦，为《周易》之主卦，为孔颖达所言"非覆即变"之"变"。

② 《比》乐《师》忧：《比》与《师》两卦均为一阳统率五阴，《比》卦一阳居九五中正之尊位，为君主之象，上下众阴为臣民之象，皆顺从亲和，各安其位而顺心悦乐，故云"《比》乐"；《师》卦一阳居九二臣属（将帅）之位，上下众阴为弱君众兵之象，将帅率师出征，多有忧患凶险，故曰"《师》忧"，老子曰"夫兵者，不祥之器，物或恶之，故有道者不处……兵者，不祥之器，非君子之器，不得已而用之，恬淡为上"。这是在论述《比》卦与《师》卦的相对性。《师》与《比》卦象上下相反，互为综卦，为孔颖达所言"非覆即变"之"覆"。

③ 《临》《观》之义，或与或求：《临》卦四阴在上，二阳居下；《观》卦二阳在上，四阴在下，上下相反，互为综卦；《临》指居上临下，临民施政，辅助民生，故称"与"，与者，施也，助也；《观》指"观民设教"，调查实情，探求民意，故称"求"。

④ 见：同"现"，指万物出现。《屯》见而不失其居：《序卦传》曰"《屯》者，物之始生也"，万物始生，现出地面，因已立定根本，故云"不失其居"。

⑤ 杂：交错，错杂，指文采交错，或说指童蒙未发而处于明暗智愚交错之际。"杂"，郑玄作"稚"（见翟均廉《周易章句证异》）。著：犹明也，昭著，显著，或说是定也。《蒙》杂而著：《序卦传》曰"《蒙》者，蒙也，物之稺（同稚）也"，万物初生，虽仍然幼稚，却已文采交错，显示出各自的特质异彩。《屯》与《蒙》互为综卦，均在论述万物初生的状态，或已立定根本，或已初现风采。

止也。[1]《损》《益》，盛衰之始也。[2]《大畜》，时也。[3]《无妄》，灾也。[4]

① 《震》，起也;《艮》，止也:《震》为雷、为动，雷震则万物奋起;《艮》为山、为止，山岳静止不动。《震》与《艮》互为综卦，二者一动一静，而有相对的特性。

② 《损》《益》，盛衰之始也:《损》《益》互为综卦,《序卦传》曰:“损而不已必益”，“益而不已必决”，物极必反，自然之道，故损之极必转化为益，损为盛之始；益之极必转化为损，益为衰之始。

③ 《大畜》，时也：大大积蓄力量，是为了厚积薄发，把握时机而行动，必然一举成功。这是强调事物发展的必然性。

④ 《无妄》，灾也：无妄指真实而无虚假，正直而不妄行；处世无妄，本来不应招致灾祸,《无妄》的爻辞中有“无妄之灾”“无妄之疾”，说明即使无妄也可能有不时之灾。这是强调事物发展的偶然性。《大畜》与《无妄》互为综卦，二者须参互见义，无妄也有“时”，大畜未必无“灾”，不可只信其必然，忽视其偶然，也不可只看其偶然，而不顾其必然；实际上，看似偶然，其实内在又有必然。蕅益大师《周易禅解》指出:“自恃无妄，则便成灾。”颇可参考。参阅唐明邦先生主编的《周易评注》。

《萃》聚而《升》不来也。[①]《谦》轻而《豫》怠也。[②]《噬嗑》，食也。[③]《贲》，无色也。[④]《兑》见而《巽》伏也。[⑤]《随》，无故也。[⑥]《蛊》则

---

① 《萃》聚而《升》不来也:《萃》与《升》互为综卦，各有其特性，萃为聚也，《序卦传》曰“物相遇而后聚，故受之以《萃》”；升为上升也，韩康伯注曰:“来，还也。方在上升，故不还也。”聚而不散与升而不来，也是相对之象。

② 《谦》轻而《豫》怠也:《谦》与《豫》互为综卦，也具有相对的性质；谦虚处下之人，不自以为是，而是尊重他者，自轻居下，见贤思齐，故不致怠惰消沉；逸游享乐之人，常贪乐无度，自我中心，自以为是，耽于物欲，故会怠惰沉沦。自轻者，人必敬之；怠惰者，人必耻之。这就是《谦》与《豫》的相对之意。

③ 《噬嗑》，食也:《象传》曰“颐中有物曰《噬嗑》”，“噬”指以牙齿咬嚼食物，“嗑”指上下颚相合，噬嗑为咀嚼食物，食常兼味以享，故曰“《噬嗑》，食也”。

④ 《贲》，无色也:《序卦传》曰“《贲》，饰也”，饰必调众色以为文；白当正白，黑当正黑，贲则文饰过度，故称“无色”。《噬嗑》与《贲》，二卦相综，食有兼味，贲非正色，也有相对之义。

⑤ 见：同“现”，显现。伏：隐伏。《兑》见而《巽》伏也:《兑》与《巽》互为综卦，《兑》卦阴爻显于上，《巽》卦阴爻伏于下，二卦有相对之义；国家有道，则显于朝堂，悦于君民，以施展其才德，故曰“兑，悦也”；国家无道，则隐逸山林，遁世无闷，立不易方，故曰“巽，入也”。

⑥ 故：事也。《随》，无故也:《随》卦为无事，《大象传》曰“《随》，君子以向晦入宴息”，是说白天勤勉从事，到夕晚便可无事而休息，有与时偕行、随遇而安之意，即古人所谓“日出而作，日入而息”。

饰也。[①]《剥》，烂也。[②]《复》，反也。[③]《晋》，昼也；《明夷》，诛也。[④]《井》通而《困》相遇也。[⑤]

《咸》，速也；《恒》，久也。[⑥]《涣》，离也；《节》，止也。[⑦]

---

① 蛊：事也，《大象传》曰："《蛊》，君子以振民育德。"饰：或作"饬"，修饰，整治。《蛊》则饬也：《蛊》卦为有事，故需勤加整治，有及时振作、物来顺应之意。《随》与《蛊》互为综卦，一为无事休息，一为有事可为，二者有相对之义。

② 剥：落也。烂：腐烂，衰朽，朽烂。《剥》，烂也：《剥》卦一阳居上，五阴在下，若五阴欲剥一阳，为一阳将尽、阳已朽烂之象。

③ 反：借为"返"，复返，返归。《复》，反也：《复》卦五阴在上，一阳居下，好像一阳来复，重振旗鼓，进取五阴，有阳刚复返、重新发展之象。《剥》与《复》二卦相综，性质明显相反。

④ 诛：伤也，灭也。《晋》，昼也；《明夷》，诛也：《晋》卦下坤上离，下地上日，《象传》曰"明出地上"，如日出东方，而为白昼；《明夷》卦下离上坤，下日上地，《象传》曰"明入地中"，日光隐灭，乃为暗夜。二卦相综，一明一暗，其义相反。

⑤ 遇：犹遏也，遏止，困遏，或说是敌对，抵遇，与"通"相反。《井》通而《困》相遇也：《彖传》曰"井养而不穷"，既为不穷，必是亨通；《象传》曰"泽无水，困"，既为穷困，必陷困遏。《井》与《困》相综，一为亨通，一为困遏，其义相反。

⑥ 《咸》，速也；《恒》，久也：咸，感也，有感即有应，无远弗届，韩康伯注曰"物之相应，莫速乎感"，故咸为"速"；恒，久也，顺应恒常之道，必可长久无量。《咸》与《恒》，二卦相综，其义相对。

⑦ 《涣》，离也；《节》，止也：《涣》为冲洗、涣散、离散，故曰"离也"；《节》为节制、约束、收敛、知止，故曰"止也"。《涣》与《节》，二卦相综，一主离散，一主收敛，有相对之义。

《解》，缓也；《蹇》，难也。[①]《睽》，外也；《家人》，内也。[②]《否》《泰》，反其类也。[③]《大壮》则止，《遯》则退也。[④]《大有》，众也；《同人》，亲也。[⑤]《革》，去故也。[⑥]《鼎》，取新也。[⑦]《小过》，

---

① 《解》，缓也；《蹇》，难也：《解》卦下坎上震，坎为险，震为动，内险外动，动在险之外，《彖传》曰“动而免乎险，《解》”，指危险得以缓解、避免；《蹇》卦下艮上坎，艮为止，坎为险，正如处于危险之下，《彖传》曰“《蹇》，难也，险在前也”。《解》与《蹇》，二卦相综，一处于危险之外，一处于危险之下，其义相对。

② 《睽》，外也；《家人》，内也：《睽》者，乖也，乖离者必疏远而排斥于外；《家人》卦，则像父子兄弟亲如一家，必和睦亲近而团聚于内。《睽》与《家人》二卦相综，其义相对。

③ 《否》《泰》，反其类也：《否》为闭塞，《泰》为通泰；《彖传》曰，《否》“大往小来”，“是天地不交而万物不通也”；《泰》“小往大来”，“是天地交而万物通也”。《否》《泰》二卦相综，其义正相反对。

④ 遯：同“遁”，隐退。《大壮》则止，《遯》则退也：《大壮》乃刚健壮大，大有可为，当知足知止，保持稳健态势，以防物极必反；《遯》为柔顺退守，韬光养晦，以待时机。二卦相综，其义相对。

⑤ 《大有》，众也；《同人》，亲也：《大有》卦六五阴爻柔顺而居一卦之尊位，上下阳爻皆应之，象征众望所归，故为得“众”；《同人》卦九五阳爻刚健而居一卦之尊位，六二“柔得位得中而应乎乾”，六二、九五皆居中正之位而相应和，象征君臣、上下、夫妇同心相应，亲密默契，故为相“亲”。

⑥ 《革》，去故也：《彖传》曰“汤武革命，顺乎天而应乎人”，变革必去其故弊。

⑦ 《鼎》，取新也：王朝创立，必重新立鼎（神器），以象征开启新运，故立鼎必取其新征。二卦相综，显示改朝换代之际的两大相反相成的行为取向。

过也。[①]《中孚》，信也。[②]《丰》，多故也。[③]亲寡，《旅》也。[④]《离》上而《坎》下也。[⑤]《小畜》，寡也。[⑥]《履》，不处也。[⑦]《需》，

---

① 《小过》，过也：《小过》指“行过乎恭，丧过乎哀，用过乎俭”，意思是说，君子若有小过，当知小过并不为过，比如行为稍许过于恭谨，居丧稍许过于悲哀，日用稍许过于节俭，虽为小过，却无伤大雅，好像稍微越过“中”道，其实并不违背中道。

② 《中孚》，信也：《中孚》指内心忠诚，信守“中”道，不会逾越。《小过》与《中孚》二卦相综，显示恪守中道的一种立场，两种表现。

③ 《丰》，多故也：丰收年月，喜庆连连，亲朋故友必多。

④ 亲寡，《旅》也：旅居异乡，人生地疏，形影相吊，故寡亲。一多一寡，乃《丰》《旅》二综卦相对之义。李鼎祚《周易集解》述虞翻义曰：“旅无容，故亲寡。六十四象，皆先言卦，及道其指。至旅体离四焚弃之行，又在旅家，故独先言亲寡，而后言旅。”江有诰《江氏音学十书》认为当作“《旅》，寡亲”，才与下文叶韵。廖名春《〈周易〉经传与易学史续论》则以为当作“《旅》，亲寡”，“寡”疑读为“顾”，《说文》“顾，还视也”，引申为等待。

⑤ 《离》上而《坎》下也：离为火，火就燥，性炎上；坎为水，水流湿，性润下。一上一下，显示出二卦相综的相对特性。

⑥ 《小畜》，寡也：《小畜》指居于一处，小有积蓄，事物尚不甚丰富，故称“寡”。

⑦ 《履》，不处也：《履》者，行也，行必或进或退，不居一处，故曰“不处”。《小畜》与《履》二卦相综，多寡、出处有别。

不进也。[①]《讼》，不亲也。[②]《大过》，颠也。[③]《姤》，遇也，柔遇刚也。[④]《渐》，女归待男行也。[⑤]《颐》，养正也。[⑥]《既济》，定也。[⑦]《归妹》，

---

① 《需》，不进也:《需》卦意为等待，待时而动，不莽撞而进，故称“不进”。

② 《讼》，不亲也:《讼》指互相争讼，互相争讼则必不相亲，逞强而进，难免莽撞。《需》与《讼》二卦相综，其相对之义明显。

③ 《大过》，颠也:《大过》卦下巽上兑，巽为风、为木，兑为泽，木在泽水之下，呈“泽灭木”之象，若木舟载物大过，将可能有舟覆人亡之大祸。自《大过》卦以下八卦，未按错综关系排列，究其原因，诸家说法不一，或认为可能有错简，或持存疑态度，或认为其中自有深意在，有待于进一步研究。有学者提出，其次序似乎应当是《大过》卦与《颐》卦相错，《渐》卦与《归妹》卦、《既济》卦与《未济》卦、《姤》卦与《夬》卦相综。以下注释准此，原文照旧。宋儒蔡渊将后八卦调整为:“《大过》，颠也。《颐》，养正也。《既济》，定也。《未济》，男之穷也。《归妹》，女之终也。《渐》，女归待男行也。《姤》，遇也，柔遇刚也。《夬》，决也，刚决柔也，君子道长，小人道忧也。”可备一说。

④ 姤：或作“遘”。遇：遭遇，抵挡，投合。《姤》，遇也，柔遇刚也:《姤》卦一阴居下，五阳在上，一柔上与五刚相遇，故称“柔遇刚也”。

⑤ 《渐》，女归待男行也:《渐》卦下艮上巽，艮为少男，巽为长女，《象传》曰“《渐》之进也，女归吉也”，女子出嫁，待男子亲迎而后可行。

⑥ 颐：养也。《颐》，养正也：口嚼食物，汲取营养，滋养身体，若食违常道，或暴饮暴食，或偏食厌食，或食不当食，则不得其养，且有后患。《颐》卦与《大过》卦互为错卦，又称旁通卦；卦象旁通，卦义也有旁通之处。“大过”谓大为过甚，过越常理，大过常理，以致有颠覆之灾；“颐”谓饮食当合乎常道，饮食有节，不可太过，乃得其养，否则将受其害。

⑦ 定：成也。《既济》，定也:《既济》卦阴阳刚柔皆当位得正，象征兴事举业，大功告成，阴阳应和，平衡安定，万物各得其所。

女之终也。[1]《未济》，男之穷也。[2]《夬》，决也，刚决柔也，君子道长，小人道忧也。[3]

---

① 《归妹》，女之终也：女子出嫁，谓之归妹，出嫁为女子的终身大事，故曰“《归妹》，女之终也”。《归妹》卦与《渐》卦互为综卦，“女归待男行”与“女之终”，有未嫁、已嫁之别，亦为相对。

② 济：成也。《未济》，男之穷也：《未济》卦阴阳刚柔皆不当位得正，一切尚未完成，象征男子初出茅庐，事业未成，尚未摆脱困穷之境，故称“《未济》，男之穷也”。《未济》卦与《既济》卦互为综卦，前者讲未成，后者讲已定，相对之义十分明显。

③ 决：决定，断决，除决。《夬》，决也，刚决柔也，君子道长，小人道忧也：《夬》卦一阴柔居五阳刚之上，阳刚极盛，阴柔将消，故称“刚决柔也”；阳为君子、为正气、为光明，阴为小人、为邪气、为黑暗，《夬》卦阴阳消长的态势，显示“君子道长，小人道忧”，正气压倒邪气，光明驱除黑暗，君子清理小人。《夬》卦与《姤》卦互为综卦，一讲“刚决柔”，一讲“柔遇刚”，其义明显相对。

除了古注之外，《易传》部分的解说多参阅高亨先生的《周易大传今注》，金景芳、吕绍纲两位先生的《周易全解》，黄寿祺、张善文两位先生的《周易译注》，唐明邦先生主编的《周易评注》，李申先生主撰的《周易经传译注》，刘大钧、林忠军两位先生的《周易经传白话解》，李零先生的《死生有命 富贵在天：〈周易〉的自然哲学》，等等。只是限于本书特点，笔者未及一一出注，特此说明，并谨致谢忱。